선교의 사도행전

LIVE 성경강해

말씀을 경청하고	Listen to the Word
바르게 해석하고	Interpret the Word
가치를 정립하고	Value by the Word
진리로 연대합니다	Eat with the Word

선교의 사도행전
사도행전 15-19장

초판 1쇄 발행 2024년 12월 27일

지은이 박대영
펴낸이 이재원

펴낸곳 선율
출판등록 2015년 2월 9일 제 2015-000003호
주소 경기도 구리시 동구릉로 148번길 15
전자우편 1005melody@naver.com
전화 070-4799-3024 팩스 0303-3442-3024
인쇄 · 제본 성광인쇄

ⓒ 박대영, 2024

ISBN 979-11-88887-24-8 03230

값 20,000원

선교의 사도행전

주의 말씀이 흥왕하더라

박대영 지음

사도행전 15-19

이 책을
돈과 몸과 맘으로 캐나다 원주민 마을에서
하나님의 선교에 참여하시면서도
자신은 선교사가 아니라고 말씀하시는
참 실實한 어른,
Dil Dilhkxw Skanist shining mountain
김진수 장로님과 김은실 집사님께 드립니다.

이 책에서는 사도행전 15-19장을 다루었고, 바울 일행의 2, 3차 선교 여행을 담고 있어서 제목을 『선교의 사도행전』이라고 정했습니다. 물론 사도행전의 그 이전 장들에서는 선교를 다루고 있지 않다는 뜻은 아닙니다. 사도행전은 처음부터 선교의 책이었고, 전편인 누가복음 역시 선교의 책입니다. 데이비드 보쉬David Bosch는 선교가 성경의 일부 구절들에서만 언급하고 있는 것이 아니라 아예 성경 전체가 선교를 말하고 있다고까지 합니다. 따라서 여기서 '선교'라고 했을 때 그것은 우선 '삼위일체 하나님의 선교'를 뜻합니다.

하나님의 선교

당연히 바울을 비롯한 여러 주님의 종들이 수고롭게 감당한 사역이지만, 그것은 압도적으로 하나님께서 계획하시고 주도하시고 이루신 선교였습니다. 시간적으로 하나님의 선교는 하나님의 창조에서부터 시작한 일이고, 하나님의 창조 의도를 이루는 일을 가리킵니다. 하늘 보좌 우편에서 통치하시는 아들 예수께서 다시 우리가 볼 수 있도록 나타나시는 그때 선교는 완성될 것입니다. 또 공간적으로 하나님의 선교는 에덴동산에서부터 시작했습니다. 하늘에서부터 땅까지 하나님께서 창조하신 모든 영역에 하나님의 주권이 임하게 하는 일을 선교라고 부릅니다. 그리하여 하나님이 창조하여 존재하게 하신 모든 생명들이 그 본연의 자리에서 자신의 역할을 잘 감당하고 하나님께서 의도하신 관계를 맺는, 샬롬의 나라를 만드는 일이 선교입니다. 하나님 백성 창조를 통한 하나님 나라의 도래, 이것이 하나님의 선교의 목표인 것입니다.

사도행전은 1장 8절에서 예수께서 약속하신 대로 성령이 오순절에 예루살렘에 임하셨고, 그 성령이 주신 권능으로 성령께서 세우신 교회와 일꾼들을 통해 복음이 예루살렘을 넘어 유대와 사마리아로 확장되고, 또 거기서 더 나아가 땅끝까지 이르는 이야기를 기록하고 있습니다. 혈통적으로 전적인 유대인들의 세계에서 반反유대인인 에티오피아 내시에게, 그리고 반이방인인 사마리아 사람들에게, 그리고 완전한 이방인인 고넬료와 안디옥의 헬라인들에게 복음의 문이 열렸습니다. 지리적으로도 복음은 예루살렘을 넘어 유대와 사마리아로, 그리고 바울과 바나바를 통해 구브로와 남갈라디아로 확장되었는데, 이제 바울 일행의 2차 선교 여행 중에 마게도냐와 아덴과 아가야 지방에까지 복음이 이르렀습니다. 3차 선교여행 때는 아시아의 수도격인 에베소에 3년여를 머물면서 인근 지역을 선교하였고, 여기서의 사역 경험을 통해 바울은 로마제국의 수도를 제국의 서반구 선교의 기지로 삼고 선교를 전개해나갈 계획을 세우기에 이릅니다.

역설의 선교

하나님의 선교라는 점에서 모든 선교는 영적인 싸움입니다. 땅에서 이루어지는 모든 선교는 이 신들 간의 싸움의 대리전입니다. 그것은 영역 다툼이고 주권 경쟁입니다. 하나님의 전략과 능력과 자원으로만 이길 수 있는 싸움입니다. 다양한 형태의 반대와 방해, 한계나 장벽들이 그 자체로 악한 것은 아닙니다. 동시에 우리가 동원할 수 있는 온갖 좋은 선교의 수단들 역시 그 자체로 선한 것이 아닙니다. 우리는 그 모든 조건이 하나님의 손에 들려져서 그분이 자유자재로 사용하실 수 있도록 내어 드려야 합니다. 모든 선교의 현장에 선과 악, 의와 불의, 빛과 어둠이 공존한다는 뜻입니다. 우상숭배 하는 세상의 반응보다 복음을 반대하는 더 격렬한 반응은 하나님을 믿는다고 하는 유대인들로부터 왔습니다. 심지어 예수 그리스도를 믿는 유대인 중심의 교회가 성령을 받은 이방인 그리스도인들을 자신들의 일원으로 받아들이기까지 헤쳐나가고 넘어야 할 장벽들이 만만치 않았습니다. 도리어 로마제국의 관리들은 합리적이었고, 바울과 실라의 로마 시민권은 유용했고, 로마가 닦아놓은 도로와 헬라 제국의 공용어인 헬라어는 복음의 지평이 확장되는 데 요긴한 도구가 되었습니다. 가장 하나가 되어야 할 바울의 선교팀 안에서도 바울과 바나바는 요한 마가를 2차 선교여행에 데리고 가는 문제를 두고 크게 다투고 결별했습니다. 무엇보다 답답한 것은 선교의 주체이신 하나님의 침묵과 거절이었습니다. 이런 모든 혼돈의 조건들은 선교를 위협했고 위태롭게 하였고 지체시켰습니다.

하지만 그럼에도 불구하고 하나님의 선교는 중단없이 진행되었고 하나님의 뜻은 이루어졌습니다. 오히려 그 한계와 혼돈 덕분에 선교사들이 먼저 변했고 성장했습니다. 상상하지도 못한 방식으로, 생각하지도 못한 사람들과 지역에까지 복음이 전해졌고, 주님의 백성으로 부름을 받을 수 있었습니다. 한 혼돈이 도리어 장벽다른 혼돈을 넘고 깨뜨리고 돌파하는 데 쓰임 받은 것입니다. 때로는 예수님과 사도들처럼 바울 일행이 직접 귀신들을 쫓아내고 병을 고치고 죽은 자를 살리기도 하였지만, 대체로는 때를 얻든지 못 얻든지, 자원이 넉넉하든지 부족하든지, 연약하지만 하나님만 의지하는 일꾼들을 통해 세상의 권력자들이 굴복하고, 유대교 지도자들이 주께 돌아오고, 부자들이 자기 돈과 집을 내놓고, 점치는 자들이 막대한 값어치가 있는 책들을 불태우고, 귀부인들이 주님을 믿는 믿음으로 돌아오는 사건들이 벌어졌습니다. 이 두 가지 방식으로 하나님은 악의 세력을 이기시고 당신의 선교를 이루어가셨습니다. 저는 이렇듯 하나님의 선교는 잠시 졌지만 패하지 않았고, 이겼지만 끝나지 않은 선교라는 점에서 '역설의 선교'라고 부르고 싶습니다. 하나님과 사람, 빛과 어둠, 선과 악이라는 이분법을 넘어서 새 하늘과 새 땅이 오기까지 결코 사라질 리 없는 이 혼돈을 하나님께서 당신의 새 창조의 원자재나 수단으로 사용하시는 신묘한 솜씨를 드러내시는 장이 선교라는 뜻입니다. 따라서 어디에도 성공이나 실패가 확정된 선교의 조건은 없고, 예측 가능한 인과율을 찾기도 어렵습니다. 역설의 하나님은 자유의 하나님이십니다. 그래서 다채로운 변수들이 즐비하고, 곳곳마다 돕는 손길들과 훼방하는 세력들이 기다리고 있는 것이 선교의 여정입니다. 그러니 선교에 대해서 장담할 사람도 없고 보장받은 상황도 없습니다. 낙심하거나 포기하는 것도 허용되지 않습니다. 아직 이야기는 끝나지 않았기 때문입니다. 하나님은 여전하시기 때문입니다. 이것은 선교에는 하나님과 인간과 사탄이라고 하는 세 '인격적인' 요소, 자유의지를 가진 존재가 관여하고 있기 때문이고, 이 관계 속에서라야 하나님 나라에 합당한 인격과 관계가 형성될 수 있기 때문입니다.

성육신적 선교

그럼에도 이 하나님의 선교가 사람을 통한 선교라는 현실은 엄연합니다. 또 긴 역사 동안 온갖 사람들이 만들어놓은 다양한 문화와 언어와 종교라는 모판 위에서 선교는 진행될 수밖에 없습니다. 따라서 모든 복음은 그 향하는 대상을 위해 번역되어야 했고, 손으로 만지고 귀로 듣고 눈으로 볼 수 있는 구체적인 형태로 재현되어야 했습니다. 그래야 이해할 수 있고 감感을 잡을 수 있기 때문입니다. 몸을 입은 말씀복음으로 예수께서 역사 속에 찾아오셨듯이, 이제 그 예수의 증인들도 선교할 대상들이 알아볼 수 있도록–거절하든지 영접하든지 간에–복음을 구체화해야 했습니다. 사도행전은 교회와 교회가 파송한 선교사들을 통한 선교가 그들이 전한 말이나 취한 태도나 그 결과에 있어서 예수님과 및 열두 사도들을 통한 선교와 여러모로 병행을 이루고 있음을 보여줍니다. 그 규모와 활동의 영역은 비교할 수 없을 만큼 확장되었지만, 그들 모두 성령의 능력으로 이 사역을 감당했다는 점에서 '공통점'을 보이고, 동시에 사람들을 통한 선교이고 여러 지역과 사람들을 대상으로 한 선교라는 점에서 '다양성'을 보이고 있습니다. 이런 선교의 통일성과 다양성 사이에 긴장을 유지하는 것이 이 선교가 단지 사람의 선교로 그치지 않고 하나님의 선교가 되게 하는 결정적인 요인입니다. 이 긴장이 전하는 사람들의 관점이나 교리만을 강요할 수 없게 하고제국주의적 접근 동시에 선교지 사람들의 전제나 조건을 일방적으로 인정하거나 수용하려는 태도혼합주의적 접근를 막을 수도 있습니다. 성령께서 그 자체로 생명이요 능력인 복음의 말씀을 당신의 연장mechanic으로 써서 어떤 시대, 어떤 지역, 어떤 문화권에서도 볼 수 없는 독특한 하나님 백성을 창조하시게 하는 것이 진정한 성육신적 선교입니다. 동시에 우리는 그리스도 안에 있는 그들이 서로의 차이와 다름을 향유하고 기뻐하는 날을 꿈꿀 수 있으며, 그 그리스도 안에서의 하나됨과 평화를 오늘 여기 그리스도의 몸인 '교회' 공동체를 통해서 경험할 수 있어야 합니다.

이제 우리는 사도행전 15-19장에서 성령께서 신실한 당신의 종들을 통해 예수의 선교를 재현하시고 이어가게 하신 것을 묵상하려고 합니다. 낯선 곳에 당도해서는 곧장 사역하지 않고 그 지역을 충분히 이해하려고 했고빌립보와 아덴에서, 그 지역에 어울리는 방식으로 선교했습니다. 혹독한 시련을 겪으면서도 섣불리 로마 시민권을 사용하지 않았고, 기적적인 지진을 통해 감옥 문이 열리고 발에 찬 차꼬가 풀렸지만 사도는 감옥 밖으로 달아나지 않았습니다. 이는 마치 성육하신 예수께서 신적 권능을 사용하기를 주저하셨던 모습과 흡사합니다. 예수님만큼 그들도 두려웠고 주저했습니다. 하지만 하나님께서 갈 길을 알려주셨고(행 16:9-10), 용기를 주셨고(행 18:9-10), 돕는 손길들을 보내주셨습니다(빌립보의 루디아, 데살로니가의 야손, 베뢰아의 신도들, 아덴의 디오누시오와 다마리, 고린도의 브리스길라와 아굴라, 에베소의 아볼로 등등). 특히 로마 관리들까지도 복음을 승인하고(행 19:37) 심지어 복음 앞에 굴복하게 하심으로써(행 16:30-34) 로마제국에 대한 주도권을 예수께서 쥐고 계심을 보이셨습니다.

나의 선교 동역자들

사도행전을 묵상하면서 나는 내가 해온 모든 일이 하나님의 선교에 참여하는 것이었음을 깨달아갔습니다. 그 사역 중에 함께한 동료 선교사들, 동료 증인들에게 새삼 감사하고 싶습니다. 2000년부터 지금껏 직간접적으로 한국성서유니온선교회에서 『매일성경』과 『묵상과 설교』, 그리고 여러 단행본과 번역 등을 통해서 문서선교에 참여할 수 있도록 기회를 주신 것에 감사하며, 20년 넘게 함께해온 SU 동역자들에게도 감사합니다. 유럽의 청소년들을 복음으로 일깨우고 양육하는 단체인 SET의 이사로 있는데, 이 사역을 시작하고 지금껏 주도적으로 이끌고 있는 최미나 목사님과 동역자들에게 감사합니다. 성경번역선교회GBT의 이사로도 섬기고 있습니다. 약 40여 년 동안 지금껏 30개의 언어로 번역된 성경을 하나님께 봉헌하였고, 올해 2024년에만 6권의 성경을 봉헌하는 영광을 보게 하셨습니다. 김현 대표를 포함하여 각지에서 평생을 바쳐 성경을 번역하시는 동료 선교사들께 감사하며, 하나님께서 함께하시기를 간곡히 기도합니다. 나는 2010.10-2012.12.9, 2014.6-2024.11.16. 약 13년 동안 매일 아침 5:50-6:00까지 CBS라디오에서 〈매일성서강해〉라는 코너를 진행했습니다. 약 4,400여 편의 묵상을 나눌 수 있도록 선교의 기회를 주신 CBS에 감사를 드리고, 전파선교에 전념하는 모든 주의 종들을 하나님께서 지켜주시기를 기도합니다. 변함없는 우정으로 늘 깨어 있도록 도전하고 따스한 격려로 힘을 북돋아 주는 〈아카데미 숨과 쉼〉의 동지들에게 아낌없는 애정을 표현합니다. 무엇보다 육신의 친족보다 더 자주 보고, 그래서 더 한 몸이 된 광주소명교회 성도들은 나의 가장 든든한 선교의 파트너들입니다. 성도들의 기도와 사랑이 가장 아끼는 나의 연장들입니다. 특히 2024년 말에 시무장로에서 은퇴하시는 이인갑, 고병수, 류호흥, 김철기 장로님의 겸손하고 열정적인 섬김을 주께서 기억해 주시기를 기도합니다. 광주소명교회에서 동역하는 소중한 사역자들장경희, 김유철, 이태민과 7년 동안의 사역을 마치고 안식에 들어가는 이태환 목사님, 머잖아 파푸아뉴기니로 다시 돌아가 와기족의 언어로 성경을 번역하실 정보영 선교사님과 25년 동안 섬기던 광주과기원교회에서 은퇴하시고 새롭게 우리 교회 사역자로 합류하신 김대영 목사님께도 이 책을 빌어 감사와 환영의 마음을 표현합니다. 원고를 꼼꼼히 살펴주시고 예민한 감각으로 내 삶과 사역의 빈틈을 채워주신 어린양교회의 진희경 목사님, 안식월에 숨을 쉴 수 있도록 환대를 베푸시고 강단을 내어준 친구 프랑크푸르트우리교회 김만종 목사님, 도르트문트성결교회 이화정 목사님, 동토 같던 교회를 온기가 넘치는 옥토로 기경하고 있는 베를린침례교회 장원준, 박효진 선교사님과 든든한 조력자 두 자녀 근용, 미연에게도 사랑을 전합니다. 투병 중에도 우리에게 신실하고 자애로운 사역자의 면모와 기적이 있음을 보여주신 푸른나무교회 김형민 목사님의 쾌유를 빌며, 끝도 없이 사람만 좋은 대전의 거룩한 호구 편경열 목사님께도 이 지면을 빌어 애정과 존경을 표현합니다. 늘 버팀목이 되는 참 좋은 형님 안진섭 목사님과 황선영 사모님새누리2교회의 행복과 건강을 기원합니다. 인내와 결기가 무엇인지를 보여주시는 김병년 목사님다드림교회, 자신학화포럼을 통해서 신학적, 신앙적 사유의 지평을 열어주시고, 덤으로 '거룩한 아재개그'라는 신세계를 맛보게 해주신 정민영 선교사님, 정갑신 목사님예수향남교회, 권성찬 대표님GMF, 이창순 목사님서부침례교회, 장창수 선교사님WEC의 환대와 우정에 깊은 감사를 드립니다. 선배 같고 스승 같아

존경하는 후배 최규진 목사님포틀랜드 빌리지교회과 겸손과 열정의 사도인 김선웅 목사님겨자씨성경연구원의 맹목적인 지지와 격려에 감사합니다.

변치 않는 존경과 아낌없는 감사를 황정길 서울반석교회 원로 목사님께 드립니다. 하루라도 더 빨리 책이 한 권이라도 더 서둘러 나오기를 바란다면, 그건 황목사님께 조금이라도 빨리, 한 권이라도 더 드리고 싶은 마음 때문입니다. 부모님박형수 집사님, 이영재 권사님의 기도와 사랑, 형제들박은영, 박은경, 박대현의 신뢰와 우애가 있어서 늘 안전한 울타리 안에서 집필에 전념할 수 있었습니다. 나이 들어 갈수록 더 편하고 좋은 친구가 되어주는 아내, 튼실하고 속 깊은 아들 인서, 질투가 날 정도로 멋진 막내 선재에게도 그 존재만으로 감사합니다. 아내의 둘도 없는 벗 이진경 자매에게 성령께서 치유 이상의 특별한 사건을 주시기를 기도합니다.

무엇보다 이 책을 캐나다 원주민들의 벗과 이웃으로 지내시면서 그들에게 하나님 백성의 복과 도리를 보여주시고 있는 김진수 장로님과 뉴저지에서 이 남편을 위해 기도하시며 너그럽게 지지하시는 김은실 집사님께 헌정하고 싶습니다. 캐나다 원주민들은 10년 넘게 자신들의 지역에 와서 고사리와 송이버섯을 상품화할 수 있는 길을 열어주신 장로님께 Dil Dilhkxw SkanistShining Mountain, 光山라는 이름을 주어 정식 일원으로 받아주었습니다. 강원도 삼척 출신인 장로님은 한사코 자신은 선교사가 아니라고 하시지만, 자신의 불우했던 가정 환경과 성장 과정이 원주민들과 너무도 닮은 것을 보고 그냥 지나치지 않았습니다. 그들에게 말로만 복음전하는 것을 그치고, 누가 봐도 BAMBusiness as Mission을 옳게 실천하고 있는 성육신적 선교사이십니다. 2024년부터 한동대학교의 객원교수로서 강단에도 서실 것인데, 하나님께서 지금껏 숱한 시행착오

14

를 통해 온몸으로 가르쳐주신 선하고 살아있는 지식을 잘 사용하시기를 기도합니다. 나는 최근에 잘려 나간 장로님의 한 손가락의 빈자리를 쳐다보기도 힘듭니다. 주께서 당신 향한 십자가의 흔적으로 여겨주시리라 믿고 쾌유를 빕니다.

각별히 조심조심 『선교의 사도행전』을 내어놓습니다. 절대 다수에게 필요한 책은 되지 못하더라도 성경이 읽히는 동안엔 오래도록 그 곁에서 제 역할을 하는 책이 되기를 기대합니다. 선교하는 마음으로 썼습니다. 선교의 하나님의 손에 붙잡힌 참 실實한 책이 되길 감히 소원합니다.

2024년 11월
박대영

차례

다툼과 관용 사이에서
예루살렘 회의1
사도행전 15:1-11

들어가는 말

우정에서 시작하는 환대의 선교

선교는 하나님 나라 공동체로의 초대이고 환대의 행위입니다. 환대의 조건은 '우정'입니다. 그것은 무조건 잘해주는 것만을 의미하지 않습니다. 받는 편을 지나치게 배려하면 수혜자는 받는 데 익숙해질 수 있고, 시혜 행위에만 초점을 맞추면 평판을 획득하는 데 이용될 수 있습니다. 어느 알려진 대형교회가 날마다 노인들을 줄 세워서 천 원씩 나눠준다는 소식을 듣고 수혜자의 입장을 고려하는 상상력이 부족한 행태에 안타까움을 넘어서 화가 났습니다. 아낌없이 지원했지만 결국 자립에는 이르지 못하고 선교사의 퇴장과 함께 선교지가 사라지는 사례도 있습니다. 인디언 보호구역 안에 있는 원주민들이 정부 보조금에만 의존하다가 자립하지 못한 채 자살과 마약 중독, 방탕과 문맹, 높은 실업률, 자생력 결핍 등의 문제에서 벗어나지 못하는 것도 잘못된 환대의 사례입니다. 거기엔 '시혜'는 있지만 '우정'은 없습니다. 나I와 너Thou가 너무 분리되었고, 주는 것이 받는 것보다 더 복이 있으며 (하나님의 사랑 받는 형상이기에) 수혜자는 원래부터 받을 자격이 있다는 사실을 인정하는 태도가 부족했습니다. 받는 사람의 필요만큼이나 받는 사람 자체에 대한 고민이 있을 때 우정에 기반한 환대의 선교가 됩니다.

초청하고 방문하는 환대의 선교

진정한 환대는 나를 위해서 타인을 동원하지 않는 것, 나의 식민지를 만들지 않는 것을 의미합니다. 자식이나 배우자가 나의 식민지가 아닐 때, 교회가 목사의 식민지가 아닐 때 환대가 시작되고, 선교지나 선교지의 사람들이 식민지가 아닐 때 선교는 시작됩니다. 진정한 선교는 환대에서 나옵니다. 진정한 환대는 가짜 환대와의 단호하고 지속적인 싸움을 통해서 나오기에, 환대는 한순간에 완성되지 않고 늘 과정 중에 있습니다. 선교는 타인과의 소통을 통해 그들을 향해 나를 개방하고 초대하는 일이며, 이를 위해 타인을 설득하기 전에 자신을 부정하고 극복하고 창조적으로 해체하는 일이 요구됩니다. 대담하게 경계를 넘어 성숙을 향해 모험을 감행하는 사람, 껍데기를 벗고 적나라한 자신과 대면하는 사람이 환대의 사람이 될 수 있고, 그런 존재 방식과 관계 맺기 방식이 선교가 됩니다. 그러니까 다툼과 관용의 긴장과 조화가 참된 환대, 참된 선교를 만드는 것입니다. 타인을 온전히 수용하고 타인에 대한 책임을 수용하는 것이 환대입니다. 타인과의 동등성만을 근거로 타인에게 나를 내어주는 관계가 되는 것은 사실상 불가능합니다. 레비나스Emmanuel Levinas의 말대로 자기 부정을 통한 타인과의 비대칭성, 불균형성만이 인간들 사이의 진정한 평등을 만들고, 거기에서 환대가 나옵니다. 즉 타인을 나와 동등한 존재가 아니라 내 위에 있는 절대자이며, 내 목숨을 대가로 치러도 될 만큼 가치 있는 존재로 인정할 때, 우리는 환대할 수 있습니다. 타인의 얼굴에서 '신의 얼굴'을 볼 수 있어야 합니다. 이 마음으로 선교할 때, 우리의 선교가 아니라 '하나님의 선교Missio Dei'에 참여할 수 있습니다. 그러니 환대로서의 선교는 결코 인력으로는 할 수 없습니다. 수줍어하시는 이타적인 신shy God인 성령의 감동이 아니면 할 수 없는 일이 분명합니다.

예루살렘 회의의 의의

사도행전 15장에 나오는 예루살렘 회의의 의의가 이것입니다. 예루살렘 회의는 이제 막 교회가 세워지고 이방인 선교로 그 범위가 확장되기 시작한 결정적인 시점에서 과연 선교가 무엇인지 그 본질을 짚어주고 있습니다. 성령께서 저지른(?) 충격적인 일율법 준수 없는 이방인의 수용을 교회가 수습하고 정리하고 있습니다. 이것은 '아름다운 뒷북'입니다. 우리가 일을 저지르고 성경이나 성령으로 정당화하려고 하지 않고, 선교의 주체들삼위 하나님이 저지른 일들을 이해하고 수용하려고 끙끙거리는 교회의 태도를 보고 있자니 왜 이렇게 안심이 되는지 모르겠습니다. 각자 자기 이해와 논리만 고집했다면, 이방인 교회와 유대인 교회는 서로를 환대하지 못하고 갈등하다가 영영 하나가 되지 못했을 것입니다. 하지만 그들은 상대방의 주장 속에 담긴 성령의 얼굴을 보았습니다. 그 성령의 얼굴을 현상시켰습니다. 성령을 환대했습니다. 그럼으로써 13장부터 성령님의 주도로 진행된 이방인 선교를 공증해 주었고, 16장부터 전개될 본격적인 이방인 선교에 더욱 박차를 가할 수 있도록 해주었습니다. 이 예루살렘 회의 덕분에 바울은 한층 가벼워진 어깨로 선교지를 향할 수 있었을 것입니다. 이방인 교회들도 자신들이 진정으로 그리스도의 몸인 교회 안으로 받아들여졌다고 느꼈을 것입니다. 이방인 교회와 바울 일행의 선교를 향한 예루살렘 교회의 환대, 그것을 통해 성령을 환대하고 삼위 하나님의 선교를 수용한 것, 이것이 예루살렘 회의의 본질입니다.

율법 준수와 구원의 관계에 관한 문제

복음이 팔레스타인 땅을 넘어가면서 교회는 새로운 전기를 맞이합니다. 그것은 거칠 것 없는 전진의 역사가 아니라 숱한 장벽을 넘는 일이었고, 갈등과 논쟁과 오해와 설득의 과정을 통과해야 하는 지난至難한 일이었습니다. 하나님께서 세심하게 그 과정을 주도하셨습니다. 놀랍게도 그 포문을 연 것은 이방인의 사도인 바울이 아니라 유대인의 교회인 예루살렘 교회 지도자 베드로였습니다. 그는 성령이 먼저 하신 일을 마무리했습니다. 성령께서는 모두가 기대하던 사람이방인 출신 지도자이 아니라, 모두의 기대에서 벗어난 사람유대인 출신의 지도자을 통해서 당대 사람들이 생각하던 당연한 신념 혹은 견고한 패러다임을 깨뜨리셨습니다. 어떤 패러다임입니까? 예수는 유대인의 메시아이고, 만약 그 예수가 가져온 하나님 나라의 백성이 되려면, 즉 아브라함에게 주신 언약의 수혜자가 되려면, 먼저 이방인은 유대인이 되어야 한다는 생각이었습니다. 그것은 예수님이 오신 이후에도 모든 율법은 여전히 준수되어야 하고, 특별히 안식일, 정결 규례, 할례 등은 반드시 지켜져야 한다는 뜻이었습니다. 예수님이 오셔서 새로운 시대를 여셨기에 하나님이 모세를 통해서 주신 것들이 무용지물이 되었다고 생각하는 유대인은 없었습니다. 그것이 그들이 의심의 여지 없이 붙잡고 있던 신념 혹은 패러다임이었습니다. 하나님은 아주 서서히 그것을 무너뜨리고 계십니다. 하지만 언약과 율법의 본질만은 훼손하지 않으십니다.

하나님은 먼저 베드로를 통해 하나님을 경외하는 이방인 백부장 고넬료가 회심하는 것을 목격하게 하셨습니다. 그는 할례를 받지 않았고 예수 그리스도의 복음을 믿었을 뿐인데 그에게'도' 오순절에 예루살렘의 유대인들에게처럼 성령이 임하자, 베드로는 그 자리에 함께한 이들에게 세례를 베풀어 그들이 하나님의 공동체의 일원이 된 것을 공식화해 주었습니다. 그 소식을 듣고 예루살렘 교회도 "하나님께 영광을 돌렸"(행 11:18)습니다. 성령의 충격적인 환대를 교회도 인정한 것입니다.

이때 더 놀라운 소식이 이방인 지역으로 로마의 3대 도시인 수리아 안디옥으로부터 들려왔습니다. 순회 전도자들이 안디옥 이방인들헬라인들에게 복음을 전하자 수많은 사람이 예수님을 믿게 되었다는 것입니다. 예루살렘 지도자들은 바나바를 보내서 그 진정성 여부를 판단하게 했습니다. 바나바도, 사마리아에 보냄받은 베드로와 요한처럼, 이방인 고넬료에게 보냄받은 베드로처럼, 그것이 성령의 역사인 것을 알아보았습니다. 그들이 진실로 하나님의 자녀가 된 것을 확인했습니다. 사람이 아니라 "하나님의 은혜"(행 11:23)로 일어난 일임을 보고 기뻐했습니다. 이것은 이방인들이 육체에 할례를 받기 전에, 즉 율법을 문자 그대로 행하기 전에 일어난 일이었습니다. 그러니까 성령이 임하신 것은 율법의 행위가 아니라 믿음으로 일어난 일이었습니다.

그리고 지금껏 우리는 그 후로 진행된 바울과 바나바의 1차 선교 여행을 살펴보았습니다. 이제 그들은 선교 여행을 마치고 파송교회가 있는 안디옥에 돌아와서 이방인 지역에서 행한 선교 사역을 보고했습니다.

"그들이 이르러 교회를 모아 하나님이 함께 행하신 모든 일과 이방인들에게 믿음의 문을 여신 것을 보고하고 제자들과 함께 오래 있으니라" (사도행전 14:27-28)

아직 이 사실을 예루살렘 사도들에게는 보고하지 않았습니다. 그들이 돌아온 지 얼마나 더 지난 후에 15장의 사건이 벌어졌는지는 모릅니다. 안디옥에 머물던 두 사도들에게 어떤 일이 있었는지 누가는 다음과 같이 말합니다.

"어떤 사람들이 유대로부터 내려와서 형제들을 가르치되 너희가 모세의 법대로 할례를 받지 아니하면 능히 구원을 받지 못하리라 하니 바울 및 바나바와 그들 사이에 적지 아니한 다툼과 변론이 일어난지라" (사도행전 15:1-2a)

이 유대로부터 내려온 어떤 사람들이 누구인지는 정확히 밝히지 않고 있고 그들의 주장만 기록하고 있습니다. 그들은 안디옥 교회를 찾아가서 율법 준수를 하지 않은 이방인들, 특히 할례를 받지 않은 이방인들은 구원을 받지 못한다고 주장했습니다. 무려 약 540킬로미터의 먼 거리를 찾아와 이의를 제기할 만큼 유대인들에게 율법 준수 문제는 한 개인의 구원을 위해서뿐만 아니라 교회의 일치를 위해서도 중요했습니다.[1] 그들은 온전한 구원을 이루려면 예수님도 믿고 "모세의 법대로"[2] 할례도 받아야 한다고 주장했습니다(레 12:3). 유대교 입교가 하나님의 은혜를 통한 이방인들의 구원을 위한 선결 조건이라는 의미입니다. 하지만 이것은 사실상 예수를 향한 믿음만을 강조했던 바울과 바나바가 너무 간편하게 이방인들의 구원 여부를 임의로 결정해 주었다고 비난하는 것과 같았으며, 목숨을 걸고 행한 그들의 선교를 부정하는 심각한 주장이었습니다. 그들은 참된 회심을 통한 구원의 조건으로 세례와 할례를 모두 요청했고, 구원 이후 율법 준수를 당연하게 생각했습니다.

이들이 "유대로부터 내려"왔다고 하는데, 예루살렘 교회의 영향권 아래 있는 사람처럼 보이지만 예루살렘 교회의 공식 사절단은 아닌 듯합니다. 이들은 예루살렘 교회의 극단적인 우파 그리스도인의 입장을 대변하고 있었습니다.[3] 15장 5절에 구체적으로 그들에 대해서 "바리새파 중에 어떤 믿는 사람"이라고 나옵니다. 그들은 기독교는 유대교를 개혁한 것이지 유대교를 버린 것이 아니라고 여겼습니다. 유대교와 기독교 간의 불연속성보다는 연속성을 강조한 것입니다. 그래서 여전히 이방인들보다는 율법을 준수하고 있는 유대인 자신들이 우월하다고 믿었습니다. 이방인들은 2등 선민이고 자신들은 1등 선민이며, 만약 하나님 나라에 들

---

1 그들의 주장을 직접 화법으로 서술함으로써 더욱 강조하고 있다.
2 대개 유대인들은 아브라함을 할례의 기원으로 여긴다. 따라서 여기 "모세의 법대로"라는 것은 옛 이스라엘 유대인들의 오랜 관행을 의미할 것이다.
3 행 6:8에 나오는 "허다한 제사장의 무리"와 바리새파 출신의 회심자들이 주도하는 신학일 것이다.

어오고 교회의 일원이 되려면 자신들에게 배우고 따라야 한다는 식으로 생각했습니다. 여전히 구약의 혈통적 선민주의나 국수주의를 버리지 않고 있었던 것입니다. 그들은 나와 너를 갈랐고 차별했습니다. 이방인 그리스도인들을 있는 그대로 환대할 준비가 안 되어 있었습니다. 그들에게서 배울 것이 있고 본받을 것이 있다는 생각은 전혀 안 했습니다. 그들이 이방인 할례의 근거로 매우 중요하게 여긴 구절은 창세기 17장입니다. 특히 12절에서는 "너희의 대대로 모든 남자는 집에서 난 자나 또는 너희 자손이 아니라 이방 사람에게서 돈으로 산 자를 막론하고 난 지 팔 일 만에 할례를 받을 것이라"라고 하여 이방 사람들에게도 할례를 명하셨고, 13절에서는 이 할례 언약을 "영원한 언약"이라고 하는데, 이것이 아브라함의 유대인 자손뿐 아니라 이방인도 할례를 받아야 한다고 요구하는 근거라고 생각했습니다.

바울과 바나바는 이 주장에 동의할 수 없었기에 적지 않은 "다툼과 변론"을 벌였습니다. "적지 아니한"이라고 한 것에서 알 수 있듯이 조금도 물러서지 않고 단호히 맞섰습니다. '나도 맞고 너도 맞고 우리 모두 맞다'라고 인정하는 것이 무조건 좋은 태도는 아니고 진정한 환대도 아닙니다. 그렇게 해서 이룬 평화는 가짜 평화입니다. 서로에게 배우려고 경청하는 태도는 좋지만, 갈등을 회피하려고 아닌 것을 아니라고 말하지 못하는 태도는 비겁한 것이고 사실상 굴복하는 것입니다. 모두를 기쁘게 하려는 것은 진리를 추구하는 태도가 아닙니다. 진리는 끊임없이 진리 아닌 것과 씨름하는 과정 중에 있는 어떤 것이며, 그 과정은 대화와 논쟁과 대립을 수반할 수밖에 없습니다. 비본질적인 차이라면 다양성의 문제로 간주할 수 있지만, '구원'에 관한 핵심 본질에 해당한다면 치열하게 다

뭐야 합니다. 이것은 상대를 이기고 제압하는 차원의 문제가 아닙니다. 내가 완전히 설득될 때까지 묻고 따져야 합니다. 상대방을 제압하려고 하기 전에 자기 자신의 생각에 대해서 물고 늘어져야 합니다. 그 과정에서 상대의 주장에 반대도 하고 딴지도 걸고 이의도 제기하는 것입니다. 논쟁의 대상자를 제압했다고 해서 내 주장이 자동으로 진리가 되는 것은 아닙니다. 예수 그리스도의 구원의 완전성과 충족성을 해치는 것은 단호히 거부해야 합니다. 우리의 인격적인 반응을 무용한 것으로 만드는 논리도 단호히 거부해야 합니다.

사도의 권위에 의존

사도들과 몇몇 유대인 그리스도인들 사이에는 한 치의 물러섬도 없는 팽팽하고 격렬한 다툼과 변론이 있었습니다. 둘은 서로의 차이만 인정한 채 별일 아니라는 듯 헤어지지 않았습니다. 둘 모두에게 이것은 그냥 넘어갈 수 있는 문제가 아니었습니다. 둘 다 깐깐했지만, 참 멋진 사람들 아닙니까? 자기가 믿고 있는 것에 자기 자신을 걸 줄 알아야 진짜 믿는 것입니다. 목숨 걸고 지킬 가치가 있다고 여기는 믿음의 분량만큼 내 삶과 가치관이 형성되고, 타인에게 미치는 영향력도 달라집니다. 대립한 두 진영은 이 문제를 어떻게 다루기로 결정합니까?

"형제들이 이 문제에 대하여 바울과 바나바와 및 그 중의 몇 사람을 예루살렘에 있는 사도와 장로들에게 보내기로 작정하니라" (사도행전 15:2b)

안디옥 교회와 유대에서 온 어떤 이들에게는 양측 모두 그 권위를 인정하는 선배 교회가 있었습니다. 얼마나 다행입니까? 그들은 예루살렘 교회에 있는 사도들과 장로들에게 묻기로 합니다. 오늘 우리에게는 바울이 권위 있는 사도이지만, 이때까지만 해도 그는 열두 사도들만큼의 권위를 가진 사도로 인정받고 있지는 않았습니다. 그래서 양측이 모두 인정하는 권위 있는 지도자들에게 문제 해결을 요청한 것입니다. 그들이 우리 시대의 노회나 신학교의 역할을 했습니다.

이렇듯 탄탄한 신학적인 준비가 되어 있는 지도자들이 교회가 건강하게 자라는 과정에서 꼭 필요합니다. 신학이 빈곤한 교회는 허약한 토대 위에 지은 집과 같고, 구조가 부실한 집과 같습니다. 우리는 이미 성경이나 신학 없는 신앙의 폐해를 쇠약해질 대로 쇠약해진 한국교회에서 보고 있습니다. 수적으로 성장할 수만 있다면 무슨 방법이든 용인했고, 사람들이 좋아하기만 한다면 비성경적인 설교에도 관대했습니다. 그들이 전한 말씀에는 눈감은 채 그들의 성공(?) 사례에 더 귀를 기울였습니다. 그러다 보니 교회와 일꾼들은 신학의 닻을 내리지 못한 채 시류에 휩쓸리고 세속에 잠식되다가 결국 맘몬주의와 이단들에게도 속수무책으로 당하는 실정이 된 것입니다.

예루살렘으로 내려가는 길에

바울과 바나바는 안디옥에서 보낸 다른 형제들과 함께 예루살렘을 향해 떠납니다. 흥미롭게도 3절은 그들이 예루살렘에 이를 때까지 거쳐온 길을 소개하고 있습니다.

"그들이 교회의 전송을 받고 베니게와 사마리아로 다니며 이방인들이 주
께 돌아온 일을 말하여 형제들을 다 크게 기쁘게 하더라"(사도행전 15:3)

예루살렘까지 그냥 쭉 올라가지 않고 지중해 해변길을 따라 가면서
베니게에 있는 형제들을 만납니다. 그러고는 더 남쪽으로 내려와서 사
마리아에 있는 형제들도 심방합니다. 베니게는 '두로와 시돈'이 있는 이
방인 지역을 말합니다.[4] 사마리아도 유대 사람들에게는 이방인이나 다
름없는 땅입니다. 그러나 그들도 그리스도 안에서는 "형제들"입니다. 바
울과 바나바는 그렇게 이미 교회가 선 곳을 방문하여 자신들이 1차 선교
여행 때 경험한 일들, 즉 "이방인들이 주께 돌아온 일"을 간증해 주었습
니다. 이미 안디옥 교회에게 보고한 것(행 14:27)을 이제 베니게와 사마리
아 교회들에게도 보고한 것입니다. 이방인들이 주축이 된 교회들이었으
니 이방인들이 주께(원문에는 없는 표현) "돌아온"(에피스트로펜, ἐπιστροφὴν[5]) 소
식을 듣고 "크게 기뻐했습니다." 저자는 예루살렘 회의 사건을 이야기하
기 전에 왜 이 이야기를 먼저 들려주고 있을까요? 지금 여기 유대 해변의
이방인 형제들에게는 '큰 기쁨'이 된 선교지에서의 이방인 회심 소식이

---

4 두로와 시돈에 예수 믿는 형제들이 있음을 누가는 뒤에 언급하고 있다. 두로는 행
   21:3-4에, 시돈은 행 27:3에 나온다.
5 '회심'(conversion)을 나타내는 이 단어의 명사 형태는 사도행전에 유일하게 여기만
   나온다. 살전 1:9-10에서 이 단어는 이방인들이 죄 용서와 하나님의 진노에서 구원 받
   고 영원한 생명을 얻기 위해, 예수님의 삶과 죽음과 부활을 믿고, 우상을 버리고, 유일
   하신 참 하나님께 돌아온 것을 묘사할 때 쓰이고 있다.

예루살렘 교회에게도 '큰 기쁨'이 될 수 있을 것인지를 묻고 있는 것입니다. 진정한 복음이라면, 그러니까 이방인들의 회심이 진정한 하나님의 역사라면, 이방인들만 기뻐할 소식에 머물러서는 안 된다고 말하고 싶은 것입니다.

우리는 여기서 때를 얻든지 못 얻든지 복음을 나누고 교제를 청하는 바울 일행의 선교적 태도를 엿볼 수 있습니다. 이것이 하나님께서 자신을 통해 행하신 일, 즉 간증과 서사가 있는 사람들의 전형적인 특징입니다. 할 말이 가득한 사역자, 하나님을 자랑할 만한 이야기가 있는 사역자와 성도들, 하나님은 영혼과 선교를 향해 마음에 '불'을 가진 자들을 통해 당신 나라의 역사를 이어가십니다. 임금님 귀가 당나귀 귀인 것을 안 사람은 그 소식을 말하지 말라고 하면 속 터져 죽을 것 같아서 대나무 숲에라도 가서 외치는 것입니다. 나눌 수밖에 없어서 나누는 사람이 되려면 주께서 동행하셔서 이루신 생생한 역사가, 살아있는 이야기가 있어야 합니다. 예수 믿어서 너무 좋은 사람이 되어야 합니다. 바울 일행은 할 이야기가 무척 많은 사람들이었습니다.

예루살렘 당도와 의제 상정

드디어 사도 일행은 예루살렘에 당도했습니다. 예루살렘에는 그들을 환영하는 세 집단이 있었습니다. "예루살렘에 이르러 교회와 사도와 장로들에게 영접을 받고"(행 15:4a). 그들이 이 중요한 일을 논의하기 위해 모인 곳은 '솔로몬의 행각'이었을 것입니다. 양측은 서로의 주장을 예루살렘의 사도들과 장로들 앞에서 제시했습니다. 바울과 바나바 일행이 먼저 "하나님이 자기들과 함께 계셔 행하신 모든 일을 말"합니다(행 15:4b). 이건 어떤 이론이나 지식이 아닙니다. 실제 겪은 일입니다. 이론이나 논리나 신학지식이 아니라 실제 벌어진 일을 있는 그대로 말했습니다. 무슨 일이었습니까? 할례를 행하지 않은 이방인들에게 성령이 내린 사건입니다. 이방인들이 예수 믿고 세례를 받도록 역사하신 일입니다. 이방인들이 자기 죄를 회개하고 새로운 삶으로 변화된 일입니다. 자신들이 이방인 중에서 복음을 전하다가 박해를 당하면서도 믿음을 지킨 일입니다. 이 모두 성령의 역사가 아니었으면 일어날 수 없는 일이었습니다. 그건 바울 일행의 선교가 아니라 하나님의 선교였습니다. 그래서 바울과 바나바는 이방인들이 주께 돌아온 일을 '하나님이 하신 일'로 성격을 규정한 것입니다. 하나님이 '그들과 함께' 계셨기에 할 수 있었던 일이었습니다. 이는 단지 하나님의 사역적인 지원만을 의미하지 않고, 이방인의 구원은 하나님 당신의 능력으로 아들 예수님을 통해서만 이룰 수 있었다고 말한 것입니다. 이것을 듣고 바리새파 그리스도인들도 가만있지 않습니다.

> "바리새파 중에 어떤 믿는 사람들이 일어나 말하되 이방인에게 할례를 행하고 모세의 율법을 지키라 명하는 것이 마땅하다 하니라" (사도행전 15:5)

그들이 얼마나 자기 주장을 확신했는지를 "마땅하다"데이, δεῖ라는 말에서 엿볼 수 있습니다. 누가는 그들의 주장을 강조하기 위해 이번에도 직접 화법으로 소개하고 있습니다. 1절에서 유대로부터 온 어떤 이들도 "능히 구원을 받지 못하리라", "절대 구원 받을 수 없다"라고 단호하게 말한 바 있습니다. 절대 흔들 수 없는 확신입니다. 추호도 양보할 수 없는 진리였습니다. 적어도 그들은 자신들이 믿는 바에 자신을 다 건 사람들이었습니다. 믿으려면 그렇게 믿어야 합니다. 마땅하다고 생각하지 않는 자들은 마땅하게 살 수 없습니다. 예수님을 믿기 전에 바리새파 유대인으로 살던 때부터 그들은 믿는 일과 살아내는 일에 철저했습니다. 자신들이 더 열정적으로, 더 철저히 믿을수록 메시아가 와서 의인들이 부활하게 하는 종말이 더 빨리 올 것이라고 믿었습니다.

그런데 지금 그들이 상대하는 바울도 만만치 않은 바리새인 출신이었습니다. '바리새인 중의 바리새인'이었습니다. 당대의 석학 가말리엘 문하에 있던 촉망 받는 랍비였습니다. 둘 다 같은 배경에서 예수님을 만났고 경험했고 믿었지만, 두 진영의 견해는 전혀 달랐습니다. 그렇다면 이제 그들에게 중요한 것은 누구의 확신이 더 강하고 더 순수한가 하는 것이 아닙니다. 그러니 아무리 달라도 서로의 확신에 대해 조롱하거나 폄훼해서는 안 됩니다. 친절하게 경청하여 자신의 지식과 확신을 점검하고 상대화할 준비를 해야 합니다. 이기고 지는 문제나 보존과 폐기의 차원에만 머물면 안 됩니다. 그것은 옳고 그름의 문제가 아니라, 어떻게 보완하고 수정할지, 어떻게 깊어지고 넓어질지의 문제일 수도 있기 때문입니다. 무엇보다 겸손해야 하고 경청해야 합니다. '태도'가 중요합니다. 더하거나 뺄 것이 없을 만큼 나는 충분히 알고 있다는 확신은 대부분의 경우에 득이 아니라 독이 됩니다. 소통을 막고 불통을 가져옵니다. 공동체가 나뉘는 불행은 그 오만한 확신에서 시작합니다.

바리새인 출신들이 예수님을 영접했다는 사실 자체는 큰 기적입니다. 그들의 단호함과 고집, 불굴의 신념은 바리새인 시절의 모습 그대로였습니다. 바리새인 출신 바울은 부활하신 예수님을 만난 후 율법관이 바뀌었습니다. 조금 수정된 것이 아니라 근본적으로 전복되었습니다. 율법은 예수님을 통해서 완성되었기에 자구字句로서의 율법은 폐지되었다고 생각했습니다. 반면에, 예루살렘 교회의 바리새인 그리스도인들은 여전히 율법을 문자적으로 철저히 지키는 것이 마땅하다고 믿었습니다. 바울은 그들의 그 신념을 십분 이해했을 것입니다. 하나님께서 친히 말씀하신 것을 하나님 스스로 폐기하셨다고 믿는 것이 도리어 더 어려웠을 것입니다. 하지만 율법 폐기廢棄가 아니라 자구로서의 율법의 폐지廢止이며, 그 것이 율법의 완성을 의미하는 것이라고 한다면 문제가 달라집니다. 회의 분위기를 추정하건대, 양측간에 화해할 수 없을 만큼의 엄청난 적대감이 있었을 것 같지는 않습니다. 양쪽 모두 선한 열정으로 충만했습니다. 더 바르게 알고 순전하게 믿도록 하고 싶은 선한 열정에서 시작한 일이고, 진리가 주는 자유함을 누리게 해주고 싶은 마음으로 임한 회의였습니다. 한 테이블에 앉아서 서로의 이야기를 허심탄회하게 나누고 있다는 사실 자체가 이미 그들의 열린 마음을 반영하고 있습니다. 견해가 다르다고 해서 원수같이 비난하고 등을 돌리는 것은 진리에 대한 열정이 아니라 지나친 자기 확신에서 나온 교만 때문일 것입니다. 영국에서 공부할 때 수업 시간에 의견이 다른 두 교수가 치열하고 팽팽하게 자기주장을 전개하다가도 강의실 밖을 나가면 여전히 사이좋은 동료로 잘 지내는 것을 보고서 참 좋기도 했고 신기하기도 했습니다. 이것이 가능하다는 사실에 짐짓 놀랐습니다. 내 의견을 받아들이지 않으면 나를 거절한 것으로 여겨서 말도 안 섞는 우리네 풍경과 너무 달랐기 때문입니다.

베드로의 주장

이제 이 양측의 입장을 잘 듣고 의논하기 위해서 사도들과 장로들이 따로 한데 모였습니다(행 15:6). 이것을 예루살렘 회의 혹은 예루살렘 공의회라고 불러왔습니다. 이 회의가 사도행전 전체의 한 중심에 위치할 만큼 중요합니다. 이 회의를 분수령으로 하여 이전과는 전혀 새로운 양상으로 선교가 전개될 것이기 때문입니다. 큰 방향 설정을 했다는 점에서는 초대교회 역사에서 의미가 큰 회의였지만, 그렇다고 해서 공의회라고 불릴 만큼 규모가 큰 회의는 아니었습니다.[6] 양측은 누가가 기록한 것보다는 훨씬 심도 있게 그리고 진지하게 각자의 입장을 제시하고 설득했겠지만, 저자 누가는 4-5절에 나온 것 말고는 상세한 내용을 소개하지 않고 있습니다. 다만 이 논쟁이 결정적으로 안디옥 교회 주장을 인정하는 것으로 결론이 나게 한 베드로의 발언과 이 논쟁을 정리해 준 야고보의 발언만을 상세히 기록하고 있습니다.

"많은 변론이 있은 후에", 즉 오랜 시간 깊이 있게 논의한 후에, 베드로는 예루살렘 회의 석상에서도 고넬료 사건을 예로 들면서 위의 바울의 주장을 자기 말로 풀어서 설명하고 있습니다. 먼저 하나님께서 왜 베드로 자신을 따로 선택하여 복음을 전하게 하셨는지 이유를 밝히고 있습니다.

---

6 회의가 한 번 열렸는지 두 번 열렸는지에 대해서 견해가 갈린다. 교회 전체가 모인 회의(4절)와 예루살렘 교회의 사도들과 장로들, 안디옥에서 파송 받은 사람들이 모인 다른 한 번의 회의로 구분되는 것 같다.

"많은 변론이 있은 후에 베드로가 일어나 말하되 형제들아 너희도 알거니

와 하나님이 이방인들로 내 입에서 복음의 말씀을 들어 믿게 하시려고 오

래 전부터 너희 가운데서 나를 택하시고" (사도행전 15:7)

여기서 베드로는 "너희도 알거니와", "오래 전부터"라는 표현을 통해 이제부터 자신이 말하는 것은 예루살렘 교회와 안디옥 교회의 대표들도 다 알고 있는 사실에 근거하고 있음을 분명히 합니다. 터무니없는 비약이나 독단적인 주장이 아니며, 하나님이 행하신 일에 근거하고 있다고 말하고 싶은 것입니다. 벌써 7년 전(행 12:17) 베드로는 복음을 전하기 위해 예루살렘 교회를 떠나 이방인들에게로 갔습니다. 베드로라는 이름을 가리고 읽으면 마치 이방인의 사도 '바울'의 고백으로 들릴 것입니다. 그런데 놀랍게도 베드로의 고백입니다. 이방인들이 복음의 말씀을 들어 믿게 하시려고 (하나님께서) 자신을 선택하셨다고 합니다. 특히 베드로가 염두에 두고 있는 사건"이방인들"은 단연 고넬료와 그의 가족들의 회심 사건입니다. 그가 고넬료에게 전한 것을 "복음의 말씀"이라고 부릅니다. 사도행전에서 '복음'이라는 표현은 단 두 번, 여기와 사도행전 20장 24절에만 나옵니다. 이 복음은 예수의 성육신과 십자가와 부활, 그분의 왕적 통치에 관한 소식이며, 그를 믿는 자의 죄 용서와 구원에 관한 소식입니다. 이미 예루살렘 교회는 그 복음의 말씀으로 하나님의 백성이 되는 구원을 누렸는데, 이제 하나님께서 이방인들도 그 복음의 말씀을 믿게 하시려고 자신을 선택하셨다고 회상합니다. 또한 그 사실을 예루살렘 교회도 이미 다 알고 있음을 확인시킵니다.

그는 이제 고넬료의 가족들을 회심시킨 이 복음의 말씀(행 15:7)에 근

거하여 두 가지를 강조할 것입니다. 하나님이 유대인 그리스도인들에게 처럼 이방인들에게도 성령을 주셨다는 것과 차별 없이 이방인들을 맞아 주셨다는 것입니다. 그런데 베드로는 하나님께서 이방인들을 받아주신 것을 어떻게 알 수 있었습니까?

"또 마음을 아시는 하나님이 우리에게와 같이 그들에게도 성령을 주어 증언하시고" (사도행전 15:8)

하나님께서는 오순절에 유대인들에게 성령을 주셨듯이 이방인들에게도 성령을 주어 믿게 하셨습니다. 이방인들을 (하나님 나라 백성으로) 받아들이셨다는 것을 하나님이 친히 증언하신 것입니다. 유대인에게 성령 강림은 종말의 도래를 시사하는 사건이었습니다. 마찬가지로, 이방인들에게 성령이 임한 사건 역시 새 시대가 이미 임했고 이방인들도 새 이스라엘의 구성원으로 합류하게 되었음을 보여주는 사건이었습니다. 여기 "우리에게와 같이카쏘스 카이 헤민, καθὼς καὶ ἡμῖν"라는 표현은 성령이 임한 후에 오순절에 나타난 것 같은 방언의 역사가 고넬료의 경우에서도 일어났음을 암시합니다. 고넬료 집에 임한 성령은 고넬료의 회심이 하나님의 역사인 것을 보여주는 표징이었다는 뜻입니다. 오순절의 성령 강림은 유대인들을 위한 사건이었고, 고넬료의 집에 임한 성령 강림은 '이방인의 오순절'이었습니다. 하나님이 보신 것은 이방인들이 율법을 행하는지 여부나 할례를 받았는지 여부가 아니었습니다. 오로지 그들의 마음이었습니다. 그래서 하나님을 이렇게 소개합니다. "마음을 아시는 하나님이호 카르디오그노스테스 쎄오스, ὁ καρδιογνώστης θεὸς." 베드로는 이를 통해 더는 이

35

방인들과 유대인들을 구별하는 외적인 조건이 사라졌고 새로운 기준이 적용되기 시작했음을 알았습니다.

> "믿음으로 그들의 마음을 깨끗이 하사 그들이나 우리나 차별하지 아니하셨느니라"(사도행전 15:9)

하나님이 보신 것은 이방인 고넬료 가족의 마음, 특히 그들의 '믿음테 피스테이, τῇ πίστει'이었습니다. 이제 새 언약의 시대에 이방인들은 단지 이방인이라는 이유로 부정한 존재로 간주되지 않습니다. 더는 부정한 존재가 아니고, 그래서 음식을 먹을 때 상종해서는 안 되는 존재가 아닙니다. 정결해지기 위해서 그들에게 더 요구할 것은 없습니다. 사실상 율법이 구분하는 정결과 부정의 기준은 사라졌습니다. 이제 유일하게 부정하고 깨끗한 것을 결정하는 기준은 예수밖에 없습니다. 외적인 정결이 아니라 마음의 정결만 중요합니다(막 7:15-23). 예수님의 주권 바깥에 있는 것, 주님을 믿지 않은 채 행하는 모든 일은 부정합니다. 더는 그 자체로 정결하고 부정한 시간과 장소와 음식과 사람은 존재하지 않습니다. 주님을 믿는 '마음으로' 한 것은 다 깨끗합니다. 다 거룩합니다.

믿는 이방인들, 그들은 하나님께서 마음을 깨끗하게 하신 사람들입니다. 깨끗한 사람이 깨끗한 마음으로 행하는 일은 다 깨끗합니다. 하나님께서는 외적인 조건으로 이방인과 유대인을 차별하지 않으십니다. 이는 매우 중요한 언급입니다. 차별하지 않으신다는 것, 그것은 더는 너와 나 사이의 이분법적 구별이 존재하지 않는다는 뜻입니다. 하나님 나라에서는 옛 이스라엘이 기준이 될 수 없고, 따라서 유대인 그리스도인들이 하나님을 상대하는 방식이 기준이 될 수도 없다는 뜻입니다. 그런데 유대인 그리스도인들은 어떻게 생각하고 있었습니까? 이방인은 유대인이 주도하는 새 이스라엘 하나님 나라에 흡수된다는 식으로 생각했습니다. 그런데 베드로는 그런 것은 하나님의 방식이 아니라고 말하고 있는 것입니다. 태초에 범한 원죄의 본질이 무엇입니까? 하나님이 정하신 기준 외에 다른 기준을 임의로 만들어 함부로 타인을 판단함으로써 하나님께는 월권을 행사하고 이웃을 차별한 것입니다. 그런데 어찌 새 언약의 공동체에서 그런 일을 용인할 수 있겠습니까? 이제 그들이 하나님 나라의 새로운 백성이 되려면 유대인도 유대인 됨을 버려야 하고 이방인도 이방인 됨을 버려야 합니다. 둘 다 그리스도 안에서 옛 사람이 죽고 새 사람으로 새롭게 창조되어야 합니다. 이것이 에베소에 보내는 바울의 편지의 핵심입니다(엡 2:13-18).

따라서 진정한 하나 됨을 위해서는 나처럼 되라고, 나한테 맞추고 적응하라고 말하지 않아야 합니다. 우리가 모두 그리스도처럼 되자고 말해야 합니다. 타인을 부정하지 말고 그리스도처럼 먼저 자기를 부정하고 타인을 수용하자고 해야 합니다. 이제 베드로는 바리새파 그리스도인들의 문제를 질문의 형태로 지적합니다.

"그런데 지금 너희가 어찌하여 하나님을 시험하여 우리 조상과 우리도 능히 메지 못하던 멍에를 제자들의 목에 두려느냐 그러나 우리는 그들이 우리와 동일하게 주 예수의 은혜로 구원 받는 줄을 믿노라 하니라"(사도행전 15:10-11)

9절에서는 "믿음으로 그 마음을 깨끗이 하사"라고 한 것을 여기 10절에서는 "예수의 은혜로 구원 받는"다고 표현합니다. 이방인과 유대인 모두 주 예수님의 은혜로 구원을 받습니다. 율법의 행위가 아니라 "예수 그리스도의 믿음"으로 구원받는다고 했던 사도 바울의 말과 같습니다(갈 2:16). 예수 사건, 예수께서 이 세상에 오셔서 이루신 사건, 예수님을 정점으로 하나님께서 이루신 구원의 역사, 그것이 우리를 구원하는 것이지 우리가 율법을 지켜서 구원 얻는 것이 아닙니다. 처음부터, 창세 전부터(엡 1:4; 2:4-8) 구원은 하나님의 은혜에 대한 인간의 반응으로 결정되게 하셨으며, 단 한 번도 하나님의 요구를 다 이행해야 한다는 조건을 요구하신 적이 없습니다. 그것은 구약이나 신약이나 다 마찬가지였습니다. 그 하나님의 은혜가 이제 예수님을 통해서 나타난 것입니다.

베드로는 이방인들에게 할례와 율법 준수를 참 회심의 조건으로 요구하는 바리새파 출신 그리스도인들의 주장을 "하나님을 시험"하는 것이라고 혹독하게 규정합니다. 몹시 부정적인 평가입니다. 이것은 하나님께 불순종하여 멸망했던 광야 이스라엘 백성들의 태도를 말할 때 쓴 표현이고, 광야에서 예수님을 시험했던 사탄의 태도와 같은 것(눅 4:2)이며, 성령을 시험한 유대인들의 태도와 다르지 않은(눅 11:15-16) 매우 심각한 잘못이라고 한 것입니다. 죽음에 이른 아나니아와 삽비라의 죄 역시 성령을 시험한 것(행 5:9)이었습니다. 그러니까 만약 바리새파 그리스도인들이 이 주장을 계속 고집한다면, 그래서 이방인 그리스도인들을 형제로 받아들이지 않고 율법 준수를 선결조건으로 요구한다면, 그래서 지난 수년 동안 진행된 바울과 바나바의 이방인 선교를 하나님이 하신 일로 수용하지 않는다면, 갈라디아서에서 "우리가 너희에게 전한 복음 외에 다른 복음을 전하면 저주를 받을지어다"(갈 1:8)라고 바울이 경고한 대로, 그들의 구원이 도리어 위태로워질 수도 있었습니다. 베드로는 바리새파 그리스도인들의 여전한 문제가 무엇인지를 구체적으로 설명합니다.

"우리 조상과 우리도 능히 메지 못하던 멍에를 제자들의 목에 두려느냐"

(사도행전 15:10)

유대인 자신들부터 율법 준수를 잘하지 못하여 "능히 메지 못하던 멍에"로 멸망했고 지금도 여전하면서 이방인들에게만 요구한다는 것입니다. 베드로는 이것이 예수님을 믿지 않는 바리새인들이나 외식하는 바리새인들만의 문제라고 하지 않습니다. 예수님을 믿은 후로도 유대인들의 영적 자만심은 변함이 없었습니다. 그들의 여전한 율법 준수가 "믿음으로 그들의 마음을 깨끗하게 하시는" 하나님의 역사요 성령의 역사 덕분인 것을 인정하지 않고 있기 때문입니다. 유대인들의 우월감이나 자신감 자체가 이미 영적 적신호였던 것입니다. 그것은 '하나님의 은혜로 받은 구원'을 인정하지 않는 것과 같은 것이기 때문입니다. 예수님을 죽인 유대인들이 "하나님께 열심이 있으나 올바른 지식을 따른 것이 아니"(롬 10:2)였는데, 바리새파 그리스도인들도 똑같은 전철을 밟고 있었습니다. 부활하신 예수님을 본 바울에게 일어났던 근본적인 변화, 즉 율법에 대한 새로운 이해와 이에 근거한 예수를 향한 자기 부정의 역사가 이 바리새파 유대인들에게는 아직 일어나지 않았던 것입니다(참조. 갈 2:20-21).

바울은 옛 사람의 시대를 회상하면서 "율법의 의로는 흠이 없었다"(빌 3:6)고 할 만큼 율법을 문자 그대로 지켜온 사람입니다. 하지만 결과적으로 그는 그 율법을 완성하러 오신 메시아 예수를 알아보지 못했습니다. 그 예수님이 율법의 완성으로 오신 로고스, 하나님의 말씀이고 하나님의 아들인 것을 알아보지 못했습니다. 구약의 율법을 통해 하나님의 뜻을 바로 깨달았고 그 의도대로 살고 있었다면, 어떻게 메시아를 못 알아볼 수 있겠습니까? 예수님은 율법 학자들과의 논쟁에서 그들이 자신을 알아보지 못하는 것이 당연한 일이라고 말씀하시지 않고, 그 대신 엄청난 불신앙이라고 지적하셨습니다(요 8:45-51). 회심 전 바리새인 바울도 그런 상태였습니다. 메시아 예수를 죽이는 데 앞장선 자들과 다를 바 없이 예수 믿는 자들을 잡아 가두는 일에 비느하스의 열정으로 앞장섰습니다. 하나님을 죽이는 열정이었고, 하나님을 죽이는 믿음이었고, 하나님을 죽이는 확신이었습니다. 그 열정과 믿음과 확신이 얼마나 눈먼 것들이었는지 부활하신 예수님을 만나고서야 깨달았습니다. 그때까지 그는 영적 소경이었습니다. 다메섹 도상의 경험을 한 후 부활하신 예수님이 바울 인생의 주인이 되셨고 중심이 되셨습니다. 예수님이 모든 이스라엘 역사와 언약과 율법을 해석하는 기준이 되셨다는 뜻입니다. 혈통적인 이스라엘 중심으로, 또한 자신의 신학을 중심으로 모든 것을 판단하여 에덴의 원죄를 반복했던 과거의 바울은 이제 십자가에 못 박았습니다. 자신이 메시아의 부활에 참여할 의인이 될 만큼 율법을 잘 지키고 있다고 생각했고, 그래서 율법을 알지도 못하고 지키지도 못하는 사람들을 정죄했는데, 그랬던 바리새인 옛 사람 바울은 이제 죽었습니다. 주 예수님의 은혜, 성령님의 조명, 하나님의 사랑이 아니면 아무도 하나님의 말씀 앞에 설 수 없음을 깨달았습니다. 이것이 고넬료 사건을 통해서 베드로가 깨우친 것이기도 합니다.

나가는 말

다툼과 관용의 조화

우리는 안디옥 교회와 예루살렘 교회의 모습에서 두 가지를 다 볼 수 있습니다. 하나는 '다툼'이고 다른 하나는 '관용'입니다. 이 두 가지가 교회 안에서 어떻게 긴장을 유지하며 진행되는지가 교회의 건강성을 좌우합니다. 교회에게는 치열하면서도 건전한 다툼이 필요합니다. 진리 아닌 것과 타협하지 않으려는 투지가 있어야 합니다. 세속 가치를 절대화하고 우상화하려는 시도에 단호하고도 끈질기게 맞서면서 창조적인 대안을 모색해야 합니다. 익숙하지만 혹시 신앙의 진보와 사랑의 연대를 가로막는 선입견과 타성은 아닌지 논쟁해야 합니다. 처음에는 우리의 민낯을 보면서 불편하고 부끄러울 수도 있지만, 조금씩 품이 넓어져서 깊게 품어주고 진득하게 기다려주는 여유를 확보해 가야 합니다. 그래서 강도에게 당해서 가진 것 다 빼앗기고 죽어가고 있는 내 형제를 모른 체하지 않는 염치 있고 양심 있는 교회가 되면 좋겠습니다. 지적으로 예리해지도록 노력할 뿐 아니라 경건하고도 대안적인 삶을 도모한다면 더욱 좋겠습니다. 우리 자신 안에는 여전히 주님 보시기에 흡족하지 않는 생각이 있을 것이고 지체들한테서도 그런 게 보일 것입니다. 왜 안 그러겠습니까? 그러니 어떤 것이 진리이신 예수님을 닮는 것이고 어떤 생각이 하나님 말씀이 요구하는 것에 부합하는지 서로 질문하고 대답하고 그걸 가지고 성찰하는 노력을 계속해야 합니다.

사랑을 위한 씨름

이기려고 논쟁하는 게 아닙니다. 알려고 논쟁하고 살려고 논쟁합니다. 사랑해서 논쟁하는 겁니다. 설교나 복음 증거 역시 알고 보면 다툼이고 변론입니다. 처음에는 듣는 사람들이 부대끼고 불편할 수도 있겠지만 점점 성경적 세계관이 자리 잡히면 언젠가는 말씀을 통해 힘을 얻고 악한 구조와 맞서볼 만한 엄두가 나기도 할 것입니다. 한편으로 우리 교회의 존재가 세상에게 긍정적인 영향을 주면 좋겠습니다. 다른 한편으로 불의와 타협하지 않는 우리 교회의 존재를 세상이 불편해하면 좋겠습니다. 우리는 어리석고 무모한 다툼이 아니라 진리를 추구하고 거짓과 타협하지 않는 모습으로 다투어야 합니다. 그러기 위해서 더 잘 준비하고 공부하고 연구하고 배우고 나눔으로써 탄탄하고 튼튼한 진리의 공동체로 거듭나야 할 것입니다. 차별하지 않으시는 하나님을 본받아 차별을 지우기 위한 바울의 다툼을 본받읍시다. 차별은 하나님과 다투는 일이요, 나와 너를 가르는 일은 하나님을 대적하는 일입니다. 하나님의 기준이 아니라 내 기준을 강요하는 것은 아담의 행태를 되풀이하는 일입니다. 하나님이 이방인들을 있는 그대로 받으셨으니, 유대인 그리스도인들은 더는 다른 조건을 요구해서는 안 됩니다. 하나님께서 당신의 주권대로 은혜를 베푸셨으니, 그 은혜를 부당한 것으로 만들어서는 안 됩니다. 그것은 내가 받은 은혜는 내가 자격 있어서 획득한 것처럼 주장하는 태도이고, 그것은 위험하고 불경한 착각이기 때문입니다.

겸손에서 나온 관용

동시에 우리는 관대해야 합니다. 관대함과 타협은 엄연히 다릅니다.

타협Compromise이 아니라 협상Negotiation이며 조율Tunning입니다. 우리 자신을 상대화하라는 뜻입니다. 열린 마음을 가지라는 뜻이고, 주님 오시는 날까지 배움의 태도를 유지하라는 뜻입니다. 아무리 바르게 알아도 우리가 가진 진리는 깨진 진리이고, 우리의 선은 깨진 선이고, 우리의 의는 깨진 의이기 때문입니다. 내가 속한 교회나 교파나 교단을 사랑하되 동시에 상대화해야 합니다. 진리를 추구하는 방향성을 유지하되, 진리를 독점한 것처럼 행세하지 말아야 합니다. 항상 배우고 교정하고 새로워져야 하는 존재들임을 인정해야 합니다. 내 진리로 남을 죽이려고 하기보다 우리 자신이 먼저 죽어야 합니다. 그래서 그리스도가 내 안에 사시게 해야 합니다. 그리스도의 시선으로 지체를 바라보고 세상을 바라보고 나를 보아야 합니다. 그럴 때 우리는 한 몸으로 지어져 갈 수 있습니다.

이제 우리는 서로를 받아주는 사랑을 시작합시다. 사랑 아닌 것과 맞서기 위해 다툽시다. 우리 자신의 욕심과 다투고 우리 교회의 오만과 다툽시다. 배제와 증오와 차별의 장벽을 만드는 우리 안의 아집과 다툽시다. 내 기득권을 위태롭게 할지라도 그리합시다. 하나님의 은혜를 업신여기고 하나님을 시험하는 태도와 싸웁시다. 예수 그리스도께서 우리 가운데 왕이 되시고 모델이 되시고 삶의 목표가 되실 때, 우리는 비로소 그리스도의 한 몸의 지체로 창조되어 갈 것입니다.

유대인처럼 이방인도
예루살렘 회의2

사도행전 15:12-35

들어가는 말

교회다움의 조건과 목표, 하나됨

사랑의 열매 가운데 가장 뚜렷한 것이 '하나됨'입니다. 그것은 신비한 연합이고 결합입니다. 서로 다른 둘이 만나서 전혀 다른 제3의 존재를 창조하는 것이 '하나됨'입니다. 그것은 1+1이 2만 되는 게 아니라 3도 되고 100도 되는 경이로운 조합, 화학적인 변화 같은 것입니다. 묘계妙契입니다. '따로' 또 '같이'의 방식으로 존재하고, 그래서 천편일률적인 획일성이 아니라 다채로움을 간직한 통일성입니다. 중심 없는 다원성이 아니라 중심을 향한 다양성입니다. 각자 고유함을 간직한 채 넉넉하게 서로를 품는 것, 그것이 사랑의 연합입니다. 복음이 있는 곳에 이 일곱 빛깔 무지개 같은 제각각 특색을 가진 교회가 태어나고, 그 교회들이 서로 손을 잡고 하나의 우주적인 교회, 예수 그리스도의 몸을 만들어 갈 것입니다. 교

44

인들이 그리스도의 한 몸인 교회의 지체이듯, 교회들이 그리스도의 한 몸의 지체가 되는 것입니다.

당연히 진통이나 긴장, 갈등 같은 것이 있습니다. 그것은 타협이나 무조건적인 개방이나 원칙 없는 관용의 산물이 아니고 진리를 향한 치열한 추구 과정이기 때문입니다. 좋은 게 좋다는 식으로 서로를 인정하는 척하는 것은 사랑이 아니고, 그렇게 해서는 참다운 우정이나 평화를 이룰 수 없습니다. 싸우지 않는 가족은 없습니다. 싸워도 되기 때문에 가족입니다. 그래서 저는 신혼부부들에게 권면할 때 '잘' 싸우라는 말을 잊지 않습니다. 하나됨은 어떤 것이 성경과 전통에 비추어 더 적합한지, 성도들의 경험에 비추어 더 받아들일 만한 것인지, 어디까지 다름을 인정할지 조율해 가는 과정입니다. 하나됨은 그리스도 안에서 자신을 비워가는 과정이고, 반드시 시간이 요청되는 여정입니다. 자신을 비우고 개방해야 경청할 수 있고 상대방의 입장에서 이해할 수 있습니다. 이해한다는 것이 늘 동의하는 것을 의미하지는 않습니다. 사랑은 동의하는 게 아니라 이해하는 것이고 인정하는 것입니다. 다른 게 있어도 가족이 될 수 있습니다.

하나됨을 위협한 복음의 확장

초대교회가 막 시작되었습니다. 처음에는 하나가 되는 데 큰 어려움이 없었습니다. 적어도 교리적으로는 그랬습니다. 오순절에 회심한 후 각자의 자리로 흩어진 사람들과의 관계는 잘 모르겠지만, 예루살렘을 중심으로 한 교회는 대부분 유대인이었고, 비슷하거나 같은 언어와 문화를 공유했고, 구약의 약속과 역사를 알고 있었습니다. 그들은 모두 한 성령께서 기적적으로 역사하시는 것을 보았습니다. 그래서 그들은 유대인 예수를 유대인의 메시아로 고백하는 데 아무 어려움이 없었습니다. 소수의 헬라파 유대인과 다수의 히브리파 유대인 사이의 갈등이 있었지만(행 6장), 얼마든 소통하면 해결할 수 있는 사안이었습니다. 그런데 복음이 예루살렘의 경계를 넘어 유대와 사마리아와 갈릴리까지 퍼져갔습니다. 유대와 갈릴리에 사는 유대인들까지는 큰 문제가 없었겠지만, 그간 짐승 취급하던 사마리아인들을 한 백성으로 받아들이기 위해서는 유대인들에게는 지식과 용기가 필요했습니다. 그건 자신의 신념 일부를 깨뜨리고 포기하는 일이었기 때문입니다. 다행히도 베드로와 요한이 사마리아를 방문했을 때, 성령께서 믿는 자들에게 임하신 것을 보고서 사마리아인들이 하나님의 은혜로운 역사로 그리스도를 영접한 것을 확인할 수 있었습니다. 그런데 사마리아인들이 수용한 이 복음이 유대인들이 생각하지도 못한 곳까지 향했습니다. 부활하신 주께서 분명 "땅끝"을 언급하셨지만(행 1:8), 이상하게도 교회가 즉시 누군가를 땅끝 선교사로 파송했다는 언급이 없습니다. 어쩌면 사도들은 복음이 지리적으로 예루살렘과 유대와 사마리아와 땅끝으로 확장되겠지만, 그것은 땅끝에 있는 유대인들에게로 향하는 일이라고 생각했을지 모릅니다. 당연히 그 땅끝이라는 것도 자신들이 아는 지리적 경계로 한정했을 것입니다. 적어도 이방인들에게 할례나 율법 준수를 요구하지 않은 채 유대인들의 메시아를 통해 이방인들도 구원을 받는 게 가능할 것이라고는 추호도 생각하지 못했을 것입니다. 그들이 예수님을 메시아로 믿을 뿐만 아니라 할례를 행하고 음식법을 지키고 안식일도 준수하면서 아브라함의 혈통적인 자손들과 다름없는 사람이 되어야, 혹은 성전 제사는 드리지 않더라도 율법 준수에 참여해야 하나님 나라 백성 자격을 유지할 수 있다고 생각했습니다. 이것을 구약이 약속하는 이방인 구원의 종말적 성취의 그림으로 정리하고 있었습니다. 그것은 좀처럼 무너질 것 같지 않은 견고한 확신이었습니다. 그들은 그것이 자신들의 정체성 혹은 하나님 나라 백성의 정체성을 지키는 결정적인 방식이라고 생각했습니다. 그 방어선이 뚫리면 사랑하는 예수께 흠이 되고 교회의 순수성이 훼손될 것이라고 믿었습니다.

참 순전한 열정이고 순수한 마음이었습니다. 하지만 그것이 하나님 나라 진행을 가장 극렬하게 가로막고 있음을 전혀 모르고 있었습니다. 하나님만이 그 경계를 허물고 편견을 깨뜨리고 새 지평으로, 새 언약의 시대에 어울리는 세계관으로 거듭나도록 해주실 수 있었습니다. 그 시작이 베드로를 통한 고넬료 회심 사건이었고, 이방인이 다수 포함된 안디옥 교회의 탄생이었습니다. 더 나아가 안디옥 교회가 파송한 두 선교사 바울과 바나바를 통해 이방인들이 주께 돌아오고, 이방 지역 곳곳에 교회가 세워지는 실로 놀라운 일이 벌어졌습니다. 이제 더는 흐름을 거스를 수 없을 만큼 이방인 교회 시대가 도래했다는 것을 성령께서 보여주었습니다. 성령만이 하실 수 있는 역사를 통해서 이 사실이 증명되었습니다.

그런데 무탈하기만 한 교회는 없습니다. 교회가 굳건해지고 성장하는 데는 꼭 성장통이 뒤따릅니다. 유대에서 온 일단의 무리가 바울과 바나바 방식의 선교를 받아들일 수 없다고 주장하는 일이 벌어집니다. 목숨을 걸고 이방인 선교를 하다가 돌아왔는데, 그들의 수고를 헛고생으로 만드는 주장을 하니 어찌해야 좋습니까? 그들은 하나님이 여신 새로운 이방인 선교 시대를 부정했습니다. 그래서 바나바와 바울 두 사람은 가만히 있을 수 없었습니다. 이방인과 유대인 그리스도인 두 진영 사이에 다툼과 변론이 생겼습니다. 결론을 내리지 못한 채 팽팽하게 대립하자 안디옥 교회는 이 의제를 예루살렘 교회에게 전달하고 그 회의에서 결론을 내리기로 결정합니다.

지난 장에서 우리는 바리새파 그리스도인들의 주장을 듣고 나서 베드로가 이에 반박하는 것을 들었습니다. 이방인인 고넬료가 율법을 지키지도 않았는데도 성령이 임하여 그와 그 집에 있던 사람들이 그리스도를 영접한 일을 떠올린 후에 베드로는 다음과 같이 결론을 내렸습니다.

> "그런데 지금 너희가 어찌하여 하나님을 시험하여 우리 조상과 우리도 능히 메지 못하던 멍에를 제자들의 목에 두려느냐 그러나 우리는 그들이 우리와 동일하게 주 예수의 은혜로 구원 받는 줄을 믿노라 하니라"(사도행전 15:10-11)

바나바와 바울의 보고

바나바와 바울의 반응이 이어서 나옵니다. 그들은 베드로의 말을 경험적으로 뒷받침한 사건을 언급합니다.

> "온 무리가 가만히 있어 바나바와 바울이 하나님께서 자기들로 말미암아 이방인 중에서 행하신 표적과 기사에 관하여 말하는 것을 듣더니"(사도행전 15:12)

놀랍게도 그들은 이방인에게 어떤 메시지를 전했더니 그들이 어떻게 반응했다는 식으로 말하지 않습니다. 대신에 표적과 기사를 언급합니다. 철저하게 말씀 중심으로 사역했던 것을 생각하면 의외입니다. 앞서 베드로가 성령의 역사를 거론했기 때문에, 바나바와 바울 역시 자신들이 한 일이 아니라 성령께서 주도하여 이방인 구원 사역을 하셨다는 것을 증명하기 위해 이 '표적과 기사'를 언급했을 것입니다. 바울은 분명히 "하나님께서 행하신" 일이라고 말하고 있고, 동시에 "자기들로 말미암아 행하신" 일이라는 말도 빼놓지 않고 있습니다. 하나님 나라 역사에서, 교회의 역사에서, 우리 성도 개인의 역사에서 꼭 빠져서는 안 되는 것이 바로 '하나님이 행하신' 일입니다. 지금도 매 순간 하나님께서 동행하시고 또 일하고 계신다는 '임재 의식', '동행 의식', '역사 의식'이 꼭 필요합니다. 반대로 이 세상처럼 오로지 내가 주어主語가 되어 행하는 일에만 몰두할 때, 그리고 사람들이 기억되고 주목받는 것만 무성한 곳에서는 하나님이 소외되십니다. 표적과 기사는 하나님이 바나바와 바울의 이방인 선교를 인정하셨고 더는 몸의 할례와 율법 준수를 요구하지 않으신다고 가르친 베드로의 주장을 뒷받침하는 역사였던 것입니다.

야고보의 주장

바나바와 바울의 보고 다음에 누가 어떤 주장을 했는지는 안 나옵니다. 저자는 의도적으로 양측 간에 부정적인 논쟁이 있었다는 인상을 전혀 남기지 않고, 핵심적인 것만 간략히 기록하고 있습니다. 그러나 이 문제가 갖는 중요성을 감안하면 매우 치열한 논쟁이 있었을 것으로 보입니다. 토론의 맨 끝에 야고보가 등장합니다. 그는 열두 사도에는 들어가지 않지만 예수님의 형제로서 이즈음에는 예루살렘 교회 안에서 주도적인 역할을 하고 있었습니다. 당대에는 영웅의 아들이 아버지의 역할을 이어받곤 했는데, 예수께는 자녀가 없어서 형제 야고보가 그 권위를 이어받은 것으로 보입니다. 어쩌면 예루살렘에 박해가 매우 심할 때, 사도들은 피해 있었는데, 그 동안 예루살렘 교회를 지키고 양육하면서 야고보가 지도자로 부상했을 가능성도 있습니다. 몇 가지 증거가 있습니다. 12장을 보면, 베드로가 감옥에서 탈출한 후 그 소식을 야고보에게 알리라고 말하고 있습니다. 21장에서도 구제헌금 전달을 위해 예루살렘에 도착한 바울이 먼저 야고보를 찾아가고 있습니다. 바울도 예루살렘 교회의 세 기둥을 언급하면서 맨 먼저 야고보를 언급하고, 그 다음으로 게바베드로와 요한을 거론하고 있습니다(참조. 갈 2:9).[7]

야고보의 지도자로서의 위치는 그의 발언을 통해서도 짐작할 수 있습니다. 그는 이 회의를 결론짓는 듯 권위 있게 발언하고 있습니다. 실제 그가 결론 내린 내용을 예루살렘 교회가 만장일치로 채택합니다. 여기 그의 어투를 보십시오. "형제들아 내 말을 들으라." 단순히 '내 생각은 이렇습니다'라고 제안하는 어투가 아닙니다. 회의를 정리하고 매듭짓는 듯한

---

7   성경 이외의 문서에서도 야고보는 매우 존경받는 인물로 묘사된다. "주로 금욕적인 삶의 방식과 성과 백성들을 위해 규칙적으로 성전 기도를 한" 그의 경건 때문에 잘 알려진 사람이었다(Bruce, *Acts*, NICNT. p.239.). 그는 주후 62년에 예루살렘에서 돌에 맞아 죽었는데, 사람들은 그 후 예루살렘에 닥친 재앙이 야고보의 기도가 중단되었기 때문이라고 여길 정도였다. 이걸 보면 야고보가 단순히 예수님의 형제였기 때문만이 아니라 그의 경건한 신앙과 인격 때문에 예루살렘 교회의 지도자로 인정받은 것 같다.

인상을 받습니다. 또 19절에 "그러므로 내 의견에는디오 에고 크리노, διὸ ἐγὼ κρίνω"에서 '의견'이라는 단어는 헬라어로 '크리노'인데, 이것은 '결정하다', '판단하다', '재판하다'는 뜻이며 제안의 뉘앙스가 거의 없습니다.

베드로의 말 인용

야고보가 이렇게 말하면서 시작합니다.

> "말을 마치매 야고보가 대답하여 이르되 형제들아 내 말을 들으라" (사도행전 15:13)

야고보는 이방인과 유대인 모두를 향해서 "형제들"이라고 부르면서 둘을 하나로 묶고 있습니다. 어떤 결론을 내리든지 간에 우리가 서로 '형제'인 것을 기억하라는 것입니다. 우리가 형제가 되려면 이제 교회가 내릴 결정이 내 생각과 다소 다르더라도 수용하라는 뜻이기도 합니다. 야고보 역시 베드로의 말이 끝나는 곳에서 시작하고 있습니다. 바나바와 바울 역시 "하나님이 행하신" 일을 강조했듯이, 야고보도 이방인 구원은 하나님이 계획하신 일이고, 약속하신 일이고, 그 약속을 이루고 계시는 것이라고 말하고 있습니다. 그는 다음과 같이 베드로가 한 말을 요약하고 있습니다.

> "하나님이 처음으로 이방인 중에서 자기 이름을 위할 백성을 취하시려고

그들을 돌보신 것을 시므온이 말했으니"(사도행전 15:14)

특이하게 여기만 시몬 베드로를 "시므온"이라고 부르고 있습니다. 히브리 이름인 시몬의 헬라식 형태가 '시므온Συμεών'입니다. 그는 이제 곧 바리새파 유대인들의 주장을 기각하자고 말할 것인데, 그전에 그런 유대인들을 배려하여 베드로의 히브리식 이름을 부른 것이 아닌가 생각합니다. 만약 그렇다면 이것은 아주 세밀한 배려입니다.

이보다 더 중요한 것은 그가 베드로의 주장을 요약하면서 하는 말입니다. 그는 고넬료 사건을 말한 베드로의 주장을 다음과 같이 자기식으로 정리하고 있습니다: "처음으로 이방인 중에서 자기 이름을 위할 백성을 취하시려고 그들을 돌보신 것을" 초대교회에서 고넬료에게 성령이 임한 사건이 공식적으로는 '처음으로' 하나님이 이방인을 자기 백성으로 취하시려고 돌보신 일이었습니다. 원래 "백성라오스, λαός", "이방인 중에서", "취하다", "돌보다" 같은 표현은 구약에서 이스라엘 백성들에게 사용했습니다. '이스라엘'만 선택받는다고 생각했는데, 이제 '이방인'이 선택받는다고 말하고 있습니다(참조. 요 10:16). 무엇을 위해서 그렇게 하셨습니까? "자기 이름을 위하여"[8], 즉 하나님의 영광을 위해서, 하나님의 이름을 증거하기 위하여 이방인을 자기 백성으로 삼으셨습니다. 여기 그들을 "돌보셨다에피스켑소마이, ἐπισκέψομαι"는 직역하면 "심방하셨다", "방문하셨다"입니다. 고넬료 사건은 하나님의 이방인 심방 사건입니다. 그들

---

8   여격 'τῷ ὀνόματι αὐτοῦ'에서 이름은 하나님 자신을 가리키고 여격은 소유를 의미한다. 회심한 이방인들도 할례와 율법 준수 없이 유대인처럼 하나님의 소유가 된다는 것을 보여준다(슥 2:11).

이 요청한 심방이 아니라 하나님의 난데없는 심방이요 느닷없는 공세였습니다. 야고보는 그 사건의 중요성을 간과하지 않았습니다. 베드로와 요한이 사마리아로 가서 예수의 이름으로 세례만 받은 이들을 위해 안수하고 기도하여 성령을 받게 한 것과 같은(행 8:14-17), 선교 역사에서 또 다른 분수령이 되는 사건임을 깨달았습니다. 이렇듯 모든 선교와 모든 교회의 탄생은 하나님의 심방 결과요, 하나님의 이름을 증거하기 위한 목적이요, 편견 없이 주의 역사에 순종하는 종들을 통한 역사입니다.

아모스 인용을 통한 뒷받침

야고보는 베드로의 주장에 동의한 후에 왜 그 주장이 맞는지를 아모스 9:11-12을 인용하여 증명합니다. 이방인이 하나님 나라에 편입된 것은 처음부터 하나님 계획의 일부였음을 구약성경을 통해 입증한 것입니다 "이와 일치하도다". 우리는 아브라함과 언약을 맺으실 때부터 아브라함의 후손만이 아니라 천하 열국이 그를 통해 복을 받게 하는 것이 선택의 목적이었음을 잘 알고 있습니다(창 12:1-3). 선지자들이 줄곧 이 언약을 확증해왔습니다. 그런데 여기서 야고보는 아브라함과 다윗의 후손 예수님을 통해 선지자들의 말씀이 성취되고 있다고 주장하고 있습니다.

"선지자들의 말씀이 이와 일치하도다 기록된 바 이 후에 내가 돌아와서 다윗의 무너진 장막을 다시 지으며 또 그 허물어진 것을 다시 지어 일으키리니 이는 그 남은 사람들과 내 이름으로 일컬음을 받는 모든 이방인들로 주

를 찾게 하려 함이라 하셨으니 즉 예로부터 이것을 알게 하시는 주의 말씀

이라 함과 같으니라"(사도행전 15:15-18)

야고보는 결론부터 말하고 시작합니다. "선지자들의 말씀이 이와 일
치하도다" 그는 한 사람 아모스만 인용하고 있지만, 이방인의 하나님 나
라 백성 됨을 말하는 많은 선지자들의 예언을 염두에 두고 있었을 것입
니다. 이렇듯 성경을 통해 상황을 해석하고 문제를 다루는 태도가 지도
자들에게 요청됩니다. 야고보는 구약성경 칠십인역으로[9] 선지자의 말을
인용하고 있습니다. 다만 마소라 사본은[10] "그 남은 사람들" 대신에 "에
돔의 남은 자"로 말하고 있고, "그들이 얻게 하기 위하여"를 "그들이 찾게
하려고"로 번역하고 있는 것이 다릅니다. 그렇더라도 선지자가 말하려
는 의도가 달라지는 것은 아닙니다.[11] 누가는 찾는 대상을 분명히 하려고
"주톤 퀴리온, τὸν κύριον"를 덧붙이고 있습니다. 아모스 선지자는 하나님이
이스라엘에게 심판을 내리셨지만 장차 다윗의 장막은 회복될 것이라고
예언하십니다. 다윗 왕조와 그 영토가 회복되면(암 9:11), 그들 회복된 다윗의
장막-하나님 나라이 에돔의 남은 자들과 함께 하나님의 이름으로 일컫는 만

---

9   "그 날에 내가 다윗의 무너진 장막을 일으키고 그 폐허된 것을 재건축하며 부서진 것
     들의 부분들을 일으켜 세우고 옛날과 같이 그것을 세울 것이다. 그 결과로 사람들의
     남은 자들과 나의 이름으로 일컬음을 받는 모든 이방인들이 간절하게 나를 찾게 될
     것이다. 이 모든 것들을 행하시는 주님께서 말씀하시느니라"(암 9:11-12, LXX).
10   "그 날에 내가 다윗의 무너진 장막을 일으키고 그것들의 틈을 막으며 그 허물어진 것
     을 일으켜서 옛적과 같이 세우고 그들이 에돔의 남은 자와 내 이름으로 일컫는 만국
     을 기업으로 얻게 하리라 이 일을 행하시는 여호와의 말씀이니라"(한글개정개역).
11   이는 "기업으로 차지하다"(야라쉬)가 "찾다"(다라쉬)로 변경된 것인데, 철자 요드
     (yod)를 달렛(dalet)으로 읽은 까닭이다. 이것이 실수인지 아니면 의도적인지는 분명
     하지 않다. "주"라는 목적어를 첨가한 것은 스가랴 8:22을 염두에 두었을 수 있다.

54

국을 기업으로 얻게 될 것이라고 말합니다(암 9:12). 여기 אָכִים(아킴, 일으키다, 암 9:12을 칠십인역에서는 아나스테소ἀναστήσω로 번역한 것을 누가는 아노이코도메오ἀνοικοδομέω, '다시 짓는다'로 두 번 표현하는데, 이것은 종말론적 성전의 회복을 가리킵니다. 아모스가 말한 다윗의 장막은 메시아 시대에 완성될 성전, 즉 범우주적인 하나님 나라를 의미하는 것입니다. 그렇다면 야고보는 지금 예수님을 통해 성취된 구속사의 빛으로 구약을 조명하고 있는데, 이 아모스 선지자의 말이 단지 혈통적인 다윗의 왕국, 즉 유대인 이스라엘의 나라가 회복되고 그 안으로 이방인들도 들어온다는 뜻이 아니라, 팔레스타인 땅의 혈통적 이스라엘 나라를 넘어서는 전혀 새로운 나라가 세워진다는 약속으로 이해하고 있는 것입니다. 단지 "에돔의 남은 자들"만이 아니라 "모든 이방인들 가운데 남은 자들"로 성전하나님 나라이 세워지고, 그래서 하나님의 이름이 열방 위에 선포될 약속으로 이해하고 있습니다. 다윗의 허물어진 집이 회복되고 고쳐지는 일은 다윗의 후손으로 오신 예수님의 십자가와 부활을 통해 하나님 나라가 세워지고 왕권이 확립되고 새 창조된 백성이 나오는 것으로 이루어질 것입니다.

야고보는 이 아모스의 말씀이 이방인들이 할례 받지 않고 유대교에 입교하지도 않은 채 여호와께 속하게 될 것이라는 말로 이해했고, 그래서 유대적 성격이 강한 마소라 사본보다는 이방적 성격이 강한 칠십인역을 인용했을 것입니다. 야고보는 이사야 45:21에서 가져온[12] "예로부터

---

12 "…이 일을 옛부터 듣게 한 자가 누구냐 이전부터 그것을 알게 한 자가 누구냐 나 여호와가 아니냐 나 외에 다른 신이 없나니 나는 공의를 행하며 구원을 베푸는 하나님이라 나 외에 다른 이가 없느니라"

이것을 알게 하시는 주의 말씀이라"는 말로 인용을 마무리합니다. 이 구절 역시 이방인들이 이스라엘 하나님께로 돌아와서 구원받을 것에 대한 예언입니다. 야고보가 말하고자 한 것은 분명합니다. 이방인들이 종말의 하나님 나라에 편입되는 것은 이미 구약의 예언자들을 통해서 예고된 하나님의 계획이라는 사실입니다.

야고보의 결론적인 제안

이런 성경 해석에 근거하여 야고보는 다음과 같은 결론을 내립니다.

"그러므로 내 의견에는 이방인 중에서 하나님께로 돌아오는 자들을 괴롭게 하지 말고" (사도행전 15:19)

앞서 언급한 대로 "내 의견에는"이란 표현은 단지 개인적인 견해나 의견을 뜻하는 단어가 아니라 '나는 판결하다'라는 더 강한 의미가 들어있습니다. 하지만 야고보가 최종 결정권자는 아니었기 때문에 '의견'과 '판결' 사이의 강한 주장을 뜻한다고 볼 수 있습니다.

우리는 이 회의 장면을 통해서 초대교회에는 어떤 종류의 지도력이 작동했는지를 엿볼 수 있습니다. 나중에 사도들과 장로들이 합의하여 결정을 내렸고, 한 사람의 결정적인 지도력에 따라 좌우되는 교회가 아니었습니다. 그렇더라도 베드로나 야고보의 발언을 몹시 비중 있게 다뤄주고 있는 것을 보면 누구든 인정하는 사도적 권위체계가 이미 존재하고 있음을 알 수 있습니다. 아무리 수평적이고 민주적인 리더십이나 탈권위적인 리더십, 섬김의 리더십을 추구한다 해도, 그 안에 보이지 않지만 늘 작용하고 있는 영적 권위 구조를 갖출 때 건강한 공동체를 이룰 수 있습니다. 디모데가 연소했지만 에베소 교회 안에서 장로 중 한 명으로 바울의 역할을 대신할 수 있었던 것도 권력 체계가 아니라 영적 권위체계가 존재했기 때문입니다.

야고보의 결론은 베드로의 결론과 같습니다: "이방인 중에서 하나님께로 돌아오는 자들을 괴롭게 하지 말고" 세 가지 근거를 들어 이런 주장을 합니다. (1) 믿게 된 이방인들에게 성령이 내리신 사건 (2) 바나바와 바울을 통한 이방인 선교 (3) 아모스 9:11-12의 예언. 앞서 베드로도 "우리도 능히 메지 못하는 멍에를 제자들의 목에 두려느냐"라고 말한 바 있는데(행 15:10), 야고보도 예수님 믿는 것 외에 다른 것을 부과하여 회심하고 돌아온 자들을 '괴롭게 하는 일은 하지 말자'라고 말하고 있습니다. 여기 "괴롭게 하다^{파레녹스레오, παρενοχλέω}"는 군사들이 도시를 '약탈하는' 행동을 가리키는 강한 표현입니다. 이방인들에게 율법 준수와 할례를 요구하는 것은 그들의 구원의 길을 가로막는 일이고, 생명을 빼앗고 하나님 나라의 복을 빼앗는 일이란 뜻입니다.

야고보는 이런 말로 사실상 바리새파 그리스도인들의 주장을 기각했습니다. 듣고 있던 바리새파 유대인 그리스도인들이 어떤 반응을 보였을지 궁금합니다. 아마 마음이 무거웠을 것이고 흔쾌히 수긍하지는 못했을 것입니다. 우리는 나중에 그들 중 일부가 바울의 뒤를 끝까지 쫓아다니면서 자기주장을 굽히지 않는 것을 보게 될 것인데(갈 1:6-7; 2:11-12), 끝까지 이 결정을 수용하지 못한 자들이 있었던 것입니다. 왜 아니겠습니까?

이 순간 성령께서 바리새파 출신의 그리스도인들에게 일으킨 것은 바리새파 출신 바울이 다메섹 도상에서 부활하신 예수님을 만난 직후 겪었을 혼란스러움 같은 것이었습니다. 바울에게 일어난 회심이 같은 바리새파 동료들에게도 요구되는 상황입니다.

약 500년 전에 일어난 종교개혁은 중세 말의 로마 가톨릭이 왜곡하고 외면한 그 "성경"으로 돌아가자는 운동이었습니다. 그것은 교회만의 개혁에 그치지 않고 정치, 사회, 경제, 문화, 예술 등 전 영역에 영향을 준 개혁이었습니다. 성경으로 돌아가는 몸부림을 통해 오늘 우리에게도 이런 갱신Reformation의 역사, 참된 부흥Revival의 역사가 다시 일어나기를 바랍니다. 그것은 지도자뿐 아니라 '성도'의 운동이었고, '성경'의 운동이었고, '성령'의 운동이었습니다. 다시 기본으로 돌아가려는 몸부림이 우리 개인의 삶과 가정에서부터 있어야 하고, 작은 실개천 같은 지역의 교회들에서부터 있어야 합니다. 그 지류들이 모여서 장강이 형성될 것이기 때문입니다.

야고보는 참으로 신중하고 지혜로운 지도자였습니다. 그는 유대인 그리스도인들이 겪게 될 모종의 상실감을 알고 있었습니다. 그 역시, 교회의 전통에 따르면, 율법을 끝까지 잘 준수했던 사람입니다. 타인에게는 강요하지 않았지만, 그는 예수님이 완성하신 율법의 의미를 잘 생각하면서 율법 준수에 열정을 보인 지도자였습니다. 그는 자신과 입장이 비슷한 유대인들을 배려하여 이방인 그리스도인들에게 다음의 네 가지를 준수하도록 제안합니다.

"다만 우상의 더러운 것과 음행과 목매어 죽인 것과 피를 멀리하라고 편지

하는 것이 옳으니 이는 예로부터 각 성에서 모세를 전하는 자가 있어 안식

일마다 회당에서 그 글을 읽음이라 하더라"(사도행전 15:20-21)

이제 바울이 선교하는 곳마다 회당을 보게 될 것입니다. 거기 있는 유대인들이 보기에도 회심한 이방인 그리스도인들에 대해 거부감을 갖지 않게 하려면, 반대로 회심한 이방인 그리스도인들에게 호감을 갖게 만들려면, 그들이 어떤 모습을 보여야 할지 생각하면서 몇 가지 제안합니다.

첫째, 우상의 더러운 것을 금하고 있습니다. 신전 제사 예식과 다신론적 우상숭배의 대상인 신에게 바치는 제물로 죽임당한 동물의 고기를 먹는 잔치에 참여하는 것을 삼가라고 한 겁니다(참조. 출 34:15; 계 2:14, 20). 둘째, '음행'입니다. 유대인들보다 이방인들이 회심 전에 음행에 더 취약하게 노출되어 있었습니다. 그리스도인이 되면 즉시 끊어야 하는 것이 바로 이 '음행'의 습관 혹은 문화였습니다. 구약에서도 부부관계 이외의 성관계, 근친상간, 동물과의 성관계 등을 금하고 있고, 간통은 사형으로 다스리고 있습니다(레 20:10). 특히 음행은 종종 우상숭배와 연관이 있기 때문에 엄히 다스렸습니다. 셋째, 목매어 죽인 것을 먹지 말라고 합니다. 적절하지 못한 방법으로 죽인 동물의 경우인데, 피가 다 빠져나오지 않은 고기를 먹지 말라는 뜻입니다(레 17:14). 넷째, 고기를 먹을 때 피째 먹지 말라고 합니다. 이것들은 단지 관습적인 차원의 금지가 아니라 모두 레위기 17-18장에 나온 규정들입니다(우상에게 바친 음식 금지-17:8-9, 친척 간 성행위 금지-18:10-18, 목매어 죽인 동물의 고기 금지-17:13, 피 먹는 것 금지-17:14). 율법 준수가 구원의 길은 아닐지라도, 율법 준수를 통해서 하나님께 대한 자신들의 신앙을 표현하고 있는 유대인 형제

들을 반드시 배려하라고 요구한 것입니다. 21절은 야고보가 위의 네 가지를 준수하도록 요구한 이유를 말해주고 있습니다.

> "이는 예로부터 각 성에서 모세를 전하는 자가 있어 안식일마다 회당에서 그 글을 읽음이라" (사도행전 15:21)

그리스도인 이방인들이 사는 각 성마다 모세의 율법을 읽고 지키는 유대인들이 있을 것인데, 그들을 고려한 금령이라고 말씀하신 것입니다. 우상숭배 금지와 음행 금지는 예수님이 오신 이후에도 해석의 여지 없이 준수해야 할 명령이라면, 목매어 죽인 것을 먹는 것과 피째 먹는 것을 금하는 규정은 레위기 17-18장을 준수하는 유대인들을 염두에 둔 명령이었습니다.

한국교회 안에는 여전히 주일성수나 술과 담배를 금하는 풍속이 있습니다. 제사상에 절하지 않거나 심지어 제사 음식을 기피하는 이들도 있습니다. 그것을 준수하는 것과 우리의 구원이 기계적으로 연결된 것은 아니지만, 직간접적으로 관련되어 있는 것은 분명합니다. 예배를 소홀히 하고 술과 담배에 절어 살면서도 하나님의 백성으로서 잘살고 있다고 말하기는 어렵습니다. 반면에 주일성수나 주초금지를 잘 지킨다고 해서 구원이 확실하다고 말하거나, 그걸 완벽히 지키지 않았다고 해서 구원이 위태로워진다고 말할 수도 없습니다. 고린도전서에서 바울은 우상에게 바친 고기를 먹는 것 자체가 구원에 영향을 미치지는 않지만, 공동체 안의 연약한 성도들을 배려하여 먹지 않는 것이 성숙한 태도라 말하고 있습니다. "모든 것이 가하나 모든 것이 유익한 것이 아니요 모든 것이 가 하나 모든 것이 덕을 세우는 것은 아니"(고전 10:23)라고 했습니다. 야고보는 여기서 이방인들에게 구원 조건으로 할례를 요구하지 말도록 결정했지만, 바울은 선교 대상인 유대인들을 감안하여 디모데에게는 할례를 받게 하고 있습니다. 이렇듯 초대교회의 지도자들은 반드시 지켜야 할 것과 굳이 요구할 필요가 없는 것이 무엇인지를 구별했습니다. 동시에 전혀 다른 배경에서 신앙생활을 시작한 성도들을 배려하여 세심하게 주의를 기울여 지킬 것을 정해주었습니다.

교회는 서로 다른 삶의 배경과 신앙의 배경을 가진 사람들이 한데 모여 있는 곳입니다. 그래서 내 경험이 소중하지만 자기 경험과 지식을 유일하고 절대적인 판단 기준으로 삼으면 안 됩니다. 다양한 경험과 앎을 통해 우리는 더욱 넓어져야 하고 풍성해져야 합니다. 교회 안에 성령의 초자연적인 은사를 소중히 여기는 분들이 있습니다. 그분들은 성령의 일을 '말씀을 조명하는 역사'만으로 제한하려는 다른 성도들의 한계를 극복하도록 도울 수 있습니다. 선교와 전도, 성례, 성도의 교제 등 성도들이 각각 중요하게 여기는 것들이 다릅니다. 각각에 대한 입장도 다릅니다. 지적인 면을 갈망하는 분들과 정서적인 터치를 원하는 분들이 서로를 보완한다면 얼마나 멋진 공동체가 되겠습니까. 서로의 생각을 소중히 여기고 환영할 때 공동체는 풍성해질 것입니다. 배타적인 태도나 판단의 마음을 거두고 서로 중요하게 여기는 것들을 잘 조율하여 다양한 사람들을 저희 가운데 보내주신 주님의 뜻을 잘 이루는 것이 교회의 사명입니다. 부처를 닮은 태국의 예수상을 보거나 아프리카의 흑인 예수님 그림을 보더라도 거부하지 마십시오. 하나님의 여성성을 강조하거나 약자나 소수자나 주변인들의 하나님을 강조하는 이들과도 연대하십시오. 하나님의 다채로우심을 만끽하길 바랍니다.

예루살렘 회의의 결정

이제 모든 주장을 다 들었습니다. 예루살렘 교회는 결론에 이릅니다. 누가 어떤 방식으로 어떤 결정을 내리는지 22절이 말합니다.

> "이에 사도와 장로와 온 교회가 그 중에서 사람들을 택하여 바울과 바나바
> 와 함께 안디옥으로 보내기를 결정하니 곧 형제 중에 인도자인 바사바라
> 하는 유다와 실라더라"(사도행전 15:22)

만장일치 결정

사도와 장로와 온 교회가 모였습니다. 26절에 보면 "만장일치로 결정 했노라"고 말하고 있습니다. 유대인 그리스도인 중심의 교회에서 이렇게 율법 준수 없이 이방인을 한 형제로 받는 결정을 만장일치로 했다는 것은 매우 어려운 일이고, 따라서 매우 성숙한 모습이 아닐 수 없습니다.[13] 다만 "괴롭게 하지 말자"는 정도에 그치고 강제력 있는 공식적인 문서로 명문화하는 단계까지는 이르지 못했는데, 이것 때문에 여전히 내적으로 는 유대화化를 주장하는 그리스도인들이 이방인 전도를 훼방하게 되었

---

13 이는 교회를 "합리적 이성을 갖춘 자유인들의 코이노니아로서의 폴리스"라는 헬레니
즘 세계의 이상을 진정으로 실현한 에클레시아의 모습으로 그리려는 의도를 반영하
며, 사도행전 19장에 나온 폭력적이고 혼란스러운 에베소의 에클레시아와 대조하고
있다. 박영호, 『사도행전 선교적 읽기』, p.181.

고, 두고두고 바울은 교회 안의 거짓 지도자들에 의해 괴로움을 받았습니다. 어쩌면 바울이 더 감당하기 어려웠던 것은 외부의 핍박보다 내부의 공격이었을지 모릅니다. 사도행전 끝에 나오는 예루살렘 교회를 위한 구제헌금 모금과 전달까지도 사실 예루살렘 교회 안에 잔존하고 있는 반대 의견에 맞서 이방인 선교를 인정받기 위한 바울의 몸부림이었습니다.

예루살렘 회의가 결정한 내용이 하나 더 있습니다. 이 결정 사항을 두 사람의 예루살렘 교회 대표를 통해서 안디옥 교회에 직접 전달하게 했습니다. 금기사항들을 덧붙인 것은 유대인 그리스도인들을 배려한 일이라면, 이번에는 이방인 그리스도인들을 배려한 결정입니다. 두 대표의 이름은 바사바라 하는 유다와 실라였습니다. 바사바라 하면 떠오르는 인물이 있지요? 가룟 유다를 대신하여 사도를 보선하려고 할 때 두 사람이 후보에 올랐습니다(행 1:23). "그들이 두 사람을 내세우니 하나는 바사바라고도 하고 별명은 유스도라고 하는 요셉이요 하나는 맛디아라." 이 바사바라 하는 요셉과 형제 관계에 있는 사람이 바사바라 하는 유다일 가능성이 있습니다. 다른 한 사람이 실라입니다. 실루아노라고도 불립니다. 그는 예루살렘 교회의 선지자이며, 바울의 2차 선교 여행 때 바나바와 요한 마가 대신에 그와 동행할 것입니다. 당연히 둘 모두 예루살렘 교회가 신임하고 인정할 만한 일꾼들이었습니다. 그들은 편지만 전해주고 내려오는 것이 아니라, 예루살렘 회의에서 오고 간 발언들과 결정 과정들을 잘 이해하도록 전달했고, 그들이 궁금하게 여긴 것들에 대해 예루살렘 교회의 권위를 갖고 대답해 주었을 것입니다.

편지로 보낸 결정 사항

예루살렘 회의가 편지에 담을 내용은 앞에서 이미 언급된 대로입니다. 편지는 이렇게 문안 인사부터 시작합니다.

"그 편에 편지를 부쳐 이르되 사도와 장로 된 형제들은 안디옥과 수리아와 길리기아에 있는 이방인 형제들에게 문안하노라"**14** (사도행전 15:23)

안디옥과 수리아와 길리기아에 있는 이방인 형제들을 수신자로 특정합니다. 안디옥은 물론이고 두로와 시돈수리아, 행 21:3-7; 27:3과 수리아와 길리기아의 다른 도시들의 이방인 형제들이 읽도록 보냈습니다. 이곳의 교회들은 누가 개척했을까요? 오순절 성령 강림을 경험하고 회심한 이들이 세운 교회일 수도 있지만, 바울이 다소에서 머물던 10년 동안 '수리아와 길리기아' 지방까지 전도했을 가능성이 큽니다. 그는 2차와 3차 선교 여행을 하면서 이 지역 교회들을 심방하는데, 다른 사람의 터 위에 교회를 세우지 않는 그의 원칙을 감안하면, 바울이 직접 세웠을 가능성이 큽니다.

예루살렘 회의는 자신들이 이방인 성도들과 "형제" 관계인 것을 유독 강조하면서 시작하고 있습니다. 그러고는 그들에게 찾아와 율법을 지켜야 구원을 얻는다고 했던 자들이 얼마나 잘못된 주장을 한 것인지를 아주 강하게 말합니다. 이제 더는 용납될 수 없는 주장이라고 공적 권위를

---

14 헬라어 본문은 이 표현이 "사도들과 장로들인 우리는 같은 형제로서 안디옥과 수리아와 길리기아에 있는 이방 사람 형제들에게 문안합니다"라고 해석될 수 있다는 것을 보여준다(존 스토트, 18).

갖고 쐐기를 박습니다.

> "들은즉 우리 가운데서 어떤 사람들이 우리의 지시도 없이 나가서 말로 너
> 희를 괴롭게 하고 마음을 혼란하게 한다 하기로" (사도행전 15:24)

두 가지를 분명히 합니다. 첫째, 구원을 얻는 조건으로 할례와 율법 준수를 주장한 어떤 사람들은 예루살렘 교회가 공식적으로 파송한 자들이 아니라는 것입니다. 아무리 그들이 그렇게 주장했어도-그랬을 가능성이 크다-자신들의 입장과는 상관 없음"우리의 지시도 없이"을 분명히 밝힙니다. 둘째, 그들이 한 말은 형제들을 괴롭게 하고 마음을 혼란하게 한 말이었다는 것입니다. 말로 '괴롭게 하다'는 '내부 혼란을 일으키다', '괴롭히다', '혼란에 빠뜨리다'는 뜻입니다. 바울이 갈라디아서 1:7에서 이 단어타라소, ταράσσω를 써서 끝까지 쫓아와 바울을 반대한 유대인 그리스도인들을 묘사하고 있습니다. "다른 복음은 없나니 다만 어떤 사람들이 너희를 '교란하여' 그리스도의 복음을 변하게 하려 함이라."[15] 또 마음을 "혼란하게 하다."아나스큐아조, ἀνασκευάζω는 혼란으로 괴로움이 지속되는 상황을 묘사하고 있습니다현재분사. 반면에 안디옥 교회의 지도자 바울과 바나바를 지지한다는 의사를 아주 강력하게 표명합니다.

> "사람을 택하여 우리 주 예수 그리스도의 이름을 위하여 생명을 아끼지 아
> 니하는 자인 우리가 사랑하는 바나바와 바울과 함께 너희에게 보내기를

---

15 사도행전 15장 사건과 갈라디아서 2:1-12을 같은 사건으로 보려고 한다.

만장일치로 결정했노라**16** 그리하여 유다와 실라를 보내니 그들도 이 일을

말로 전하리라"(사도행전 15:25-27)

무엇보다도 그들은 바울과 바나바를 "예수 그리스도의 이름을 위하여

생명을 아끼지 아니하는**17** 자", "우리가 사랑하는 자"라고 평가합니다. 예

루살렘 교회가 얼마나 이 두 사역자를 귀하게 여기는지, 그들이 목숨 걸

고 전한 복음이 얼마나 하나님이 기뻐하시는 가르침으로 여기고 있는지

를 엿볼 수 있습니다. 그들은 "만장일치"로 결정해주었습니다. 유대인 그

리스도인인 자신들의 결정이 매우 일치된 결정이었음을 이 공문을 갖고

간 유다와 실라가 직접 말로 설명해 줄 것이라고 쓰고 있습니다.

하지만 맨 마지막에는 아주 조심스럽게 유대인 그리스도인들과 장차

회당에서 만날 유대인들을 배려한 결정 사항도 잊지 않고 적시하고 있습

니다.

"성령과 우리는 이 요긴한 것들 외에는 아무 짐도 너희에게 지우지 아니하

는 것이 옳은 줄 알았노니 우상의 제물과 피와 목매어 죽인 것과 음행을

멀리할지니라 이에 스스로 삼가면 잘되리라 평안함을 원하노라 했더라"

---

16 "우리가 결정했노라"(에독센, ἔδοξεν)는 종종 공식적인 선언을 표현하는 데 사용된
다. ἔδοξε/ἔδοξεν 형태의 헬라어 기록이 3천 개 이상 발견되었으며, 대부분 공회와 사
람들의 결정과 같은 형태를 취하고 한 도시의 관료와 백성들의 공식 결정임을 밝혀준
다. 이를 통해 저자는 교회의 결정 과정이 로마제국이 자랑스럽게 여기는 민주주의나
의사결정 과정과 비교해도 손색이 없다는 것을 말해주고 싶었을 것이다.

17 '아끼지 않다' '넘겨주다'는 뜻으로, 여기서 완료 분사(παραδεδωκόσιν)를 사용한 것
은 지금까지 바울과 바나바가 복음을 전하는 일에 헌신해왔음을 인정하고 있다는 것
을 보여준다.

(사도행전 15:28-29)

교회가 야고보의 제안을 수용하지만, 야고보의 제안이었다는 말은 넣지 않았습니다. "성령과 우리는 … 옳은 줄 알았다"고 말하고 있습니다. 우리는 무슨 생각이든 다 말할 수 있지만, 일단 공동체가 기도하고 숙고하여 결정하면 그것을 '성령과 우리가 옳다고 생각하여' 내린 결정으로 받아들여야 합니다. 공동체가 수용하면서부터 그 제안은 한 개인의 아이디어가 아니라 '성령과 우리'의 제안이 되는 것입니다. 이렇게 되면 공동체 안에서 누구든 사람이 영광을 받는 일은 생각도 못할 것입니다. 공동체의 모든 결정이 '성령과 우리'의 결정이 되게 해야 합니다. 성령의 이끄심을 공동체가 한마음으로 결정한 내용을 이렇게 요약하고 있습니다. "이 요긴한 것들 외에는 아무 짐도 너희에게 지우지 아니하는 것이 옳은 줄 알았노니" 이 요긴한 것들은 구원에 필수조건은 아니지만 유대인들이 여전히 중요하게 여기는 율법이 명시적으로 요구하는 것들이기에 준수할 필요가 있는 것들을 말합니다.

예루살렘 교회는 안디옥 교회가 이 요구를 받아주기를 기대하고 있습니다. 이것은 명령이 아니었습니다. 그들의 판단을 존중할 준비가 되어 있었습니다. 그래서 이렇게 말한 것입니다. "이에 스스로 삼가면 잘되리라." 엑스 혼 디아테룬테스 헤아우투스 휴 파락세테, ἐξ ὧν διατηροῦντες ἑαυτοὺς εὖ πράξετε 새번역은 이렇게 말합니다. "여러분이 이런 것을 삼가면, 여러분은 잘 행한다고 하겠습니다." 그 결과 마음에 평안이 있는 결정이 되기를 바랐습니다. "평안함을 원하노라에로스쎄, ἔρρωσθε" 안디옥 교회가 예루살렘 교회를 의지하여 결정을 의뢰했지만, 예루살렘 교회는 권위적인 태도로 결정 사항을 통보하지 않았습니다. 얼마나 자상하고 겸손하게 배려하고 있는지 모릅니다.

안디옥 교회의 반응

이제 그 결정이 실행됩니다.

"그들이 작별하고 안디옥에 내려가 무리를 모은 후에 편지를 전하니"(사도행전 15:30)

당연히 안디옥 교회는 그 편지를 읽고는 매우 흡족해했습니다.

"읽고 그 위로한 말을 기뻐하더라"(사도행전 15:31)

한 사람이 회중을 위해서 큰 소리로 편지를 읽어주었습니다. 편지는 안디옥 성도들을 '위로한 말'이었습니다. 자신들의 구원을 인정해준 것이었고 예루살렘 교회가 만장일치로 결정해준 것이었기 때문입니다.

그런데 유다와 실라는 곧바로 돌아오지 않고 안디옥 교회가 안정될 때까지 얼마 간 거기서 사역하고 돌아옵니다. 바울과 바나바 일행이 예루살렘에 내려가는 길에 "베니게와 사마리아로 다니며"(행 15:3) 형제들과 교제하던 모습과 비슷합니다. 때를 얻든지 못 얻든지 복음을 나누었습니다. 성경은 그들의 활동상을 이렇게 요약합니다.

"유다와 실라도 선지자라 여러 말로 형제를 권면하여 굳게 하고 얼마 있다가 평안히 가라는 전송을 형제들에게 받고 자기를 보내던 사람들에게로 돌아가되"(사도행전 15:32-33)

그들을 "선지자프로페타이, προφῆται"라고 소개합니다. 굳이 이들을 이렇게 묘사한 것은 그들의 권면이 왜 안디옥 교회 성도들을 굳게 하는에페스 테릭산, ἐπεστήριξαν 결과를 내었는지를 보여주고, 훗날 실라가 바울의 2차 선교 여행에 합류할 것을 암시하고, 그가 그 일을 감당할 자격이 충분하다는 것을 보여주기 위한 것 같습니다. 아마 이 기간에 바울은 실라와 더 깊이 교제하고 그의 진면목을 확인했을 것입니다. 바울이 실라의 가르침과 성품을 잘 살펴보았기에, 훗날 2차 선교 여행을 앞두고 바나바와 결별한 후 실라를 선교팀에 합류시키기로 결정했을 것입니다.

안디옥 교회에서 일어난 교리적인 충돌은 단순한 해프닝으로 끝나지 않고 바울 선교에 확고한 이론적 정당성을 부여하는 계기가 되었습니다. 더욱이 앞으로 바울 선교의 핵심적인 동역자가 될 실라를 발굴하기도 했습니다. 전혀 예상하지 못한 수확이었습니다. 강대국 정상 간의 회담만 중요한 것이 아닙니다. 스치고 지나가는 우리의 모든 만남을 통해 우리가 생각지도 못하고 통제할 수 없는 이야기가 형성됩니다. 따라서 사안마다 의미를 부여할 필요는 없습니다. 하나님께 순종하여 공동체와 더불어 믿음으로 걷다 보면 하나님께서 그 걸음을 사용하여 새로운 역사를 만들고 관계를 만들고 의미를 창출하실 것이기 때문입니다. 끝내 우리는 그 의미를 알지 못하고 보지 못하더라도 그렇게 되리라고 확신하는 것이 믿음이고 소망입니다.

자신들의 사역에 신학적인 정당성을 부여받고 예루살렘 교회로부터 지지와 지원과 가르침도 받은 바울과 바나바는 다음 선교 여행을 떠나기까지 소속 교회이며 파송 교회인 안디옥 교회가 잘 서고 잘 자라도록 성심성의껏 사역했습니다. 이렇듯 좋은 선교사는 기본적으로 좋은 목회자입니다. 선교는 단지 전도하는 일에 그치지 않고 교회를 세우고 목양하고 좋은 공동체와 마을을 만드는 일까지를 포함하기 때문입니다. 우리의 선교사 훈련에 현지 적응이나 타문화 이해, 복음 전도와 더불어 교회 세우기나 목양에 대한 가르침이 반드시 포함되어야 하는 이유가 이것입니다. 안디옥 교회에서의 바울과 바나바의 활동상에 대해서 35절은 이렇게 말합니다.

"바울과 바나바는 안디옥에서 유하며 수다한 다른 사람들과 함께 주의 말씀을 가르치며 전파하니라"(사도행전 15:35)

여기 "유하다디에트리본, διέτριβον"가 미완료 시제인 것을 보면 상당 기간 더 머문 것으로 보입니다. 그들의 사역이 2개의 분사형으로 소개되는데, 하나는 주의 말씀을 가르치는 것이고 다른 하나는 전파하는 것입니다. 그런데 두 사람만 한 것이 아니라 "수다한 다른 사람들과 함께" 하고 있습니다. 그들의 이름으로 '시몬 니게르, 구레네의 루기오, 마나엔'(행 13:1)이 언급된 바 있습니다. 안디옥 교회에는 소위 평신도 사역자가 많았습니다. 이것이 이 교회의 저력이었습니다. 이런 풀뿌리 일꾼들이 있었기에 바울과 바나바라고 하는 걸출한 일꾼들을 과감하게 선교지로 파송할 수 있었습니다. 교회 안에서 담임 목회자나 동역하는 사역자들의 중요성은 더 말할 필요도 없지만, 교회의 진정한 역량은 성도들이 다른 성도들을 양육할 만큼 성장하는 데 달려 있습니다. 교회 사역의 분업화와 전문화는 그 유익만큼이나 그림자도 뚜렷합니다. 분명 탁월성보다 더 중요한 것이 '참여'일진대, 더욱 전문가 사역자들의 활약에 의지하는 경향이 짙어지면서 성도들은 공급자가 아닌 수혜자 차원에 머무는 일이 잦아졌습니다. 사역자와 성도가 함께 주의 말씀을 가르치며 전파했던 안디옥 교회 같은 교회, 선교적 교회로 발돋움하고 싶습니다.

나가는 말

사도행전 15장은 사도행전의 한 중심부에 위치하여 복음이 유대에서 이방으로 넘어가는 중요한 분수령을 이루고 있습니다. 이미 진행되고 있던 사건을 신학적으로 정리해줌으로써 땅 끝으로 복음이 전해지는 일에 가장 큰 장애물 하나를 정리하는 쾌거를 이룬 사건이 바로 예루살렘 회의였습니다. 여기에서 우리는 교회와 관련하여 몇 가지 중요한 교훈을 얻을 수 있습니다.

교리의 형성 과정

첫째, 초대교회가 교리적인 이견이 생겼을 때 어떻게 그 차이를 극복해 갔는지, 또 어떤 기준으로 극복해 갔는지를 잘 보여주고 있습니다. 우리는 그들이 기본적으로 '회의'라는 방법을 사용했고, 그 기준으로 세 가지를 쓰고 있는 것을 보았습니다.

첫째는 경험입니다. 베드로의 고넬료 회심 경험, 바나바와 바울의 선교 경험, 이방인들이 많이 포함된 안디옥 교회의 존재가 이방인들이 율법 준수 없이도 구원받을 수 있음을 보여주는 근거가 되었습니다. 성령께서 하시는 일을 인간이 막아서는 안 되었습니다. 모든 경험을 다 포괄하는 교리를 만들 수 없고, 다양한 경험마다 그것들을 정당화하는 교리가 필요한 것도 아닙니다. 그릇된 경험도 있고, 모든 경험이 다 성령께서 역사한 것만도 아니기 때문입니다. 다만 경험을 무시한 채 사변적인 고심만으로 교리를 만들고, 종교재판 하듯 다채로운 종교 체험들을 깔끔하게 재단하는 것도 경계해야 합니다. 극단의 신비주의와 주지주의 모두를 경계해야 하는 이유가 여기에 있습니다.

둘째는 성경입니다. 야고보는 아모스 9장 11-12절을 근거로 이방인이 율법을 통하지 않고 오직 예수님을 믿어서 하나님 나라 백성이 되는 것이 가능하다고 주장했습니다. 모든 경험을 해석하고 믿음의 근거를 제공하는 것은 성경입니다. 활동이 왕성하고 은사 경험이 풍부해도 성경의 가르침이 약한 교회는 언제든 극단으로 치달을 수 있고, 그 토대가 약해서 정체성이 흔들릴 수 있습니다.

셋째는 성령과 성도의 공동체입니다. 26절에서 예루살렘 교회가 만장일치로 교리를 결정하고, 28절에서는 그것을 "성령과 우리가 … 옳은 줄로 알았다"고 고백합니다. 성령과 교회공동체가 서로에게 민감하고 성령께 민감할 때, 교회는 올바른 가르침 위에 건강하게 설 수 있습니다. 이 공동체 안에 있는 '전통'도 고려사항에 포함됩니다. 오늘 우리 교회만의 합의가 아니라 교회의 역사를 통하여 믿음의 선배들이 존중해오고 지켜온 가르침을 잘 이어받는 것이 중요합니다. 경험, 성경, 성령과 공동체.

우리도 이것들을 잘 고려하여 주님의 뜻을 분별해 나가기를 바랍니다.

문제를 해결한 지도력

우리는 예루살렘 교회와 안디옥 교회를 보면서 교회는 어떤 식으로 지도력이 형성되어야 하는지를 배울 수 있습니다.

1) 진리 편에 선 베드로

베드로는 예루살렘 교회의 지도자였지만, 예루살렘 교회의 바리새파의 입장보다는 안디옥 교회의 입장을 두둔했습니다. 그것이 성령께서 하신 일이고 진리가 말하는 바이기 때문입니다. 사적인 소속이나 사사로운 관계가 아니라 새로운 시대에 어울리게 성령께서 기대를 넘어 행하시는 일에 더 주목했습니다. 예루살렘 회의가 급진적인 합의를 원만하게 이룬 데는 바울을 지지하는 그의 발언이 결정적인 역할을 했습니다.

2) 열린 마음과 단호한 결단력의 야고보

야고보의 열린 마음을 배우고 싶습니다. 예수님 생전에는 가족인데도 끝까지 유대교의 편에 서 있었던 야고보는 예루살렘 성전 우파의 지도자였을 것입니다. 그는 율법을 소중히 여겼고 성전 기도에 빠짐없이 참여하고 있었습니다. 하지만 율법 준수를 그 율법에 대해 전혀 모르고 배운 적 없는 이방인들에게 똑같이 필수적으로 요구할 수는 없었습니다. 이런 거대한 패러다임 전환을 요구하는 새로운 상황과 가르침을 야고보는 열린 마음으로 수용하고 있습니다. 그는 지도자로서 아주 담대하고 과감하게 바리새파 그리스도인들의 주장을 기각하여 논쟁이 아름다운 결말로 향하도록 만들어 주었습니다.

3) 유대인 그리스도인을 배려한 민감함: 네 가지 금기

예루살렘 교회가 바리새파 그리스도인들의 주장을 기각하면서도 회당 예배에 참여하는 유대인들을 배려하여 네 가지 율법의 금기사항들을 이방인들에게 부여한 것 또한 사려 깊은 결정이었습니다. 당연히 바리새파가 흔쾌히 이 결정을 받아들이지 않았을 것을 생각하면 한쪽에 일방적인 패배감만을 주는 결정을 피한 것입니다. 회의를 통해 옳고 그름은 추구하지만 그것을 이기고 지는 게임으로 만들지는 않았습니다. 교회 공동체는 올바름을 추구하면서도, 진리로 굳게 믿어온 주장을 철회해야 하는 사람들의 상실감을 한껏 배려하면서 성숙한 조치를 취한 것입니다.

4) 이방인 교회를 배려한 섬세함: 유다와 실라 파송과 사역

예루살렘 회의는 유다와 실라를 안디옥 교회에 파송하여 이 결정 사항을 직접 전달하고 설명하게 합니다. 그리고 거기에 더 오래 남아 성도들을 권면하고 믿음을 세우게 해줍니다. 이방인 형제 교회를 향한 예루살렘 모교회의 세심한 배려가 엿보입니다. 유다는 히브리파 유대인이고 실라는 헬라파 유대인입니다. 두 문화권이 섞인 교회에 유대와 이방 배경을 가진 대표를 골고루 선출하여 보낸 것도 안디옥 교회를 섬세하게 배려한 조치로 보입니다.

하나됨의 공동체

이런 지도자들의 혜안과 배려와 결단력 때문에 하나님의 교회는 갈등의 상황을 끝내고 평화와 일치의 공동체로 거듭났습니다.

1) 유대인과 이방인의 하나됨

무엇보다 이방인과 유대인이 하나가 되었습니다. 둘이 각자 그리스도 안에서 새 사람이 되어 둘 다 새 언약의 시대, 새 이스라엘, 하나님 나라의 백성으로 편입되었습니다. 누가 누구를 흡수한 것이 아니라, 둘이 전혀 다른 곳에서 만나 하나가 되고, 한 운명 공동체가 된 것입니다.

2) 지도자와 성도의 하나됨

베드로와 야고보의 발언에 예루살렘 온 교회가 만장일치로 화답했습니다. 쉽지 않은 결정이었습니다. 하지만 그들의 지도력을 존중해주었습니다. 안디옥 교회도 예루살렘 교회가 보낸 대표 유다와 실라의 가르침을 잘 받아서 양육되었습니다. 다른 교회 사역자라고 해서 가르침의 권위를 인정하지 않은 것이 아니었습니다. 그들은 잘 배웠습니다. 그리고 그들이 말씀의 일꾼이 되어 잘 가르쳤습니다.

3) 지도자들 사이의 하나됨

바울과 바나바, 베드로, 야고보, 유다와 실라, 그리고 예루살렘 교회의 사도들과 장로들, 안디옥 교회의 장로들, 이들이 모두 하나가 되어 오직 성경이 말하는 바가 무엇인지, 과연 하나님이 기뻐하시는 것이 무엇인지만 고민하면서 서로 하나가 되어 일을 처리하는 모습이 눈에 선합니다.

4) 교회들 사이의 하나됨

교회들 사이의 연합도 아름답습니다. 안디옥 교회는 예루살렘 교회를 인정하고 그들의 권위 앞에 복종했습니다. 예루살렘 교회는 안디옥 교회의 질문에 성심껏 답을 찾아가고 합의에 이른 결과물을 친절하게 이방인 교회들에게 전달해 주었습니다. 이것을 오늘 노회와 지교회와의 관계에도 적용할 수 있습니다. 선교지의 교회와 파송 교회 간의 관계, 도시와 농촌의 교회, 노회나 지방회 안에서의 교회의 관계도 아름다운 연합과 협력으로 돈독해지기를 바랍니다.

변방을 통한 중심의 변화

누가복음은 갈릴리에서 예루살렘으로 올라가는 이야기이고, 사도행전은 예루살렘에서 땅끝으로 흩어지는 이야기라고 했습니다. 구심력적 운동과 원심력적 운동이 모두 나타납니다. 이 둘은 상호작용을 합니다. 주변을 중심이 붙들어주고, 중심이 주변을 통해서 역동성을 유지합니다. 중심과 주류의 속성은 '유지'와 '보전'에 있습니다. 변하기보다는 지켜서 전수하려고 합니다. 주변에 의해 중심이 변하고 확장하는 데는 주변의 변화보다 훨씬 더 큰 진통과 더 복잡한 과정이 필요합니다. 그런데 사도행전에서 우리는 중심인 예루살렘 교회를 존중하고 그들의 도움을 받는 이방인 교회들과 바울 일행의 활동과 문제 제기를 통해, 그리고 다양한 갈등과 이견을 통해, 중심인 예루살렘 교회가 더디지만 확실한 변화를 감행하는 것을 볼 수 있습니다.

구약의 이스라엘 역사는 시온으로 올라가는 '알리야to ascend to Zion'로 시작했다가 약속의 땅에서 추방되거나 강제로 떠난 '디아스포라to be scattered'로 끝났습니다. 그런데 사도행전에서는 구약의 형벌 서사가 땅 끝을 향한 이야기, 새 하늘과 새 땅을 향한 하나님 나라의 이야기로 변하고 있습니다. 성령의 능력 아니면 현재의 이스라엘도, 유대인들도, 팔레스타인 땅으로의 회귀만을 갈망하는 시온주의를 극복할 수 없을 것입니다. 시온주의나 개교회주의 혹은 국가주의나 민족주의에 기반한 교회는 모두 '바벨탑 멘탈리티'일 뿐입니다. 우리는 아브라함을 부르실 때부터 성령의 능력으로 '순례 멘탈리티'를 따라서 변방으로, 낯선 곳으로, 이질적인 곳으로 나아가도록 요구받고 있습니다. 강자를 중심으로 모이는 로마제국의 파토스가 아닌, 약한 자들, 매인 자들, 갇힌 자들에게 참된 해방과 안식과 샬롬을 주는 삶으로 부름을 받았습니다. 힘을 숭상하는 십자군 원정이 아니라 섬김을 추구하는 십자가의 정신으로 위에서 아래로, 중심에서 주변으로, 축적에서 나눔으로 나아가는 삶이 생명 있는 에클레시아라고 사도행전은 말해주고 있습니다.

사랑하는 여러분, 멋지지 않습니까? 우리도 사심을 버리고 주님의 영광과 주님의 나라만을 앞세우며 사는 하나님의 사람들이 되기를 바랍니다. 주님은 그런 교회들, 그런 지도자들, 그런 성도들을 지금도 찾고 계시고 부르고 계십니다. 주님, 그런 교회 여기 있습니다, 저를 써주소서, 보내주소서, 라고 대답하는 저희 모두가 되기를 간절히 바랍니다.

믿음이 굳건해지고,
수는 늘어가고 ——— 사도행전 15:36-16:5

들어가는 말

삶은 결정과 선택의 연속입니다. 그런데 하나를 선택한다는 것은 동시에 다른 하나를 포기하는 일입니다. 여럿이 함께 일할 때는 그게 더 복잡해집니다. 의견을 맞춰간다는 게 보통 어려운 일이 아닌데, 선과 악의 문제라면 그나마 낫습니다만, 둘 다 옳은데 의견이 다른 경우 서로 양보하거나 한쪽이 접지 않으면 자칫 옳은 일을 하려다가 관계를 그르치게 됩니다. 서로 신뢰가 깊을 때는 제3의 대안을 도출할 수 있지만, 자기 확신만 강하면 같이 가기가 어렵습니다. 또한 끝까지 같이 가는 것이 지고의 가치나 목표는 아닙니다. 그러니 같이 동역하다가도 나중에 각자 다른 길로 가는 것이 꼭 흠이 되는 건 아닙니다. 다만 언제든 다시 만날 수 있을 만큼 지난 시간에는 감사하고 앞에 놓인 서로의 길을 축복하는 것이 중요합니다. 한 동역자와 헤어지면 다른 동역자를 붙여주실 수 있고,

한 사역이 종료되면 다른 사역으로 이어질 수도 있습니다. 각각의 경험이 이후 행보에 밑거름이 되는 것은 자명합니다. 오늘 본문에서 바울과 바나바는 2차 선교 여행을 떠납니다. 그런데 둘은 1차 선교 여행 때와는 다른 일행을 데리고 다른 경로로 향합니다. 어찌 된 일일까요? 사탄의 책략일까요? 두 사역자의 결별이 하나님의 일에 타격을 입혔습니까? 하나님께서는 이 둘의 결별을 어떻게 보셨을 것 같습니까?

바울과 바나바의 결별

바울과 바나바, 그들은 어느새 떼려야 뗄 수 없는 관계가 되었습니다. 서로에게 없어서는 안 되는 존재들이었고, 그간 쌓인 동역 노하우를 생각하면 2차 선교 여행 때의 활약도 기대되는 사이였습니다. 파송 교회가 있는 안디옥에서 안식을 취했지만, 그들에게 안식은 아무것도 하지 않는 것을 의미하지 않았습니다. 당연히 심신의 피로를 풀고 아픈 몸도 치료받았을 것입니다. 그런데 사역자들이 일상과 사역을 구분하는 것은 쉽지 않은 일입니다. 두 사람에게 안디옥 교회는 단지 파송 교회가 아니라 그들의 교회이기도 했습니다. 사역지였고 가족이었습니다. 안식하는 동안에도 그들은 자신들의 교회를 든든히 세워갔습니다.

그런데 사도행전 15장을 보면 2차 선교 여행을 떠나기 전에 이들에게는 두 가지 큰일이 생깁니다. 하나는 예루살렘 교회와의 관계에서 생겼고, 다른 하나는 선교의 동역자 바나바와의 관계에서 생겼습니다. 예루살렘 교회 안에는 할례를 이방인들에게 구원의 필수 조건으로 요구해야 한다고 주장하는 이들이 있었습니다. 이 문제는 '예루살렘 회의'를 통해서 해결되었습니다. 예루살렘 회의는 치열한 논의 끝에 두 가지, 이방인들에게 요구해서는 안 되는 것과 요구해야 하는 것을 결정합니다. 첫째, 이방인들에게는 할례를 요구하여 그들을 괴롭게 하지 말아야 합니다. 둘째, 다만 우상의 더러운 것과 음행, 목매어 죽인 것, 피를 멀리해야 합니다. 예루살렘 공회의 결정으로 이방인 선교의 큰 신학적인 장애물이 제거되었습니다.

이렇게 외부적인 문제, 혹은 교리적인 큰 문제가 해결되었으니, 그들은 이제 거칠 것 없이 이방인 선교에 나설 것이라고 예상했을 것입니다. 바울이 먼저 제안합니다.

"며칠 후에 바울이 바나바더러 말하되 우리가 주의 말씀을 전한 각 성으로 다시 가서 형제들이 어떠한가 방문하자 하고"(사도행전 15:36)

"며칠 후"라고 했지만 경우에 따라서는 몇 주나 몇 달의 기간을 의미할 수도 있습니다. 사도행전 15:33을 보면 실라가 안디옥에서 예루살렘에 돌아간 것을 언급하고 있는데, 왕복 540킬로미터입니다. 나중에 예루살렘의 실라를 바울의 2차 선교 여행의 동역자로 영입하게 되는데, 이 모든 과정을 염두에 두면 바울과 바나바는 이후로 안디옥에 적어도 2달 이상은 머문 듯합니다. 이제 두 사람은 다시 선교 여행을 떠날 때라고 판단하고 대략적인 일정을 계획했습니다. 먼저 1차 선교 여행 때 주의 말씀을 전한 각 성을 다시 심방하자는 데 뜻을 모았습니다. 그런데 나중에 이 계획은 바울과 실라, 바나바와 마가 요한을 통해서 각각 이행되고 있습니다(행 15:39, 41; 16:6). 그들이 1차 선교 여행 때 전한 말씀을 "주의 말씀톤

로곤 투 퀴리우, τὸν λόγον τοῦ κυρίου"이라고 한 것을 볼 때 바울 일행이 전한 메시지의 초점은 예수 그리스도였습니다.[18]

그런데 뜻밖의 장애물을 만났습니다. 마가 요한을 다시 합류시키는 문제를 두고 바나바와 바울 사이에 이견이 생겼습니다.

> "바나바는 마가라 하는 요한도 데리고 가고자 하나 바울은 밤빌리아에서
> 자기들을 떠나 함께 일하러 가지 아니한 자를 데리고 가는 것이 옳지 않다
> 하여"(사도행전 15:37-38)

바나바는 조카 마가 요한을 이번 선교 여행에도 참여시키자고 했지만 바울은 반대했습니다. 그 이유는 분명했습니다. "밤빌리아에서 자기들을 떠나 함께 일하러 가지 아니한 자"이기 때문입니다. 누가는 여기와 사도행전 13:13에서 마가 요한의 행동을 "떠나다아피스테미, ἀφίστημι-새번역은 '버리다'라고 적절하게 번역하고 있다"라고 표현함으로써 그의 이탈을 불가피한 사정으로 인한 결정이 아니라 매우 부정적인 처사로 보이게 묘사하고 있습니다. 마가 요한이 철수한 이유는 언급하지 않지만, 그 철수가 잘못이었다는 것만은 세 사람 모두 인정하고 있었습니다. 다만 용서나 양해가 가능한 수준이었는지를 두고 바나바와 바울의 입장이 달랐을 뿐입니다. 그것은 사실fact의 문제가 아니라 '해석'의 문제였습니다. 그러니 입장이 다를 수 있습니다. 중요한 것은 저자가 누구의 시선으로 사도행전을 기록하고 있는가 하는 점입니다.

---

18 주격적 소유격으로 볼 때 예수가 메시지의 근원이라고 볼 수 있다.

"서로 심히 다투어 피차 갈라서니 바나바는 마가를 데리고 배 타고 구브로로 가고 바울은 실라를 택한 후에 형제들에게 주의 은혜에 부탁함을 받고 떠나 수리아와 길리기아로 다니며 교회들을 견고하게 하니라"(사도행전 15:39-41)

바울과 바나바 둘 모두 자기 주장을 굽히고 싶지 않았고, 마가 요한의 합류 문제에서만큼은 타협의 여지는 없었고, 그 결과 둘은 "심히 다투었습니다." 바울은 마가 요한을 징계하는 차원에서 동행을 거절한 것만은 아니었을 것입니다. 선교 여정에서 벌어질 것으로 예상되는 막대한 고난을 마가 요한이 감당하기에는 역부족이고, 그래서 얼마든지 다시 철수할 가능성이 있고, 정말 그렇게 된다면 1차 선교 여행 때보다 더 사역에 누를 끼칠 수 있다고 본 것입니다. 그러니까 개인적인 호불호의 문제가 아니라 선교 여정 전체에 미칠 파장을 고려한 결정이었습니다. 그렇다고 해서 조카를 향한 바나바의 관대함을 사적 감정으로 폄훼할 필요도 없습니다. 우리가 알듯이 바나바는 원래 "위로의 사람"이라는 별칭을 얻을 만큼 따스하고 사랑이 많은 목양적 지도자입니다. 그러니 조카 마가 요한을 위한 그의 제안은 몹시 바나바다운 결정이었습니다.

바울과 바나바, 둘은 서로 물러서지 않았습니다. 결국 환상의 조합이었던 둘이 각자 다른 길로 가기로 결정합니다. 그간 하나님께서는 탁월한 성경 교사와 따스한 목자의 결합을 통해 놀라운 복음의 역사를 일구셨습니다. 그런데 이제 다른 방식으로 두 일꾼을 각각 사용하기로 하신 것입니다. 마가 요한은 격려와 양육이 필요했기에 이 시점에서는 바울보다 바나바가 동역자로 더 제격이었습니다. 이런 바나바의 인내하는 사랑과 양육을 통해 마가 요한은 성장했고, 훗날 마가복음의 저자가 되었으며, 바울과도 아름다운 동역을 재개했습니다(골 4:10; 딤후 4:11).

따라서 누가는 이 두 사람의 결별 자체를 선교나 교회에 큰 파장을 몰고 올 돌이킬 수 없는 사태로 묘사하지 않습니다. 바울의 동역자가 바나바에서 실라로 바뀐 배경을 설명하는 것이 저자의 우선 관심사로 보입니다. 갈등과 결별에도 불구하고 선교의 목표는 성취되어 갔습니다. 다만 방문 지역이 달라졌고 동역자가 바뀌었을 뿐입니다. 바나바는 1차 선교 여행 때처럼 마가 요한을 데리고 자기 고향 '구브로'로 향합니다. 반면에 바울은 실라를 동역자로 새로 세워서 1차 선교 여행과는 반대 방향으로, 그러나 그또한 고향 다소가 있는 곳을 향해 출발합니다. 안디옥 교회도 바울과 한 팀이 되어 협력해주었습니다.

"바울은 실라를 택한 후에 형제들에게 주의 은혜에 부탁함을 받고 떠나"

(사도행전 15:40)

바울이 바나바 대신에 동행하기로 한 일꾼은 실라였습니다. 그는 앞서 예루살렘 회의 결정 공문을 안디옥 교회에 전달할 만큼 예루살렘 교회로부터도 바나바만큼이나 신망을 얻는 일꾼이었습니다. 그는 '선지자'로 불리면서 안디옥 교회를 "여러 말로 권면하여 굳게"(행 15:32) 하기도 했습니다. 그는 실루아노라는 라틴어 이름을 가진 로마 시민권자로서(행 15:22; 16:37) 베드로전서와 베드로후서를 대필할 만큼 헬라어 능력이 출중한 헬라파 유대인이었습니다(벧전 5:12). 그는 2차 선교 여행에 바울과 동행했습니다. 2차 선교 여행 중에 바울이 첫 서신인 데살로니가전후서를 보내는데, 거기에 실라가 발신자로서 바울과 함께 이름이 올라와 있습니다(살전 1:1; 살후 1:1).

저자 누가가 마가 요한을 택한 바나바의 결정이나 그의 사역에 대한 안디옥 교회의 입장에 대해서는 언급하지 않고 교회가 바울과 실라의 여정에 반응한 것만을 기록한 것에 주목해야 합니다. 당연히 바나바와 마가 요한의 사역을 위해서도 축복했겠지만, 이후 그들의 사역은 사도행전에서는 더는 언급되지 않고 있습니다. 안디옥 교회는 주께서 바울과 실라의 사역을 주도하시고 지키시고 그들을 사용해주시도록 기도합니다. 그 결과를 누가는 이렇게 밝힙니다.

"수리아와 길리기아로 다니며 교회들을 견고하게 하니라"(사도행전 15:41)

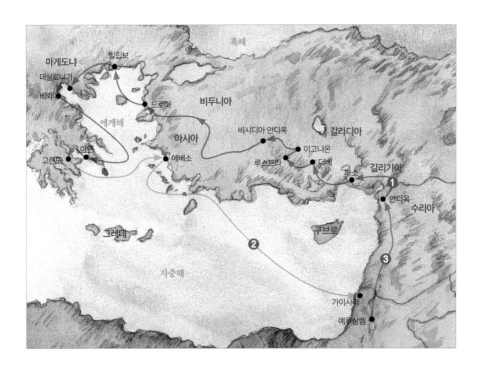

1차 선교 여행 때 세운 교회들을 심방하려고 한 본래 계획이 바울과 실라를 통해서 이루어졌습니다. 그들은 교회들을 "견고하게 했습니다에 피스테리존, ἐπιστηρίζων". 분사의 현재시제를 씀으로써 교회를 견고하게 하는 것이 재심방의 중요한 목적이었음을 말해줍니다. 이제 누가는 이 두 사람 바울과 실라를 통해 사도행전 1:8에서 주신 하나님의 계획, 즉 "예루살렘과 유다와 사마리아와 땅 끝까지" 이 복음이 어떻게 전해지는지를 기록하고 있습니다. 여기 나오는 이 "수리아와 길리기아" 교회들특히 길리기아을 언제 누가 선교했는지는 분명하지 않습니다. 바울의 1차 선교 여행의 대상 지역이 아니었기 때문입니다. 오순절 성령 강림의 영향으로 믿게 된 자들이 개척했을 가능성이 충분합니다. 그런데 바울은 남의 터 위에 교회를 세우는 법이 없었습니다. 남이 개척한 교회를 심방하여 세우는 일은 하지 않았습니다. 그렇다면 바울이 다소에서 10년을 머물 때 이 지역까지 다니면서 전도했을 가능성이 농후합니다. 그 후에 바나바가 안디옥 교회 사역에 바울을 동참시키려고 400킬로미터가 넘는 거리를 직접 찾아갑니다. 누군가를 시켜서 편지로 청할 수도 있었을 텐데 직접 간 것은 바울을 만나는 목적 외에도 이 지역들에서 바울이 성공적으로 사역하는 이야기를 들었는데(갈 1:21-24) 이 현장을 직접 가서 확인하기 위해서였을 것입니다.

바울이 실라와 새로운 선교팀을 구성한 것도 처음부터 의도한 바와는 달랐지만, 결과적으로 성령께서는 이후 선교 사역과 선교지역을 고려할 때 바나바와는 성격이나 은사가 다른 일꾼이 더 필요하다고 여기셨을지 모릅니다. 비록 결별했지만, 바나바의 기여를 과소평가할 수 없습니다. 바울이 회심한 후 3년이 지나도록 예루살렘 교회에게 여전한 두려움의 대상이었을 때, 중간에서 바울을 믿을 만한 사람으로 보증해 준 참 고마운 존재가 바나바입니다. 고향 다소에서 10년 동안 있던 바울을 안디옥 교회와 연결해 준 것도 바나바입니다. 훗날 바울이 베드로를 꾸짖은 사건(갈 2:11-14) 때도 바나바와 바울이 안디옥에 같이 있는 것을 볼 때, 둘 사이의 우정이나 동역은 변함없이 지속되었음을 짐작할 수 있습니다. 심지어 바울은 에베소에서 고린도 교회를 향해 편지를 보내면서 바나바가 아내 없이 사역에 매진한 것을 언급하며 칭찬을 아끼지 않고 있습니다(고전 9:4-6). 하지만 성령께서는 이제 전개될 새로운 선교 사역에서는 바울이 주도적으로 지도력을 발휘할 조건을 마련해 주신 것으로 볼 수 있습니다. 어떤 교회나 단체든 언제 어떤 준비가 된 인물을 지도자로 세워 일하는 것이 더 합당한지를 잘 분별하고 순종하는 것이 중요합니다.

디모데의 합류

수리아의 안디옥에서 출발한 바울과 실라는 우선 바울의 고향인 길리기아의 다소까지 가면서 바울이 개척한 여러 교회들을 심방하며 기쁘게 교제하고, 예루살렘 회의 결정 사항들을 전달해주었습니다. 다소에서 출발하여 길리기아 관문을 통과하여 거기서 240킬로미터를 더 가면 더베가 나옵니다. 그들은 더베 방문을 마치고 루스드라에 이릅니다.

"바울이 더베와 루스드라에도 이르매"(사도행전 16:1a)

디모데의 출신과 자격

더베와 루스드라 선교에 대한 기사는 사도행전 14장에 나와 있습니다. 특히 루스드라에서는 앉은뱅이 치유 사건을 계기로 그곳 사람들이 바울과 바나바를 신적인 존재제우스와 헤르메스로 추켜세우기도 했습니다. 그러나 두 사람은 완강하게 경배를 거절하고, 이것을 복음 전할 기회로 전환했습니다. 진정으로 제사를 받고 경배를 받아야 할 분은 자신들이 아니라 천지와 바다와 그 가운데 있는 만물을 지으신 살아계신 하나님뿐이라고 전했습니다. 하지만 곧 이고니온에서 추격한 유대인들의 충동으로 바울은 돌에 맞아 죽을 뻔했습니다. 실제로 유대인들은 그가 죽은 줄로 알고 성 바깥으로 던져버렸습니다. 순식간에 신적인 존재로 추앙받던 사람에서 돌에 맞아 죽을 만큼 버림받는 사람으로 전락한 곳이 '루스드라'입니다. 그런 곳에 다시 들어간다는 것은 보통 강심장이 아니면 어려웠을 것입니다. 바울을 죽이려고 했던 그 위협적인 세력이 지금은 사라졌다는 암시도 전혀 없습니다. 이런 끔찍한 일을 겪고서도 사도 일행은 다시 루스드라에 들어가 형제들의 믿음을 굳게 했습니다. 그의 설교를 기억하십니까?

"이 믿음에 머물러 있으라 권하고 또 우리가 하나님의 나라에 들어가려면 많은 환난을 겪어야 할 것이라 하고" (사도행전 14:22)

자신이 복음 때문에 고난을 받은 것은 이상한 일이 아니라고 합니다. 복음 전도자가 고난을 받은 것은 부활하여 왕으로 통치하시는 예수님이 무능해서도 아니고 천지를 지으신 하나님이 보호해 주지 않으셨기 때문도 아니라는 것입니다. 돌에 맞아 반쯤 죽었다가 다시 살아난 바울 자신의 경험이 그리스도의 능력과 부활을 증명하는 기적이라고 말했을 것입니다. 바울이 전하는 그 생명의 복음이 사실이라는 것을 죽음을 두려워하지 않고 그 복음을 전하고 있는 바울 자신이 증명하고 있었습니다. 그 복음을 위해서는 지켜야 할 것이 아무것도 없다는 것을 보여준 바울이야말로 그가 전하는 복음이 사실임을 입증하는 가장 확실한 증거였던 것입니다.

이 루스드라에서 바울은 평생의 동지요 영적인 아들을 만납니다. 그가 소생을 경험한 그곳 루스드라에서 바울은 자신의 사역을 돕고 또 나중까지 자신의 사역을 이어갈 분신과도 같은 일꾼을 만납니다. 디모데입니다.

"바울이 더베와 루스드라에도 이르매 거기 디모데라 하는 제자가 있으니 그 어머니는 믿는 유대 여자요 아버지는 헬라인이라" (사도행전 16:1)

루스드라에는 회당이 없을 정도로 철저한 이방인의 도시였습니다. 그런데 디모데는 이미 제자가 되어 있었습니다. 디모데후서는 디모데의 신앙이 외조모와 어머니의 영향 덕분이었다고 말합니다.[19]

"이는 네 속에 거짓이 없는 믿음이 있음을 생각함이라 이 믿음은 먼저 네 외조모 로이스와 네 어머니 유니게 속에 있더니 네 속에도 있는 줄을 확신

---

19 유대인인 디모데 어머니의 헬라이름(유니게)과 헬라 남자와의 결혼은 그들이 상당히 헬라화된 집안임을 보여준다. 디모데는 구약 율법에 따르면 이방인으로 간주되고(부계 원리) 미쉬나에 따르면 유대인으로 간주된다(모계 원리).

하노라"(디모데후서 1:5)

아버지는 이방인이었는데 그에 대한 자세한 언급이 안 나온 것을 보면 그는 신앙이 없었든지 아니면 일찍 죽은 것이 아닌가 싶습니다. 디모데가 "어려서부터 성경을 알았다"(딤후 3:15)고 했는데, 그의 가정은 헬라 문화에 동화되지는 않고 유대인의 정체성을 유지하면서 회당에 다닌 듯합니다. 어머니 유니게가 "믿는피스테스, πιστῆς 유대 여자"로 소개되는데, 바울의 1차 선교 여행 기간 동안 예수님을 영접한 것 같습니다. 여기서 사도행전 저자가 주목한 것은 두 가지입니다. 그가 '제자'였다는 사실과 이방인 아버지와 유대인 어머니 사이에서 태어난 혼혈이라는 사실입니다. 이는 바울과 비슷합니다. 유대인 부모 밑에서 태어나 자랐지만, '다소'라는 이방인 지역과 예루살렘에서 성장하여 유대인과 이방인 양측을 모두 잘 이해하는 사람이었습니다. 바나바도 구브로 출신의 헬라파 유대인이었기에 이방인 선교에 적합한 일꾼이었는데, 이제 이방인들을 더 잘 이해할 수 있는 유대인 디모데를 새 동역자로 보내주신 것입니다. 우리는 디모데의 영입을 통해 이제 바울 일행의 사역이 이전보다 더욱 이방인 중심이 될 것임을 예상할 수 있습니다. 앞서 예루살렘 교회가 이방인에게 할례를 행하지 않아도 된다고 확증함에 따라 교리적인 장벽도 허물어졌으니 한층 이방인 선교에 박차를 가할 수 있었습니다. 디모데를 "제자"라고 묘사한 것은 그 역시 믿는 신자라는 뜻입니다.

그가 바울의 동역자로 적합한 다른 조건 하나를 말합니다.

"디모데는 루스드라와 이고니온에 있는 형제들에게 칭찬 받는 자니"(사도

루스드라와 이고니온은 약 35킬로미터 떨어져 있습니다. 두 도시의 그리스도인들 사이에 매우 긴밀한 교제가 있었던 것으로 보입니다. 두 도시의 교회들 안에서 이 디모데는 젊지만 칭찬받는 제자였습니다. 이는 그가 바울의 전도팀에 합류해도 될 만한 충분한 내적인 자질을 갖추고 있었음을 보여주는 표현입니다. 외적인 조건에 너무 열광하는 우리 시대에도 주님의 종들은 내적 자질, 즉 복음을 알고 복음을 반영하는 인격이 형성될수록 하나님께서 더 편하게 쓰실 수 있는 그릇이 되어 가장 적합한 곳으로 부름받을 것입니다.

디모데에게 할례를 행하다

바울은 디모데를 자신의 사역에 참여시키려 합니다.

"바울이 그를 데리고 떠나고자 할새" (사도행전 16:3)

이 결정에 이르기까지 참 많은 일들이 있었을 것입니다. 바울이 디모데에게 권했을 것이고, 가족과도 상의했을 것입니다. 지역 교회 지도자들에게도 그가 적합한 일꾼인지 점검했을 것입니다. 디모데가 전에 하던 일이 무엇이었든지 간에 이 전도 대열에 참여하는 것보다는 쉬웠을 것이고 안전했을 것입니다. 바울은 디모데후서에서 디모데가 자신이 루스드라에서 전도할 때 죽을 고비를 넘긴 일을 다 알고 있다고 말하고 있습니다(딤후 3:11). 바울이 디모데를 선교 여행의 일원에 초대했다는 것은 그의 고난에 동참하게 했다는 뜻이었습니다. 예수께서 제자들을 부르실 때도 "따르라"는 명령 이외에 다른 말을 덧붙이지 않으셨습니다. 예수님을 따른다는 것은 그 양상이 어떠하든지 한결같기 때문입니다. 십자가의 길이고 대가를 감수하는 길입니다. 주님의 부르심이 확실하다면, 다른 것은 물을 필요가 없습니다. 오늘 전하다가 내일 죽을 수도 있습니다. 살아 돌아온다는 보장이나 성공의 약속도 없습니다. 부르시면 뒤돌아보지 말고 나설 뿐입니다. 기대를 특정하지 말아야 합니다. 그래야 마가 요한처럼 힘들다고, 어려움이 예상된다고 중간에서 포기하지 않을 수 있습니다. 징징거리지 말고, 그럴 줄 몰랐다고 불평해서는 안 됩니다. 십자가의 길을 가지 않고서 십자가를 전할 수 있는 선교는 없기 때문입니다. 구원받는 성도로의 부름은 항상 증인으로의 부름입니다. 디모데처럼 고향과 부모를 떠나 선교사가 되지는 않을지라도, 교회로의 부름은 늘 선교적 존재로의 부름입니다. 선교하는 교회를 넘어서 선교적 존재가 교회의 핵심 정체성입니다. 교회는 구성원의 종교적 욕구나 필요를 채워주는 곳에 그쳐서는 안 되겠습니다. 하나님께 순전하게 예배하고 말씀에 진득하게 순종할 때 영적인 갈망이 채워지고, 삶은 의미를 찾고, 거기서 참 행복과 만족과 희열을 발견할 것입니다. 자기만족에 머물지 않고 디모데처럼 칭찬받는 제자가 되고, 주님이 삶과 사역으로 부르실 때, '네 주님 제가 하겠습니다. 저를 사용하여 주십시오. 감당할 만큼 능력을 주십시오'라고 구할 줄 아는 성도들이 되어야 합니다.

바울은 디모데를 전도팀에 합류시키기 전에 한 가지 중요한 요구를 합니다.

"그 지역에 있는 유대인으로 말미암아 그를 데려다가 할례를 행하니 이는

그 사람들이 그의 아버지는 헬라인인 줄 다 앎이러라" (사도행전 16:3b)

15장에서 이방인들에게는 더는 할례를 요구하지 않아도 된다는 예루살렘 교회의 결정을 확인한 바 있습니다. 바울이 주도적으로 참여한 회의였습니다. 그때 헬라인 디도도 동행했는데, 바울은 교회가 그에게 억지로 할례를 받게 하지 않았다는 사실을 굳이 언급합니다. 그런데 디모데에게는 할례를 행하게 하는데, 이는 자신의 주장과 예루살렘 회의의 결론을 뒤엎는 일처럼 보입니다. 하지만 할례 논쟁의 대상은 이방인이지 디모데처럼 유대인^{모계혈통상}은 아니었습니다. 저자는 바울이 디모데에게 할례를 행한 이유를 밝힙니다. "그 지역에 있는 유대인으로 말미암아" 디모데가 유대인들에게 복음을 전하기 위해 유대인 회당에 들어가야 할 것인데, 할례를 행하지 않은 사람들은 들어갈 수 없습니다. "할례 받지 않은 유대인"이라는 개념은 "동그란 삼각형"이라는 말처럼 유대인들에게는 허용될 수 없었습니다. 그렇다면 이 할례 시행은 디모데의 구원을 위해서가 아니라 유대인 선교를 위한 일이었습니다. 바울은 디모데가 유대인과의 교제에 장애물이 되는 조건을 제거하고 시작하게 한 것입니다. 부모와 교회는 디모데의 할례를 허용했고, 아들이 바울 일행과 함께 선교 여행에 참여하도록 허락했습니다. 떠나면서 장로들은 디모데에게 기도하고 예언하여 보내주었는데, 바울은 훗날 디모데에게 그 예언을 기억하라고 권면하고 있습니다(딤전 4:14).

바울의 우선순위는 자신의 안위가 아니었습니다. 복음을 전할 대상에게 맞춰서 자신을 바꿔갔습니다(갈 5:6; 6:15; 고전 7:19). 예수께서 우리를

전도하기 위해 우리처럼 되셨듯이 성육신, 우리도 누군가를 전도하기 위해서는 그들처럼 되어 그들에게 공감해야 합니다. 성육신적 삶, 그것이 복음에 참여하는 성도의 삶이고 교회의 존재 방식입니다. 그것이 형제 사랑이요 하나님 사랑입니다. 영생을 누리는 길입니다. 사랑은 그 사람의 입장이 되어 주는 것이고, 내 존재를 내어주고 자유를 내어주는 일이며, 그것이 선교입니다. 그런 의미에서 그리스도인의 삶은 사랑의 삶이고 선교의 삶입니다. 우리가 그리스도의 생명으로 사는 것 자체가 선교가 됩니다(참조. 고전 9:19-23). 디모데가 할례를 행하기로 결정한 것은 유대인들과 소통하기 위해 온몸으로 그들이 수용할 수 있는 언어를 만드는 일이었습니다. 그들의 문화의 옷을 입은 결정이었습니다.

예루살렘 공의회의 결정을 지키다

얼핏 보면 디모데의 할례가 예루살렘 회의의 결정을 스스로 어긴 듯이 보이지만, 곧바로 4절에서 저자 누가는 바울 일행이 예루살렘 회의의 결정을 존중하는 조치를 했다고 분명히 언급하고 있습니다.

"여러 성으로 다녀 갈 때에 예루살렘에 있는 사도와 장로들이 작정한 규례를 그들에게 주어 지키게 하니" (사도행전 16:4)

더베와 루스드라는 물론이고 갈라디아 지방의 다른 지역들 이고니온, 비시디아 안디옥에도 다니면서 예루살렘 회의에서 사도와 장로들이 정해준 규례를 가르치기 시작했습니다. 그것은 "우상의 더러운 것과 음행, 목매어 죽인 것, 피를 멀리하라는 것"을 말합니다. 그는 사도 중 한 명이지만 교회의 권위 아래서 하나님께서 역사하시는 것을 존중했습니다. 얼마나 아름다운 협력입니까? 이것이 3절과 4절을 나란히 배치한 저자의 의도일 것입니다. 지도자는 디모데에게 할례를 요구할 만큼 단호해야 하고, 동시에 말씀을 유연하게, 창조적으로 적용할 수도 있어야 합니다. 이방인의 할례를 반대한 반半이방인인 디모데에게 할례를 행하고 있습니다. 하지만 동시에 그에게는 교회의 전통과 권위, 가치를 존중하는 마음이 있었습니다. 이 둘을 겸비할 때 지도자는 오만과 독선에 빠지지 않을 수 있습니다.

사역의 결과

바울의 2차 선교 여행은 신실하고 경험 많은 사역자 바나바와의 결별로 시작했습니다. 하지만 이번에도 하나님께서 새롭게 채워주셨는데, 그가 바로 실라입니다. 또한 안디옥 교회는 그들을 주의 은혜에 부탁하여 주었습니다. 교회의 지원과 기도가 있었을 것입니다. 게다가 디모데라는 새로운 사역자도 만났습니다. 교회의 결정을 존중하여 장로들의 규례들을 신실하게 지켰습니다. 이런 조건을 다 갖추고 사역을 했을 때 어떤 결과가 나왔는지 5절이 말해줍니다.

"이에 여러 교회가 믿음이 더 굳건해지고 수가 날마다 늘어가니라" (사도행전 16:5)

여기서 우리는 두 가지 결과를 확인할 수 있습니다. 하나는 내적인 성숙이고 "여러 교회가 믿음이 더 굳건해지고" 다른 하나는 외적인 성장입니다 "수가 날마다 늘어가니라". 이상적인 교회 성장의 요건을 갖추었습니다. 대개 이런 표현은 사도행전에서 한 지역에 효과적인 선교 사역이 마무리될 때 나옵니다(행 6:7; 9:31). 거의 모든 곳에서 공통적으로 나타나는 현상이 이 내적 성숙과 외적 성장입니다. 이것이 생명의 말씀이 역사할 때 일어나는 진정한 변화입니다. 내적인 성숙이 없이도 외적인 성장은 가능하지만, 그 외연 확대가 그리스도의 몸의 확대는 아닙니다.

그런데 다소 이상한 표현이 나옵니다. 이제 2차 선교 여행을 막 시작하는 시점처럼 보이는데, 너무 일찍 사역이 마무리되는 듯한 인상을 주고 있습니다. 저자가 서둘러 아시아 사역이 마무리된 듯한 인상을 남긴 이유가 무엇일까요? 바울 일행이 앞으로 사역해야 할 아시아 지역은 참으로 넓습니다. 아직 그들이 전도해야 할 곳이 많습니다. 특별히 이 시점에서 바울이 염두에 둔 도시는 단연코 아시아의 수도요 로마제국의 4대 도시인 '에베소'였을 것입니다. 그리로 가서 활동하면 인근 주요 도시들일곱 교회, 히에라볼리, 골로새 등에도 영향을 미칠 수 있었습니다. 얼마나 벅찬 계획입니까? 하지만 이제 6절부터 보면 그것이 성령의 계획은 아닌 것으로 드러납니다. 급기야 드로아에서 바울은 마게도냐 사람 환상을 본 후에 아예 아시아 지역을 떠나서 마게도냐 지방으로 건너가게 됩니다. 저자는 그것을 이미 알고 있었습니다. 그래서 겨우 길리기아와 남부 갈라디아 사역이 끝났을 뿐인데, 마치 바울의 아시아 사역이 일단락된 것처럼 묘사한 것입니다. 이때만 해도 바울 역시 아시아의 남은 지역에서 승승장구하리라고 기대했을 것입니다. 하지만 하나님의 일에서 한 번의 성공이 다음의 성공을 자동으로 보장하지 않습니다. 도리어 실패처럼 보이는 일이 사실 실제로는 아닐 수도 있습니다. 하나님을 의지하기만 하면 늘 우리가 생각하는 성공적인 사역을 이뤄주시는 것도 아닙니다. 따라서 주님의 일에 대해 우리는 기대할 수는 있어도 서둘러 결과를 특정하거나 장담해서는 안 됩니다.

믿음과 성장의 관계

바울 일행의 길리기아와 남부 갈라디아 사역의 결과를 보면서 우리가 지나쳐서는 안 되는 중요한 영적 성장의 원리가 있습니다. "믿음이 더 굳건해졌다"는 것은 이미 믿음이 있던 자들의 믿음이 더 분명해졌다는 뜻입니다. 바울의 가르침 덕분입니다. 사도들과 장로들이 작정한 규례를 그들에게 주어 지키게 했기 때문입니다. 복음의 진리를 더 깊고 넓게 이해했습니다. 그리스도인의 구별된 삶에 대해서 더 선명하게 깨달았습니다. 그래서 성도들은 박해의 위협 속에서도 로마 황제가 아니라 저 부활하신 예수님을 진정한 주권자로 인정하는 믿음이 더욱 견고해졌습니다. 이방적인 삶의 방식을 추구하지 않고 하늘 시민권을 가진 자로서 복음에 합당하게 살기로 작정하는 자들이 많아진 것입니다. 그 결과 '날마다' 성도의 수가 늘었습니다. '날마다' 늘었다는 사실을 문자적으로 이해해야 좋을지 의문일 정도로 놀라운 일입니다. 급격한 성장은 아닐지라도 지속적인 성장이었습니다. 그것은 앞에 나온 성도들의 '믿음이 굳건해진' 결과입니다. 세상과의 차별성이 강화되었는데, 세상으로부터 배척을 받기만 한 것이 아니라 그 교인들처럼 되려는 자들이 늘었던 것입니다.

이 결과에 주목하기 바랍니다. 우리 시대 교회는 잔뜩 주눅이 든 채 패배주의나 비관주의로 물러나 있는 듯이 보이기 때문입니다. 그래서 어떻게 하든지 세상의 심기를 불편하게 만들지 않으려고 애를 쓰는 것 같습니다. 기독교가 편협하고 배타적이지 않고 모든 것을 품고 얼마든지 섞일 준비가 된 종교라는 인상을 주기 위해 안간힘을 씁니다. 심지어는 우리에겐 절대 양보해서는 안 되는 진리가 전혀 없는 것처럼 보이려고 합니다. 물론 건강한 시민 교양을 갖추며 살고, 무례한 기독교인이 되지 않으려는 노력은 값집니다. 배제하고 혐오하고 차별하는 것은 아예 사랑이 아니기 때문입니다. 하지만 우리가 믿고 고백하는 바를 부정하거나 타협하거나 포기하면서까지 상대방에게 맞추어야 세상을 얻을 수 있는 것은 아닙니다. 그것은 심지어 위선이고 거짓입니다. 진리를 양보하여 교회가 세상을 성공적으로 구원한 적이 있었는지 묻고 싶습니다. 예수 그리스도'만'이 구원자는 아니라고 말한 결과로 세상이 자기 죄를 인정하고, 유일신 하나님께 대한 신앙을 갖고, 성자 예수의 통치에 복종한 역사가 있었습니까? 세상은 한결같이 하나님의 존재를 부인해왔습니다. 예수님을 조롱했고 십자가를 조롱했고 빛을 거부했습니다. 하나님은 어두운 세상을 사랑하라고 하셨지만 빛의 나라를 포기하라고 하신 적은 없습니다. 어둠에 있는 자들에게 빛을 비추는 것이 사랑입니다. 하나님을 인정하지 않는 자들에게 예수님을 통해서 자신을 계시하신 하나님을 소개하는 것이 사랑입니다. 그렇게 살지 않은 자들을 불편하게 하고 불안하게 하고 불쾌하게 하는 것이 진리입니다. 살던 대로 살아도 된다고 말하는 진리는 없습니다.

모든 시대마다 항상 고수해야 하는 가장 중요한 선교의 방법은 '삶으로 드러난 굳센 믿음'입니다. 가식pretense이 아니라 가시visibility입니다. 우리가 더 성도다워지고, 교회가 더 교회다워지고, 하나님의 말씀이 스스로 자신의 능력을 증명하게 하는 것입니다. 사자의 용맹함을 증명하려면 사자를 우리에서 나오게만 해주면 충분합니다. 우리가 그 진리를 설명하기 전에 그 진리를 살아내면 됩니다. 진리가 역사하는 사람이 되면 충분합니다. 바울 일행의 사역을 통해서 성도들의 믿음이 훨씬 군건해졌습니다. 그들이 세상보다 하나님 나라를 더 사랑하게 되었고, 로마 황제보다 예수님을 더 경외하게 되었고, 세상의 생존 방식보다 하나님 나라의 질서를 더 옳게 여기며 따르는 자가 되었다는 뜻입니다. 어둠보다 빛을 더 사랑하게 되었다는 뜻입니다. 세상 복락보다 하늘의 신령한 복을 더 사모하게 되었다는 뜻입니다. 그 결과 성도의 수가 날마다 늘었습니다. 하나님 나라가 선명해지니 그 나라를 아는 자들이 늘어난 것입니다. 이것이 하나님께서 이 시대에도 기대하시는 선교입니다. 교회다운 교회, 성도다운 성도가 되면 하나님은 당신의 사람들을 우리에게 붙여주실 것입니다.

나가는 말

내려놓고 맞추는 사랑

사도 바울처럼 고난이 닥칠 것을 알면서도 하나님의 부르심에 민감한 교회이고 성도인지 돌아보기를 바랍니다. 또한 주께서 부르시면 디모데처럼 곧장 따라나설 수 있는 제자입니까? 원리와 원칙은 있되 복음을 위하여 기꺼이 자기 권한을 내려놓고 기꺼이 복음의 대상들처럼 되기를 선택한 디모데나 바울의 결단이 오늘 우리에게 의미하는 바가 무엇인지 생각해봅시다.

공동체의 질서를 존중하는 신앙

바울은 교회의 전통과 결정을 존중하여 그 귀한 유산을 충실히 전하고 가르쳤는데, 하나님께서 우리 교회 공동체를 통하여 전해주신 가르침과 질서는 무엇인지 살펴봅시다. 그리고 애정을 갖고 존중하고 순종하는 성도가 됩시다. 개인주의가 만연한 시대이지만, 우리는 공동체와의 긴밀한 관계 속에서라야 신앙은 지켜지고 성숙해진다는 것을 기억하기 바랍니다.

내적 성숙과 외적 성장의 조화

신앙의 연수가 더해갈수록, 그래서 주님 만날 날이 다가올수록, 우리의 믿음은 더 굳세어지고 있습니까? 그렇지 못한 책임은 전적으로 나에게 있습니다. 진정으로 주 하나님을 사랑하고, 지체들과 교회와 이웃을 온 맘 다해 사랑하고, 부르심과 사명에 나의 전부를 걸 수 있을 때까지 무르익고 여물어가야 할 책임은 우리 자신에게 있습니다. 그렇게 될 만한 여건은 이미 다 마련되어 있습니다. 그렇지 않고 내 맘대로 살아도 나를 감당해 줄 교회는 없습니다. 우리의 믿음을 굳건하게 할 교회를 같이 만들어가야 합니다. 그런 공동체를 통해 살리길 원하시는 생명들을 주께서 더하여 주실 것입니다. 반대로 더는 생명이 살아나는 역사가 일어나지 교회는 시효가 만료된 교회에 불과합니다. 믿음이 더 굳건해지고 수가 날마다 늘어가는 교회, 성령이 진리로 역사하는 교회, 성령의 역사에 민감한 교회를 같이 일구어가기를 바랍니다.

건너와
도우라

사도행전 16:6-15

들어가는 말

진정한 자유인은 누군가를 이용하지 않고 의미와 가치가 있는 일에 이용당하도록 기꺼이 자신을 내어줍니다. 특히 하나님께서 사용하시겠다고 하면 그것이 어떤 형태든, 고난이든 축제든, 온전히 맡겨드릴 때, 그것이 매임이 되지 않고 더 큰 자유를 준다는 사실을 우리 그리스도인은 압니다. 신앙은 '매인 자'로 사는 이의 '자유'라는 역설을 아는 문제입니다. 특히 말씀의 종들이 먼저 말씀에 매이지 않으면 그 말씀을 이용하게 되고, 말씀의 권능으로 내가 변하지 않으면 여지 없이 말씀이 위임한 권한으로 나와 타인을 망가뜨릴 수 있습니다. 진리가 나를 자유롭게 하도록 허락하지 않으면, 내가 진리를 거스르는 사람이 됩니다.

매인 자로 사는 이의 자유

그리스도인은 예수님과 언약으로 묶인 사람입니다. 말씀에 매인 사람입니다. 내 맘대로 살 수 있는 자유보다 더 숭고한 것은 창조주 맘대로 살아지는 것임을 인정하는 사람입니다. 그게 진짜 살아있는 것이고 영생을 누리는 삶입니다. 내가 내 뜻대로 살아지는 것이 아니라 성령께서 원하시는 대로 살아지고 있음을 직감할 때 우리는 비로소 자유로워집니다. 성령께서 자유자재로 빚으시고 깎으시고 인도하시고 있다고 느낄 때 샬롬과 안식과 기쁨이 차오릅니다. 성경이 말하는 자유는 우리가 창조의 리듬과 박자를 따라 살아갈 때, 그 질서를 담고 있는 하나님의 말씀을 따라 살아갈 때, 그 말씀을 알고 살도록 도우시는 성령님을 의지하여 살아갈 때 찾아오는 자유입니다. 그것은 하나님을 사랑할 때 가능합니다. 사랑은 하나님의 말씀에 순종함으로써 그분을 자유롭게 해드리는 일이기 때문입니다. 사랑은 이웃의 필요와 상태에 민감하여 그들을 자유롭게 해주는 일이기 때문입니다. 누군가를 자유롭게 해주는 일, 내 자유의 양도 사건, 그것이 사랑입니다. 내 말이나 내 뜻보다도 상대방의 말이나 뜻을 앞세워야 사랑입니다. 내 기분이나 감정보다도 상대방의 그것에 민감해야 사랑입니다. 역설적으로 그 사랑이 우리를 자유롭게 합니다. 그렇다면 우리는 자유롭기 위해서 매여야 합니까? 그렇습니다. 상대방을 내가 원하는 대로 말하고 행동하게 만드는 것이 사랑이 아니고, 상대방을 자유롭게 하는 것이 사랑입니다.

오늘 본문은 아시아에서 전도하는 바울 일행의 모습을 다룹니다. 여기서 우리는 하나님께서 자신의 삶에서 일어나기를 원하시는 일들은 하나도 빠짐없이 다 일어나도록 내어주고 맡기고 순종하는 사람들을 만나게 됩니다. 어떻게 보면 전혀 자유롭지 못한 사람들 같습니다. 하지만 그들의 입에서는 찬양이 흘러나오고 있습니다. 그들은 자유로웠고, 그래서 행복했고 기뻤습니다. 하나님 안에 있을 때, 성령님과 친밀한 교제가 있을 때, 말씀에 귀를 기울이고 있을 때 일어난 일이라면, 그것이 무엇이든지 그 참된 의미를 당장 알 수 없다 하더라도, 그들은 하나님의 뜻인 줄 알고 순종했습니다. 그리고 바로 그때 하나님의 종들, 하나님의 자녀들에게는 세상 사람들이 이해할 수 없고 흉내낼 수 없는, 샬롬과 안식이 찾아왔습니다.

승승장구할 줄 알았던 여정

사도 바울과 바나바 일행의 1차 선교 여행은 성공적이었습니다. 하나님의 부르심에 순종하여 나아가니 잘 풀렸습니다. 물론 잘 풀렸다는 것이 어려움이 하나도 없었다는 말은 아닙니다. 복음을 전할 때마다 다 환영한 것은 아니었지만, 그래도 하나님께서 그 마음을 열어준 사람들은 어디에든 있었습니다. 부활하신 예수께서 바울 자신을 다메섹 가는 길에서 만나 주시고 그를 이방인을 위한 선교사로 부르신 이후 십수 년간 준비시키더니 이제 본격적으로 사용하기 시작했다고 생각했을 것입니다.

안디옥을 출발한 바울은 더베와 루스드라와 이고니온과 비시디아 안디옥을 거쳐 세바스테 가도Via Sebaste를 따라 서쪽으로 이동했습니다. 이 도로 끝에는 에베소, 버가모, 사데, 빌라델비아 같은 소아시아의 주요 도시들이 기다리고 있습니다. 로마제국이 군대를 이동시키기 위해 잘 닦아둔 도로가 "모든 길은 로마로 통한다"라고 할 만큼 무역을 하는 데도 도움이 되었고, 무엇보다 하나님 나라 선교에 큰 도움이 되었습니다. 헬레니즘 문화가 닦아놓은 '공용어의 길'도 그들의 선교를 위한 하나님의 준비였습니다. 2차 선교 여행을 떠나는 바울의 마음에는 오직 '에베소'밖에 없었을 것입니다. 소아시아에서 가장 중요한 도시 에베소를 거점으로 아시아 전도를 펼치는 것이 바울의 2차 선교 여행의 전략이었습니다. 하지만 그것이 하나님의 계획인지는 아직 모릅니다. 계획은 우리가 세우지만 그 길을 인도하시는 분은 하나님이시니, 우리가 세운 계획을 하나님께서 어떤 식으로 수정하실지, 확장하실지, 아니면 정면으로 백지화하실지 잘 살펴야 합니다.

바울 일행은 우선 1차 선교 여행 때 참 많은 고생을 하면서 복음을 전하고 공동체를 만들어 놓고 떠났는데, 이제 그 교회들을 다시 방문하여 격려했습니다. 성도들이 얼마나 반가웠을까요? 그들이 여전히 신앙을 지키면서 살고 있는 모습을 보면서 사도는 뭉클했을 것입니다. 이곳이 바로 '(남)갈라디아' 지방입니다. 특히 루스드라에서는 "디모데"라고 하는 귀중한 동역자를 만났습니다. 성경에서 확인할 수 있듯이, 그는 "루스드라와 이고니온에 있는 형제들에게 칭찬 받는 자"였습니다. 이때만 해도 이 디모데가 바울이 죽을 때까지 함께할 동역자가 되고 믿음의 아들이 될 것이라고는 아무도 몰랐을 것입니다. 바나바와 헤어져서 마음이 쓸쓸했을 바울에게 이 젊은 사역자 디모데와의 만남은 적잖은 위로가 되었을 것입니다.

마게도냐 사람의 환상

바울은 이제 소아시아 전도를 위한 만반의 준비가 다 끝났다고 생각했을 것입니다. 이제 소아시아로 이동하여 거기서 이 생명의 복음, 하나님 나라 복음을 힘있게 전하리라고 맘먹었을 것입니다. 이것은 전적으로 하나님의 영광을 위한 일이었으며, 결코 바울 개인의 야망을 이루기 위한 것이 아니었습니다. 그 마음을 누구보다도 잘 아시는 주님께서 이 사역을 도와주실 것이라고 믿었을 것입니다. 우리 생각에도 이 정도로 순수한 열정으로 주의 복음을 전하는 사람에게 하나님께서 축복을 안 주시면 오히려 이상하게 보일 것입니다. 디모데의 합류는 이런 하나님의 축복의 '사인'으로 해석할 수 있었을 것입니다. 바울 일행의 이 아시아 사역을 사도행전 저자는 이렇게 평가합니다.

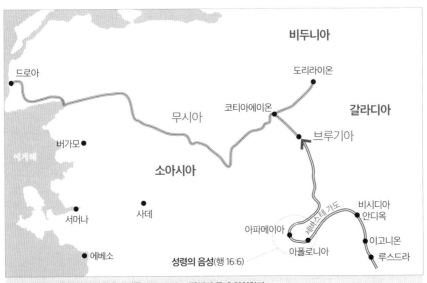

- 루스드라는 출발지 안디옥에서 서쪽으로 600km 떨어진 곳에 위치한다.
- 루스드라에서 아파메이아까지는 150-200km 거리다.
───── 49년 8월 15일 일기에서 언급되는 바울의 경로
═════ 학자들(로버트 주잇, 글렌 톰프슨, 마크 윌슨)의 연구를 기반으로 재구성한 바울의 경로

"이에 여러 교회가 믿음이 더 굳어지고 수가 날마다 늘어가니라"(사도행전 16:5)

그런데 우리는 사도행전 저자가 이 시점에서 사역의 한 단락이 마무리될 때나 나오는 표현을 이례적으로 사용하고 있다는 점에 주목한 바 있습니다. 우리는 실제로 사도행전 16:6부터는 전혀 다른 지역으로 하나님께서 바울 일행을 이동시키고 있는 것을 보게 될 것입니다. 그러니까 바울의 팀에 실라와 디모데가 새로 합류한 사건은 한 지역의 사역을 마무리하고 새로운 지역으로 넘어가기 전에 하나님께서 그 사역에 적합한 팀을 준비하신 것으로 볼 수 있었습니다.

가슴 벅찬 이야기입니다. 파죽지세로 복음이 전해진 것은 아니더라도 그의 사역은 대단히 성공적이었고, 그런 능력 있는 사역자들을 통해서 아직도 아시아에는 하나님께서 하실 일이 아주 많이 남아 있었습니다. 이제 다음 6절에서는 다른 아시아 지역으로 옮겨서 거기서도 성령의 도움으로 승승장구했다는 말이 나와야 자연스럽다고 여길 것입니다. 특히 에베소에 당도하여 그곳을 중심으로 인근 지역을 성공적으로 선교하는 이야기가 이어질 것이라고 기대할 것입니다. 심지어 우리는 그렇게 하시는 것이 하나님께도 좋은 일이라고 생각할 것입니다.

막으시는 성령님

서쪽을 향해서 가고 있는데 어느 지점에서, 아마도 아폴로니아나 아파메이아쯤에서지도 확인, 바울은 서쪽으로 가는 것이 성령께서 원하시는 일이 아닌 것을 알았습니다. 참으로 신실한 사람 바울 일행을 향한 성령님의 전략은 달랐습니다. 하나님의 생각은 달랐습니다.

"성령이 아시아에서 말씀을 전하지 못하게 하시거늘" (사도행전 16:6)

성령께서 친히 에베소로 향하는 서쪽 길을 막으셨습니다. 세상이 방해한 것이 아닙니다. 자연재해를 만난 것도 아닙니다. 유대인들이 박해한 것도 아니었습니다. 성령께서 막으셨습니다. 물론 바울 일행은 성령께서 막으신다는 것을 구체적으로 어떻게 이해하게 되었는지 모릅니다. 처음에는 불굴의 의지로 돌파해야 할 어려움으로 생각했다가 어느 시점에선가 성령께서 허락하시지 않은 일로 받아들였을 것입니다. 그것을 분별하기가 얼마나 어려운지 모릅니다. 하나님께서는 누가 봐도 하나님께 도움이 될 만한 일을 좌초시키고 도움이 될 만한 사람을 일찍 데려가기도 하시기 때문입니다. 한편을 막으신다고 해서 금방 다른 대안을 주시는 것도 아닙니다. 그러니 목적지를 잃은 바울 일행에게 남은 것은 '방황'이었습니다. 그런데 가만히 생각해 보면 주님 안에서 사는 동안 방황은 기본값인 것 같습니다. 알고 시작한 적이 없고 능력이 충분해서 잘 해낸 적이 없기 때문입니다. 우리한테 무언가를 맡기는 순간 방황은 시작됩니다. 그러니 방황 자체가 실패는 아닙니다. 길이 끊기기도 하고 막히기도 합니다. 사전에 예측하지 못한 자신을 전적으로 탓할 수만도 없습니다. 세운 뜻이 좋으면 길이 잘 열리는 것도 아닙니다. 그러니 하나님의 뜻이 아니라서 길이 안 열렸다는 말도 절반만 맞습니다. 죄악의 길이 더 형통하게 보일 때가 많습니다. 우리는 내가 하고 있는 일, 내가 가고 있는 길의 의미와 이유도 모른 채 살아갈 때가 많습니다. 그냥 열심히 살았을 뿐인데 무언가가 이루어졌고, 그것을 보고 나중에 사람들이 "뜻이 있는 곳에 길이 있다"는 말을 만들어냈을 뿐입니다. 그러니 그 길을 미리 알아서 '뜻을 세워서' 방황을 면해보겠다는 것은 부질없는 생각입니다. 방황 없이 성장은 없습니다. 방황은 믿음 없는 우리에게 꼭 필요한 과정입니다. 분명한 것이 없고 어디로 갈지 모르는 그때 하나님을 의지하고, 그분의 뜻을 분별하고, 대답 없이 주님과 보내는 법도 배울 수도 있습니다. 열매가 없이도 하나님만으로 기뻐할 수 있는 법도 방황하면서 배웁니다. 그것이 선교사 바울 일행에게 지금 필요한 훈련이었을지 모릅니다.

• 주어가 되신 성령님, 실패한 사역

바울의 사역이 '갑자기' 답보 상태에 빠졌습니다. 만약 바울을 주어로 문장을 기술한다면, "이후로 바울은 하는 일마다 안 됐다. 설교를 해도 들어주는 사람이 없었다. 가는 곳마다 박해를 받고 쫓겨났다. 가려던 길이 막혔다."라고 표현할 수 있을 겁니다. 그런데 놀랍게도 이 문장의 주어가 '성령'입니다. 성령께서 바울에게 실패처럼 보이는 상황을 주셨습니다. 신실하고 잘 준비된 일꾼에게, 한 사람이라도 더 구원하기 원하시는 성령께서 막으셨습니다. 늘 하나님을 옹호하고 변증하는 데만 열을 올릴 뿐 있는 그대로의 하나님으로 보려고 하지 않을 때, 하나님을 우리 수준으로 끌어내리는 우를 범하게 됩니다. 우리는 성령께서 주어가 되시기만 하면 초자연적인 권능과 권세를 발휘하여 난관을 돌파하고 귀신을 쫓아내고 병을 고치고, 그래서 그간 지지부진하던 일들마저 시원하게 해결하시리라 기대합니다. 성령께서 승리의 이야기로 대미를 장식하실 것이라고 기대합니다.

• 신앙, 자유의 하나님을 의지하는 것

하지만 그런 진부한 성공 공식이 성령의 자유로운 역사를 가로막습니다. 그것은 믿음이 아니고, 우리의 생각과 기대 속에 성령님을 가두는 불경함입니다. 은사주의나 신비주의, 성령 운동의 함정이 여기 있습니다. 무슨 "주의主義"라고 하는 것에 늘 빠진 것이 있는데, 그것이 '자유'입니다. 성령님도 "주의" 안에 갇히면 꼼짝없이 인간이 예측한 대로 역사하셔야 하는 존재로 전락합니다. 자유의 하나님은 안 계시고 인간의 기대나 논리에 길들여진 성령만 있게 됩니다. 그런데 하나님은 늘 자기 뜻대로, 자신의 맘대로 하실 수 있어야 하나님입니다. "주의"가 믿는 하나님은 죽은 우상일 뿐 살아계신 여호와 하나님은 아닙니다.

참 신앙은 자유의 하나님을 향한 신앙입니다. 하나님께서 자기 맘대로 사역하시도록 우리는 능동적으로 반응하고 말랑말랑하게 순종하는 것, 그분이 쓰시기에 편리한 그릇이 되는 것이 참 신앙입니다. 그분 뜻을 이해하지 못하거나 흔쾌하게 수용하기 어렵더라도, 끝까지 믿어드리는 것, 그분의 사랑과 선하심과 의로우심만은, 그분의 능력과 지혜만은 끝까지 신뢰하는 것, 그것이 참 신앙입니다. 그것은 우리의 이야기에 그분을 사용하는 것이 아니라 그분의 이야기에 우리가 참여해야 한다는 뜻입니다. 감히 우리 이야기 속에서 예수님과 성령님의 배역을 우리가 결정해서는 안 됩니다. 도리어 성령께서 하나님의 이야기 속에서 우리의 배역을 결정하시게 해야 합니다. 말씀이 우리를 살게 하고, 성령이 우리를 살게 하고, 기도가 우리를 살게 해야 합니다. 핵심은 '자유'입니다. 성령이 진리 안에서 자유롭게 역사하시도록 맡겨드릴 때, 하나님의 역사가 일어납니다. 유능한 일꾼의 아시아 사역을 막으시는 성령님, 하나님의 아들을 광야로 내쫓으시고 사탄에게 시험을 받게 하신 성령님, 절대로 길들지 않는 낯선 성령님을 수용하는 것이 믿음입니다. 알 수 없는 그 미지의 영역이, 기대를 깨뜨리는 그 생경한 지점이 가장 생생한 그분의 임재의 순간이 되고, 하나님이 하나님 되시는 순간이 되고, 우리가 피조물다운 피조물이 되는 순간입니다. 몰라도 사랑할 수 있고 몰라도 순종할 수 있어야 믿음이니, 알고 나서야 순종하겠다고 해서는 안 됩니다. 말해줘도 이해할 수 없습니다. 그러니 기어이 쓸만한 논리, 이론을 제작하려고 해서도 안 됩니다.

• 후퇴에 후퇴를 거듭하는 바울 일행의 행보

처음에는 사역하다 만날 수 있는 어려움 정도로 여겼을 것입니다. 그래서 한 지역에서 막히면 다른 지역으로 향했습니다. 그런데 그 다음에도 막혔습니다. 어찌 보면 실패의 연속처럼 보이는 여정인데, 사도행전 저자는 이런 실패의 역사를 담담히 기술하고 있습니다.

"성령이 아시아에서 말씀을 전하지 못하게 하시거늘 그들이 브루기아와 갈라디아 땅으로 다녀가 무시아 앞에 이르러 비두니아로 가고자 애쓰되 예수의 영이 허락하지 아니하시는지라" (사도행전 16:6-7)

그들이 가고자 한 "아시아"가 어디인지는 안 나와 있습니다. 비시디아 안디옥에서 이어지는 아시아 방향으로 세바스테 가도를 따라 남서쪽으로 240킬로미터 정도 가면 골로새에 이릅니다.[20] 또다시 거기서 온 만큼 더 가면 에베소 항구가 나옵니다. 나중에 2차 선교 여행 마지막에 에베소를 방문하는 것을 보면, 바울이 이곳을 향하여 내려오고 있었을 가능성이 큽니다. 심지어 에베소의 중요성을 감안하면 이런 선교 전략은 상식적이기까지 했습니다.

바울은 하나님이 막으셔도 이에 굴하지 않고 본래 자신이 가려던 길로 용맹정진하지 않았습니다. 서쪽 에베소로 가는 길을 멈추고 북쪽으로 방향을 틀었습니다. 일주일 정도 걸려서 브루기아 중남부 지역에 도착했습니다. 호수를 건너고 산을 넘어야 하는 꽤 험난한 길이었습니다. 바울은 가는 곳마다 복음을 전했을 것입니다. 목적지 도달이 목표가 아니었고 순간순간을 복음을 전할 기회로 보았습니다. 후에 3차 선교 여행에 나설 때, 그는 에베소로 가는 길에 다시 이곳 브루기아를 다녀가고 있습니다(행 18:23). 성경에 기록할 만큼의 주목할 만한 열매는 아니더라도 사도 일행은 복음의 수종자로서 살고 있었던 것입니다.

바울은 북쪽으로 가면서도 여전히 자기 몸이 에베소가 있는 서쪽으로 쏠리는 것을 느꼈을 것입니다. 북쪽으로 향했는데 어느새 약간 서쪽에 있는 무시아 지방까지 왔습니다. 이 길로 북서쪽 해변까지 가서 배를 타든지, 아니면 큰길을 타든지 하면 에베소로 가는 길이 열립니다. 그렇게 무시아까지 갔는데도 길이 열리지 않자 다시 바울은 왔던 길을 되돌아가 북동쪽의 비두니아로 향하기 시작했습니다.

"무시아 앞에 이르러 비두니아로 가고자 애쓰되" (사도행전 16:7)

---

20   존 스토트, 『땅끝까지 이르러』, p.307.

거기에는 훗날 교회사에서 매우 중요한 도시인 니케아, 니코메디아, 칼케돈, 비잔티움이 있습니다. 그렇게 비두니아를 향해서 가는데 거기서도 막힙니다. 바울은 이 막힘을 이렇게 묘사합니다. "예수의 영이 허락하지 아니하시는지라"

이번에도 구체적인 음성으로 들었는지 아니면 지지부진한 사역이나 심한 박해를 그렇게 해석했는지는 분명하지 않습니다. 하지만 더 북쪽으로 올라가지 않는 것이 하나님의 뜻인 것은 분명히 알아들었습니다. 그렇다면 어디로 가라는 것일까요? 이번에도 바울 일행이 또 결정해야 했을 것입니다. 그들은 이전에 들어섰다가 되돌아온 무시아로 다시 돌아갔습니다. 왔다 갔다 하고 있습니다. 실라와 디모데는 지도자 바울의 이런 오락가락 행보를 어떻게 보았을까요? 목적지를 정해주고 막힘없이 일정을 소화해내는 것이 지도자의 역량이라면, 바울은 참 무능한 리더의 전

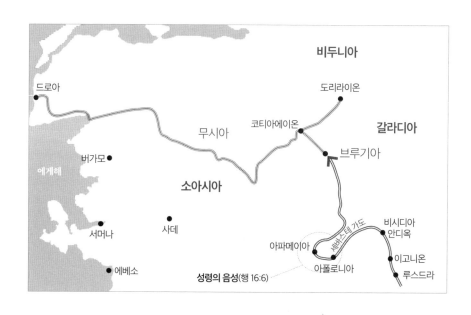

성령의 음성 (행 16:6)

형을 보여주고 있었습니다.

　저는 이같은 순탄치 못한 바울 일행의 행보와 바나바와의 결별 사이에 어떤 관련이 있다는 생각은 들지 않습니다. 즉 그의 잘못을 일깨워주려는 하나님의 조치였다는 식의 해석에는 동의하지 않습니다. 다만 바울은 분명 이런 갈피를 잡을 수 없는 여정을 보내면서 바나바의 빈 자리를 크게 느꼈을 것입니다. 바나바의 리더십 아래서 그를 돕는 역할에 그쳤던 1차 선교 여행 때는 결코 느껴보지 못한 리더의 자리가 주는 무게감, 압박감, 부담감이 온 몸으로 다가왔을 느꼈을 것입니다. 당연히 바울은 더 참지 못하고 바나바와 결별한 것이 너무 성급한 판단이었을 수 있겠다는 자책도 했을 것입니다. 하지만 광야를 지나는 것 같은 이런 험난

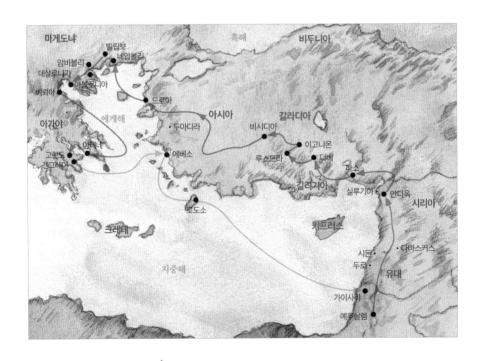

112

한 여정이 하나님의 징계라기보다는 1차 선교 여행 때와는 전혀 다른 성격의 어엿한 일꾼으로 바울 사도를 한 단계 끌어올리려고 하는 하나님의 훈련 과정이었다고 생각합니다. 바나바를 지원하는 역할에서 실라와 디모데를 지도하고 교회의 장로들을 세우고 양육하는 더 크고 무거운 역할을 감당할 만한 일꾼으로 세워가는 과정이 되었을 것입니다.

앞에 나온 "성령"과 사도행전 16장 7절의 "예수의 영"은 다르지 않습니다. 저자가 굳이 성령을 '예수의 영'이라고 표현한 것은, 선교의 주권이 부활하신 '예수', 하나님 나라의 왕 '예수'께 있음을 보여주기 위해서입니다. 예수께서 성육신하여 이 땅에 오셔서 시작한 하나님 나라의 역사가 이제 그의 영이며 또 다른 보혜사인 성령을 통해 진행되고 있는 것입니다. 그러니 바울의 뜻이 아니라 예수님의 뜻이 이루어져야 합니다. 비두니아에서 복음을 전하지 않는 것, 그것은 이 시점에서 왕 예수님의 뜻이었습니다. 하지만 나중에 베드로는 이 비두니아 지역에 사는 성도들에게 편지를 보내고 있습니다(벧전 1:1).[21] 지금은 비두니아 지역에 전도하는 것을 허락하지 않으셨지만, 다른 누군가에 의해서 전도하게 하신 것입니다. 예수의 영이 지금 나의 사역을 막으시면 다른 때, 다른 사람을 통해, 다른 방법으로, 당신의 백성들을 부르실 것이라고 여기며 순종해야 합니다. 나의 사역에는 후퇴가 있지만, 하나님의 사역에는 실패가 없습니다.

바울은 후퇴에 후퇴를 거듭하고 있습니다. 영문도 모른 채 그냥 당했습니다. 그냥 버텼습니다. 이삭도 우물을 파기만 하면 찾아와서 빼앗는

---

21 "예수 그리스도의 사도 베드로는 본도, 갈라디아, 갑바도기아, 아시아와 비두니아에 흩어진 나그네"

그랄 사람들에 의해 뒷걸음질만 거듭했는데, 바울이 그렇게 하고 있습니다. 하지만 우리는 그저 당하기만 했던 이삭의 그 거룩한 뒷걸음질 끝에 하나님께서 르호봇의 은혜를 주셨던 것을 기억하실 것입니다(창 26:22).[22]

시인 고은은「노를 젓다가」에서 말합니다.

노를 젓다가
노를 놓쳐버렸다

비로소 넓은 물을 돌아다보았다

바울은 노를 놓쳤다고 생각했을 겁니다. 회심하고서 귀하게 써주실 줄 알았는데 예루살렘 양 진영교회와 유대교으로부터 극진한 환영은커녕 경계와 반대를 받은 채 다소로 낙향해야 했습니다. 거기서 10년을 지내는 동안 비록 부지런히 사역을 이어갔을지라도 언제 이방인의 사도로서의 사명을 감당하게 될 것인지를 기약할 수 없게 되자 노를 놓쳤다고 생각했을지 모릅니다. 바나바와 다투고 팀이 해체되었을 때에도, 루스드라에서 돌에 맞아서 사람들이 죽은 줄로 알고 끌어다 성 밖으로 내치는 순간에도, 노를 놓쳤습니다. 하지만 바울은 그때마다 더 넓은 물을 보았습니다. 그때마다 자신이 아니라 성령께서 그 배의 향방을 정해주시는 것을 경험했습니다. 자신이 노를 놓치는 그 순간에 성령께서 더욱더 자유롭게 역사하시는 것을 보았습니다.

22　창 26:22 "이삭이 거기서 옮겨 다른 우물을 팠더니 그들이 다투지 아니했으므로 그 이름을 르호봇이라 하여 이르되 이제는 여호와께서 우리를 위하여 넓게 하셨으니 이 땅에서 우리가 번성하리로다 했더라"

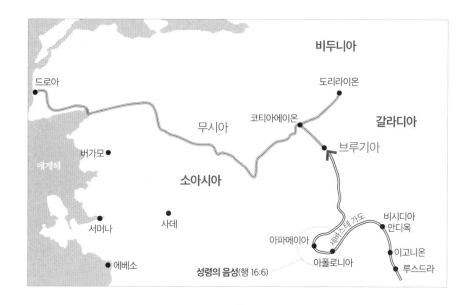

비두니아

드로아

도리라이온

무시아

코티아에이온

갈라디아

버가모

브루기아

에게해

소아시아

서머나

사데

세바스테 가도

비시디아
안디옥

아파메이아

이고니온

에베소

성령의 음성(행 16:6)

아폴로니아

루스드라

마게도냐 사람의 환상

바울 일행은 다시 무시아로 방향을 틀었습니다. 그리고 드로아 항구까지 직선으로 이동하기로 결정합니다. 거기까지 가는 길이 잘 닦여 있었습니다. 5-600킬로미터 정도 되니 20일 정도 걸으면 도착할 수 있었습니다. 수리아 안디옥을 출발하여 드로아까지 오는 데 못해도 4-5개월은 걸렸을 것이고, 드로아에는 49년 가을 무렵에 도착한 것으로 보입니다. 후퇴에 후퇴를 거듭하다 도착한 드로아, 그들은 아마 거기에서 잠시 숨을 돌린 뒤 배를 타든지 아니면 도보로 에베소로 내려가리라 맘먹었을지 모릅니다. 그들은 드로아에서 얼마간 휴식을 취했을 것이고, 거의 바닥난 선교비를 충당하기 위해서 각자가 갖고 있는 재능을 발휘하여 일을 시작했을 것입니다.

• 마게도냐 사람의 환상을 보다

그러던 어느 날이었습니다. 바울은 밤에 환상을 보았습니다. 꿈인지 생시인지 분간할 수 없었지만, 그는 의심의 여지 없이 분명한 메시지를 들었습니다. 사도행전은 그때 일을 이렇게 말합니다.

"밤에 환상이 바울에게 보이니 마게도냐 사람 하나가 서서 그에게 청하여 이르되 마게도냐로 건너와서 우리를 도우라 하거늘"(사도행전 16:9)

여기 "청하다파라칼론, παρακαλῶν"는 현재분사로 아주 절박한 심정과 긴박한 사정을 담아서 반복하여 간청했음을 보여주는 단어입니다. "제발 건너와서 우리를 도와주십시오."로 번역하는 것이 적절할 것입니다. 그런데 그가 마게도냐 사람인 것은 어떻게 알았을까요? 그가 입고 있던 전통 복장을 통해서 알았거나 그가 직접 자기를 소개했을 수도 있습니다. 혹은 마게도냐인 중에 가장 잘 알려진 알렉산더 대왕의 모습을 보았을 수 있습니다. 300년 전 사람이지만 특히 수염 없는 그의 얼굴 그림이나 주화를 통해 알렉산더는 대중적으로 그 얼굴이 잘 알려져 있었습니다. 만약 직접 알렉산더가 나타났다면, 자신의 나라는 칼로 정복하여 약 200년가량 유지하다 멸망했지만, 이제 사랑으로 통치하는 영원한 하나님 나라를 세워달라고 부탁했을 것입니다.[23]

그동안은 주의 영이 못 가도록 막기만 하셨는데, 이제 마게도냐 사람이 바울 일행의 갈 길을 알려주고 있습니다. 남쪽의 에베소로 가지 말고

---

23 최종상, 『바울로부터』, pp.177-178.

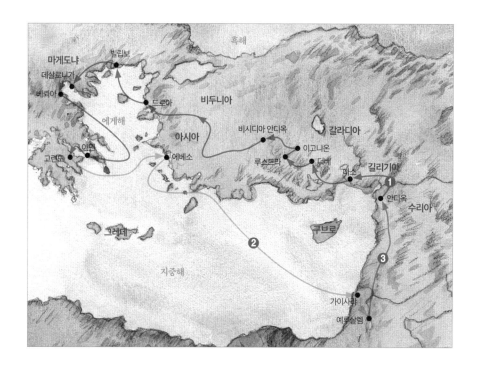

바다를 건너 그리스 땅으로 오라고 부탁합니다. 성령이 아니라 이방인의 출현을 어떻게 해석해야 할지 이 또한 쉽지 않았을 것입니다. 그런데 바울은 이 마게도냐 사람의 간청을 하나님의 음성으로 들었습니다. 누가의 글에 이 '환상'은 중요한 하나님의 계시 수단으로 유독 자주 등장합니다. 사도행전에서는 바울, 베드로, 모세에게만 이 단어가 쓰이고 있습니다. 또 신약의 12번 중에서 11번이 사도행전에 나옵니다. 이 환상을 통해 오순절에 베드로가 요엘의 말씀을 인용하면서 했던 설교, 그러니까 "너희 젊은이는 환상을 보고, 늙은이는 '꿈'을 꿀 것이다"라는 말씀이 현실이 되고 있습니다.

• 하나님의 뜻을 분별하는 공동체

바울은 이 환상을 보고는 어떻게 합니까? 본문에는 잘 나와 있지 않습니다. 하지만 바울은 그 꿈을 일행과 나눈 것이 분명합니다. 어떻게 알 수 있느냐 하면, 바울이 환상을 보았다고 하고는, 주어가 '우리'로 바뀌고 있습니다.[24] 그리고 10절 끝에 "우리가 인정했다"고 결론을 내고 있습니다.

"바울이 그 환상을 보았을 때 우리가 곧 마게도냐로 떠나기를 힘쓰니 이는 하나님이 저 사람들에게 복음을 전하라고 우리를 부르신 줄로 인정함이러라"(사도행전 16:10)

여기 "인정했다"는 '그렇게 여기다', '그렇게 결론 짓다', '그렇게 확신하다'라는 뜻입니다. 이방인의 호소를 성령의 명령으로 받고 다음 여정을 확정하기까지 바울이 공동체와 함께 씨름했음을 보여주는 표현입니다. 그들은 아시아를 떠나서 유럽 땅으로 건너가는 것이 주님이 뜻이라는 결론을 내렸습니다. 바울은 사도였고, 부활하신 예수님을 직접 본 사람이었습니다. 그가 환상을 보았습니다. 하지만 바울은 곧장 그것이 하나님의 인도이고 하나님의 명백한 뜻이라고 혼자서 결론을 내리고서 일행에게 통보하지 않았습니다. 일행에게는 단지 언제 갈지, 어떻게 갈지만 물었던 것이 아닙니다. 가야 할지 말아야 할지부터 같이 숙고했습니다. 바울은 자신을 공동체에 맨 것입니다. 더는 바나바와 결별했던 때의 바

---

24 이것을 저자 '누가'의 합류 증거로 볼 수 있지만, 전도팀의 일치나 공동체성을 강조하는 표현으로 볼 수 있다. '우리'라는 대명사가 없이도 얼마든지 그의 동행을 예상할 수 있다.

울이 아닙니다.

교회가 어려워지는 다양한 이유 가운데 담임 목사나 당회의 전횡, 혹은 권위주의를 꼽는 목소리가 높습니다. 그런 문제는 리더가 자신이 지도자이기 전에 공동체의 일원이라는 생각이 부족한 데서 나옵니다. 지도자가 공동체에 매이지 않은 것입니다. 이끄는 자리이면서 동시에 지원과 지지를 받아야 하는 자리임을 잊은 것입니다. 성령의 인도를 받는 자유로운 일꾼들은 공동체를 통한 하나님의 역사를 잘 믿습니다. 나에게 역사하시는 성령보다 성도들 가운데 역사하시는 성령님이 더 열등하다고 생각하지 않을 때, 우리는 기꺼이 매일 수 있습니다.

바울 일행은 일단 공동체의 생각이 모이자 지체하지 않고 건너갑니다.

"바울이 그 환상을 보았을 때 우리가 곧 마게도냐로 떠나기를 힘쓰니"(사도행전 16:10a)

하나님은 왜 아시아를 떠나야 하는지는 설명하지 않으십니다. 다만 지금은 "저 사람들에게 복음을 전하라고 우리를 부르신" 것만 알아들었습니다. 그것은 아시아가 덜 중요하다는 의미가 아니었습니다. 바울은 참 단순한 충성을 보인 하나님의 종이었습니다. 바울에게 중요한 것은 사역지가 아시아인지 마게도냐인지가 아니었습니다. 요즘 사역자들 사이에서 수도권을 벗어나서 사역하면 유배를 당한 것으로 여긴다는 말을 듣고 아연실색했습니다. 하지만 바울에게는 '자신이' 어디에서 사역하고 싶은지보다 '하나님'은 자신이 어디에서 일하기를 원하시는 것인지가 더 중요했습니다. 어디로 보내시든지, 몇 명이 기다리고 있든지, 복음 전도할

119

상황이 좋든지 열악하든지, 자신들이 할 일은 오직 하나, '사람들에게 생명의 복음, 하나님 나라의 복음을 전하는 것'이라고 여겼기 때문입니다.

바나바와 헤어지고 2차 선교 여행을 떠날 때만 해도 전혀 생각하지 못했던 일이 지금 바울 앞에 펼쳐졌습니다. 하나님께서 바다 건너 마게도냐로 가기를 원하신다는 사실을 처음부터 말씀해 주셨으면, 수리아 안디옥 근처의 항구에서 배를 타고 이동했으면 훨씬 더 빨리 당도했을 것입니다. 그런데 왜 이제야 그 뜻을 알려주시는지 알 수 없습니다. 사도행전 16장 6-8절까지 실행하는 데만도 1,200킬로미터나 걸어야 했습니다. 목적지도 없이 배회했으니 더욱 피곤하고 힘들었을 것입니다. 그런데도 그런 거리를 걷게 하시는 것이 하나님의 뜻이었고 전략이었습니다. 우리는 여기 이 단락6-10절에서 저자가 마게도냐의 복음화, 사역지의 이동을 하나님께서 주도하신다는 점을 강조하고 있음을 알 수 있습니다. 음악에 비유하자면, 크레셴토 기법을 사용하여 '성령'6절, '예수'7절, '하나님'10절으로 갈수록 그 강도를 더해가면서 하나님의 개입을 표현하고 있습니다.

바울의 빌립보 전도

드디어 바울 일행이 드로아에서 배를 타고 북서쪽 방향에 있는 사모드라게 섬으로 갑니다. 해발 1,700미터나 되는 높은 산으로 형성된 그 섬에서 바울 일행은 하룻밤을 묵습니다. 이 산은 항해하는 선박에는 등대 역할을 했습니다. 그 당시에는 야간 항해가 여의치 않았기 때문입니다. 날씨가 안 좋은 날에는 달과 별이 보이지 않기 때문에 어려웠고, 겨울에는 해상의 날씨가 더욱 안 좋아서 야간 항해는 위험했습니다. 그래서 이튿날 출발하여 120킬로미터 떨어진 마게도냐의 관문인 네압볼리[25]에 도착합니다. 요즘으로 하면 아시아에서 유럽으로 건너간 것인데, 물론 당시에는 모두 로마제국의 일부였을 뿐 아시아와 유럽의 경계 구분은 없었습니다.

빌립보에 도착하다

그런데 바울이 염두에 둔 선교 대상은 네압볼리가 아니었습니다. 빌립보였습니다. 그들은 네압볼리에서 에그나티아 가도를 따라 도보로 약 16킬로미터 정도 떨어진 '빌립보'로 이동합니다.

"거기서 빌립보에 이르니 이는 마게도냐 지방의 첫 성이요 또 로마의 식민지라 이 성에서 수일을 유하다가" (사도행전 16:12)

마게도냐 지방의 "첫 성"이라고 할 때 이것은 '으뜸가는 도시', '가장 중요한 도시'라는 뜻입니다. 당시 마게도냐의 행정 수도는 데살로니가였고, 으뜸가는 도시는 암피폴리스였지만, 그래도 이 "첫 성"이라는 말은 '중요한', '유력한' 도시라는 의미로 보아야 할 것입니다. 여기 "로마의 식민지"라는 것은 점령지에 세워진 전승국 국민의 집단 거주지를 말합니다. 로마는 점령지역에 퇴역 군인들과 로마 시민을 위한 집단 거주지를 세웠습니다.

빌립보는 한 사람이 여러 신을 섬기는 다신교 사회였습니다. 빌립보

---

25 '새 도시'라는 의미의 도시로 현재는 세계 3대 미항으로 알려진 나폴리(Napoli)다.

사람들은 그리스 신들을 그대로 로마화한 신인 주피터, 주노, 미네르바, 마르스 등을 섬겼습니다. 이런 신들 외에 기본적으로 황제숭배가 행해졌습니다. 한 사람이 여러 다양한 신들을 숭배하는 것이 전혀 낯설지 않은 일이었습니다. 그렇게 종교적으로는 많은 신을 섬기는 다원주의적 사회요, 경제적으로는 부요하고 유력한 도시요, 정치 사회적으로는 로마의 시스템을 따르는 곳이 빌립보였습니다. 영적으로는 유대인 남자 10명이 없어서 회당이 설 수 없을 만큼 철저하게 로마화 된 세속 도시였습니다.

빌립보는 또한 로마의 군사 식민지였고 '작은 로마'라고 불릴 정도였습니다.[26] 카이사르를 시해한 브루투스와 카시우스가 로마의 동쪽을 차지하고 진을 친 곳이 빌립보였습니다. 카시우스의 충복 안토니우스와 카시우스가 후계자로 지목한 옥타비아누스는 로마를 중심으로 세력을 집결했습니다. 그리고 그들이 브루투스 연합군과 싸워 이긴 역사적 위치가 빌립보 평야입니다. 전쟁에서 승리한 안토니우스와 옥타비아누스 연합군은 승전 기념으로 빌립보를 로마와 같이 세금을 감해주는 로마식 도시로 만들었고, 자신들에게 패배한 브루투스 연합군을 그곳에 머무르게 했습니다. 그래서 빌립보는 로마와 같은 지위를 보장받으며 로마인들이 거주하는 도시로 탈바꿈했습니다. 특히 여기에 사는 시민들은 3가지 권리를 누렸습니다. 자치 행정권, 납세 면제권, 이탈리아권 본토 이탈리아 사람과 같은 권리. 이런 이유로 빌립보는 마게도냐 도시들 가운데 가장 로마 같은 도시가 되었고, "지중해의 로마"라고 불러도 좋을 만큼 로마 문화가 꽃을

---

26 옥타비아누스는 이곳을 "콜로니아 율리아 아우구스타 필리펜시스"라고 부르고 자치권을 주었다. 지역민들에게는 시민권과 면세 혜택도 주었다.

피운 도시였습니다. 그래서 그곳에 사는 사람들은 다른 지역의 로마 시민들보다 훨씬 더 강한 로마 시민으로서의 자부심이 있었습니다. 그렇게 중요한 도시였기에 바울은 마게도냐의 첫 선교지로 빌립보를 선택한 것입니다. 그러고 나서 마게도냐의 행정 수도였던 '데살로니가'로 이동했습니다.

로마 감옥에 갇혀 있던 바울이 빌립보의 성도들에게 보낸 편지빌립보서에서 바울이 가장 강조하고 싶었던 말이 잘 나와 있습니다.

"오직 너희는 그리스도의 복음에 합당하게 생활하라" (빌립보서 1:27)

그런데 여기 '생활하다폴리튜에스쎄, πολιτεύεσθε'라는 단어를 직역하면, "시민답게 살라"입니다. 바울은 보통 "걷다페리파테오, περιπατέω"라는 단어를 써서 성도의 삶에 대해 권면했는데(참조, 갈 5:16; 엡 5:2, 5, 8, 15; 골 2:6; 4:5), 이번에는 특별한 단어를 동원하고 있습니다. 이 낯선 단어를 사용한 배경에는 '빌립보'라는 도시가 갖고 있던 이런 남다른 자부심이 있습니다. 예전에는 빌립보 시민답게 살기 위해서 노력했는데, 이제 예수 그리스도의 복음을 받은 그리스도인이 되었으니 천국의 시민답게 살기 위해서 애써야 한다고 말해주고 있는 것입니다. 바울은 천국 시민답게, 천국의 시민들에게 어울리는 가치관을 따라서, 천국 시민의 삶의 방식을 따라서 살 때, 비록 갖은 고난도 있겠지만 동시에 '기쁨'이 있을 것이라고 자주 반복합니다. 누가 봐도 빌립보 시민인 것을 알아볼 수 있는 옷차림과 걸음걸이, 말씨와 교양을 갖추려고 애썼습니다. 바울은 그것처럼 우리가 말하고 행동하고 생각하고 결정하는 것 속에서 그리스도의 복음, 그러니까 그리스도께서 왕으로 다스리시는 하나님 나라의 시민인 것이 드러나게 생활하라고 당부하고 있는 것입니다. "그리스도의 복음에 합당하게 생활하라!" 어떤 상황에서도 즉시 삶으로 표현될 만큼 내 무의식의 세계까지 예수 그리스도에게 철저히 장악될 때, 천국 복음에 합당한 그리스도인이 되었다고 말할 수 있습니다. 바울이 여기서 '현재 시제'를 써서 "계속해서 복음에 합당하게 생활하십시오"라고 말한 이유가 그것입니다. 그것은 어느 한순간에 되는 것이 아니기 때문입니다. 평생에 걸쳐서 이뤄가야 하는 일입니다. 사역자는 사역자답게, 성도는 성도답게 살아야 합니다. 그리스도인이 되는 순간, 우리는 절대 가져서는 안 되는 것이 있고 해서는 안 되는 것이 있습니다. 세상 사람들처럼 하고 싶은 것 다 하고, 갖고 싶은 것 다 갖고, 벌고 싶은 만큼 다 벌면서는 십자가의 일꾼으로 살 수는 없습니다.

루디아를 전도하다

바울이 드디어 이런 도시 빌립보에 도착했습니다. 빌립보에 도착한 지 수일 후에 바울 일행이 찾아간 곳은 강기테스 강에 있는 '기도처'[27]였습니다.

"안식일에 우리가 기도할 곳이 있을까 하여 문 밖 강가에 나가 거기 앉아서 모인 여자들에게 말하는데" (사도행전 16:13)

---

27 이 단어가 '회당'을 의미하는 말로 쓰이기도 했다(필론, 『플라쿠스에 관하여』, 6§41).

맨 먼저 회당이 아니라 유대인의 기도처로 찾아갔다는 것은 빌립보에는 유대인 회당이 없었다는 뜻이고, 앞서 언급한 대로 이것은 회당을 구성할 수 있는 유대인 남자 10명이 없을 만큼 빌립보가 철저히 로마화 된 이방적인 도시였음을 보여줍니다. 이런 강가 기도처는 바벨론 포로기에 회당이 없을 때 그발 강과 여러 강가에서 기도하던 전통에서 유래했습니다. 바울은 회당이 없다는 사실을 알고는 유대인이나 혹은 이방인 개종자, 하나님을 경외하는 자들을 만나기 위해 기도처로 갔을 것입니다.

이렇듯 빌립보는 교회가 세워지기에 매우 어려운 환경이었습니다. 바울이 늘 가장 먼저 복음을 전했던 대상인 유대인들이 거의 없는 도시요, 반면에 로마 시민이라는 자부심은 하늘을 찌르던 도시였습니다. 황제숭배를 거부한 유대교가 황제가 사랑하는 도시에 뿌리내리기란 쉽지 않았을 것입니다. 빌립보는 인간적으로는 사람이 살기 좋은 넉넉한 도시였는지 몰라도 영적으로는 살아남기 힘든 도시였습니다. 하나님께서도 모압 평지의 이스라엘 백성들을 향해 이제껏 지나온 40년의 광야보다 앞으로 당도할 젖과 꿀이 흐르는 가나안 땅이 신앙생활 하기에는 더 위태로운 땅이 될 것이라고 경고하셨습니다. 광야보다 더 광야 같은 곳이 가나안입니다. 결핍이 주는 시험보다 풍요가 주는 시험이 더 이기기 힘들다는 뜻입니다.

성공적인 사역을 이어갈 수 있을 것 같던 황금어장 아시아를 놔두고 성령께서 인도하신 곳은 강가의 기도처였습니다. 거기서 예비하신 사람들은 남자 유대인들이 아니라 몇 명의 여인들에 불과했습니다. 여기 그들이 '모여' '앉아 있었고' 바울이 그들에게 '말했다'는 것에서 여인들이 모여 기도하고 성경을 배우던 모임에서 바울이 복음을 가르치는 모습이 떠오릅니다. 이는 사도행전 안에서 여인들만을 대상으로 복음 설교를 한 유일한 장면입니다. 남자들의 세상인 빌립보에서 성령께서는 먼저 남자들이 아니라 여자들에게 복음을 전하도록 문을 열어주셨습니다. 과연 이 여자들을 데리고 다신교와 우월한 제국의 정신으로 무장된 저 단단한 로마 사회를 뚫고 복음을 전할 수 있을까요? 겨우 "여인들"을 데리고 의미 있는 성과를 낼 수 있을까요? 저자는 바울의 설교를 듣고 회심한 사람 중에 하나를 소개합니다.

> "두아디라 시에 있는 자색 옷감 장사로서 하나님을 섬기는 루디아라 하는
>
> 한 여자가 말을 듣고 있을 때 주께서 그 마음을 열어 바울의 말을 따르게
>
> 하신지라" (사도행전 16:14)

루디아는 이방 여인입니다. 직업은 옷감 장수이고, 출신은 두아디라입니다. 두아디라는 동 세공, 가죽 가공, 염색, 양모 방적, 아마포 등 제조업자들의 조합이 있던 도시이고, 상공업이 매우 발달한 부유한 도시였습니다. 루디아는 두아디라에서 생산한 고급 자주색 옷감을 빌립보에 가져다 파는 사업가였습니다.[28] 여기 '루디아'는 두아디라를 가리키는 지명일 수도 있습니다.[29] 그렇다면 '루디아 출신의 한 여인'이라는 뜻이 됩니다. 마치 함안에서 시집 오면 '함안댁'이라고 부르는 것과 같습니다. 환상을 통

---

28 자주 옷감은 염색 공정이 까다로워 비쌌고, 권력을 상징하여 황제를 비롯한 최상류층만 입을 수 있었다. 최종상, 『바울로부터』, 184.

29 '루디아'는 라틴문학에서 만날 수 있는 여자 이름이다(호라티우스 「송가」 1.8.1; 1.31.1; 1.25.8). 하지만 소아시아에서는 그녀의 고향 두아디라가 루디아로도 불리기 때문에 '루디아' 출신의 여인이란 뜻일 수도 있다.

해 이방인 남자 고넬료를 회심케 하셨던 성령께서 마게도냐 환상을 통해 바울을 빌립보로 보내어 이방인 여인을 마게도냐에서는 최초로 자기 백성으로 삼고 계십니다. 여기 "듣다에코우엔, ἤκουεν"가 미완료 시제인 것을 볼 때, 루디아는 바울의 말을 듣고 단번에 회심한 것이 아니라 반복적이고 지속적으로 들었음을 알 수 있습니다. 말씀에 대한 갈망과 열정이 그녀를 회심에 이르게 한 것입니다. 주님은 말씀을 통해서 루디아의 마음을 여셨습니다.

강가 기도처에서 들었는지 아니면 자기 집으로 초청하여 추가로 더 들었는지는 분명하지 않습니다. 만약 루디아 집으로 초청하여 자주 들었다면, 15절에서 그녀의 집이 다 세례를 받았다는 언급을 이해하는 데 도움이 될 것입니다. 가족의 회심은 루디아의 강권에 의한 회심이 아니라 그들도 바울의 복음 설교를 듣고 회심한 것입니다. 여기 루디아를 '하나님을 섬기는세보메네 톤 쎄온, σεβομένη τὸν θεόν' 사람으로 소개하고 있는데[30], 두아디라에서부터 유대교의 하나님을 믿다가 빌립보에서도 가족이나 사업 동료들에게 하나님을 소개하고 안식일에 강가에서 기도하곤 했을 것입니다. 남편에 대한 언급이 없는 것을 보면 과부일 수 있고, 비싼 자주 옷감 장사이며 '집'을 소유할 만큼 부유한 사람이었습니다(행 16:15). 남편이 있더라도 독립적으로 자기만의 사업과 종교를 가진 당찬 여인이었던 것으로 보입니다.[31] 그런 루디아가 회심했습니다. 누가는 그녀의 회심 사

---

30 고넬료는 '하나님을 경외하는 사람'(φοβούμενος τὸν θεὸν)이었다. 이것들은 모두 유대교로 개종한 이방인을 가리키는 전문용어다.

31 여기 16절에 루디아가 그녀의 온 집이 세례를 받은 후에 자기를 믿는 자로 인정하거든 자기 집에 "유하라"(명령법, μείνατε)고 '강권한'(παρεβιάσατο) 것을 볼 때, 바울이 이전에도 루디아로부터 여러 차례 자기 집을 사용하도록 제안을 받았지만 거절한

건을 이렇게 말합니다.

"주께서 그 마음을 열어 바울의 말을 따르게 하신지라"

　　바울을 사용하셨지만, 누가는 루디아의 회심이 바울의 지식이나 말솜씨로 일어난 일이라고 말하지 않습니다. 하나님께서 아시아 선교를 막으시고 마게도냐로 부르셨는데, 이제 그곳에서 자신이 원하는 사람을 친히 부르고 계십니다. "주께서 그 마음을 열어호 퀴리오스 디에노이크센 텐 카르디안, ὁ κύριος διήνοιξεν τὴν καρδίαν", 선교의 주도권이 철저히 하나님께 있음을 보여줍니다. 고넬료에게는 하늘이 열리는 환상을 통해 부르셨다면(행 10:11), 루디아에게는 마음이 열리는 기적을 통해 부르셨습니다. 베드로의 설교에 로마의 백부장 고넬료의 마음이 열렸듯이, 또한 엠마오로 가는 두 제자가 구약성경으로 메시아의 고난에 관한 말씀을 풀어 설명하신 것을 듣고 그 마음이 뜨거워졌던 것처럼, 하나님께서는 당신의 말씀을 당신의 종들을 보내서 인간적으로는 철벽같은 도시 빌립보에서 한 여인의 마음부터(롬 10:9, 14-17) 열어주셨습니다.**32** 훗날 유럽 문명 전체를 뒤바꾸고 뒤엎고 뒤집는 대전환을 가져온 복음의 역사가 빌립보의 한 여인의 마음이 열리는 데서부터 시작되고 있습니다. 아무도 주목하지 않은

___

것 같다. 루디아가 과부였기에 구설수에 오르내리지 않으려고 그녀의 집에 들어가지 않았을 수 있다.

32 '열다'(διανοίγω)라는 동사가 눅 24:32에서 예수님이 엠마오로 가는 두 제자에게 성경을 '풀어주신다'고 할 때 나오고, 눅 24:31에서 부활하신 예수께서 제자들의 눈을 '열어' 예수 자신을 알아보게 하실 때도 쓰인다. 또 24:45에서는 부활의 예수께서 제자들의 마음을 열어 성경을 깨닫게 하신다고 할 때도 나온다.

작은 변화였습니다. 하지만 빌립보의 변화, 유럽의 변화, 교회의 새로움을 위해 필요한 것은 바로 나 한 사람의 변화, 아주 작고 미미한 듯 보이는 변화, 즉 나의 마음이 열리는 것에서부터 시작되었습니다. 세상이 보기에는 주목할 가치가 없는 시시한 사건이었지만, 성경은 이 한 여인의 회심을 '결정적인' 사건으로 기록하고 있습니다.

이렇듯 일상이 인생을 바꿉니다. 작은 결단, 작은 실천, 작은 선행, 작은 양심, 작은 용기가 나의 인생, 누군가의 인생, 교회의 인생을 바꾸는 시작입니다. 한 번의 격변으로 온 교회가 뒤집히기를 기대하기보다 오늘 나부터, 우리 가정부터, 우리 모임부터, 우리 교회부터 변해야 합니다. 변두리에 있는 작은 교회일지라도 세상적인 인정과 찬사에 목말라하지 않고 시시한 삶의 자리를 잘 지키면서 평범한 일상을 잘 살아간다면, 주님께서 부족한 저희를 통해서 당신이 하고 싶으신 일을 다 알아서 해내실 것입니다.

여인의 회심은 구체적인 삶의 변화로 나타났습니다. 부유한 여인이 예수님을 믿기로 결심했다는 것은 무슨 뜻입니까? 돈보다 예수님을 더 값진 참 보화로 인정하기로 결심했다는 뜻입니다. 밭에 감춰진 보화를 보고 가진 것을 다 팔아 그 밭을 산 사람처럼, 여인은 자기 인생에서 가장 소중하게 여겨온 것을 상대화시키기로 결심했습니다. 예수님과 하나님 나라만을 절대적인 것으로 인정하기로 결심했습니다. 그것이 신앙입니다. 사라질 것, 영원하지 않은 것을 상대화시키고, 영원한 것, 사라지지 않는 것을 절대화시키는 것, 그것이 신앙입니다. 그의 신앙이 알짜 신앙이었다는 것을 보여주는 증거가 있습니다. 루디아의 회심은 온 가족에게까지 영향을 끼쳤습니다. 그의 회심에 가족이 움직였다는 것은 그 회심이 얼마나 진정성 있고 진심 어린 회심이었는지 짐작할 수 있습니다. 가장 가까이 있는 사람에게 인정을 받을 때 우리의 신앙이 증거가 있는 신앙으로 인정받을 것입니다.

"그와 그 집이 다 세례를 받고"**33** (사도행전 16:15a)

루디아의 회심이 가져온 또 하나의 변화는 환대였습니다. 루디아는 바울 일행에게 뜻깊은 제안을 합니다.

"만일 나를 주 믿는 자로 알거든 내 집에 들어와 유하라 하고 강권하여 머물게 하니라" (사도행전 16:15b)

단지 하룻밤 묵게 해준 정도의 호의가 아닙니다. 이것은 바울이 빌립보에서 사역하는 동안 자기 집을 선교 본부로 사용해달라는 요청이었습니다. 당연히 루디아의 집이 빌립보의 최초의 교회로 쓰였을 것입니다. 뒤에 바울과 실라가 감옥에서 나온 후 루디아 집으로 돌아가서 거기 모여 있는 형제들을 만나는 장면을 통해 알 수 있습니다.

"두 사람이 옥에서 나와 루디아의 집에 들어가서 형제들을 만나 보고 위로하고 가니라." (사도행전 15:40)

---

33 기도처가 있던 강가에서 침수 예식을 행했을 것이다. 여기서 '집'(15절)은 남편이나 아내 혹은 종들까지를 포함하며, 그 집의 영향을 받는 친척들까지 포함한다.

루디아는 자기 전부를 내어 자신을 살리신 예수님의 환대를 받았으니 이제 자신의 전부를 드려 그분의 종들을 섬김으로써 전도사역에 동참하기로 한 것입니다. 소유에 대한 자신의 주권을 하나님께 양도한 것입니다. 누가복음에도 이와 비슷한 장면이 나옵니다. 엠마오로 가는 두 제자가 예수님의 말씀을 듣고 마음이 뜨거워져서 예수께 자기 집에 들어오도록 권하고 있습니다. 그때도 여기에 나오는 "강권하다파라비아조마이, παραβιάζομαι"라는 동사가 쓰입니다(눅 24:29). 누가 – 행전에 단 2번만 나오는 단어입니다. 두 유사한 사건에만 같은 단어를 사용했다는 것은 사실상 루디아의 바울 영접은 부활하신 예수님을 영접한 것이나 다름없다는 것을 보여줍니다. 누가복음에서 예수님은 제자들을 전도하러 보내시면서 이렇게 말씀하신 적이 있었습니다.

"전대나 배낭이나 신발을 가지지 말며 길에서 아무에게도 문안하지 말며 어느 집에 들어가든지 먼저 말하되 이 집이 평안할지어다 하라 만일 평안을 받을 사람이 거기 있으면 너희의 평안이 그에게 머물 것이요 그렇지 않으면 너희에게로 돌아오리라" (누가복음 10:4-6)

이것이 바울 일행의 기본적인 전도 원리였을 것입니다. 전도하는 제자들을 영접하는 사람은 예수님을 영접하는 것이나 다름없었습니다. 그렇다면 루디아는 예수님을 영접한 샬롬의 사람이었습니다. 예수님을 주로 모신 후부터 자기 소유를 하나님 나라와 하나님 나라의 복음을 위해 사용하고 있습니다. 그것이 그리스도인으로서 마땅하다고 여겼는데, 이는 "만일 나를 주 믿는 자로 알거든에이 케크리카테 메 피스텐 토 퀴리오 에이나 이, Εἰ κεκρίκατέ με πιστὴν τῷ κυρίῳ εἶναι"이라는 그녀의 말을 통해서 확인할 수 있습니다. 루디아는 사복음서 중에 누가복음에만 유독 강조되어 나오는 신실한 여인들, 즉 예수님을 따라다니며 도와주던 여인들의 계보를 잇고 있습니다(눅 8:1-3). 또 누가 – 행전이 유독 '물질'에 대한 태도와 구원을 불가분의 관계로 연결시키고 있는 것을 생각할 때(눅 12:31-34), 루디아 역시 이상적인 회심의 모델로 제시되고 있다고 할 수 있습니다. "회심한다면 루디아처럼!"이라는 말이 유행했을 것입니다.

나가는 말

하나님의 모호함을 수용하라

누가가 사도 바울의 실패한 듯 보이는 선교까지 생생하게 기록하고 있는 것이 참 신선하지 않습니까? 바울은 자신의 한계를 여실히 경험했습니다. 그가 쩔쩔매는 것을 보십시오. 방황하고 있습니다. 하나님께서 "그거 아니다. 그 길로 가지 마라"는 명령을 두 번이나 하십니다. 어디로 가라는 말씀은 안 하시고, 다만 마게도냐 사람을 통해서 긴가민가한 말씀만 주십니다. 목적도 방향도 없이 하염없이 천 킬로미터 이상 걷게 하십니다. 그가 맘을 기울여 행한 숱한 사역들이 열매 없이 끝나는 듯 보이게 하십니다. 그렇게 바울 일행이 쓸모없는 것처럼 느낄 수도 있게 하십니다. "아무 일도 일어나지 않았다!" 그것이 몇 달 동안 바울의 행적이었습니다. 하나님은 한 사람이 급하고 한시가 급하셨을 텐데 왜 그렇게 안 도와주셨을까요? 왜 속 시원하게 말씀하지 않으셨을까요? 왜 인재를 등용하고서 효율적으로 사용하시지 않았을까요?

하나님의 1차 목표는 바울과 실라와 디모데였습니다. 그들이 하나님을 더 알아야 했습니다. 하나님이 일하시는 방식에 더 익숙해져야 했습니다. 이 선교의 주도권이 사람에게 있지 않고 성령께 있음을 알아야 했습니다. 바나바와 결별하고 마가 요한을 안 데려간 일에 대해 성경은 평가 자체를 하지 않습니다. 다만 이후로 바나바가 전혀 나오지 않은 것만 봐도 바울의 결정이 잘못은 아니라고 생각할 수도 있습니다. 그렇더라도 전적으로 잘 했다는 뜻도 아닙니다. 마가 요한을 데려가면 비효율적일 것으로 생각했 겠지만, 사실상 그보다 더 큰 비효율성을 자초하신 분은 하나님이셨습니다. 디모데를 주셨지만 그를 낭비하셨습니다. 돈 낭비, 시간 낭비, 인력 낭비를 자초하셨습니다. 그 과정에서 바울은 분명히 깨달았을 것입니다. 깨달았어야 했습니다. 이 선교는 자기에게 달린 것이 아니며, 유능하고 신실한 사역자에게 달린 것도 아니고, 에베소라는 목 좋은 요충지에 달린 것도 아니라는 것을 알아야 했습니다. 이후 여정에서도 그는 일정을 자주 변경합니다. 고린도후서를 보면, 그가 자주 일정을 바꾸는 것을 두고 고린도 성도들이 바울은 진실하지 않다, 그를 신뢰할 수 없다고까지 반응하는 대목이 나옵니다. 그때 바울은 뭐라고 대답합니까? 겉으로 '예, 예' 하면서 속으로 '아니요, 아니요' 한 적이 없었다고 대답합니다. 그는 자신의 계획보다 성령의 인도하심을 더 중요하게 여겼을 뿐이라고 대답한 것입니다. 이 거룩한 방황의 과정에서 배운 지혜일 것입니다.

하나님이 결정하시게 하라

참 신앙은 사랑입니다. 그리고 사랑은 그 대상을 자유롭게 해주는 것입니다. 이웃 사랑은 이웃을, 하나님 사랑은 하나님을 자유롭게 해주는 것입니다. 하나님께서 우리를 원하는 대로 빚으시게 하는 것, 그 하나님의 뜻을 이루는 일에 참여하는 것, 그것이 사랑이고 신앙입니다. 우리의 지체들이, 우리의 이웃들이 각자의 처지와 형편에 맞게, 그들의 신앙 수준에 따라 하나님 앞에서 자유로운 인격체로 설 수 있게 도와주고 배려하고 기다려 주는 것이 사랑입니다.

하나님께서도 바울 일행을 인격적으로 대하고 계십니다. 다양한 방법으로 자신의 뜻을 알려주심으로써 상대하셨고, 그들이 자신들의 판단력을 동원하여 전도의 길을 열어가도록 하셨습니다. 비시디아 안디옥을 떠나서 빌립보에 이르는 과정을 복기해 보십시오. 하나님은 바울 일행의 길을 연거푸 막으셨습니다. 또 환상을 주셔서 마게도냐로 건너가게 하셨습니다. 한 번은 간접적인 방법으로, 다른 한 번은 직접적인 방법으로 뜻을 계시하신 것입니다. 바울은 일행과 상의하여 마게도냐 행을 결정합니다. 또 빌립보를 첫 선교지로 결정한 것도 전적인 그들의 판단이었고 공동체적 결정이었습니다. 빌립보라는 도시의 중요성 "첫 성"을 감안할 때 그것은 대단히 전략적이면서 상식적인 결정이었습니다. 하나님은 그들의 판단력에 맡기셨고, 공동체가 협력하여 결정했습니다. 이런 다양한 하나님의 인도 방식을 따라 드디어 빌립보에 도착했고, 거기서 주께서 예비하신 사람들을 만났습니다.

건너와서 우리를 도우라

주께서는 오늘도 우리를 부르고 계십니다. "건너와서 우리를 도우라"고 부르는 곳은 어디입니까? 우리는 얼마나 하나님의 뜻에 민감하게 반응하고 있습니까? 부디 이 주님의 부르심을 따라 한마음으로 즐거이 가고 서는 인생이 되기를 바랍니다. 주께서 기뻐하시는 모습으로 빚어지길 바랍니다. 루디아처럼 자신의 전부보다 그리스도를 더 고상하게 여기는 자녀, 그리하여 온 가족을 모두 그리스도의 나라로 부르는 생명의 역사를 만드는 자녀가 되기를 바랍니다.

나부터, 우리 가정부터 복종하라

회심은 주권 이양 사건입니다. 그 핵심은 소유권과 사용권의 양도에 있습니다. 그리스도인은 무엇을 가졌든지, 얼마를 가졌든지 자기 것으로 여기지 않고 모두 하나님의 선물이라고 여기는 사람입니다. 하나님의 청지기로서 오직 주의 뜻을 위해서 재물이든 은사든 사용하는 사람입니다. 자신이 가진 것으로 남과 차별하거나 남 위에 군림하거나 대접받으려고 하는 사람은 아직도 하나님 나라에서 먼 사람입니다. 루디아의 회심은 아무도 주목하지 않을 정도로 아주 작은 사람의 변화였고 미미한 출발이었지만, 앞으로 복음이 전해지는 곳에서 하나님께서 회심한 자에게 하나님께서 기대하시는 가장 본질적이고 필수적인 반응이 그녀의 변화 속에 다 들어있습니다. 작지만 아주 건강한 씨앗이었기에 루디아의 가정에서 시작된 복음의 역사가 빌립보 교회와 빌립보 전도로까지 발전할 수 있었습니다. 사랑하는 여러분, 우리 한 사람 한 사람의 작은 결단과 실행이 이 교회를 살리고 이 땅의 교회에 의미 있는 물줄기 하나를 만들어내는 사건이 될 것입니다. 견고한 자본주의의 아성을 무너뜨리고 돈의 전능성에 균열을 내는 시작은 나의 전부를 하나님 나라로 바꾸는 일에서부터 시작된다는 것을 루디아는 말해주고 있습니다.

경계를 넘는 환대를 베풀라

루디아가 보여준 환대는 경계를 허무는 하나님 나라의 특징을 보여줍니다. 여성이 낯선 남자들을 집에 들이는 일은 파격이었습니다. 하지만 그 환대를 통해 이방인과 유대인의 경계가 무너집니다. 남자와 여자의 경계가 무너집니다. 객과 주인의 경계가 무너집니다. 가진 자와 가난한 자의 경계가 무너집니다. 사도와 초신자의 경계가 무너집니다. 루디아의 환대를 통해 바울 일행은 빌립보 공동체의 일원이 된 것입니다. 또 빌립보 사람들이 로마의 시민에서 하늘의 시민이 되었습니다. 루디아의 제안만큼이나 바울의 제안 수용 역시 파격적입니다. 이방 여인의 제안에 그 집으로 들어가 머물기로 동의한 것은 베드로가 고넬료의 집에 가기로 결정한 것이나 무두장이 집에 머문 사건만큼이나 급진적인 결정이었습니다. 훗날 바울은 유독 이 빌립보 교회가 보낸 연보만 받는 것을 볼 수 있습니다. 당연히 친분이 유독 돈독했기 때문이었겠지만, 더 나아가 빌립보 교회는, 특별히 이 루디아는, 마게도냐 선교의 첫 열매였기 때문에 하나님이 주신 초태생의 선물로 그 연보를 받았을 가능성이 큽니다. 사랑하는 여러분, 복음이 복음답게 전해진 곳에, 그 복음을 복음답게 수용한 곳에, 이렇듯 장벽이 무너지는 환대가 있을 것입니다. 변두리에 있던 사람이 중심이 되고 있습니다. 자신의 세속적인 자랑을 내려놓고 상대화할 때, 사도가 신학적인 편견, 사회적인 인습 등을 내려놓고 하나님 나라의 질서를 따를 때, 놀라운 하나님 나라 공동체, 환대의 공동체가 탄생할 수 있을 것입니다.

주 예수를
믿으라

들어가는 말

바울 일행은 마게도냐 사람의 환상을 본 후 하나님께서 저 사람들에게 복음을 전하라고 자신들을 부르신 줄로 생각하고 마게도냐로 건너갔습니다. 네압볼리 항구에 도착한 그들은 곧장 마게도냐 지방의 '첫 성', 그러니까 마게도냐의 유력한 도시 '빌립보'로 향했습니다. 회당이 없던 그 도시에서 안식일에 바울이 찾아간 곳은 강가의 기도처였습니다. 거기서 유대교의 하나님을 믿는 이방인 여인 '루디아'와 몇몇 여인들을 만납니다. 바울이 전한 말씀을 들은 루디아의 마음을 성령께서 열어주십니다. 자주색 옷감 장사 루디아는 예수님을 영접하자 곧 사도 일행을 자기 집으로 영접했습니다. 또한 가족들도 예수님을 영접하고 세례를 받는 데 다리 역할을 했습니다. 예루살렘 교회와 같은 괄목할 만한 부흥을 이룬 것은 아니었지만, 빌립보 선교가 순조롭게 출발한 듯 보였습니다. 하

137

지만 곧 바울의 빌립보 선교는 난관을 만납니다. 복음을 전하면 루디아처럼 곧장 회개하고 예수님을 영접한 것은 아니었습니다. 아시아에서 성공적으로 사역했던 그의 영성과 실력이면 마게도냐에서도 교회 몇 개쯤은 거뜬하게 세울 수 있을 것으로 기대할 것입니다. 그런 기대 때문에 교회의 크기는 목회자의 능력에 비례한다고 여기면서 온갖 찬사를 보내는 실수를 합니다. 최근에 어느 유력한 교회의 목회자 청빙 광고를 보면서 마음이 아팠습니다. 예수님이 지원하셨어도 떨어질 조건들이었고, 바울은 아예 명함도 못 내밀 만한 조건을 제시하고 있었기 때문입니다. 뽑은 교회나 뽑힌 목회자 모두 교만해질 수밖에 없는 자격이었습니다. 그런데 선교의 본질, 교회의 본질이 무엇입니까? 교회의 주인이 예수 그리스도 이시고, 성령께서 진리로 역사하시고, 예수님을 죽은 자 가운데서 살리신 하나님의 능력으로 그 백성은 부름을 받고 하나님의 교회는 선다는 것입니다.

빌립보에서 바울은 하루에 한 걸음씩 걸었습니다. 귀신 들린 여종이 여러 날 자신을 칭송하며 괴롭게 했지만 섣불리 기적을 일으키지 않고 때를 기다렸습니다. 하루하루, 한 사람 한 사람을 상대했습니다. 대형집회를 통해 단번에 이 도시를 뒤집어놓을 수 있다고 생각하지 않았습니다. 사실 로마 시민으로서의 자긍심이 하늘을 찔렀던 빌립보 시민들에게 앞으로 어떻게 복음을 전하게 하실지 바울조차 몰랐다고 해야 옳을 것입니다. 거센 반발이 예상되었기에 신중하지 않을 수 없었습니다. 바울은 좀처럼 전도의 활로를 못 찾고 있었고, 루디아의 가족들을 중심으로 조그마한 개척교회를 하고 있었을 뿐입니다.

귀신들린 여종을 치유하다

그런데 하나님은 바울이 생각하지도 못했던 방식으로 제2의 로마라고 불리는 빌립보 사람들의 마음을 뒤흔들어 놓으셨습니다. '루디아'라는 여인이 마게도냐의 첫 회심자가 되었는데, 마게도냐에서 복음의 첫 훼방자도 여인으로 등장합니다.

"우리가 기도하는 곳에 가다가 점치는 귀신 들린 여종 하나를 만나니 점으로 그 주인들에게 큰 이익을 주는 자라"(사도행전 16:16)

루디아는 성령에 충만하여 그 마음이 열렸는데, 이 여종은 귀신에 충만하여 그의 조종을 받고 있었습니다. 여기 '점치는 귀신'은 직역하면 '피톤의 영'The spirit of Python입니다. 피톤은 아폴로가 델피 근처에서 죽인 엄청나게 큰 암컷 용혹은 뱀을 가리킵니다. 델피 신전을 수호한다고 믿었고, 복화술을 구사하게 해준다고 믿었습니다. 이 귀신이 들어와혹은 이 귀신처럼 소녀는 입술을 움직이지 않고 점을 쳤습니다. 저자는 의도적으로 루디아와 이 귀신 들린 여종을 대조하고 있습니다. 둘 다 여성입니다. 루디아는 그녀의 직업, 고향, 종교 성향, 사업에 대한 것까지 자세히 언급하는 반면에, 여종은 익명으로 나오고 아무 것도 소유하고 있지 않은 자로 소개됩니다. 루디아는 새로운 주인을 모셨지만, 여종은 다른 영과 다른 주인의 지배를 받고 있고 이름과 형태도 없습니다. 마귀의 역사는 억압하고 왜곡하고 노예로 만들고 죽이지만, 하나님의 역사는 새로운 정체성과 새로운 이름을 부여해 줍니다(계 2:17). 루디아는 예수님을 주인으로 삼아 예수께 큰 이익을 주는 자가 되었는데, 이 여종도 귀신에 사로잡혀 점을 쳐서 자기 주인들에게 큰 이익을 주고 있습니다. 이 여종이 회심한 다면, 그것은 루디아처럼 새로운 주인을 섬기게 된다는 것을 의미했습니다. 현재의 주인에게 변절하고 새 주인에게 충성하는 것이 회심이기 때문입니다. 이는 필연 옛 주인의 반발과 핍박을 감수해야 하는 사건이 될 것입니다.

어느 날 귀신 들린 여종이 바울 일행을 따라와서는 이렇게 소리칩니다.

"이 사람들은 지극히 높은 하나님의 종으로서 구원의 길을 너희에게 전하는 자라." (사도행전 16:17)

놀랍게도 귀신의 말 중에 겉으로만 보면 틀린 말이 하나도 없었습니다. 하나님은 지극히 높으신 분입니다. 바울은 그의 종이니 그 또한 능력의 종입니다. 바울은 구원의 길을 전해주는 사람입니다. 하지만 그 내용을 따져보면 하나도 맞는 말이 없습니다. 귀신 들린 여종이 말한 '지극히 높으신 하나님'은 여호와 하나님이기보다는 이방인들이 인정하는 최고의 신하늘의 신인 제우스를 가리킬 것입니다.[34] 그녀가 말하는 '하나님의 종'이나 '구원' 개념은 이방인 청중들이 이해하고 있는 방식입니다. 다신교 사회였던 빌립보에서 사람들은 누구든 바울이 또 새로운 구원의 길 하나를 제시하고 있다고 생각했을 것입니다. 따라서 이 귀신 들린 여종

---

34 누가가 "지극히 높은 하나님"이란 표현을 사용한 다른 곳에서도 귀신 들린 사람의 입을 통해서 사용하고 있다(눅 8:28; 참조. 눅1:32, 35, 76; 6:35; 행 7:48; 16:17).

의 말은, 겉으로는 (유대인들에게는) 옳은 소리이지만, (만약 빌립보의 헬라인들과 로마 시민들이) 액면 그대로 믿는다면 혼합주의에 물든 신앙이 되도록 유도하는 술책이었습니다. 이렇듯 귀신에 사로잡혀 엉터리로 살면서도 듣기 좋은 설교할 수 있고 잘 팔리는 책을 쓸 수도 있습니다. 그래서 분별하는 지혜가 절실합니다. 귀신은 인간보다 더 인간의 세계는 물론이고 하나님의 세계를 잘 압니다. 인간과 비교할 수 없을 만큼 능력이 탁월합니다. 하지만 귀신은 결코 하나님께 순종하는 법이 없고 진리에는 관심이 없는 거짓의 영입니다. 속임수의 영입니다. 그의 술책의 궁극적인 목적은 오직 하나, 예수 믿는 자를 미혹하는 것이고, 안 믿는 자를 계속해서 못 믿게 하는 것이고, 그래서 하나님의 역사를 방해하는 일입니다. 그러니 아무리 능력이 탁월하고 재주가 신통방통해도 귀신을 따라서는 안 됩니다. 아무리 부흥으로 보이는 결과를 낼 수 있어도 세속적인 방식에 물든 소위 '통하는 목회' 원리를 수용해서는 안 됩니다.

바울은 처음에는 귀신이 떠들도록 신경 안 쓰고 그냥 두었습니다.

"이같이 여러 날을 하는지라[35]" (사도행전 16:18a)

물론 귀신을 쫓아낼 능력이 있었고, 이미 아시아에서는 그 능력을 발휘한 적이 한두 번이 아니었습니다. 그런데 이번에는 몇 날 동안 당하기만 했습니다. 분명 빌립보 안에서 바울 자신의 존재감을 과시할 절호의 기회로 보이는데 왜 가만있었을까요? 귀신 들린 여종을 고쳐 준 후에 주

---

35 '하는지라'(ἐποίει)는 미완료 시제로 귀신이 반복적으로 이런 도발을 했음을 보여준다.

인들이 보인 반응을 보면 왜 그랬는지 짐작이 됩니다. 귀신 들린 이 여종을 고쳐 주는 일은 당연히 칭찬받을 만하지만, 주인으로서는 돈벌이 수단이 사라지는 사건이었습니다. 생계 수단을 잃는 일이었습니다. 그래서 언젠가는 마땅히 해야 할 일이었지만, 마게도냐 혹은 빌립보 선교 초기부터 공권력과 갈등을 빚는 것이 지혜로운 선택은 아니었습니다. 무엇보다 이미 로마제국 안에 팽배한 반유대인 정서를 공연히 자극할 필요가 없었습니다. 바울은 우선 빌립보라는 도시 자체를 이해하기 위해 공적인 전도 활동을 삼가고 루디아의 집에서 모이는 회심자들을 중심으로 전도의 일꾼들을 양육하는 데 주력했을 것입니다.

문화로 굳어진 불의한 사회구조를 바꾸고 인습을 타파하는 데는 시간이 오래 걸립니다. 어떻게 하는 것이 가장 좋은 길인지 아는 사람도 없습니다. 일각에서는 바울이 드러내놓고 노예제도 철폐나 남녀평등 같은 공적 가치를 주장하지 않았고 사회 정의나 공평 같은 사안에 침묵함으로써 강자들만의 세상을 인정하거나 최소한 묵인했다고 비판하기도 합니다. 하지만 사도 바울이 그 가치들을 몰랐거나 비겁해서 그런 것이 아니고, 자신의 말이나 행동이 선교에 미칠 영향을 고려하면서 신중했다고 보아야 할 것입니다.

이제껏 바울 일행은 귀신이 아무리 옳은 소리를 해도 들은 척도 안 했습니다. 누가복음에서 예수님도 그랬습니다. 갈릴리에서 예수님의 사역이 성공적으로 진행될 때, 귀신이 소리쳤습니다.

"아 나사렛 예수여 우리가 당신과 무슨 상관이 있나이까 우리를 멸하러 왔나이까 나는 당신이 누구인 줄 아노니 하나님의 거룩한 자니이다"(누가복

음 4:34)

다 맞는 말입니다. 예수님이 태어나셨을 때 천사가 해 준 말과 다르지
않습니다.

"성령이 네게 임하시고 지극히 높으신 이의 능력이 너를 덮으시리니 이러
므로 나실 바 거룩한 자는 하나님의 아들이라 일컬으리라"(누가복음 1:35)

천사처럼 귀신도 예수님을 "거룩한 자"라로 불렀는데, 예수님은 좋아
하시기는커녕 이렇게 반응하십니다.

"꾸짖어 이르시되 잠잠하고 그 사람에게서 나오라"(누가복음 4:35)

오늘도 예수님은 우리의 흠잡을 데 없는 설교만 듣고 감동하지 않으
십니다. 바른 신앙고백만으로 충분하다고 하시지 않습니다. 선한 일, 바
른 일, 윤리적인 일에도 크게 감동하지 않으십니다. 예수님은 현상 자체
보다 배후에 있는 우리의 의도와 목적을 더 중요하게 보십니다. 어떤 목
적으로 이웃을 사랑하고 기도하고 예배하는지를 궁금해하십니다. 왜 열
심히 하나님 자신을 찾고 일을 하는지에 관심이 있으십니다. 아내가 최
근에 제게 묻더군요. 그렇게 죽어라 일하는 이유가 뭐냐고요. 자기가 아
는 고상한 이유 말고 진짜 이유가 뭐냐고요. 즉석에서 대답하지 못할 만
큼 뼈아픈 질문이었습니다. 귀신의 찬양과 다를 바 없는 삶을 살고 있지
는 않은지 돌아보게 되었습니다.

바울도 "지극히 높은 하나님의 종"이라고 불러주는 말을 듣고 기뻐할 만했습니다. 많은 돈을 벌어주는 용한 귀신에게 공개적으로 칭송을 받았으니 빌립보에서 신장개업한 바울 일행에게는 마케팅에 엄청난 도움이 될 수도 있었습니다. 잘만 하면 돈을 많이 벌어서 넉넉한 선교 자금도 확보할 수 있었고, 그러면 루디아에게 신세 지지 않고 자립할 수도 있었습니다. 더군다나 빌립보에서는 귀신을 이용하여 점치는 일이 '정당한' 돈벌이 수단으로 인정받고 있었습니다. 그런데 우리는 동네 식당이 소문난 맛집으로 명성을 얻으면서부터 맛이 가는 것을 보았을 것입니다. 교회도 소문이 나고 문전성시를 이루기 시작하면 위험해집니다. 권력과 성공 앞에서 초심과 본질을 유지하는 일은 몹시 어렵습니다. 바울도 잘 알고 있었습니다. 성령께서 사역하시게 하는 것, 그래서 모든 사역과 존재 방식이 "하나님의 선교"가 되게 하는 것, 그것이 바울의 유일한 관심사였습니다. 바울이 그런 사람이었기에 자신을 향한 귀신의 찬사가 악한 수작임을 금방 간파했을 것입니다. 그랬기에 바울은 찬사를 듣고도 기쁘기는커녕 심히 괴로워했습니다. 우쭐해하기는커녕 사람들이 자신을 오해하여 지나치게 대단한 존재로 여길까 괴로워했습니다. 또한 이 괴로움디아포네오, $διαπονέω$은 귀신 들린 여종 때문에 혹은 귀신 들린 여종이 선포한 것을 진리라고 믿는 주민들 때문에 느끼는 괴로움 혹은 슬픔이기도 할 것입니다.

"바울이 심히 괴로워하여 돌이켜" (사도행전 16:18a)

심히 괴로운 바울이 한 일을 보십시오.

144

"그 귀신에게 이르되 예수 그리스도의 이름으로 내가 네게 명하노니 그에게서 나오라 하니 귀신이 즉시 나오니라" (사도행전 16:18b)

'예수 그리스도의 이름'의 권세로 '즉시' 한 여인이 귀신에게서 놓임을 받은 이 사건은 부활하신 예수 그리스도의 살아있는 통치를 증명해 주었습니다. 이에 더는 이 여종이 이상한 목소리로 점을 칠 수 없게 했고, 이후로 주인들은 점쟁이를 통해 돈을 벌 수 없게 되었습니다. 우리 교회의 겉모습만 보면서 누군가 찬사를 보낼 때, 우리도 괴로워해야 합니다. 우리 자신이, 우리의 자녀가 하나님과 상관없이 사는데도 부러움의 대상이 될 때, 우리는 괴로워해야 합니다. 기도하지 않고서도 일이 잘 돌아갈 때 괴로워해야 합니다. 하나님보다 사람이 더 영광을 받을 때 괴로워해야 합니다. 예수 믿는다면서 불량하게 사는데도 부자로 사는 것을 보면 부러워할 게 아니라 괴로워해야 합니다. 엉터리 같은 교회가 성장하는 것을 보면 괴로워해야 합니다. 합당치 않게 사는데도 설교는 잘하고 책은 잘 쓰는 사역자들을 보면 괴로워해야 합니다.

바울을 고소하여 옥에 가두다

바울은 귀신 들린 여인을 이용하여 유명해지거나 성공하려고 하지 않았습니다. 하지만 여종의 주인들은 달랐습니다. 그것이 세상과 그리스도인이 다른 점이고, 하나님 나라와 로마제국이 다른 점입니다. 하나님 나라는 한 생명을 천하보다 귀하게 여기지만, 로마제국은 권력자들을 위해 누군가가 희생시키는 것을 정당하게 여깁니다. 강한 자가 살아남는 것이 세상 이치라고 말합니다. 귀신 들린 여종의 주인들은 자기 여종이 귀신에게 놓여 온전해진 것을 보고 기뻐하지 않고 도리어 괴로워했습니다. 바울은 귀신이 자신에게 찬사를 보낸 것에 괴로워했지만, 주인은 여종이 귀신에게서 놓임받은 것에 괴로워했습니다. 그에게 여종은 존중받아야 할 인격이 아니라 이용해야 할 대상이요 도구나 수단에 불과했습니다. 그의 반응을 보십시오.

"여종의 주인들은 자기 수익의 소망이 끊어진 것을 보고 바울과 실라를 붙잡아 장터로 관리들에게 끌어갔다가"(사도행전 16:19)

주인들은 귀신 들린 자기 여종의 회복된 영혼을 본 것이 아니라 "자기 수익의 소망이 끊어진 것을 보았습니다." 빌립보 사람들의 '소망엘피스, ἐλπις'은 '돈'에 달려 있었습니다. 맘몬과 어둠의 세력의 결탁을 다시 한번 확인할 수 있습니다. 바울의 축귀는 영적인 차원뿐 아니라 경제적, 사회적 차원까지 영향을 주었습니다. 어떤 소망을 약속하고 있는지, 그 소망을 이루는 데 요구되는 것이 무엇인지가 하나님 나라와 로마제국의 차이를 만들어냅니다. 세상의 소망을 따라 산다면, 누구든 우리의 성공과 편리를 위해 이용되는 객체와 도구로 전락할 것입니다. 예수께서 "군대" 귀신을 돼지 떼 속에 들어가도록 허락하시자 귀신이 들어간 돼지 떼가 바다에 뛰어들어 몰살된 사건을 기억하십니까? 그때도 마을 사람들은 군대 귀신 들린 자가 온전하게 된 것을 보고 좋아하는 대신에 그를 낫게 해준 예수를 그 마을에서 떠나시도록 밀어냈습니다. 그들에게 중요한 것은

146

한 사람의 회복이 아니었습니다. 돈, 즉 돼지 떼였습니다. 예수를 경제적 타격을 준 인물로만 봤습니다. 물질에 포박되어 있는 동안 해방자 예수님을 알아보지 못하고, 그가 자기들 인생에 무슨 의미가 있는지를 생각할 겨를이 없습니다. 모든 것을 '나' 중심으로 해석할 때, 하나님 중심의 해석학과 문법으로만 읽어낼 수 있는 성경과 삶이라는 텍스트를 이해할 수 없습니다.

주인들은 바울과 실라를 붙잡아 장터아고라, ἀγορά로 끌어갔습니다.[36] 거기서 관리들을 만납니다. 돈에 환장한 주인들은 바울 일행을 거짓으로 고소하고 여론을 왜곡하여 빌립보 감옥에 수감되게 만듭니다(행 16:20-21).

> "이 사람들이 유대인인데 우리 성을 심히 요란하게 하여 로마 사람인 우리가 받지도 못하고 행치도 못할 풍속을 전한다 하거늘"[37] (사도행전 16:20-21)

여종의 주인들은 귀신의 간교함을 그대로 닮았습니다. 고발하는 진짜 이유자신의 돈벌이에 입은 타격는 감춘 채 로마 사람들의 애국심, 빌립보의 자긍심"로마 사람인 우리"과 로마 속주의 외국인 혐오 감정, 이방인에 잠재된 반유대주의 감정 등을 활용하여 정치 용어로 고발하고 있습니다. 귀신 들린 자를 해방하고 자유케 하고 인간다움을 회복해 주는 것이 하나

---

36 장터는 빌립보에서는 포럼으로 불렸는데, 도시의 각종 관심사가 다뤄지던 공적 장소였다. 여기서 바울과 실라는 관리들을 만나게 된다.

37 직접화법으로 소개함으로써 그 고발 내용의 중요성과 고발의 심각성을 강조하고 있다.

님 나라의 풍속에쎄, ἔθη입니다. 그것이 하나님 나라의 윤리에쏘스, ἔθος이고 삶의 방식life style입니다. 그런데 로마제국은 그 윤리를 받을 수도, 행할 수도 없다고 말합니다. 주인들은 사적 욕망에서 시작한 고소를 공익을 위한 일로 치장했습니다. 이 두 방문자 바울과 실라가 빌립보 사람들에게 유대인처럼 살라고 가르쳤는데예를 들면 우상숭배 금지, 이는 빌립보 사람들에게는 혁명적인 요구였습니다. 로마의 전통주의를 부정하는 선동이었습니다. 그렇다면 이 주인들은 스스로 자신들이 얼마나 비인간적이고 반생명적인지를 실토한 셈입니다. 특히 수도 로마에서는 글라우디오 황제가 유대인들을 추방하고 로마 종교의 회복 계획을 추진하고 있는 분위기에서 이 반대자들의 공격은 상당히 설득력이 있었습니다. 그런 세상에서 그리스도인으로 사는 일은 자기도 모르게 이 세상을 '요란하게 하는에크타라쏘, ἐκταράσσω' 삶, 즉 로마의 평화Pax Romana를 어지럽게 하는 삶이 되었습니다.[38] 사회 전체를 일순간에 바꾸는 혁명은 일으킬 수 없더라도 그리스도인이 그리스도인답게 사는 곳에 이 같은 크고 작은 소란과 충격과 파문은 반드시 일어날 것입니다.

순식간에 바울은 한 생명을 구원한 사람에서 풍기 문란을 조장하는 불온 인물로 변해버렸습니다. 이 여종보다 더 강하게 사탄에게 매여 있던 사람들은 이 귀신 들린 여종의 주인들이었습니다. 정말 해방되어야 할 사람은 '돈'에 매인 주인들이었습니다. 부유했던 자색 옷감 장사 루디

---

38 세 종류의 요란함이 있는데, 평온한 분위기를 해치거나 대중 앞에서 하는 말다툼이나 폭력을 가리키는 투물투스(tumultus)가 있고, 손해를 변상해야 하는 또 다른 범죄인 투르바(turba)가 있다. 이보다 더 심각한 범죄로는 세디티오(seditio)가 있는데 이는 반란에 준하는 범죄를 말한다. 시민권 박탈, 재산 몰수, 사형까지 처해질 수 있다.

아는 돈 대신 예수님을 영접했고, 그 돈으로 바울 일행의 선교 사역을 후원함으로써 돈의 주권을 예수께 돌려드렸는데, 이 주인은 여전히 돈의 노예로 맘몬을 숭배하고 있었습니다. 이것이 로마제국의 풍속이고 상식이고 삶의 방식이었습니다. 이 주인들에게 없는 것이 무엇입니까? '자유'였습니다. 주인들에게서 '돈'이 사라지면 '자유'도 사라지게 되어 있었습니다. 반드시 그것이 있어야 자유가 생긴다고 생각할 때, 나의 그것이 하나님, 예수님, 진리가 아니라면, 우리는 그것을 '우상'이라고 부릅니다. 우상은 우리에게 거짓 자유를 약속합니다. 실상은 우리를 죄의 노예, 욕망의 노예로 만들기 때문입니다.

소크라테스Socrates가 친구 디오게네스Diogenēs에게 말했습니다.

"그대가 황제에게 조금만 고분고분했어도 이렇게 그대가 직접 채소를 씻어 먹을 일은 없었을 텐데 왜 그렇게 까탈스럽게 구는가?"

그러자 디오게네스가 말했습니다.

"만약 그대가 직접 채소를 씻어 먹을 수만 있었어도 그대가 황제에게 굽신거리는 일은 없었을 텐데 말이네."

우리가 부자가 안 되기로 결정하면, 가정부를 안 두고, 요리사를 안 두고, 호화로운 저택에서 안 살고, 유명한 대학에 자식 안 보내고, 큰 교회 안 다니고, 자주 외식 안 하고, 철마다 새 옷 안 사 입고, 비싼 차 안 타기로 선택한다면, 우리가 귀신에게, 우리가 포기하고 제어한 만큼 이 시대에게 굽신거리지 않고 하나님께서 주시는 자유를 만끽하며 살 수 있습니다. 그것들을 선물로만 받고 하나님 나라와 의를 위해서만 그 선물을 쓰겠다고 하는 사람에게만 자유가 있습니다.

로마제국은 세상을 호령하고 평화를 약속하는 나라였지만, 귀신 들린 여종을 돈벌이에 이용하는 풍습은 잘도 인정했습니다. 이 주인들의 선동에 평소에는 엄청 교양 있게 말하고 고상하게 행동하고 로마 시민으로서의 자부심이 충만했던 빌립보 사람들은 어떻게 반응합니까?

> "무리가 일제히 일어나 고발하니 상관들이 옷을 찢어 벗기고 매로 치라 하여 많이 친 후에 옥에 가두고 간수에게 명하여 든든히 지키라 하니 그가 이러한 명령을 받아 그들을 깊은 옥에 가두고 그 발을 차꼬에 든든히 채웠더니" (사도행전 16:22-24)

사실 확인도 하지 않은 채 주인들의 말만 믿고 빌립보 시민들은 바울 일행을 고발합니다. 무리는 "일제히 일어나 고발쉬네페스테, συνεπέστη"함으로써 바울과 실라가 어떤 대응도 할 수 없게 했고 상관들이 신중하게 대처할 수도 없게 만들었습니다. 이 고소를 들은 상관들도 자초지종을 알아보지 않은 채 일단 그 사회에서는 외지인이요 소수자인 유대인 바울과 실라의 옷을 찢어 벗기고 매로 치게 합니다. 그들에게 바울 일행은 여행 비자만 갖고 있는 외국인 노동자와 같았습니다. 물론 바울이 로마 시민권 소지자라는 것을 아직 모르고 있었습니다. 자국민의 이익을 위해 함부로 취급해도 좋은 대상이었습니다. 어쩌면 고발만으로 그들에게 가혹한 폭력"많이 친 후에"는 "가혹하게 때린 후"라고 번역할 수 있다을 행사한 것을 보면, 외모만 보고 그들을 천한 신분으로 생각한 것 같습니다. 그리고 그들은 도저히 도망할 수 없을 만큼 "든든히아스파로스, ἀσφαλῶς" 감시받는 대상이 되었습니다. "깊은 옥"에 가둔 것을 볼 때 바울과 실라를 향한 그들의 혐오감이 심했음을 알 수 있습니다. 제국은 늘 옳고 그른 것, 선과 악을 자신들이 맘대로 결정할 수 있다고 생각했습니다. 제국의 기준은 자기 자신들이고, 제국의 관심은 "자국의 이익"뿐이었습니다.

상관들은 바울 일행을 많이 친 후에 깊은 옥에 가두고 발에 든든히 차꼬를 채우게 했습니다. 바울은 묶였고 갇혔습니다. 폭력적인 제국의 위용을 톡톡히 경험했습니다. 이스라엘이 가나안 땅에 들어가서 첫 성 여리고의 위용과 맞닥뜨렸지만, 그 성은 한 여인 라합의 붕괴를 시작으로 철저하게 무너지고 재건이 허용되지 않을 만큼 파괴되었습니다. 마찬가지로 예수의 복음을 통한 로마제국의 붕괴도 루디아라는 여인의 무너짐과 회복, 그리고 귀신 들린 한 여종의 무너짐과 회복으로부터 시작되었습니다. 이 무너짐이 로마제국의 무너짐으로 이어질 것임을 암시하는 사건이 벌어집니다.

지진과 간수의 회심

감옥에 갇힌 바울과 실라의 발엔 차꼬가 채워져 있었습니다. 하지만 그것들이 두 사람의 영혼마저 묶을 수는 없었습니다. 그들이 전하는 복음과 복음의 능력마저 차꼬로 채우거나 깊은 감옥 안에 가둘 수는 없었습니다. 성공적인 사역을 수행 중이던 아시아에서 갑자기 마게도냐로 인도하셨을 때, 바울 일행은 하나님의 뜻에 묵묵히 순종했습니다. 이번에도 자유로운 저잣거리에서 한순간에 옷이 찢기고 매질을 당한 후 감옥으로 떨어졌지만, 하나님을 향한 바울 일행의 신뢰와 감사의 마음은 변하지 않았습니다. 후퇴할 때도, 칭송받을 때도, 매질을 당할 때도, 그들은 자유를 빼앗기지 않았습니다. 어떻게 그럴 수 있었습니까? 그들은 성령님을 자유롭게 해드렸기 때문입니다. 어떤 상황에서도 성령께서는 그 상황을 이용하여 자신의 뜻을 자유롭게 이루실 수 있다고 믿었기 때문입니다. 믿음은 성령님을 자유롭게 해드리는 것을 말합니다. 그래서 비록 몸은 심한 매질로 만신창이가 되었지만, 평상시처럼 감옥에서도 하나님께서 기도하고 찬송했습니다.

"한밤중에 바울과 실라가 기도하고 하나님을 찬송하매 죄수들이 듣더라"

(사도행전 16:25)

한밤중의 찬양과 기도

일상의 신앙, 몸이 기억하는 신앙, 신앙의 근육이 이미 형성된 사람은 언제 어디서든, 어떤 상황에서든, 기도와 찬양, 즉 예배의 자리를 지킬 수 있습니다. 몸은 매질을 당해서 쓰리고 아팠겠지만, 마음의 안식과 샬롬만은 깨지지 않았습니다. 기도한 것까지는 이해가 됩니다. 그 상황에서 기도 말고 할 수 있는 일이 무엇이겠습니까? 누구든 괴롭고 힘든 마음을 토로하고, 어서 억울함이 풀려서 이 감옥에서 나올 수 있게 해달라고 기도할 것입니다. 하지만 그들이 '찬미했다'는 말을 들으면, 달리 생각할 수밖에 없습니다. 알다시피 바울과 실라 모두 로마 시민권자였습니다. 그런 자들을 재판 없이 수갑을 채우고 감옥에 가두는 것은 명백한 불법인데도 그들은 항의하지 않고 속절 없이 당하고만 있었습니다. 권리를 다 행사하지도 않은 채 바보처럼 당하고 있었습니다. 우리에게 예민한 분별력이 있지 않으면 이런 상황에서 그런 선택을 하는 게 결코 싶지 않습니다.

자발적인 가난을 선택하고 권리를 포기하고 자유를 유보하는 것이 하나님의 뜻이 되는 상황은 어떤 상황일까요? 그것은 어찌하든지 몸이 편하고 많이 소유하고 힘이 세지고 싶은 우리의 본성을 거스르는 일이라서 어렵습니다. 이렇듯 성령의 역사와 인도하심, 그리고 진실한 믿음은 마땅한 권리나 자원을 써야 할 때보다 그것을 사용하지 않고 주님의 처분을 기다려야 할 때 더욱 필요합니다. 바울과 실라는 억울한 감옥살이인데도 미리 막아주시지 않는 하나님을 원망하기는커녕 기도하고 찬양했습니다. 도리어 예수님의 이름을 위해 고난받기에 합당한 자로 여겨졌다는 사실 때문에 기쁘고 감사했기 때문입니다(행 5:41). 여기 '기도하다 프로슈코메노이, προσευχόμενοι'는 현재 시제이고 '찬송하다 휨논, ὕμνουν'는 미완료 시제입니다. 형식적인 기도와 찬양이 아님을 보여줍니다. 이 시제들은 그들이 한참이나 기도했고 반복해서 찬양했음을 보여주기 때문입니다. 남들 눈에는 실성한 듯 비쳤을 것입니다. 바울과 실라는 외적인 환경에 상관없이 하나님께서는 늘 찬양받기에 합당하시다고 믿은 사람들이었습니다. 나한테 잘해주면 찬양하지만, 기도 응답이 없거나 고난을 주시면 토라지는 사람들이 아니었습니다.

그런데 그들이 찬송했다는 말끝에 아주 이례적인 표현이 덧붙여져 있습니다.

"죄수들이 듣더라"(사도행전 16:25)

미완료 시제인 '듣다 에페크론토, ἐπηκροῶντο'는 신약에서 단 한 번 여기에만 쓰인 특이한 단어입니다. 한동안 계속해서 소리내어 부른 찬양과 소리내어 드린 기도에 죄수들이 열심히 귀를 기울였다는 뜻입니다. 그리 크지 않은 지하 감옥에 같이 있었다면 옆에서 기도하고 찬송하는 소리가 들리는 것은 더욱 자연스러운 일이었을 것입니다. 그런데 당연한 것을 굳이 언급한 데는 그럴 만한 이유가 있을 겁니다.

지진이 일어나다

바로 그때, 그들이 기도하고 찬양하던 그 순간에, 감옥에 놀라운 일이 벌어집니다. 하나님이 즉시 기도에 응답하시기나 한 듯이(참조. 행 4:31), 갑자기 큰 지진이 나서 옥터가 움직이고 문이 다 열렸습니다. 이것은 감옥에서만 일어난 지진일 뿐 빌립보 전체에서 일어난 지진이 아닐 것입니다. 지진은 고대 세계에서 신이 나타나는 징조로 간주되었습니다. 땅의 기초를 세우신 하나님께서 로마제국의 기초를 흔드신 사건이며, 당신께서 팔레스타인 땅을 넘어 로마제국의 주권자이심을 보여주신 사건입니다. 그런데 지진만큼이나 놀라운 일이 더 벌어집니다. 일순간에 바울과 실라를 비롯한 모든 죄수들의 손과 발을 묶고 있던 차꼬가 풀린 것입니다. 이것은 자연현상에 의한 것이 아닙니다. 지진이 났다고 자물쇠가 잠긴 옥문까지 열리는 법은 아닙니다. 더군다나 죄수들의 차꼬까지 풀리는 일은 지진과는 아무 상관이 없습니다.

이것은 하나님이 내리신 지진입니다. 자색 옷감 장사 루디아의 마음의 빗장을 여셔서 복음을 믿게 하신 하나님께서 감옥의 빗장도, 죄수들의 손발의 차꼬도 풀어주셨습니다. 그렇다면 이것은 단지 육신적인 석방을 암시하는 사건만이 아닙니다. 바울과 실라의 기도와 찬송을 들은(행 16:25) 죄수들의 차꼬까지 풀어졌다는 것은 고난 중에 드렸던 그들의 기도와 찬미가, 좌절과 원망이 가득해야 할 자리를 찬양과 기도의 자리로 만든 바울과 실라의 신앙이, 이제 모든 죄수들에게는 복음이 될 것이고, 하나님이 누구이시며 하나님을 믿는 자들에게는 어떤 소망과 담대함이 있는지를 명명백백하게 보여주는 산 증거가 될 것임을 암시하고 있습니다. 결국 하나님께서 루디아에게 하셨던 것처럼 죄수들의 마음에 지진을 일으켜 그 마음의 빗장을 여시고 예수님을 구주로 영접하게 하실 것임을 미리 보여주는 사건일 것입니다.

복음은 꼭 그리스도인들이 세상보다 더 잘 나가고 성공했을 때 진면목이 드러나는 것만은 아닙니다. 세상이 바라는 것을 그리스도인들이 먼저 이루고 더 많이 누리는 것을 보고서 자기 죄를 회개하고 예수님을 믿겠다고 나오는 일은 거의 없습니다. 도리어 번영과 성공의 복음Prosperity Gospel은 사람들 속에 원래 있던 탐욕을 더욱 자극하여 신앙과 신념을 분간할 수 없게 만들 수 있습니다. 성도의 신앙은 그가 고난의 때에 보이는 반응에서 적나라하게 나타납니다. 세상은 바로 그때, 우리가 약한 그때, 우리가 믿는 능하신 하나님을 더 선명하게 볼 것입니다. 우리가 고난 중에도 즐거이 인내하고 예배할 때, 대가를 무릅쓰면서 복음에 참여하고 신앙 양심을 버리지 않을 때, 세상은 우리가 자신들과는 전혀 다른 삶을 살고 있음을 알게 될 것입니다. 전혀 다른 힘으로 살고 있고, 전혀 다른 것을 소망하며 살고 있음을 경험하게 될 것입니다. 나 혼자만 번성하는 prosperous 것이 아니라 타인을 풍요롭게 하는flourishing 것이 진정으로 복된 삶인 것을 알게 될 것입니다.

간수와 가족이 회심하다

지진이 일어나자 감옥을 지키던 간수가 자다가 깹니다. 그는 옥문이 열린 것을 보았습니다. 당연히 죄수들이 다 도망갔을 것이라고 짐작했습니다. 이에 간수는 로마제국의 군인답게 검을 들어 자결하려고 합니다. 어차피 날이 밝아 죄수들이 도망했다는 것이 밝혀지면 관리 책임을 물어 더욱 비참한 죽임을 당할 것이니 차라리 명예로운 죽음을 선택하기로 한 것입니다. 그것이 로마가, 세상이 자기 신하를 다루는 태도입니다. 자신들에게 쓸모 있는 동안만 부하로 인정합니다. '은혜'와 '용서'를 모르는 인정머리 없는 권력입니다. 간수는 그간 막강한 제국의 신하로서 한껏 자부심과 특권을 누려왔더라도, 이 순간에 그가 선택할 수 있는 것이 자살뿐이라면, 어찌 온전한 나라라고 할 수 있겠습니까? 그것이 귀신 들린 여종의 주인들이 숭배하고 의지하던 나라였습니다.

바울과 실라는 자기 신앙을 지켰을 뿐인데 하나님께서는 그것을 감옥에서의 선교가 되게 하셨습니다. 그가 전하는 하나님 나라는 다른 사람을 희생시켜 가면서까지 자신의 이익을 챙기는 사람들의 나라가 아님을 보여주었습니다. 어떻게 보여주었습니까? 바울과 실라는 옥문이 열렸다고 금세 도망하지 않았습니다. 열린 옥문 사이로 도망하는 것을 통해서 하나님의 도우심을 증명할 수도 있었는데, 그 대신에 도망하지 않고 감옥 안에 남는 것을 통해서 예수님을 드러냈습니다. 로마 시민권을 사용하지 않음으로써 주의 능력을 증명했던 것과 비슷합니다. 그들은 눈앞에 보인 손쉬운 안식의 방법, 해방의 방법, 자유의 방법을 덥석 움켜쥐지 않았습니다. 이 또한 정말 민감한 영적 통찰력이 없으면 내릴 수 없는 결정입니다. 환경이나 조건에서 자유로운 사람만이 이런 결정을 할 수 있습니다. 귀신 세상의 찬사에 괴로워할 줄 아는 사람만이 할 수 있는 선택입니다.

두 사람이 기도와 찬양을 하는데, 그 순간 감옥 문이 열리고 차꼬가 풀리는 것을 경험한다면, 누구든 이렇게 생각할 것입니다. "할렐루야, 하나님께서 우리를 자유롭게 놓아주시려고 기적적으로 역사하시는구나!" 이미 사도들은 그런 기적적인 탈출을 경험한 적이 있었습니다(행 5:19; 12:11). 그런데 다시 잡힐 것이 뻔한데도 그들이 체포된 장소인 성전에 서서 전하라고 하셨고(행 5:19-21), 다른 경우에는 피신하게 하셨습니다(행 12:5-10, 19). 따라서 이런 기적이 있을 때마다 어떻게 하는 것이 좋은지 정해진 것이 없습니다. 그런데 바울과 실라는 감옥 안에 머물기로 결심합니다. 이유는 모릅니다. 몸이 자유롭게 되는 것이 하나님의 뜻이라고 생각했다면, 벌써 로마 시민권자임을 밝히고 변호사를 선임했을 것입니다.

하지만 그들에게는 석방보다 더 중요한 것이 있었습니다. 자신들을 감옥에 들어가도록 놔두시고 또 그 감옥에 지진을 일으키신 하나님의 섭리가 분명히 드러날 때까지 그들은 움직이지 않았습니다. 자유로우신 성령께서 친히 이야기를 만들어 가시도록 기다렸습니다. 노를 젓다가 노를 놓쳤습니다. 그런데 노를 대신할 다른 나무가 곁으로 다가오는데도 그걸 움켜쥐지 않았습니다. 그냥 물의 흐름에 자신을 맡겼습니다. 자랑할 만한 엄청난 기적 앞에서, 큰 성취 앞에서, 뜨거운 지지와 환호가 예상되는데도, 바울과 실라는 감옥 안에 그대로 남아 있었습니다. 그것이 참 신앙입니다. 그렇게 바울과 실라가 잠잠히 감옥에서 자기 자리를 지킨 결과 성령님은 그들을 통해서 의미 있는 이야기를 써나가셨습니다. 그들은 간수와 그의 가족들을 구할 수 있었습니다. 아니 그 후에 그 간수를 통해, 또 회심한 죄수들을 통해 얼마나 많은 사람들이 살아났을지 우리는 짐작하기도 어렵습니다.

바울과 실라는 주와 복음을 위하여 자신을 내놓을 때, 주께서 그 생명을 통해 자기 백성을 살려내실 것을 믿었습니다. 그것이 우리 그리스도인들에게 요구되는 사유 방식이고 삶의 방식입니다. 자신에게 더 유리한 쪽으로, 자신이 덜 불편할 수 있고 더 편할 수 있는 쪽으로 하나님의 뜻을 해석하지 않은 결과, 그들은 여러 생명을 구할 수 있었습니다. 그가 감옥에 있지 않고 기뻐서 뛰쳐나갔다면, 아마 다른 죄수들도 따라서 나왔을 것이고, 그럼 이 간수장은 끝내 자결하고 말았을 것입니다.

짐 엘리엇Jim Elliot은 5명의 다른 동료들과 함께 에콰도르의 아우카족을 선교하다가 1956년 1월 8일 한 날 한 장소에서 창과 도끼로 죽임을 당했습니다. 그런데 후에 시신을 수습하고 보니 그들의 주머니에는 권총이 들어 있었습니다. 이들은 얼마든지 권총으로 자신들을 보호할 수 있었는데도 총을 뽑지 않고 그대로 죽었던 것입니다. 훗날 그의 아내 엘리자베스는 말합니다. "내 남편이 만약 총을 들어서 아우카족 사람들을 죽였다면, 그들은 영영 예수님을 만나지 못했을 것이고, 아우카족을 선교하는 길은 아예 막혔을 것입니다."

짐 엘리엇의 아내 엘리자베스 엘리엇Elisabeth Elliot은 일 년간 간호사 훈련을 받고 아우카족에게로 갔는데, 아우카족은 여자를 해치는 것은 비겁한 짓이라고 생각하여 그녀를 해치지 않았습니다. 부인은 그런 사실도 모른 채 그곳에 갔던 것입니다. 그녀는 그곳에서 아우카족을 위해 여러 해 동안 헌신했습니다. 아우카족의 추장이 어느 날 부인에게 물었습니다. "당신은 누구이고 우리를 위해 이렇게 애써서 수고하는 이유가 무엇입니까?" 부인은 "나는 5년 전에 당신들이 죽인 그 남자의 아내입니다. 그러나 하나님의 사랑 때문에 여기에 오게 되었습니다"라고 대답했습니다. 부인의 말을 들은 아우카족은 감동을 받고 모두 예수 그리스도를 영접하게 되었습니다. 그 당시 아우카족의 추장이었던 사람이 빌리 그레이엄 Billy Graham의 집회에서 이렇게 간증했습니다. "우리들은 그분들에게서 복음을 받고 하나님을 믿게 되었습니다. 그 젊은이들의 희생이 아니었다면 우리는 아직도 그렇게 살고 있었을 것입니다. 그분들의 죽음으로 인해 우리들은 빛을 보게 되었습니다. 우리도 오래 살기를 원치 않습니다. 주님처럼 그분들처럼 살기를 원합니다." 엘리엇과 그의 동료들이 죽음에 이르기까지 자기 권리를 사용하지 않고 대가로 한 부족이 살아났습니다. 예수께서 십자가에서 자기 권리를 사용하지 않은 대가로 온 인류가 살아났습니다.

내가 잘되는 대신에 많은 사람들이 곤경에 처하는 일은 축복이 아닙니다. 공지영 작가의 『수도원 기행』이라는 책에 그런 말이 나옵니다. 작가가 봉쇄수녀원의 수녀님들에게 이렇게 갇혀 사시니 답답하지 않느냐고 물었더니 그분들이 대답합니다.

"No, terribly happy!"

그 말을 듣고 작가는 생각합니다.

"갇힌 것이 자유를 제약하는 것이라면, 전 세계를 돌아다니는 나는 자유로운 사람인가?"

감옥 밖의 자유가 아니라 감옥 안의 고난이 천하보다 귀한 생명을 여럿 살렸습니다. 바울을 감옥에서 나가지 않을 수 있게 만든 그 내적인 능력이 한 이름 모를 로마의 간수와 죄수들에게 새로운 세상을, 새로운 생명을, 새로운 관계를, 자유와 안식의 나라인 하나님 나라를 만나게 해 준 것입니다. 그 자유를 주시는 왕 예수님을 만나게 해 주었습니다. 영원의 감옥에서, 사망의 감옥에서 해방하는 놀라운 일을 시작했습니다. 사도 바울은 빌립보서에서도 비슷한 말을 합니다.

"형제들아 내가 당한 일이 도리어 복음 전파에 진전이 된 줄을 너희가 알기를 원하노라"(빌립보서 1:12)

빌립보 성도들은 이 말을 이해했을 것입니다. 바울의 죄수 신분이 복음 전파에 진전을 가져왔습니다. 감옥이라는 조건이 아니었다면 말씀을 들을 수 없었을 사람들이 말씀을 들었습니다. 그 한 영혼을 위해서 바울은 감옥에 갇힌 것입니다. 고난에도 '불구하고' 복음의 진보가 일어난 게 아니라, 고난 '덕분에', 고난 '속에서' 복음의 진보가 이루어졌습니다. 바울에게는 고난 자체가 하나님의 중요한 복음 전파의 수단이었습니다. 바울은 우리에게 최악의 조건이 하나님께는 최선의 조건이 될 수 있음을 믿었습니다.

사랑하는 여러분, 우리가 오래도록 불편한 자리, 고난의 자리, 희생의 자리를 지키고 있으면, 우리 덕분에 살아나는 사람들이 있을 것입니다. 그러니 기적적으로 감옥 문이 열리는 일이 우리에게만 유독 즉각적으로 그리고 자주 일어나는 특별한 은총을 구하지 않아야 합니다. 대신에 상황이 어떠하든지 바울과 실라처럼 기도하고 찬송할 수 있는 성도가 되게 해달라고 구합시다. 공부를 안 했는데도 부모가 열심히 기도하니 대학에 붙여주는 하나님이 아니라, 불량하게 살아도 헌금 많이 냈다고 축복을 주시는 하나님이 아니라, 감옥 문이 열렸는데도 도망치지 않는 바울과 실라 같은 사람, 그래서 간수와 죄수들을 살려내시는 하나님을 우리가 보여줄 때, 이 시대가 우리에게서 소망을 찾지 않겠습니까? 감옥 문이 열린 것은 하나님이 만드신 기적이지만, 감옥 안에서도, 고난 중에도 기도하고 찬미하는 사람이 된 것은 바울과 실라의 믿음이 만든 기적입니다. 그런데 감옥 문이 열렸는데도 도망하지 않는 사람을 창조한 것이 더욱 진짜 기적입니다. 바울은 자결하려던 간수를 향해 소리칩니다.

"네 몸을 상하지 말라. 우리가 다 여기 있노라" (사도행전 16:28)

여기서 더 깜짝 놀랄 사실 하나를 알게 됩니다. 바울은 그냥 "우리가 여기 있노라" 라고 말하지 않습니다. 우리가 '다 아판테스, ἄπαντες' 여기엔싸데, ἐνθάδε 있다고 합니다. 그럼 바울과 실라 외에 또 누가 있었습니까? 그렇습니다. 차꼬가 풀린 죄수들이 하나도 감옥 밖으로 탈출하지 않았습니다. 그들은 모두 바울과 실라가 하는 대로 따라 했습니다. 바울과 실라가 하나님의 때를 기다린 것처럼, 그들도 자기 몸의 해방을 위해서 자기 맘대로 하지 않고, 하나님의 사람들의 말에 순종하는 사람들이 된 것입니다. 어떻게 그렇게 할 수 있었을까요? 그들은 지진이 나고 옥문이 열리고 차꼬가 풀린 사건이 바울과 실라의 찬양과 기도에 대한 하나님의 응답이었음을 깨달은 것입니다. 처음에는 당연히 "어떤 미친 놈들이 잠도 못 자게 시끄럽게 떠드느냐"고 욕하고 불평했을 것입니다. 하지만 점점 그들에게서 평안과 쉼과 기쁨을 앗아가지 못하게 하는 그 예수라는 존재에 대해 생각하게 되었을 것입니다. 그래서 결국 루디아의 마음 문을 여신 하나님이, 죄수들의 차꼬를 풀어주신 하나님이, 이제 죄수들의 마음까지 열어주셨습니다. 그래서 25절에 바울과 실라가 기도하고 찬미할 때 "죄수들이 듣더라"라는 불필요하게 보이는 표현을 넣은 것입니다.

그렇게 시작된 기적의 역사는 거기서 그치지 않았습니다. "우리가 다여기 있다"는 바울의 말을 듣고 간수는 등불을 챙겨 바울과 실라 앞에 가서 무서워 떨며 엎드립니다(행 16:29). 이방인들은 포세이돈을 '땅을 흔드는 신'으로 여겼고, 그의 분노가 지진의 원인이라고 생각했습니다. 이 간수의 두려움은 바울과 실라가 믿고 전한 여호와 하나님으로 인한 두려움이었습니다. 이 빌립보의 간수를 두려워 떨게 만든 건 바울과 실라를 도망하게 한 하나님이 아니라 그들을 감옥 안에 그대로 있게 한 하나님이었습니다. 간수는 그들을 감옥 밖으로 데리고 나와 이렇게 묻습니다.

"선생들이여 내가 어떻게 하여야 구원을 받으리이까?" (사도행전 16:30)

무슨 질문입니까? 1차적으로 "이 지진을 일으킨 당신들의 하나님의 진노를 잠재우려면 어떻게 해야 합니까?"라는 질문입니다. 그는 신의 진노를 달래려면 반드시 무언가를 해야 한다고 생각했습니다 "어떻게 하여야". 바울은 말합니다.

"주 예수를 믿으라. 그리하면 너와 네 집이 구원을 받으리라." (사도행전 16:31)

우리에게는 너무 낯익은 명령이지만, 간수에게는 충격적인 요구였을 것입니다. 여기서 '주 퀴리오스, κύριος'라는 표현은 로마의 황제나 로마의 신들에게만 사용되던 호칭이었기 때문입니다. 간수는 이 지진을 신적인 방문으로 생각했던 것입니다. 그렇다면 이 '믿으라피스튜손, Πίστευσον'는 말은 정치적인 결단을 호소하는 말입니다. 주권자를 바꾸라는 요구입니다. 충성의 대상을 바꾸라는 뜻입니다. 로마 황제의 녹을 먹고 사는 신하에게 이제 로마 황제에게서 돌아서서 지진을 일으키고 옥문을 열고 죄수들의 차꼬를 푸신 예수님, 그런 상황에서도 도망가지 않을 수 있는 바울과 실라 같은 사람을 만드신 부활의 예수님을 온 세상의 왕으로 모시는 것, 그것이 구원의 길이라고 소개하고 있습니다. 구원은 나라를 바꾸는 일이고 왕을 바꾸는 일입니다. 주권 이동입니다.

물론 실제로는 이보다 훨씬 길게 복음을 전했을 것이고, 당연히 같이 있던 죄수들도 이 복음을 들었을 것입니다. 간수가 이 요구에 믿음으로 반응했다는 것을 그가 가족들도 이 복음 앞에 노출시킨 것을 통해서 알 수 있습니다. 루디아가 자신의 가족들에게 바울의 가르침을 듣도록 매개한 것처럼, 간수도 바울을 자기 집으로 초대하여 가족과 그 집의 종들 모두가 듣게 했습니다.

"주의 말씀을 그 사람과 그 집에 있는 모든 사람에게 전하더라"(사도행전 16:32)

참으로 엄청난 일들이 한꺼번에 일어난 역사적인 밤이었습니다. 바울은 죄수였지만, 하나님은 그를 통해 하려고 작정하신 모든 일을 이루셨습니다. 비록 우리가 부족하더라도 하나님께는 당신이 하시려는 모든 일이 우리 안에서 다 일어나도록 허용하겠다는 생각을 품는다면십자가, 주님은 능히 자신의 역사를 이루실 것입니다^{부활}. 그것이 '하나님의 선교'의 핵심입니다. 우리의 십자가에 부활로 화답하시는 하나님의 역사가 선교입니다.

바울이 말씀을 전한 후 간수의 가족들도 간수가 믿은 그 예수님을 자신들의 '주'로 영접하기로 합니다. 그들을 "깊은 감옥"에서 꺼내서 안전하고 편안한 다른 장소로 이동합니다. 간수는 하나님의 종들을 위해 로마법에 비추어 볼 때 몹시 부적절하고 불법적인 혜택을 기꺼이 베풀어 주었습니다. 먼저 거기서 바울과 실라는 매질을 당하여 얻은 상처 자리를 씻습니다. 그리고 간수와 가족들은 (아마 감옥 마당에 있는 샘물로) 세례를 받음으로써 죄를 씻었습니다.

> "그 밤 그 시각에 간수가 그들을 데려다가 그 맞은 자리를 씻어주고 자기와 그 온 가족이 다 세례를 받은 후 그들을 데리고 자기 집에 올라가서 음식을 차려 주고 그와 온 집안이 하나님을 믿으므로 크게 기뻐하니라." (사도행전 16:33-34)

간수와 그 집안 사람들이 세례받은 것을 축하하면서 함께 공동식사를 나누고 있습니다. 이것도 불법입니다.³⁹ 여기 '음식을 차려주고^{파레쎄켄 트라페잔. παρέθηκεν τράπεζαν}'는 직역하면 '식탁을 차리고'입니다. 누가가 성만찬 자리에서 이 '식탁'이라는 단어를 사용하고 있는 것을 감안하면, 이것은 단지 공동식사에 머무는 것이 아니라 세례에 이어서 '성찬'의

---

39 간수는 죄수에게 음식을 줄 수 없고 오직 가족과 친척들에게도 건네줄 수 있었다.

식을 거행한 것이 아닌가 하는 생각이 듭니다. 이 세례와 식탁 자리는 그 자체로 파격적입니다. 유대교 아래 있었다면 이방인에게 먼저 할례를 요구했을 것이고, 그마저도 여자 가족들은 참여할 수 없었을 것입니다. 하지만 이제 그리스도 안에서는 세례를 통해 이방인과 여자들까지 다 참여할 수 있게 되었고, 한 식탁에서 유대인과 이방인이 함께하고 로마제국의 관리와 죄수가 함께할 수 있게 되었습니다. 이는 에티오피아 내시가 세례를 받는 사건이 재현되는 것이요, 베드로와 이방인 백부장 고넬료의 식사 자리를 재현하는 것이었습니다. 경계의 파괴, 관계의 확대, 이것이 복음이 가져온 변화였습니다. 그 결과 그는 "크게 기뻐했습니다"(참조. 행 2:46). 구원이 가져온 기쁨입니다. 로마 시민이 누리는 기쁨과 달리 하늘 시민이 된 기쁨입니다. 빌립보서에서 바울이 그토록 강조하던 그 기쁨입니다. 기독교를 박해하던 로마 관리의 회심이 기독교를 박해하던 유대인 산헤드린 공의회 의원 바울에 의해 진행되었다는 것이 얼마나 큰 신비인지 모릅니다. 로마 관리의 회심은 예수 그리스도께서 열방의 구주와 주로 이 세상에 오셨음을 다시 한번 증명하는 사건이었습니다.

바울 일행은 죄수 신분이었는데도 감옥 밖에서 자유롭게 하던 일을 다 하고 있습니다. 심지어 감옥 밖에서 자유로울 때도 못했던 일을 했습니다. 유대인이 아니라 로마 사람을, 그것도 로마 평민이 아니라 황제의 신하를 전도했습니다. 이 완악한 빌립보 사람들의 마음을 어떻게 뚫을 수 있을지 몰라 고민했는데, 하나님은 친히 참으로 놀라운 방법으로 이 일을 해내고 계십니다. 이렇듯 하나님께서는 바울 일행을 통해 당신이 하고 싶은 일을 다 하셨습니다.

바울과 실라의 석방과 떠남

다음 날 상관들은 아전을 보내 바울과 실라를 석방하라고 명령합니다. 무리의 충동에 못 이겨 재판도 없이 원칙도 없이 매질하고 감옥에 넣더니, 석방할 때도 재판도 없이 풀어주고 있습니다. 본문은 무조건적인 석방의 이유를 전혀 언급하지 않고 있습니다.[40] 심지어 이 석방에 간수의 회심이 어떤 영향을 끼쳤다는 암시도 없습니다. 당연히 지진과의 연관성도 없습니다. 그들은 강자로서 매우 넓은 아량을 베풀었다고 생각하고 있었을 것입니다.

"이 사람들을 놓으라"(사도행전 16:35)

석방시도

직역하면 "저 사람들을 거기서 내보내라아폴류손 투스 안쓰로푸스 에케이누스, Ἀπόλυσον τοὺς ἀνθρώπους ἐκείνους"입니다. 로마가 주는 관대한 자유를 누리게 해주라는 말입니다. 로마는 바울을 투옥하여 겁박하면 다음에는 로마의 평화를 깨뜨리는 일은 알아서 삼갈 것으로 생각했을 것입니다. 그간 그 방법이 늘 통해왔습니다. 때로는 로마가 주는 혜택으로, 때로는 로마가 가하는 압력으로 식민지 사람들을 길들여 왔습니다. 그것은 결코

---

40 상관들에게 지진이 보고되었다면 신들의 진노를 자아낼 만한 더 이상의 일들을 만들지 않기 위해서였을 것이고, 혹은 하룻밤의 구류로 두 사람이 범한 작은 죄의 대가를 충분히 치른 것으로 판단했을 수 있다. 또 매질과 구류를 통해 두 사람에게 경고를 주고 그들을 고발한 자들의 분노를 잠재우기에 충분하다고 판단했을 수 있다.

관용도 아니고 친절도 아닙니다. 참된 해방도 아닙니다. 참된 평화도 아닙니다. 그것은 권력 남용입니다. 불법입니다. 바울은 로마 시민권자였기 때문입니다. 부하들은 상관들의 말을 그대로 받들고 있습니다.

> "상관들이 사람을 보내어 너희를 놓으라 했으니 이제는 나가서 평안히 가라"(사도행전 16:36)

상관들이 명령한 말에 부하들이 덧붙인 말이 둘 있습니다. 하나는 "가라"는 말이고, 다른 하나는 "평안히엔 에이레네, ἐν εἰρήνῃ"라는 말입니다. 석방의 조건은 이 성을 떠나는 것이었습니다. 그런데 그렇게 매질을 해놓고는 '평안히' 가라고 말합니다. 로마의 선전 구호가 '팍스 로마나', '로마의 평화'입니다. 이는 무도한 권력자들에게 굴종한 대가로 누리는 로마의 거짓 평화와 십자가의 섬김으로 하나님의 아들 예수님께서 주시는 평화(눅 2:14)가 얼마나 다른지를 보여줍니다.

바울의 항의와 석방

혹시 '평안히'라는 말이 바울의 심기를 자극했을까요? 이제 와서야 바울은 항의합니다.

> "로마 사람인 우리를 죄도 정하지 아니하고 공중 앞에서 때리고 옥에 가두었다가 이제는 가만히 내보내고자 하느냐. 아니라 그들(상관들)이 친히 와서 우리를 데리고 나가야 하리라"(사도행전 16:37)

바울은 놀라운 사실을 밝힙니다. "로마 사람인 우리를!" 바울만이 아니라 실라도 로마 시민권자였습니다. 로마 시민권을 가진 사람을 재판도 없이 옥에 가두는 것은 큰 죄였습니다. 공개적으로 수치를 준 것과 대조적으로 풀어줄 때는 '가만히라쓰라, λάθρα' 내보내고 있다면서 정곡을 찌릅니다. 그들의 불법성을 예리하게 지적한 것입니다. 그것은 절대 로마 시민권자에게 해서는 안 될 일임을 마치 재판장처럼 선언합니다: "(결코) 안 됩니다우 가르, No indeed!, οὐ γάρ". 그러면서 두 가지를 요구합니다. 상관들이 감옥으로 직접 올 것과 자신과 실라를 친히 감옥에서 데리고 나갈 것.

사도행전에서 바울이 자신의 시민권을 처음으로 밝히는 대목입니다. 이 밖에도 자신이 시민권자임을 밝히는 장면이 더 나오는데, 이상하게도 모두 공적인 자리가 아니라 사적인 자리에서 밝히고 있습니다. 여기서 두 가지 궁금증이 생깁니다. 하나는 왜 그간 시민권자임을 밝히지 않았는가 하는 것이고, 다른 하나는 왜 바울은 상황이 다 종료된 이 시점에서 군이 자신의 신분을 밝혔는가 하는 것입니다. 우리는 뒤에 보면 바울이 시민권자임을 밝히자 그들이 빌립보에서 바울을 추방하는 것을 볼 수 있습니다. 그렇다면 바울은 빌립보에 더 오래 머물 생각으로 시민권자임을 숨겼을 가능성이 있습니다. 또한 공식적인 재판이 진행되면 그 기간이 상당히 오래 지속될 것이고, 그러면 자칫 선교에 지장을 받을 수 있겠다는 생각도 했을 것입니다.

그렇다면 이 시점에서 시민권자임을 밝힌 이유는 무엇일까요?[41] 그것

---

41 피터슨은 바울이 자기 권리를 주장한 이유를 네 가지 정도 제시한다. 첫째, 마을 사람들 사이에서 자신들의 메시지가 불명예스러워지는 것을 원치 않았기 때문이고, 둘

은 다음에 빌립보에 돌아와서 사역할 때를 염두에 둔 것 같습니다. 그는 그리스도인으로서 자신이 당한 수치와 조롱을 이후 그리스도인 공동체는 당하지 않도록 조치하고 싶었을 것입니다. 이렇게 하여 교회의 안전을 보장할 법적 장치는 마련하지 못하더라도, 그간 자신이 전한 복음과 복음을 들은 사람들을 보호해주고 싶었을 것입니다. 저자 누가의 입장에서는 로마 관리 앞에서 억울하게 당하고 끝나는 바울의 모습보다는 당당히 자신의 권리를 주장하고 항의하는 모습으로 전도자를 묘사하고 싶은 의도도 있었을 것으로 보입니다. 한 번 상상해 보십시오. 짐승처럼 매질을 당하면서 감옥으로 질질 끌려 들어가던 사람들이 나올 때는 상관들의 호위를 받으며 의기양양하게 나오는 모습을 말입니다. 대역전 아닙니까? 바울과 실라가 당했던 것과 같은 고난을 지금 당하고 있던 사도행전의 1차 독자들이 이 장면을 보면서 어떤 상상을 했을까요? 그들에게 기다리고 있는 복음의 영광이 어떤 것인지를 엿볼 수 있지 않았을까요? 원수의 목전에서 걸게 잔칫상을 베푸시는 우리의 목자를 떠올리지 않았겠습니까?(시 23편)

케네스 베일리Kenneth Bailey는 바울이 관리들을 데리고 루디아의 집에 갔을 것이고, 만약 이후로 그리스도인들에게 어떤 불이익을 주면 자신도 불법적으로 태장을 치고 투옥한 것을 상부에 보고하겠다고 으름장을 놓았을 것이라고 추정합니다. 여기까지 예상하고 로마 시민권을 사용

째, 새로운 양떼, 즉 빌립보에 남을 그리스도인들을 보호하기 위해서이고, 셋째, 빌립보서에서 바울과 실라의 내러티브 형식은 그리스도의 낮아지심과 궁극적인 높아지심의 구성을 따르고 있다는 점이고, 마지막으로 그는 유대인이면서 로마 시민권자로서 다문화, 다민족, 다인종 공동체로서의 교회의 가능성을 보여주고 있다고 한다. Peterson, *Acts*, p.473.

하지 않았는지는 모르겠지만, 그는 자신이 할 수 있는 만큼 철저히 십자가의 방식으로 십자가의 복음을 전하려고 했고(고전 9:12), 순간순간 영적인 감각을 따라 선교에 유익한 방향으로 말과 행동을 결정했습니다. 로마 당국은 바울이 말한 그대로 해주었습니다.

> "부하들이 이 말을 상관들에게 보고하니 그들이 로마 사람이라 하는 말을 듣고 두려워하여 와서 권하여 데리고 나가 그 성에서 떠나기를 청하니"
>
> (사도행전 16:38-39)

여기 "와서 권하여엘쏜테스 파레칼레산, ἐλθόντες παρεκάλεσαν"는 사과했다는 뜻입니다. 그러고는 제발 이 성에서 떠나달라고 "청했습니다에로톤, ἠρώτων". 미완료 시제인 것을 감안하면 '간곡하게 통사정했다'라고 번역할 수 있습니다. 복음대로 사는 기독교는 이렇듯 늘 기성 권력에게 불온한 세력이 됩니다. 강력하게 항의하거나 혁명을 일으키지 않아도 성도답게 일상을 사는 것만으로 불편한 세력이나 눈엣가시 같은 존재가 됩니다. 다른 나라를 섬기고 있고, 다른 가치관을 좇고 있고, 다른 왕을 섬기고 있기 때문입니다.

빌립보 형제들과 다시 만난 바울

바울 일행은 옥에서 나와 루디아의 집으로 돌아갑니다.

> "두 사람이 옥에서 나와 루디아의 집에 들어가서 형제들을 만나 보고 위로하고 가니라" (사도행전 16:40)

바울과 실라가 감옥에 있는 동안 형제들이 디모데와 함께 루디아의 집에 모여 기도하고 있었을 것입니다. 여기 "형제들"의 존재는 바울의 전도 결과 빌립보 교회가 형성되었음을 보여줍니다. 빌립보서에 나온 에바브로디도, 유오디아, 순두게, 글레멘드 등이 여기에 포함되어 있을 것입니다. 간수의 이름은 안 나오지만 이들도 여기 속했을 것이고, 같이 갇혔던 죄수들 중 일부도 회심한 후 이 가정교회에 합류했을 것입니다. 함께 기도하던 중에 바울과 실라가 무사히 석방되어 방문했으니 얼마나 큰 위로를 받았을까요? 분명 바울과 실라는 그간 감옥에서 있었던 일도 나누었을 것입니다. 그 간증에 소수의 빌립보 가정교회 교인들은 더욱 믿음이 자라고 하나님을 신뢰하게 되었을 것입니다.

나가는 말

십자가를 선택하는 그리스도인의 자유

그리스도인은 자유인입니다. 자유할 때 안식할 수 있고, 참된 기쁨이 있고, 그 자유가 주는 안식 속에서 성장할 수 있습니다. 그것은 우리가 하나님 노릇을 하지 않고, 우리가 창조주가 되려고 하지 않을 때 찾아옵니다. 바울을 묶거나 가둘 수 있는 것은 아무것도 없었습니다. 아시아에서의 성공도 바울을 묶지 못했습니다. 빌립보에 전도할 회당이 없고 교회를 세우기에는 너무 허약해 보이고 여자 몇 명만 겨우 있는 열악한 사정도, 세상적인 자긍심으로 충만하여 하나님 나라의 복음을 도무지 들으려고 하지 않고, 예수님을 왕으로 전하면 로마 황제를 배반한다고 잡아 가두는 빌립보의 녹록지 않은 사정도 바울을 절망시키지 못했습니다. 애매하게 매질을 당하고 감옥에 갇히는 상황도 그들의 입에서 기도와 찬미를 빼앗을 수 없었습니다.

바울은 아무도 매지 않았습니다. 그리고 누구의 안식도 빼앗지 않았습니다. 아무도 자기 사역을 위해서, 자기 이익을 위해서 이용하지 않았습니다. 자신이 꾼 꿈을 이용하여 아직 마음에 준비도 되지 않은 일행에게 유럽행을 강요하지 않았습니다. 공동체에게 물어서 결정했습니다. 자신을 찬양하고 인정하는 귀신 들린 여종의 홍보도 이용하지 않았습니다. 옥문이 열렸다고 도망하여 간수를 위태롭게 하지도 않았습니다. 로마 시민권을 이용하기보다는 이 애매한 고난을 통해 하나님께서 하실 일이 무엇일지를 기대하며 침묵했습니다.

어떤 것에도 매이지 않고 아무도 이용하거나 매지 않는 참 자유, 참 안식, 참 샬롬의 사람 바울을 통해 하나님은 원하던 모든 일을 하셨습니다. 하나님께서 오늘 나에게, 그리고 우리 공동체에 원하시는 영적인 성품이나 영성이 바로 이 쉼과 샬롬의 영성입니다. 하나님께서 꼼짝 못 하시는 사람은 어린아이 같은 사람입니다. 자기를 부정하고 십자가에 자기를 못 박은 겸손한 사람입니다. 집에서 가장 민감하게 반응하는 소리는 어린아이의 소리이고 아픈 자식의 소리입니다. 도와주지 않으면 절대 안 되는 존재들의 소리입니다. 우리가 하나님 앞에서 그렇게 부족하고 취약한 존재임을 인정할 때, 그리하여 내가 하나님이 되기를 멈출 때, 하나님은 우리를 통해서 마음껏 일하실 것입니다. 그때 우리에게도 안식과 기쁨이 찾아올 것입니다. 십자가를 선택할 때 부활의 새 생명과 자유를 누릴 것입니다.

복음의 수종자가 되는 기쁨

바울의 옥중 서신이기도 한 빌립보 교회에게 보낸 편지에는 '기쁨'이라는 단어가 16번 나옵니다. 그래서 빌립보서를 '기쁨의 서신'이라고도 부릅니다. 그런데 감옥 안에 있는 바울이 감옥 바깥에 있는 성도들에게 말하고 싶었던 기쁨은 어떤 기쁨일까요? 바로 복음 안에서, 진리 안에서 자유하는 자가 누리는 기쁨입니다. 십자가에 참여한 자가 누리는 부활의 기쁨입니다. 하나님 나라와 그 의를 구하는 자가 참여하는 기쁨입니다. 빌립보 성도들은 이미 바울의 사역을 통해서 그것을 보았기 때문에 구구절절 해설을 넣지 않아도 무슨 뜻인지 알아들었을 것입니다. 바울이 빌립보를 구원하는 통로가 되었듯이, 루디아가 자기 가족들을 살리는 다리가 되었듯이, 바울과 실라가 죄수들과 간수들을 살리는 교량이 되었듯이, 간수가 자기 가족들을 살리는 통로가 되었듯이, 우리도 나의 구원을, 나의 영생을, 나의 안식을 전해줄 하나님의 아름다운 도구로 쓰임 받을 것입니다. 사랑하는 성도들을 통해서 지역이 살아나고 교회가 살아나고 가정이 살아나고 친구들이 살아나기를 바랍니다. 그것을 위해서라면, 사역이 막히면 일단 멈추고, 마게도냐로 건너오라는 말에도 토 달지 않고 순종하고, 나를 칭송하는 말에도 귀를 닫고, 감옥에서도 기도하고 찬미하며, 감옥이 열리고 차꼬가 풀어져도 그 자리를 고수할 줄 아는 성도들이 되길 바랍니다. 자주색 옷감이 주는 풍요보다, 로마 관리의 권력이 주는 안정된 지위보다 하나님 나라의 보화와 하나님의 백성이라는 신분을 더 소중하게 여기는 성도들이 되길 바랍니다. 그리하여 여러분의 일상의 변화, 사랑을 실천하는 작은 몸짓을 통해 여러분이 있는 곳마다 주님이 기쁘게 임재하시는 거룩한 처소가 되기를 바랍니다.

강론하는 말씀,
상고하는 말씀

들어가는 말

바울과 실라와 디모데는 빌립보를 떠나 데살로니가로 가서 복음을 전합니다. 그리고 거기서 다시 베뢰아로 이동하여 사역합니다. 여기서는 두 지역에서 이루어진 바울의 선교를 살피려고 합니다. 특별히 본문이 데살로니가에서는 말씀을 통해 예수님을 전한 바울의 사역에 초점을 맞추고, 베뢰아에서는 그 말씀에 진지하게 반응하는 성도들의 반응에 더 초점을 맞추고 있다는 사실에 주목할 것입니다.

하나님의 말씀에 관한 한 우리 시대는 참으로 아이러니의 시대입니다. 왜냐하면 성경을 그 의미 그대로 가장 잘 이해하기 좋은 시대이면서 동시에 성경의 권위나 진리의 존재에 대해 가장 의심하고 있고, 성경에 대해 가장 무지하고 무관심한 시대이기 때문입니다. 이 시대는 한편으로 신앙을 심리적인 현상으로 치부하고, 다른 한편에서는 옳고 그름을 따지는 것보다 잘사는 것이 중요하다고 하면서 올바른 지식과 교리의 중요성을 간과하고 있습니다. 둘 다 그럴듯해 보이지만 사실 매우 위험한 태도입니다. 감정과 삶을 외면한 지적 유희나 교리 논쟁을 두둔할 마음은 없습니다. 겸손하고 열린 마음으로 자기 견해를 상대화하는 태도는 환영합니다. 하지만 "아무도 진리를 알 수 없다"는 불가지론이나 "아무도 진리를 주장할 수 없다"는 극단적인 상대주의는 거절합니다. 그것은 최소한 정직하지 않은 태도이기 때문입니다. 누구든 자신이 옳다고 믿는 대로 우리는 이미 살고 있습니다. 누구에게나 기대고 있는 진리가 있습니다. 마치 자기 자신이 진리의 원천인 척 거드름을 피우거나 나는 무엇이든 다 인정하고 존중하는 관대한 사람인 척 치장할 수는 있지만, 자기 생각이 없고 자기 주장이 없는 사람은 없고, 그런 자기 주장이 무시당해도 좋다고 여기는 사람은 없습니다.

우리는 더 철저하게 무엇이 진리인지에 대해 따져 물어야 합니다. 찾기 어렵고 확정하기 어렵다고 해서 그만둘 것이 아니라 더욱 치열하게 열린 마음으로 질문하고 경청하고 극복해 가야 합니다. 먼저 내가 믿는 것의 근거가 무엇인지 스스로에게 물어야 합니다. 그것은 지식이나 논리의 문제가 아니라 삶의 문제이고 생명의 문제이기 때문입니다. 내가 사람을 대하고 인생을 대하는 태도는 늘 그 지식 체계에 의존하고 있기 때문입니다. 내가 알든 모르든 상관없이, 말로 표현할 수 있든지 없든지 상관없이, 내 진리 체계가 내 의식과 무의식을 지배하고, 내 감정과 의지에 끊임없이 영향을 미친다는 뜻입니다. 그러면서도 우리는 아무도 다 아는 사람은 없음을 인정하면서 경청하고 소통하고 배우려고 하는 열린 태도를 가져야 합니다.

그리스도인은 하나님의 말씀, 성경에 자기 자신을 거는 존재이며, 살아계신 하나님은 오늘도 여전히 그 성경에 비추어 우리를 상대하시고 창조하신다고 믿는 존재입니다. 창조와 구원에 관한 모든 것이 성경에 들어있습니다. 그 책을 어떻게 해석하고, 얼마나 열정적으로 그 말씀을 알아가고 또 살아가고 있는지가 내가 누구인지를 결정합니다. 내가 누구인지는 내가 얼마나 하나님을 닮은 형상이고 예수의 제자인지의 문제이고, 동시에 내가 얼마나 삼위 하나님을 닮은 한 공동체의 일원인지의 문제입니다. 성경을 모른 채로, 성경을 통해 하나님과 교제하지 않는 채로, 또한 공동체에 속하지 않은 채로는 하나님 자녀로 살 수 없습니다.

오늘 바울은 데살로니가 성도들에게 이 성경으로 예수 그리스도를 메

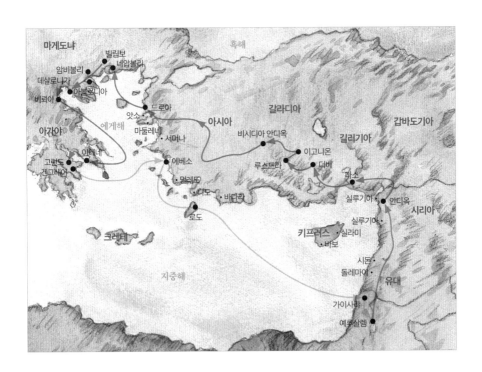

시아 우리의 구원자로 전했습니다. 베뢰아 성도들은 바울의 이 강론을 들고 날마다 그 말씀이 사실인지를 상고했습니다. 바울은 말씀의 선포자였고, 성도들은 말씀의 사람들이었습니다. 오늘 그 말씀의 부흥이 우리 개인과 공동체 안에 일어나기를 바랍니다. 오늘도 나를 일으켜 세우고, 깨우고, 깨닫게 하고, 깨우치고, 깨뜨리고, 또 깨끗하게 하는 말씀으로 다가오기를 바랍니다.

바울의 데살로니가 전도

이제 바울의 제2차 선교 여행 가운데 데살로니가와 베뢰아 전도에 대해서 살펴보겠습니다. 빌립보 감옥에서 석방되는 순간에 바울은 자신이 로마 시민권자임을 밝힙니다. 이에 재판도 없이 바울을 폭행하고 투옥했던 관리들은 두려워하면서 바울을 대하는 태도를 급히 바꿉니다. 그들은 정중하게 감옥 바깥으로 바울과 실라를 데리고 나갔을 뿐 아니라 아주 의미심장한 요구를 합니다.

"그 성에게 떠나기를 청하니" (사도행전 16:39)

데살로니가 회당에 도착하다

바울의 존재 자체가 두고두고 자신들에게는 골칫거리가 될 것으로 판단했기 때문입니다. 바울이 그 사회에 어떤 해를 입혔기 때문이 아닙니다. 다만 바울은 로마제국이 용인하고 있는 반인륜적인 행태들에 어떤 위법한 일을 하지 않고도 저항했습니다. 그런데 그때마다 로마 시민권자인 바울의 고소 사건으로 비화한다면 관리들에게는 적잖은 부담이 될 것이 분명했습니다. 불의한 시대에 양심적인 그리스도인들에 의해 내부고발이 빗발치는 상황을 상상해 보십시오. 바울이 조용히 사라져 주기를 바라는 관리들의 마음을 헤아릴 수 있을 겁니다.

이제 바울은 빌립보를 떠납니다. 참으로 두고두고 애정하는 교회요 성도들을 두고 바울은 떠납니다. 교회는 사역에 필요한 음식과 헌금을 챙겨 주었고, 이런 지원은 이후에도 계속되었습니다(빌 1:5; 2:25-30; 4:15-18). 특별히 사업가 루디아가 보여준 관대한 지원을 얼마든지 상상할 수 있습니다. 그런데 거기에 남은 사람이 있었는데, 어쩌면 그가 저자 '누가'일 가능성이 있습니다. 사도행전 17장 1절에서 데살로니가로 떠난 사람들을 소개할 때 저자는 주어를 "우리"로 쓰던 데서 "그들"이라고 바꾸고 있기 때문입니다. 그리고 다시 "우리"가 등장합니다.

"우리는 무교절 후에 빌립보에서 배로 떠나 닷새 만에 드로아에 있는 그들에게 가서 이레를 머무니라" (사도행전 20:6)

이는 적어도 3년 9개월 이상의 시간이 흐른 뒤의 일입니다. 그 기간 동안 누가는 빌립보에 머물면서 빌립보 교회를 든든히 세워갔을 뿐 아니라, 바울의 선교 사역을 재정적으로, 기도로, 신실하게 후원했을 것입니다.

그렇게 떠난 바울은 에그나티아 가도Via Egnatia를 따라 남쪽으로 이동했습니다. 태장에 맞은 몸이 채 낫지 않은 채 떠났으니 얼마나 그 여정이 고달팠을까요. 그렇게 53킬로미터를 가면 암비볼리가 나오고, 거기서 43킬로미터를 남쪽으로 더 이동하면 아볼로니아가 나옵니다. 거기서 다시 53킬로미터를 가면 마게도냐의 수도 데살로니가에 당도하게 됩니다. 빌립보에서 데살로니가까지 무려 160킬로미터를 이동했습니다. 데살로니가는 현재도 인구 백만 명을 헤아리는 그리스 제2의 도시입니다. 그 유명한 알렉산더 대왕과 철학자 아리스토텔레스를 배출했습니다. 데살로니가는 그 도로 위에 있었고 해상무역로가 발달했기 때문에 시인, 철학자, 수사학자들이 교양 있는 청중들에게 교육하거나 연설하는 세계적인 문화센터 역할을 했습니다. 수도다운 도시였습니다. 이전에는 로마와 끊임없는 긴장 관계를 유지했지만, 기원전 43년 데살로니가는 선거 자치권을 가진 자유 도시Civitas Libera로 인정받아 세금 면제와 성벽에 로마 군대를 주둔시키지 않는 특권을 얻었습니다. 그들은 팍스 로마나를 누리고 있었던 것입니다. 바울이 도착한 시기가 대략 주후 49-50년쯤일 것입니다. 당시 데살로니가 인구는 약 오만 명 정도 되었고, 로마인들이 많이 사는 식민지였습니다. 빌립보와는 달리 그곳에는 유대인의 회당이 있었습니다. 바울 일행의 데살로니가까지의 긴 여정을 저자는 간단히 서술합니다.

"그들이 암비볼리와 아볼로니아로 다녀가 데살로니가에 이르니 거기 유대인의 회당이 있는지라"(사도행전 17:1)

"마게도냐로 건너와서 우리를 도우라"는 환상에 따라 마게도냐로 온 바울 일행이 드디어 마게도냐의 수도에 도착했습니다. 환상 중에 본 사람이 알렉산더 대왕이었다면, 그는 알렉산더의 고향에 당도한 셈입니다.[42] 그가 이룬 위대한 나라보다 더 위대하고, 200년 만에 무너진 그 제국보다 더 오래도록, 아니 영원토록 지속될 하나님 나라의 소식을 가지고 왔습니다.

그런 바울 일행이 맨 처음 찾은 곳은 늘 그랬듯이 회당이었습니다. 여기 회당에 정관사가 붙은 것을 보면 '그 회당'은 어쩌면 데살로니가뿐만 아니라 인근의 빌립보, 암비볼리, 아볼로니아 지역을 총괄하는 유대교의 중심지였을 가능성이 있습니다. 그 전에 경유한 암비볼리와 아볼로니아에는 회당이 존재하지 않았을 가능성이 있습니다. 1차 선교 여행 때도 그는 가는 곳마다 맨 처음 회당을 찾았습니다.[43] 그런데 그것은 예수님도 마찬가지였습니다. 저자 누가는 의도적으로 예수님의 사역을 바울이 이어받고 있는 것처럼 묘사하고 있습니다.

2절을 보면 더 분명해집니다. "바울이 자기의 관례대로 그들에게 들어가서"라고 말합니다. 여기 '자기의 관례대로 카타 데 토 에이오쏘스, κατὰ δὲ τὸ εἰωθὸς'라는 표현은 누가-행전에서 예수님에게 단 한 번 더 사용됩니다(눅 4:16). 회당은 예수님과 바울의 사역의 중요한 무대였고, 동시에 유대인들에게 박해당하던 곳이었습니다. 바울의 사역 모델은 예수님의 지상 사역이었던 것입니다. 그는 다메섹 도상에서 예수께 붙잡힌 이래로 죽는 순간까지 그분의 가르침대로 전하고 그분이 사신 대로 살면서 복음을 전했습니다. 낯선 곳에 가면 바울은 늘 회당으로 가서 거기 유대인들에게 현지 실정을 들었을 것입니다. 선교지 상황에 대한 정보를 얻었습

---

42 최종상, 『바울로부터』, p. 200.
43 행 13:5, 13; 13:14; 14:1

니다. 하지만 그것이 전부는 아닙니다. 거기서는 구약성경을 잘 알고 있는 유대인 동족들과 유대교에 우호적인 이방인들을 만날 수 있었습니다. 그들을 가리켜 "여호와를 경외하는 자"라고 부릅니다.

예수를 메시아로 전하다

바울이 회당에 들어가서 어떻게 전도하고 있습니까? 어떤 방법을 쓰고 있습니까? 2절에 보면 바울이 얼마나 구약성경을 진지하게 다루고 있는지 알 수 있습니다. 또 구약성경의 예언이 예수님에게서 어떻게 성취되었는지도 가르쳐주고 있습니다. 구약성경의 그리스도 중심적 해석, 이것이 바울의 전도법이었습니다. 물론 이것은 청중들이 구약성경에 이미 익숙한 회당 사람들이었기 때문에 가능했습니다.

"바울이 자기의 관례대로 그들에게로 들어가서 세 안식일에 성경을 가지고 강론하며" (사도행전 17:2)

여기 "세 안식일"이라는 것은 세 번의 안식일이라는 뜻입니다. 3주 연속 안식일에 구약의 말씀을 전할 기회를 얻었습니다. 회당 입장에서도 바울의 구약 해석이 자못 흥미로웠고 또 믿을 만했기 때문에 연속으로 기회를 준 것입니다. 구체적으로 그가 무엇을 전했는지 3절이 말해주고 있습니다.

"뜻을 풀어 그리스도가 해를 받고 죽은 자 가운데서 다시 살아나야 할 것을 증언하고 이르되 내가 너희에게 전하는 이 예수가 곧 그리스도라 하니"

(사도행전 17:3)

이것은 바울이 자신의 서신에서 일관되게 강조한 복음의 내용과 일치하고, 예수님이 스스로 전하신 것과도 일치합니다(고전 1:23; 2:2; 15:3-5; 눅 24:27, 32, 44-47). 2절과 3절에서 그가 구약성경을 다루고 있는 모습을 저자는 다양한 단어로 표현하고 있습니다. 1) 2절 끝에 "강론하며"라고 합니다. 이 단어 '디아레고마이διαλέγομαι'는 '토론하다'는 뜻입니다. 소크라테스의 대화법처럼 질문과 답변을 주고받는 형태의 대화였을 것입니다.[44] 성경을 두고 회당에서 사도 바울과 청중들이 토론하면서 진리를 찾아가는 모습이 눈에 선합니다. 이 단어는 전에 부활하신 예수께서 엠마오로 가는 부부 제자의 눈을 열어주시고"눈이 밝아지다" 성경을 이해하게 하셨다"풀어주시다"고 할 때 2번 더 나오고 있습니다(눅 24:31, 32). 2) 3절에 나오는 첫 단어는 "뜻을 풀어" 입니다. '열다디아노이고, διανοίγω' 혹은 '계시하다' 혹은 '설명하다','해석하다'라는 뜻입니다. 성경 본문을 설명하는 방식으로 예수께서 어떻게 구약에서 예언한 구속사를 성취하셨는지를 설명해 준 것입니다. 3) 이어서 바로 나오는 단어가 "증언하다"입니다. 이것은 '제시하다', '맡기다'라는 뜻의 '파라티쎄미παρατίθημι'입니다. 직역하면 '옆에 놓다', '설명하다'입니다. 중간태로 쓰이면 '증거나 권위 있는 보조 자료로 인용하다'는 뜻도 됩니다. 예언들과 예언의 성취들을 나란

---

44 이 동사가 누가-행전에 10번 나오는데 모두 바울과 관련하여 나온다(신약에서 13회). 이 단어는 철학적 전통에서 논증을 제시하고 대화와 토론에 참여하는 것을 의미한다. Johnson, *Acts*, p.309에 따르면 누가는 바울을 청중을 본문에 대한 "검토"로 불러들여 그들과 "토론"을 벌이는 철학자로 묘사하기도 한다. 바울은 그들에게 증거를 제시할 수 있다.

히 놓는 방식으로 증명했고, 성경을 인용하여 자신의 논지를 전개해 나갔다는 뜻입니다. 바울은 성경에 예언된 예수와 역사를 산 예수를 나란히 놓고 설명했습니다. 원문에는 "디아노이고"와 연속으로 나와서 '설명을 통해 증명하다'라고 번역할 수도 있습니다.[45] 4) 이어서 3절에 "전하다 카탕겔로, καταγγέλλω"라는 단어도 나옵니다. '선포하다'라고 번역할 수 있는 단어입니다. 바울이 선포한 내용은 '예수'였습니다. 바울은 자신이 알고 있는 역사적 예수에 대하여 설명했습니다. 어쩌면 이 회당의 사람들 중에는 예루살렘에서 처형당한 그 예수에 대한 소식을 들은 사람들도 있었을지 모릅니다. 하지만 그 소식에 큰 충격을 받은 사람은 없었을 것입니다. "또 메시아를 자처하는 녀석이 나타나 객기를 부렸구나!"라면서 대수롭지 않게 넘겼을 것입니다. 자신을 메시아로 주장하다가 비명횡사한 사람이 그간 팔레스타인 땅에서 한둘이 아니었기 때문입니다.

사도가 전한 복음의 내용은 무엇입니까? 구약성경에서 그리스도의 십자가와 부활의 필연성조동사 데이, δεῖ, 즉 "그리스도가 해를 받고 죽은 자 가운데서 다시 살아나야 할 것을" 이미 예언하고 있는 구절들을 찾아서 설명해 주었습니다. 그러고 나서 마지막으로 이 모든 설명의 내용을 한 문장으로 요약하는데, 사도행전 저자는 그 중요성을 강조하기 위해 직접 화법을 사용하여 소개하고 있습니다. "내가 너희에게 전하는 이 예수가 곧 그리스도라" 이 예수가 구약에서 고난받고 부활할 것이라고 했던 바로 그 메시아 '기름 부음을 받은 자'라고 결론을 내리고 있는 것입니다. 특히 그리스도메시아의 고난과 부활이라고 하는 말에 많은 질문이나 항의

---

45 새번역은 "해석하고 증명하다"라고 번역하고, 가톨릭은 "설명하고 증명하다"라고 번역하고 있다.

가 쏟아졌을 것입니다. 왜냐하면 유대인들에게 메시아의 고난이나 죽음이라고 하는 것은 결코 부활과 양립할 수 없는 가르침이고, 결국 그들이 예수님을 믿는 데 가장 큰 '걸림돌'이 될 것입니다(고전 1:23). 모진 핍박과 유랑의 역사를 가진 당시 디아스포라 유대인들에게는 영광스럽게 오셔서 모든 역사의 전세를 뒤엎고 뒤집는 능력의 메시아라는 개념밖에는 없었습니다. 열국을 위한 속건제물로 바쳐진 이사야가 말한 고난받는 종은 핍박받는 선민 자신들을 가리킨다고 생각했고, 그들에게 메시아는 시편 2편에서 노래한 대로 철장으로 만국을 깨뜨릴 강력한 구원자여야 했습니다. 무에서 유를 창조하신 능력으로, 애굽을 뒤엎으셨던 능력으로, 바벨론으로부터의 귀환 약속을 지키신 능력으로, 이 로마제국을 뒤엎고 뒤집어서 저 거룩한 약속의 땅에서 몰아내고, 그들에게 부역한 자들을 심판하시고, 다시 거룩한 제사장 나라로, 다윗의 왕조로 회복하실 날을 꿈꾸고 있었습니다. 열두 제자들도 십자가 앞에 이를 때까지 예수님을 오해했는데, 그들 역시 이 "영광의 메시아"에 대한 믿음을 공유하고 있었기 때문입니다. 예수님을 버리면 버렸지 이 영광으로 채색된 메시아 개념을 포기할 수 없었습니다. 그래서 그들의 그릇된 메시아 이해를 바로잡고 unlearn, 예수님의 십자가와 부활의 빛에서 바른 이해를 제공해야 했습니다relearn. 그래서 유대인들이 갖고 있던 영광의 메시아에 대한 소망을 접고 새로운 영광의 메시아, 부활하신 메시아 예수님을 받아들이도록 바울은 촉구했을 것입니다. 그가 한 일은 바울 자신의 회심 경험이 선교의 대상인 회당의 유대인들에게 재현되게 하는 것이었습니다.

구약을 그리스도의 죽음과 부활의 빛으로 해석하여 예수님을 전하는 방식은 전형적인 바울의 복음 증거 방식이었습니다. 실제로 회심하자마

184

자 다메섹에서 예수님을 하나님의 아들로 증거하면서 유대인들에게 처형당한 그 예수가 바로 그리스도라고 선포한 바 있습니다(행 9:19-22). 비시디아 안디옥에서의 설교 주제도 예수님의 죽음과 부활이 구약의 성취라는 것이었습니다(행 13:16-41). 그것은 엠마오로 가는 두 제자에게 예수께서 가르치셨던 주제이기도 했습니다.

> "그리스도가 이런 고난을 받고 자기의 영광에 들어가야 할 것이 아니냐 하시고 이에 모세와 모든 선지자의 글로 시작하여 모든 성경에 쓴 바 자기에 관한 것을 자세히 설명하시니라"(누가복음 24:26-27)

그렇다면 바울은 부활하신 예수님의 교수법과 강의안을 그대로 따르고 있는 것입니다. 이런 "성경을 자세히 설명하기" 전통이 우리 시대에는 점차 사라지고 있는 것이 아닌가 싶습니다. 교회가 성경을 꼼꼼하게 풀어 설명하고 증명하여 전하려고 하지 않습니다. 고단한 성도들을 지나치게 배려하여 부담스럽지 않을 만큼 최소한의 종교적 의무만 수행하도록 갖은 친절을 베풀고 있는 것이 아닌가 싶습니다. 짧은 시간 안에 할 말을 다 할 줄 아는 설교자와 모든 설교를 다 이해할 수 있는 청중이 있다는 대단히 낭만적인 전제를 갖고 있는 것처럼 보입니다. 농축시킨 엑기스만으로 이 험한 시대를 살기에 충분하다고 여기는 듯합니다.

이 유대인들만큼이나 우리 시대도 고난받는 예수님보다 영광의 예수님을 치우쳐 사랑하고 있습니다. 그리스도의 십자가는 우리가 의지해야 하는 십자가이면서 동시에 우리가 져야 하는 십자가이고, 그런 다음에야 영광이 있으니, 그 영광은 십자가 없이 우리가 기대하는 영광과는 전혀 다르다는 것을 기억해야 합니다. 시대와 타협하지 않고 굴복하지 않은 자가 누리는 부활의 기쁨, 세상과 전혀 다른 이유로 울고 웃는 사람들이 되는 것, 그들과 전혀 다른 삶의 목적과 의미를 갖고 또 내 인생을 평가하는 전혀 다른 기준을 가진 사람이 되는 것, 그것은 예수 그리스도를 진심으로 영접하는 데서 시작합니다. 저는 이것 역시 바울의 회당 청중들뿐만 아니라 오늘 우리도 요구받는 믿음이라고 생각합니다.

두 가지 반응

1) 긍정적인 반응

회당에 모인 청중을 크게 셋으로 분류하고 있습니다. ①유대인, ②하나님을 경외하는 헬라인, ③유대인 신앙에 관심을 보인 이방인들, 즉 귀부인들. 이들은 복음을 듣고 각각 어떻게 반응했습니까?

> "그 중의 어떤 사람 곧 경건한 헬라인의 큰 무리와 적지 않은 귀부인도 권함을 받고 바울과 실라를 따르나"(사도행전 17:4)

한글개역개정 성경은 "어떤 사람"을 부연 설명하여 "경건한 헬라인의 큰 무리와 적지 않은 귀부인"이라고 번역하고 있습니다만, 새번역이 원문을 좀 더 반영합니다.

> "그들 가운데 몇몇 사람이 승복하여 바울과 실라를 따르고, 또 많은 경건한 그리스 사람들과 적지 않은 귀부인들이 그렇게 했다"(사도행전 17:4, 『새번역』)

그렇다면 여기 '몇몇 사람'은 유대인을 가리킵니다. 왜냐하면 "경건한 헬라인의 큰 무리"는 분명 아직 개종하지는 않은 이방인들, 그러니까 '여호와 경외자'라고 불리는 유대교에 호의적인 사람들이기 때문입니다. 또 "적지 않은 귀부인" 역시 헬라 사람 중에서 일정한 부나 지위를 가진 사람들의 부인들을 가리킬 것입니다. 바울의 가르침을 더 잘 이해할 수 있는 사람들은 분명 유대인들이었을 것입니다. 하지만 이 예수께로 돌아온 사람들은 이방인들 중에 더 많았습니다.

그들의 반응을 나타내는 동사는 둘입니다. 하나는 "승복했다에페이스쎄산, ἐπείσθησαν" 혹은 "권함을 받다"(『개역개정』)이고 다른 하나는 "따랐다프로세크레로쎄산, προσεκληρώθησαν"입니다. 그런데 둘 다 수동태입니다. 이 동사의 1차적인 주어는 바울 일행이지만 궁극적으로 성령께서 그들을 설득하셨고 또 따르게 하셨다고 볼 수 있습니다. 그들은 복음에 수긍했을 뿐 아니라 구체적인 실천도 뒤따랐습니다. 특히 "따랐다"는 것은 회당에서 탈퇴했다는 뜻입니다. 그동안 그들이 안전의 기반으로 삼았던 세계에서 스스로 제외되기로 결정했고, 그 관계가 주는 혜택들을 포기하기로 했다는 뜻입니다. 그래서 유대인들이 이방인들보다 훨씬 회심하기가 어려웠을 것입니다.

그때뿐 아니라 회심은 여전히 큰 대가를 요구하는 일입니다. 그래서 버려야 할 것이 많은 사람들이 하나님 나라를 받아들이기가 더 어렵습니다. 주님을 영접했더라도 믿음이 자라는 일은 내가 가진 조건을 얼마나 상대화시키느냐와 관련이 있습니다. 다만 선물로 받은 조건들의 청지기임을 인정하고, 사는 것과 죽는 것, 먹는 것과 마시는 것도 모두 주를 위해서 해야 한다는 것을 알고 살아내는 만큼, 우리의 삶에서 그리스도의 은혜로우신 주권이 더 온전하게 실현될 것입니다. 그런 점에서 이 몇몇 유대인들의 회심과 다수 "적지 않은", 우크 올리가이, οὐκ ὀλίγαι의 귀부인들의 회심은 참으로 의미심장한 역사입니다. 분명 바울이 예수님을 믿을 때 누릴 수 있는 영광만큼이나 치러야 할 대가를 에누리 없이 전해주었을 텐데도, 그들이 예수님을 믿기로 결정했으니 참 놀라운 일입니다. 어찌 바울의 신실함으로만 이런 역사가 일어났겠습니까? 바울은 데살로니가 전서에서 복음이 능력과 성령의 확신으로 그들에게 임했고, 그들이 많은 환난 가운데서 성령의 기쁨으로 말씀을 받았으며, 우상을 버리고 하나님께로 돌아와 살아계시고 참되신 하나님을 섬겼다고 회상하고 있습니다 (살전 1:5-6, 9-10). 이것은 성도들이 이 가르침을 사람의 말이 아니라 하나님의 말씀으로 받았기에 가능했습니다(살전 2:13).

바울이 얼마나 오래 머물렀는지는 분명하지 않습니다. 빌립보서를 보면 "우리가 데살로니가에 있을 때에도 너희가 한 번뿐 아니라 두 번이나 나의 쓸 것을 보내었도다"(빌 4:16)라고 한 것을 보면, 아주 짧은 기간은 아니었던 것으로 보입니다. 이런 선교헌금의 도움을 받긴 했지만, 주로는 밤낮으로 일하면서 경비를 마련했고, 그러면서도 유모와 아비가 돌봄 같이 목양에도 힘썼습니다(살전 2:7-11). 세 번의 안식일에 유대인들에게 복음을 전한 후에 야손의 집으로 가서 회심한 제자들을 양육했는데, 그 기간이 적어도 몇 달은 되었을 것입니다(행 17:5).

회심한 몇몇 유대인들 가운데는 아리스다고와 세군도도 포함되어 있었습니다. 그들은 바울이 마게도냐 지방에서 모금한 구제헌금을 가지고 예루살렘을 방문할 때, 이방인 교회들의 대표들 중에 데살로니가 교회의 대표로 선임되어 바울의 예루살렘 여행에 동참했습니다(행 20:4). 특히 이 두 사람 중에서 "아리스다고"는 바울이 2년 동안 가이사랴 감옥에 갇혀 있을 때 다른 마게도냐 대표들은 다 고향으로 돌아갔는데, 끝까지 남아 죄수 신분으로 바울과 함께 로마까지 동행한 충직한 제자입니다(행 27:2). 그가 바로 이 데살로니가 사역의 첫 열매 중에 포함되어 있었을 것입니다. 주님께서 언제든 말씀과 돈을 맡겨도 좋을 만큼 믿음직한 일꾼들이 바로 여러분이 되기를 바랍니다.

2) 부정적인 반응

소수의 유대인들이 회심했을 뿐인데, 그것이 유대인 회당 공동체에 가져온 파장은 가볍지 않았습니다. 그동안 회당은 더디지만 사람들이 늘어나는 곳이었지 줄어드는 곳은 아니었습니다. 그런데 바울의 설교를 듣고 탈퇴를 선언하는 자들이 나타났으니 충격을 받았을 것입니다. 더군다나 든든한 재정적인 후견인이었을지 모르는 귀부인들의 탈퇴는 충격을 넘어서 "시기젤로, ζηλόω"의 마음까지 불러일으켰습니다.[46] 저자는 그 정서를 이렇게 밝힙니다:

"그러나 유대인들은 시기하여"(사도행전 17:5)

이제 그들에게 바울은 안식일에 말씀을 풀어 강론해 준 랍비가 아니라, 제거해야 할 경쟁자에 불과했습니다. 그들의 대응이 충격적입니다.

---

46 이 단어는 스데반 이야기(행 7:9, 11-12)와 연결된다. 그들은 요셉의 형제들(행 7:9), 성전 지도자들(행 5:17), 회장 지도자들(행 13:45)과 비슷하다.

"저자의 어떤 불량한 사람들을 데리고 떼를 지어 성을 소동하게 하여 야손의 집에 침입하여 그들을 백성에게 끌어내려고 찾았으나 발견하지 못하매 야손과 몇 형제들을 끌고 읍장들 앞에 가서 소리 질러 이르되 천하를 어지럽게 하던 이 사람들이 여기도 이르매 야손이 그들을 맞아 들였도다" (사도행전 17:5-7)

다양한 동사들로 복음에 반대하는 자들의 저항과 폭력의 상황이 묘사됩니다. 회당의 유대인들은 바울과 실라를 "찾았습니다." 미완료 시제 에제툰, ἐζήτουν는 그들이 얼마나 끈질기게 찾으려고 했는지를 보여줍니다. 이를 위해 "저자의 어떤 불량한 사람들"을 돈 주고 고용합니다.[47] 사랑의 하나님을 믿는다 하면서도 사랑과 이해와 베풂과 환대가 필요한 약자들을 향해 더욱 배제와 혐오의 발언을 쏟아내는 이들이 세계 곳곳마다 일어나고 있습니다. 세계는 지금 주도적인 사상의 공백 시대에 파시즘이 우후죽순처럼 고개를 내미는데도 속수무책입니다. 20세기 초 유대인들을 말살해야 한다고 주장한 히틀러와 그에게 협력한 독일교회가 믿었던 것과 같은 종류의 하나님이 망령처럼 다시 되살아왔습니다. 자국 편만 들어주어야 한다고 주장하는 이들의 하나님은 인간을 향한 괴악한 짓은 잘도 용납해왔습니다. 폭력배를 동원한 이 데살로니가 유대인들처럼 되지 않으려면, 우리는 먼저 다음의 질문에 대답해야 합니다. 나는 하나님

---

47 누가는 바울을 반대하는 "불량한 사람들"과 호의적인 "귀부인들"을 의도적으로 대조하고 있다. 이는 기독교가 사회적 지위를 가진 양식 있는 사람들에게는 호소력이 있는 종교임을 보여주려는 의도가 엿보인다(Witherington, *The Acts of Apostles*, p.507.).

을 얼마나 열정적으로 믿는지가 아니라 나는 도대체 어떤 하나님을 믿고 있는가 하는 것입니다. 내가 살겠다고 타인은 미워하고 짓밟고 파괴해도 된다고 말하는 하나님을 나는 믿을 수 없습니다. 사람들이 많이 모이고 헌금만 많이 걷으면 좋아하는 하나님을 믿으면 필연 우리는 그 하나님 닮은 아주 몹쓸 사람이 될 것입니다. 그것은 살아계신 사랑의 하나님, 정의로우신 하나님, 인자와 긍휼이 많으신 하나님이 아니라, 우리가 만든 황금송아지 우상에 불과하기 때문입니다.

두 번째 동사는 "침입하다에피스탄테스, ἐπιστάντες"입니다. 유대인들이 고용한 어떤 불량한 사람들이 떼를 지어 습격한 곳은 "야손"의 집이었습니다(참조. 롬 16:21). 7절에 바울 일행이 대단히 반反사회적인 존재인 것을 알면서도 "야손이 그들을 맞아 들였도다영접했다"고 말하는 것을 보면, 야손은 단지 숙박업소 주인이 아니라 바울과 실라와 디모데의 가르침을 받고 회심한 사람 중의 하나일 것입니다. 야손만이 아니라 "형제들을" 끌고 읍장들 앞에 갔다고 하는 데서 우리는 이 야손의 집이 데살로니가에 형성된 가정교회의 회집 장소였을 것으로 추정할 수 있습니다. 그렇다면 빌립보에서는 루디아의 집이 가정교회요 선교의 전초기지였다면, 데살로니가에서는 야손의 집이 그와 같은 역할을 했을 것입니다.

세 번째 동사는 "끌다에쉬론, ἔσυρον"입니다. 이 유대인들이 보낸 불량배들이 왔을 때 바울 일행은 그 집에 없었습니다. 불량배들도 빌립보의 귀신 들린 여종의 주인들처럼 군중 심리를 이용하여 외지에서 온 바울 일행을 자신들의 사회에 백해무익한 자들로 만들려고 했습니다. 그런데 야손의 집에서 바울 일행을 찾지 못하자 야손과 몇몇 형제들을 "끌고" 읍장들 앞에 데리고 갑니다. 그들이 읍장들 앞에서 바울 일행과 야손을 고소하는 말을 들어보십시오.

"천하를 어지럽게 하던 이 사람들이 여기도 이르매 야손이 그들을 맞아들였도다"(사도행전 17:6b-7a)

빌립보 사람들이 바울 일행을 고소하는 말을 기억하십니까?

"이 사람들이 유대인인데 우리 성을 심히 요란하게 하여 로마 사람인 우리가 받지도 못하고 행하지도 못할 풍속을 전한다"(사도행전 16:20-21)

그런데 데살로니가에서는 '성'을 요란하게 하는 정도가 아니라 '천하'를 어지럽게 한다고 말하고 있습니다. "천하를 어지럽게 하는 자오히 텐 오이쿠메넨 아나스타토산테스 후토이, Οἱ τὴν οἰκουμένην ἀναστατώσαντες οὗτοι"라고 할 때 여기 '천하'는 로마제국을 가리키고, "어지럽게 하다"라는 동사 아나스타투는 '뒤집다', '전복시키다'라는 뜻입니다.**[48]** 이 단어가 사도행전 21장에 한 번 더 나옵니다. 거기서 바울은 과거 메시아 운동을 일으키다 실패한 애굽인이 아니냐는 추궁을 받습니다.

"그러면 네가 이전에 '소요를 일으켜' 자객 사천 명을 거느리고 광야로 가던 애굽인이 아니냐?"(사도행전 21:38)

---

[48] "These men who have turned the world upside down have come here also" (ESV)

192

바울 일행이 천하를 발칵 뒤집어놓았다고 호들갑을 떨었습니다. 유대 지도자들은, 자기들이 폭도를 조직하여 폭동을 일으켰으면서 바울이 문제를 일으켰다고 비난하니, 참 아이러니합니다. 바울의 종횡무진한 순회 선교의 여정을 그가 알고 있었다면 맞는 말이지만, 그렇지 않았다면 당연히 과장입니다. 그렇더라도 데살로니가에서의 복음의 영향력이 마게도냐의 수도 사람들을 긴장시킬 정도로 의미 있었다는 사실만은 추정할 수 있습니다. 로마제국의 3대 도시인 수리아 안디옥의 교회가 그 안에서 '그리스도인'이라는 뚜렷한 정체성을 드러낸 것과 같은 파장입니다. 데살로니가의 유대인들은 사실상 국가전복죄에 해당하는 큰 죄목으로 바울 일행을 단죄하고 있습니다. 이는 이어지는 그들의 고소를 보면 더욱 분명해집니다.

"이 사람들이 다 가이사의 명을 거역하여 말하되 다른 임금 곧 예수라 하는 이가 있다 하더이다 하니" (사도행전 17:7b)

고소 내용은 로마 황제 가이사의 명칙령을 거역했다는 것입니다. 구체적으로 예수를 임금이라고 주장한다는 것이었습니다. 그들은 "이 예수가 곧 그리스도메시아라"는 바울의 주장을 순전히 정치적인 의미로만 축소시킨 것입니다. 하지만 그 혐의는 사실이면서 동시에 거짓이기도 합니다.[49] 로마에서 임금바실레우스, βασιλεύς은 황제 글라우디오41-54년 뿐입니다. 따라서 예수를 임금왕이라고 주장했다면, 로마에게 그것은 반역

---

49 Rowe, *World Upside Down*, p.101. 누가가 말하는 하나님 나라는 인간 왕국이 아니다. 그러나 동시에 사도행전의 비전은 우리가 정의하는 "영적"과 반대되는 왕국에 대한 것이다. 물질적이고 사회적이며 구체적인 공공의 공간을 차지한다.

이 됩니다. 어찌 보면, 그들은 바울의 가르침을 제대로 파악하고 있었습니다. 바울은 예수님이 십자가와 부활로 얻으신 영광 왕권에 대해서 전했습니다. 그 핵심은 이제 하나님 나라가 그 부활하신 예수님을 통해 이 땅에 이미 도래했다는 것입니다. 바울은 이제 그 하나님 나라의 왕권은, 통치권은 하나님의 아들 예수 그리스도에게 주어졌다고 전했습니다. 진정한 하나님 신의 아들은 가이사의 아들이 아니라 '예수'이고, 하나님 나라의 '주' 퀴리오스 곧 왕은 가이사가 아니라 '예수'라고 전한 것입니다. 그러니 그들은 가이사가 인정하지 않은 다른 왕 예수가 있다는 가르침을 전했다고 고소한 것입니다. 이것이 초대교회가 로마제국 안에서 내내 겪었던 고소였습니다. 초대교회에서 예수님을 영접한다는 것은 자동적으로 가이사에게 변절한다는 말과 동의어가 되었습니다. 그것은 가이사가 제공하는 온갖 법적인 안전을 포기한다는 뜻이었고, 가이사에게 충성한 자들에게만 보장되는 '평화'와 '자유'를 누리지 않기로 선택했다는 뜻이었습니다(참조. 살전 5:3). 그것은 가이사의 복음을 거절하고 예수의 복음을 선택하는 일이기 때문입니다. "복음은 궁극적으로 이 세상 모든 권력의 근거를 약화시키고 무효화하는 하나님의 정치운동이기 때문입니다. 가이사의 나라는 철권과 무력으로, 힘에 대한 숭배로 유지되는 나라인데, 예수의 나라는 하나님의 은혜와 자기 비움, 이웃 사랑과 섬김으로 유지되는 나라입니다. 후자가 전자의 질서를 교란시키는 유일한 길입니다. 기독교 복음은 가이사의 나라를 기초부터 흔드는 다른 임금 예수의 나라를 전파하는 행위였습니다."[50] 마게도냐 사람들은 유대인 왕에 대한 바울의

50 김회권,『하나님 나라 복음』, p.175.

메시지가 자신들의 다신교적 방식을 전복하고 가이사가 가져온 팍스 로마나를 방해하는 것으로 받아들였습니다. 로마라는 집 아래 있는 것을 소중히 여기는 지역에 새로운 집을 세우는 것은 절대 가볍게 받아들여지지 않았습니다. 도전자는 그리스도가 아니라 가이사였습니다.[51]

이것 역시 빌라도 앞에서 유대인들이 예수님을 고소한 것과 다르지 않습니다(눅 23:2). "고발하여 이르되 우리가 이 사람을 보매 우리 백성을 미혹하고 가이사에게 세금 바치는 것을 금하며 자칭 왕 그리스도라 하더이다 하니." 그렇다면 바울은 예수님이 가신 그 십자가의 길을 걷고 있는 것입니다. 복음, 즉 예수께서 하나님 나라의 왕으로 다스리신다는 소식이 전해지는 곳마다 그 소식을 믿는 사람들에게는 이와 같은 길이 기다린다는 것을 보여줍니다. 우리 그리스도인들은 세상과는 다른 왕 예수를 믿는 존재들이니, 다른 가치관을 갖고 살고 다른 욕망을 품고 살고, 다른 종류의 공동체에서, 다른 이상을 따라, 다른 종류의 관계 방식을 추구하며 살아야 합니다. 제국의 사상에 동조하지 않는 것만으로 불쾌하고 불편한 존재들이 되고, 그들에게 협조하지 않는 것만으로 가이사에게 저항하고 반역을 도모하는 자들로 간주된 신인류들입니다. 예수의 나라는 정치적 주도권을 놓고 각축하는 이 세상에 속한 나라가 아닙니다(요 18:35-38). 그래서 우리는 나라를 사랑하고 하나님께서 세우신 권세를 인정하되 나라의 번영과 내가 지지하는 정치권력의 성공을 하나님 나라의 성공과 동일시해서는 안 됩니다. 항상 분별력을 갖고 이 땅, 이 나라를 통해 하나님께서는 어떻게 당신의 나라를 전개하고 계시는지를 잘 살펴야 합니다.

---

51 슈라이너, 『사도행전』, p.472.

이런 엄청난 고소를 듣고 무리와 읍장들은 어떻게 반응합니까? 이런 정도의 혐의를 가진 자들이라면 당장에라도 잡아들여서 처형하는 것이 그 사회의 질서 유지를 위해서 마땅한 반응이라고 여길 것입니다. 하지만 의외로 그 결과는 싱겁습니다.

"무리와 읍장들이 이 말을 듣고 소동하여 야손과 그 나머지 사람들에게 보석금을 받고 놓아 주니라" (사도행전 17:8-9)

너무 큰 고소였기 때문에 무리와 다섯 읍장들이 소동했습니다, 크게 놀라고 당황했습니다. 하지만 그 심각성과 위급성을 입증할 만한 증거는 없었습니다. 혐의를 받고 있는 당사자 바울과 그 일행을 붙잡은 것도 아니었습니다. 더욱이 바울과 일행이 실제 그 사회에서 눈에 띄는 영향을 준 것도 아니었습니다. 당연히 바울은 마게도냐의 수도에서 통치자들의 이해관계를 거스르지 않으면서 사역하려고 신중을 기했을 것입니다. 노련한 읍장들이라면, 이것이 주도권 다툼이나 종파 간 이견에서 비롯된 유대교 내부 문제인 것을 알아차렸을 것입니다. 읍장들은 고소한 다수의 유대인들을 배려하여 적당한 타협책을 제시합니다. 값비싼 보석금을 받고 야손과 나머지 사람들을 풀어준 것입니다. 어쩌면 야손과 읍장들 사이에 이면 합의가 있었을 가능성도 있습니다. 바울 일행이 이 도시에서 안전하게 나갈 수 있게 해 주는 조건으로 '돈'을 주지 않았을까 짐작합니다. 이는 야손이 대단히 유력한 집안 사람일 것이라는 추측을 낳습니다. 그 밤에 바울을 만난 야손이 곧바로 바울과 실라를 베뢰아로 보내고 있기 때문입니다. 데살로니가에서 베뢰아까지는 서남쪽으로 약 80킬로미터 떨어져 있습니다. 물론 하루에는 다 갈 수 없는 거리입니다. 바울은 야반도주하듯 데살로니가를 떠났습니다. 어쩔 수 없는 선택이었지만, 마음은 너무 아팠을 것입니다. 갓 신앙생활을 시작한 어린 신자들을 고난 속에 두고 떠나게 되었으니 말입니다. 분명히 십자가의 죽음에 동참해야 한다고 가르쳤을 텐데, 자기만 살겠다고 떠난 것 같아 괴로웠을 것입니다. 데살로니가 성도들이 자신에 대한 실망감 때문에 자신이 전한 복음마저 버리면 어쩌나 하는 생각에 밤잠을 못 이루고 기도만 했습니다.

데살로니가전서를 읽으면 이런 바울의 마음이 그대로 읽힙니다. 언제든 다시 돌아가려고 했지만, 결국 뜻을 이루지 못했습니다.

"형제들아 우리가 잠시 너희를 떠난 것은 얼굴이요 마음은 아니니 너희 얼굴 보기를 열정으로 더욱 힘썼노라 그러므로 나 바울은 한번 두번 너희에게 가고자 했으나 사탄이 우리를 막았도다" (데살로니가전서 2:17-18)

자기 대신 디모데를 보냈습니다. 그 디모데가 데살로니가로부터 가져온 소식을 듣고 기쁜 마음에 써 보낸 편지가 데살로니가전서입니다. 거기서 데살로니가 성도들이 고난 중에도 믿음을 지키고 있을 뿐 아니라 그 믿음의 소문이 마게도냐와 아가야에까지 퍼진다는 말을 듣고 하나님께 감사하고 있습니다. 무엇보다 바울에게 가장 큰 위로가 된 소식은 이것입니다.

"지금은 디모데가 너희에게로부터 와서 너희 믿음과 사랑의 기쁜 소식을 우리에게 전하고 또 너희가 항상 우리를 잘 생각하여 우리가 너희를 간절

히 보고자 함과 같이 너희도 우리를 간절히 보고자 한다 하니 이러므로 형
제들아 우리가 모든 궁핍과 환난 가운데서 너희 믿음으로 말미암아 너희
에게 위로를 받았노라" (데살로니가전서 3:6-7)

바울의 베뢰아 전도

바울 일행은 데살로니가에서 남서쪽으로 72킬로미터를 이동하여 베
뢰아에 도착합니다. 베뢰아는 온천 도시였습니다. 로마의 폼페이우스 장
군이 자신의 겨울 별장으로 사용할 만큼 고대의 유력한 도시였습니다.
데살로니가, 빌립보와 함께 고대 마게도냐의 3대 도시 중 하나였습니다.

"밤에 형제들이 곧 바울과 실라를 베뢰아로 보내니 그들이 이르러 유대인
의 회당에 들어가니라" (사도행전 17:10)

거기서도 바울은 맨 먼저 회당을 찾았습니다. 그가 전한 메시지가 나
오지 않은 것을 볼 때 데살로니가의 회당에서 전했던 것과 같은 방식으
로, 같은 메시지를 전했을 것입니다.

복음에 대한 베뢰아 사람들의 반응
1) 긍정적인 반응
저자의 강조점은 청중들의 독특한 반응에 있습니다.

"베뢰아에 있는 사람들은 데살로니가에 있는 사람들보다 더 너그러워서 간절한 마음으로 말씀을 받고 이것이 그러한가 하여 날마다 성경을 상고 하므로"(사도행전 17:11)

그들은 더 신중했습니다. 더 까칠했습니다. 외지에서 온 이 유대인의 말을 회당의 유대인들은 쉽게 믿지 않았습니다. 그렇다고 완고한 것은 아니었습니다. 더 진지했습니다. 그것을 "더 너그러워서"라고 표현합니다. 이 표현유게네스, εὐγενής은 원래 계급적으로 더욱 고상함을 나타낸다는 뜻이기도 하고, '교육을 잘 받은', '고상한 마음을 지닌', '마음이 열린', '사람들이 보여줄 만한 태도를 지닌' 등의 의미를 가지고 있습니다 (BDAG). 헬라 문헌에서는 귀족을 지칭할 때 많이 사용되며, 데살로니가에서 "폭도들을 고용한 사람들"과 직접적인 대조를 보이는 단어입니다 (고전 1:26; A Macc 6:5; 9:13; 10:3; Josephus, ANT. 10:186; 12:255). 이것은 인격이 아니라 태도에 관한 것입니다. 그래서 더욱 마음이 열려 있는more open-minded, GNB, NET, NLT, 더 수용적인More receptive, Fitzmyer 등의 의미로 볼 수 있습니다. 마음을 닫고 자기 생각만을 고수하려는 사람들이 아니었습니다. 질문을 허용하는 용기 있는 사람들이었습니다. 더 너그러운 마음에서 "간절한 마음메타 파세스, μετὰ πάσης"이 나왔습니다. 참으로 말씀을 향한 베뢰아 사람들의 적극적인 태도를 보여줍니다. 그들은 "날마다" 회당에 모여서 바울 일행에게 말씀에 대해 물었습니다. 그리고 그들의 설명"이것이"이 사실인지를 회당에 있던 말씀히브리어, 헬라어 두루마리 성경에 비추어 확인했습니다. 여기 "상고하다아나크리노, ἀνακρίνω"는 '알아보다', '조사하다'는 말인데 법정에서 죄가 있는지 없는지를 따지려고 조사하고 청문하는 과정을 가리킬 때 쓰는 단어입니다.[52] 그러니까 바울이 회당에서 말씀을 전하면 그곳 사람들은 마치 취조하듯 말씀에 대해서 질문했다는 뜻입니다. 꼬치꼬치 따져 물었다는 뜻입니다. 성경은 우리 신앙의 유일한 기초이자 규칙입니다. 목수나 석공이 무언가를 능숙하게 만들려면 다림줄이 있어야 하고, 금세공인이 금을 시험하려면 시금석이 있어야 합니다. 따라서 우리 그리스도인이 하나님의 말씀이나 인간의 가르침을 판단하려면 성경이라는 기준을 따라야 합니다.

사실 이런 태도로 성경을 읽어야 한다고 강조했던 분이 나치에 저항한 고백교회 목사 본회퍼Dietrich Bonhoeffer입니다. 그는 그 빛나는 종교개혁 전통을 물려받은 독일교회가 왜 1930-40년대에 나치에는 속절없이 굴복하고 부역했는지를 생각했는데, 가장 큰 이유는 바로 이 말씀을 "상고하지 않고", 설교자들의 설교를 "상고하지 않고", 히틀러의 주장에 대해서 "상고하지 않았기" 때문이라고 보았습니다. 본회퍼 목사님은 이렇게 말씀하고 있습니다.

"복음을 가장 효과적으로 전달하는 길은 방법론의 원리들이나 성경의 상관성을 찾으려는 노력으로 이루어지지 않는다. 사람들이 전체적으로 현시대와, 구체적으로는 우리 삶을 성경이 심문하도록 기꺼이 맡길 때 복음은 효과적으로 전달된다. 독일 그리스도인들은 원치 않는 본문들은 모두 폐기하며 오직 자신들을 위해 성경을 읽었다. 그러나 우리는 우리 자신에 맞

52 누가복음에서는 헤롯이 예수님을 심문할 때 이 단어를 썼고(눅 23:14-15), 사도행전에서는 베드로와 요한이 공의회의 재판을 받을 때(행 4:9), 그리고 바울이 벨릭스에게 심문을 당할 때(행 24:8) 이 표현을 쓰고 있다.

서 성경을 읽고 성경이 우리 인생을 심문하고 취조하도록 부르심을 받고 있다."

성경을 취조하듯 읽는 것뿐만 아니라 이제 그 성경이 나를 심문하고 취조하도록 허용하는 성경 읽기 방식이 우리를 구원한다는 뜻입니다. 듣기 좋다고 무슨 말에나 '아멘' 하는 것은 금물이며, 동시에 마땅히 '아멘' 해야 하는 고약한 말씀을 외면하지 않는 것도 중요하다는 뜻입니다. 냉랭하고 냉소적인 성도만큼 갈급하기만 한 심령들은 언제든 영적 노략꾼들의 먹잇감이 되기 쉽습니다. 우리는 베뢰아 사람들처럼 말씀을 열린 마음으로 간절하게 받되 성경을 통해 그 메시지의 진실성을 확인해야 합니다. 우리의 감각만 만족하는 종교현상을 좇는다면, 필연 흐려진 판단력으로 특정 지도자나 집단의 숭배자들이 될 것입니다. 그것을 '은혜주의 신앙'이라고 부릅니다. 내 기분이 좋으면 은혜받았다고 생각하는 신앙입니다. 그래서는 안 됩니다. 깨어 있는 영혼으로 성경을 상고하되 '날마다' 상고할 때, 우리는 세속주의와 영적 쾌락주의에 넘어지지 않고 건강한 신앙으로 자랄 수 있습니다. 그렇게 영적으로 진지하게 반응한 결과가 12절에 나옵니다.

"그 중에 믿는 사람이 많고 또 헬라의 귀부인과 남자가 적지 아니하나" (사도행전 17:12)

데살로니가와는 달리 유대인 중에 믿는 자들이 많아졌습니다. 여기에서도 헬라의 귀부인과 남자들도 적잖게 주님께 돌아왔습니다. 시간은 좀

걸렸겠지만 정말 진지하게 따지고 물은 베뢰아의 유대인들은 예수를 성경이 약속한 바로 그 메시아로 믿지 않을 수 없었습니다. 말씀이 사람을 바꿀 수 있고 창조한다는 믿음이 없었다면 아무도 목회를 할 수 없을 것입니다. 인력으로 사람을 몇이나 바꿀 수 있겠습니까? 목회자 본인부터 변하지 않을 것입니다.

2) 데살로니가의 유대인들의 훼방

하지만 베뢰아의 작은 영적 승리는 곧 더 큰 시련을 몰고 왔습니다. 베뢰아의 작은 부흥의 소식이 인근에 있는 마게도냐의 수도 데살로니가에까지 전해졌고, 그곳에서 바울 일행을 제거하려고 했던 유대인들이 72킬로미터를 원정 와서 다시 소동을 일으켰습니다.

"데살로니가에 있는 유대인들은 바울이 하나님의 말씀을 베뢰아에서도 전하는 줄을 알고 거기도 가서 무리를 움직여 소동하게 하거늘"(사도행전 17:13)

대단한 열심입니다. 하지만 바울에게는 놀랍지 않은 열정입니다. 그도 예루살렘에 있는 예수쟁이를 잡아 가두는 일에 만족하지 않고, 다메섹까지 원정 가서 예수 잔당들을 처리하려고 가던 중에 부활하신 예수님을 만난 열정 청년이었기 때문입니다. 유대인들은 바울이 "하나님의 말씀"을 해석하는 방식에 동의할 수 없었습니다. 그것은 유대인 공동체와 더 나아가 사회 전체에 해악을 끼친다고 보았습니다. 그들은 베뢰아에서 누

군가를 '움직여 소동하게 합니다^{살류온테스, σαλεύοντες}'.[53]

베뢰아를 떠나 아덴으로 이동하다

바울은 이번에도 후퇴하기로 합니다. 주님이 도와주시면 능히 어떤 어려움도 이겨내고 반대자들을 처리해주실 것이라고 믿고 기도하지 않았습니다. 디모데와 실라를 남겨 둔 채 자신만 아덴으로 떠났습니다.

"형제들이 곧 바울을 내보내어 바다까지 가게 하되 실라와 디모데는 아직

거기 머물더라"(사도행전 17:14)

아덴으로 떠나는 일에 베뢰아의 "형제들"이 관여하고 있습니다. 이미 베뢰아에도 의미 있는 수의 회심자들이 생겼고 교회가 형성되었음을 보여줍니다. 이들 중에는 사도행전 20:4에 베뢰아가 모아준 예루살렘을 위한 구제헌금을 전달하는 일에 대표로 참여한 소바더도 포함되어 있을 것입니다.[54] 무려 480킬로미터나 되는 먼 뱃길을 달려 아테네에 도착했습니다. 거기까지 도착하고 보니 바울은 참으로 외로웠습니다. 그래서 이제 바울을 아덴까지 데려다주고 다시 베뢰아로 돌아가는 형제들 편에 실라와 디모데가 가능하면 빨리 아덴에 있는 자신에게 합류해줄 것을 전하라고 당부합니다.

---

53 현재 분사인 것을 볼 때 상당 기간 바울의 사역을 방해한 것으로 보인다.
54 소바더가 로마서 16:21에 나오는 소시바더와 동일인일 수 있다. 그렇다면 그는 유대인이다. 그가 베뢰아에 남은 디모데와 실라 대신에 아덴까지 바울과 동행했다면 아덴의 회당 유대인들에게 바울을 소개했을 것이다.

"바울을 인도하는 사람들이 그를 데리고 아덴까지 이르러 그에게서 실라와 디모데를 자기에게로 속히 오게 하라는 명령을 받고 떠나니라"(사도행전 17:15)

얼마나 바울의 인간미 넘치는 모습입니까? 그는 동역자들의 도움을 늘 요청하는 겸손하면서도 연약한 사역자였던 것입니다. 실제로 실라와 디모데가 베뢰아 성도들을 돌본 후에 곧 아덴에 와서 바울과 합류합니다. 하지만 바울은 실라와만 같이 있고 디모데를 다시 데살로니가로 보냅니다(살전 3:1-12). 얼마 안 있다가 야반도주하듯 떠난 데살로니가 교회가 맘에 걸렸기 때문입니다. 그들에게 환난이 닥쳤다는 소식을 듣고 신앙이 흔들리지 않도록 돕기 위해서 디모데를 보냈습니다. 당연히 바울이 직접 가려고 했지만 가지 못했습니다. 무슨 사정이 있었는지 모르지만, "사탄이 우리를 막았다"고 전하고 있습니다(살전 2:17-18). 나중에는 함께 있던 실라마저 마게도냐아마 빌립보에 보냅니다. 그 사이에 바울은 고린도로 옮겼는데 실라와 디모데가 고린도에서 바울과 재회하고 있습니다(행 18:5). 그때 디모데가 데살로니가 교회에 관한 좋은 소식을 가지고 왔는데, 이에 감사하여 쓴 편지가 데살로니가전서입니다. 신약에 나온 열세 편의 바울의 편지 가운데 가장 먼저 쓴 편지입니다. 또 실라도 빌립보 교회에 관한 기쁜 소식을 가져왔습니다(빌 1:3-8).

나가는 말

성경이 말하게 하라!

바울은 데살로니가와 베뢰아에 도착한 즉시 회당으로 찾아갑니다. 그곳의 유대인들에게 성경을 통해서 구약에서 약속한 언약의 주, 곧 하나님 나라의 약속을 이룰 메시아가 예수라고 가르쳤습니다. 다양한 방법으로 접근했지만, 그가 중심에 둔 것은 말씀이었습니다. 말씀을 강론하고 토론하고, 뜻을 풀어주고, 증언하고 인용하여 설명하고, 선포했습니다. 유대인들이 가장 우려한 것은 그 말씀의 파장이었습니다. 그래서 그들의 목표는 오로지 '하나님의 말씀'을 전하지 못하게 하는 것이었습니다. 야수의 왕 사자의 위용을 증명하는 데 논문이 필요한 것이 아닙니다. 사자를 우리 밖으로 나가게 풀어주면 됩니다. 그러면 스스로 증명할 것입니다. 말씀을 있는 그대로 전하기만 하면 됩니다. 그러면 말씀이 스스로 자기 역할을 할 것입니다. 성경이 말하는 메시지를 전하는 데 그치지 않고 성경이 직접 성도들을 설득하게 하고, 성경이 말한 것에 대해 토론하고, 성경을 통해서 일어난 일과 일어나고 있는 일들을 해석할 수 있도록 도와야 합니다. 그래서 성경이 예언한 주 예수 그리스도, 대체 불가의 왕이 되시는 예수 그리스도, 온 천하에 영적인 진동을 일으키시는 예수 그리스도, 그분이 온전히 가르쳐지고 선포되게 하는 교회로 세워가길 바랍니다.

성경의 취조를 허許하라!

특히 베뢰아의 회당에 모인 성도들이 말씀을 대하는 태도는 남달랐습니다. 열린 마음, 준비된 마음, 간절한 마음으로 들었습니다. 질문을 하고 질문을 받았습니다. 성경을 하나하나 짚어가며 바울이 주장하는 바가 사실인지를 꼼꼼하게 확인했습니다. 법정에서 진실에 접근하기 위해 갖은 수고를 다하듯, 성경을 향해서 취조하고 그렇게 나온 결과가 다시 자기 자신을 취조하도록 허용했습니다. 그분의 말씀이 늘 들려지고, 상고되고, 또 적용되는 교회가 됩시다. 그리하여 세상이 우리를 보면서 자신들과의 선명한 차이를 발견하게 해줍시다. 그러면 분명 우리를 불편하게 여기겠지만, 돌아서서는 우리에게 희망을 걸고 우리의 세계를 동경할 것이고, 결국 우리가 믿는 주 예수 그리스도를 그들도 유일한 왕으로 영접하는 놀라운 역전의 역사가 일어날 것입니다.

천하를 뒤엎는 왕의 복음을 전하라!

바울이 "내가 너희에게 전하는 이 예수가 곧 그리스도라"고 전하니, 데살로니가의 유대인들은 "다른 임금 곧 예수라 하는 이가 있다 하더라", "천하를 어지럽게 하는 사람들이다"라고 고소합니다. 그렇습니다. 그들의 말대로 바울이 전한 복음은 왕의 복음이었습니다. 하나님 나라의 복음은 우리에게 옛 왕에 대해 변절을 요구하고 새로운 왕을 향해 충성을 요구하는 복음입니다. 가이사가 아니라 예수가 온 땅 온 우주 천하의 왕이라고 주장하는 소식입니다. 우리가 믿고 아멘 하는 복음, 우리를 구원하는 복음은 왕의 복음입니다. 나 개인의 영혼 구원, 죽어서 천당 가는 복음으로 축소하지 말고, 오늘 여기서 이 땅에서부터 예수 그리스도의 왕 되심을 주장하고 구현하는 삶을 살아가기를 바랍니다.

누구의 말을 들을 것인가?

바울이 전한 복음에 유대인들이 가장 먼저 반발했지만 이방인들은 복종합니다. 복음을 받아들인 기쁨과 함께 고난도 찾아왔습니다. 야손을 비롯한 데살로니가의 형제들이 바울 일행을 대신해서 고초를 겪었습니다. 하지만 그들은 바울 일행을 보호했고, 선교 사역을 지속할 수 있도록 물심양면으로 도왔습니다. 다음 행선지까지 안전하게 이동할 수 있도록 배려했습니다. 바울 곁에는 디모데와 실라가 있었고, 믿는 형제들이 있었습니다. 그들을 의지했지만, 교회가 먼저였습니다. 혼자서는 감당하기에 어려웠지만 교회가 필요하다면 기꺼이 데살로니가로, 빌립보로 동역자들을 보내서 그곳을 먼저 챙기게 했습니다. 그는 복음을 우선시했고 공동체를 앞세웠습니다. 주님의 나라와 의를 먼저 구한 종이었습니다.

사랑하는 여러분, 누구의 말을 듣고 누구 곁에 있어야 할까요? 부디 하나님의 말씀을 가장 크게 듣고 주의 복음의 수종자들 곁에서 하나님의 뜻을 받드는 우리 모두가 되기를 바랍니다.

신들의 도시에 선포된 부활의 예수

사도행전 17:16-34

들어가는 말

베뢰아에 갑자기 들이닥친 데살로니가 유대인 그룹을 피해 바울은 베뢰아 성도들의 도움을 받아 아덴으로 향하는 배에 몸을 실었습니다. 바울은 베뢰아에서 디움Dium시로 가서 거기서 배를 타고 아덴으로 향했습니다. 배는 약 400킬로미터를 항해하여 피레우스 항구에 도착합니다. 거기서 아덴까지는 내륙으로 약 5킬로미터 정도 됩니다. 부둣가에서도 마르스 언덕에 서 있는 아테나 여신상이 또렷하게 보였습니다. 아덴이 손에 잡힐 듯한 거리에 있었습니다.

바울이 이곳을 방문했을 때는 아덴의 황금기가 400년 전에 지나갔고 그 주도권이 고린도나 로마로 넘어가 로마제국의 변방으로 전락한 상태였지만, 그래도 아덴은 여전히 수천 년 역사를 간직한 장엄한 고도古都였습니다. 민주주의의 발상지요 소크라테스, 플라톤, 아리스토텔레스가 활

약한 철학의 본산지였습니다. 사실상 서구 문명의 발상지라고 할 수 있
습니다. 옛 영광을 떠받치던 문화적 명망은 여전했습니다. 로마와 필적
할 만한 문화와 지식의 중심지로서 명성이 자자했습니다. 당시 사람들은
철학, 수사학, 일반교육을 위해 아덴과 알렉산드리아, 다소로 모여들었습
니다. 아덴은 여전한 문화 수도였습니다. 헬라 문화권에서 태어나 자란
바울도 헬라그리스의 중심지 아덴에 관해서 귀가 닳도록 들어 왔을 것이
니, 아덴에 온 소감이 남달랐을 것입니다. 자신이 이렇게 선교사 신분으
로 이 도시에 와보리라고는 상상도 못했을 것입니다. 하지만 지금 바울
의 머릿속에는 온통 성령께서 환상을 통해서 인도해 주신 사명의 땅 마
게도냐 생각뿐이었습니다. 디모데와 실라가 마게도냐 상황을 전해주면,

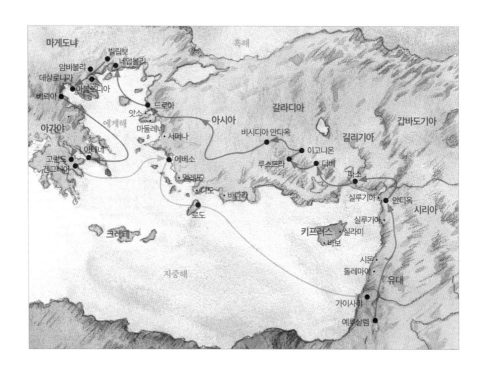

가능한 한 속히 마게도냐로 돌아가서 못다 한 사역을 이어가겠다는 맘으로 가득했을 것입니다.

그런데 바울이나 우리가 생각할 수 있는 수준은 거기까지입니다. 하나님께서 무엇을 원하시는지, 어디로 어떻게 이끄실지를 알지 못합니다. 새롭게 열린 상황과 새로운 사역지에서는 새롭게 하나님을 만나야 하고, 새로운 하나님의 인도하심에 맡겨야 합니다. 그간 걸어온 길에서 얻은 경험과 하나님께서 맡기시는 사명 간에 절묘한 연결고리를 만드시는 분은 하나님 자신이십니다. 바울과 아덴, 과연 그 둘이 서로 만나서 만들어가는 이야기는 하나님 나라 이야기와 어떤 식으로 상관있을지 자못 궁금해집니다.

바울의 아덴 도착과 사역

바울은 아덴에 도착하자마자 곧장 사역을 시작한 것은 아닙니다. 두 동역자를 기다렸고, 그 사이에 도시 전체를 여기저기 둘러보았습니다. 그가 애써서 보려고 하지 않아도 가는 곳마다 수많은 신전들과 제단들이 기다리고 있었습니다. 그의 눈에는 언덕에 자리 잡은 거대한 아크로폴리스가 보였을 것입니다. 특히 그 안에는 아테나 여신을 숭배하려고 세운 파르테논 신전이 있었습니다. 로마 황제 아우구스투스에게 바쳐진 신전, 전쟁의 신 아레스를 위한 아크로폴리스, 농업과 결혼의 신 데메테르 신전, 디오니소스 신전, 올림피아 제우스 신전, 피시움 신전, 아폴로 신전, 아고라 광장에 있는 헤파이스토스 신전, 두 다리를 쩍 벌리고 말에 탄 형상을 하고 있는 포세이돈의 신상, 또한 제우스, 아폴로, 헤르메스 신상들이 가는 곳곳마다 기다리고 있었습니다. 신상과 신상 사이에는 이름 모를 숱한 옛 영웅들의 조상彫像들이 서 있었습니다. 신상들만 있는 것이 아니었습니다. 겸손, 충동, 사랑, 평화의 여신들의 신상들까지 있었습니다. 대 플리니우스Gaius Plinius Secundus는 로데스에 7만 3천 개의 우상이 있었고 아덴과 올림피아와 델피의 신전 도시에는 "이보다 적지 않은" 우상이 있었다고 기록하고 있습니다.[55]

우상으로 가득찬 도시 아덴

이 도시의 신들은 그 나라 나머지 지역의 모든 신들을 합친 것보다 많았으며, 그래서 이 도시에서는 사람보다 신을 보기가 더 쉬웠다고 말한 로마의 풍자 시인의 말이 과장은 아니었을 것입니다. 바울은 "두루 다니며 너희를 위하는 것들"을 보았습니다. 이 도시가 얼마나 종교성이 강한 곳인지를 확인했을 것입니다. 참 아이러니합니다. 지적 사유에 능한 철학자들의 도시가 동시에 우상숭배가 만연한 도시였다니 말입니다. 그것을 본 바울의 심경을 저자는 이렇게 묘사합니다.

"바울이 아덴에서 그들을 기다리다가 그 성에 우상이 가득한 것을 보고 마음에 격분하여" (사도행전 17:16)

---

55 Pliny, *Nat*, p.34,36. 참고. Mary Beard and John Henderson, *Classical Art: From Greece to Rome*, p.83.

"격분했습니다파로크쉬노, παροξύνω". 이 단어가 신약성경에서는 고린
도전서 13장에서 "사랑은 성내지 않는다"고 할 때 한 번 더 나옵니다. 이
단어에서 '발작Paroxysm'이라는 의학용어가 나왔습니다. 이 단어가 칠십
인역에서는 우상숭배에 대해 하나님께서 화를 내시는 대목에서 나옵니
다.[56] "질투하시는 하나님"의 분노를 나타냅니다. 그런데 미완료 시제가
쓰인 것을 보면, 한 번 "욱!" 한 것이 아니라 지속적으로 그리고 반복적으
로 분노의 감정이 일어났던 것으로 보입니다. 성령이 주시는 거룩한 분
노와 탄식이었습니다. 누군가에게는 관광지였겠지만, 바울에게는 이것
이 살아계신 하나님께 돌려야 할 영광과 찬양이 죽은 우상들에게 향하는
광경이었기에 '의분'이 일어난 것입니다. 한편으로 신전들은 장엄했고
조각상들은 아름다웠습니다. 모든 게 하나님께서 주신 예술성과 창조성
의 산물이었습니다. 그런데 그런 재능을 하나님 대신에 우상을 숭배하는
데 사용하는 것을 보고서 바울은 마음이 미어졌습니다. 여기 "보고"라는
단어쎄오레오, θεωρέω는 '관찰하다', '고찰하다'는 뜻인데, 여기 말고도 22
절과 23절에도 나옵니다. 그는 관광하듯 아덴 시내를 둘러본 게 아닙니
다. 자신과 상관없는 듯 무심하게 본 것도 아닙니다. 관찰했습니다. 그 배
후에 자리잡은 세계관을 보았습니다. '묵상했다'라고 표현해도 무방할 것
입니다. 눈앞에 펼쳐진 우상숭배의 풍경을 자신과 상관있고 하나님과 상
관있는 현상들로 본 것입니다. 그래서 한편으로는 거룩한 분노가 일었고,
다른 한편으로는 긍휼의 마음이 일었습니다. 이 분노가 있을 때, 그들이
우상숭배에도 불구하고 번성하고 권력을 쥐며 자유로운 듯 살아가는 것

---

56 사 65:2-3; 신 9:7,18, 22; 시 106:28-29; 호 8:5

을 보면서 부러워하지 않고 도리어 불쌍히 여길 수 있습니다. 이것이 우리가 이 시대를 '보는' 태도가 되어야 합니다. 우리가 묵상의 대상으로 삼아야 할 텍스트가 성경만이 아니라 이 세상이어야 하는 이유가 여기에 있습니다.

그 성에 "우상이 가득했다"라고 할 때 쓰인 단어카테이도론, κατείδωλον는 신약에 여기만 나오는데, '우상의 지배 아래 있었다', '우상에게 푹 잠겨 있었다'는 뜻에 가깝습니다. 그리스인들에게 신은 공동체의 일부였습니다. 그리스 신화에서 보듯이, 그들에게 신은 반신반인에 가까웠습니다. 너무나 친근했고 낯익었고, 그래서 숭배의 대상이기도 했지만, 동시에 언제든 통제할 수 있는 대상이기도 했습니다. 바울은 그런 현상 속에 내재된 인간의 공허와 소외와 불안을 읽었을 것입니다. 그것이 바울이 분노로 그치지 않고 복음을 전하기로 결심한 이유입니다. 그것도 "날마다" 전한 이유였습니다.

바울의 아덴 전도
바울이 어떻게 아덴에서 사역했는지를 17절이 잘 요약해주고 있습니다.

"회당에서는 유대인과 경건한 사람들과 또 장터에서는 날마다 만나는 사람들과 변론하니"(사도행전 17:17)

개역개정은 번역하지 않았지만 원문은 '그러므로멘 운, μὲν οὖν'로 시작합니다. 바울의 사역이 우상들을 보고 격분한 결과임을 분명히 해주고 있습니다. 여느 도시처럼 안식일에는 유대인 공동체의 중심인 회당에서 성경을 가지고 유대인과 경건한 사람들, 즉 유대교에 호의적인 이방인들을 상대했습니다. 또한 평일에는 장터아고라에서 헬라인들과 변론했습니다. '장터'로 번역된 '아고라'는 저잣거리와 모임 장소를 모두 뜻하는 단어입니다. 거기서는 상업, 정치적 집회, 선거, 법정 심문, 연극 공연, 종교 행렬, 군사 경연, 운동경기, 철학 강의가 열렸습니다. 아고라 동쪽에는 아탈로스의 스토아가 있는데, 그곳은 민주주의의 출생지로 불립니다. 소크라테스도 이 '아고라'에서 토론을 벌였다는 기록이 나옵니다. 아고라에서의 변론 모습은 루스드라에서(행 14:15-18) 바울이 이방인들을 상대한 이래로 처음 나오는 장면입니다. 유대인들과는 일주일 중에 안식일에 단 한 번 만난 데 반해서 장터에서는 "날마다" 만났다고 한 것을 보면 바울 사역의 주요 대상이 헬라그리스 사람들, 즉 이방인이었다는 점을 분명히 말해줍니다. 그것이 회당 사역보다 훨씬 더 어려웠을 텐데도 바울은 '날마다' 전도사역을 이어갔습니다. 3만 평에 달하는 넓은 아고라를 여기저기 다니면서 소크라테스식 대화법으로 종교와 철학과 윤리에 대해 대화하다가 자연스럽게 복음을 나누었을 것입니다. 그것이 18절에 상세히 나옵니다. 복음은 유대인들만을 위한 것이 아니라 모두를 위한 보편적인 복음이며, '땅끝'까지 이르러야 하는 복음인 것을 보여줍니다.

그가 전한 복음의 내용은 선교지를 막론하고 한결같았습니다. 그 주제는 '예수와 부활'이었습니다. 부활을 이야기했다면, 당연히 예수님의 십자가의 죽음과 그 의미에 대해서도 전했을 것입니다. 그러면 회당의 유대인들은 자신들의 심기를 불편하게 하는 가르침으로 여겨서 즉시 중단시키거나 회당에서 축출했을 것입니다. 심하면 데살로니가나 루스드라에서처럼 죽이려고 했을 것입니다. 하지만 사상의 도시, 철학의 도시답게 아덴은 바울의 말을 "날마다" 들어주었습니다. 그들의 반응을 18절에서 다음과 같이 진술합니다.

> "어떤 에피쿠로스와 스토아 철학자들도 바울과 쟁론할새 어떤 사람은 이르되 이 말쟁이가 무슨 말을 하고자 하느냐 하고 어떤 사람은 이르되 이방 신들을 전하는 사람인가보다 하니 이는 바울이 예수와 부활을 전하기 때문이러라"(사도행전 17:18)

아덴은 신들의 도시였을 뿐만 아니라 철학자들의 도시였습니다. 소크라테스와 플라톤, 아리스토텔레스가 지금 바울이 거닐고 있는 그 거리를 거닐었고, 바울이 변론하고 있는 그 장터에서 자신들의 주장을 설파했습니다. 이제 그 후예들 가운데 대표적으로 바울 당대에 활약한 두 철학 학파가 바울과 쟁론하고 있습니다. 하나는 에피쿠로스이고 다른 하나는 스토아입니다. 두 학파에 대하여 바울은 복음을 통해서 동시에 논쟁을 벌였습니다. 여기 '쟁론하다쉬네발론, συνέβαλλον'는 직역하면 '함께 던지다', '연합하다', '기여하다'는 뜻인데, 그러니까 그들은 서로 토론에 기여했다는 뜻입니다. 너무 적대적인 분위기를 상상할 필요는 없겠습니다.

• 에피쿠로스 학파와 스토아 학파

에피쿠로스 학파는 신을 긍정하지만, 그 신이 인간의 역사에 개입한다고 여기지 않습니다. 그런 생각은 모두 미신으로 취급했습니다. 세상은 원자와 원소들로 구성되어 있고, 그것들이 우연히 조합되어 형성되었고, 죽음이란 다시 그 원자로 돌아가는 것이라고 봅니다. 유일한 정신적 존재는 인간뿐입니다. 그 인간이 같은 근원에서 나온 자연과 함께 행복을 누리며 살아야 하고, 그것은 명예와 권력과 재산과 욕정 등을 억제하고, 고통 없이 평범하게 살고 자연법칙을 좇아 목가적으로 살 때 얻을 수 있다고 생각합니다. 따라서 죽음 뒤의 삶이나 심판 같은 것은 생각할 수도 없습니다.

반면에 스토아 학파는 범신론을 믿습니다. 우주는 신에게서 기원한다고 말하지만, 인격적인 신을 믿는 것은 아닙니다. 단지 우주적인 이성 혹은 영으로서 만물에 내재되어 있을 뿐입니다. 인간의 영도 우주의 영의 일부분으로 봅니다. 그 우주의 영이 존재의 운명을 만듭니다. 이 스토아 학파에서도 인격적으로 이 세상을 창조하시고 관여하시는 신은 생각할 수 없었습니다. 인간의 행복은 이미 정해진 운명을 잘 이해하고 따라가는 데서 온다고 믿습니다. 숙명, 복종, 고통을 감수하는 삶, 자족 등을 강조하며, 절대 변경되지 않는 운명에 어떻게 대처하느냐가 행복을 결정한다고 믿었습니다. 그들은 이것을 마차에 끌려가는 개 비유를 들어서 설명하곤 했습니다. 개가 가는 방향은 마차가 가는 방향에 달려 있습니다. 다만 개는 마지못해 질질 끌려갈 수도 있고 자발적으로 마차를 따라갈 수도 있습니다. 인간이 행복하려면 자발적으로 운명에 순응해야 한다고 말합니다. 심지어 자연과의 조화가 어렵다면 자살하는 것이 자신을 해방시키고 행복을 얻는 길이라고 가르쳤습니다. 그들에게 죽음은 진정한 자유에 도달하는 길이었습니다. 이들이 바울과 쟁론을 벌인 후 내린 결론은 이것입니다.

"이 말쟁이가 무슨 말을 하고자 하느냐"

"말쟁이스페르몰로고스, σπερμολόγος"는 '씨를 쪼아 먹는 것'이란 뜻입니다. 씨를 쪼아 먹듯이 잡다한 정보를 모으는 자를 가리킵니다. 자기만의 독창적인 생각이 없이 여기저기서 지식의 부스러기들을 모으는 사람, 무지한 표절자, 허풍선이, 지적 수다쟁이 같은 뜻입니다. 들을 가치가 없는 허접한 쓰레기 같은 것들만 나열한다면서 바울에 대해 아주 부정적인 평가를 내리고 있습니다. 한마디로 철학자들이 보기에 바울이 전한 십자가와 부활, 심판의 가르침은 '방법론이 결여된 C급 지성'으로 보였던 것입니다. 에피쿠로스 학파는 사람이 죽으면 원자로 돌아간다고 믿으니 다시 살아난다는 말이 헛소리처럼 들렸을 것이고, 스토아 학파는 죽음은 저급한 몸에서 혼이 자유로워지는 일인데, 왜 굳이 부활하여 다시 몸의 속박으로 돌아가는 어리석은 선택을 하느냐며 코웃음을 쳤을 것입니다.

바울의 말을 듣고 또 다른 주장을 하는 사람들도 나왔습니다.

"어떤 사람은 이르되 이방 신들을 전하는 사람인가보다 하니 이는 바울이 예수와 부활을 전하기 때문이러라"(사도행전 17:18b)

이들은 바울을 "전하는 사람카타겔류스, καταγγελεὺς", 즉 무언가를 선포하는 사람이라고 불렀습니다. 여기 "이방 신들크세논 다이모니온, Ξένων δαιμονίων"은 '시시한 신들', '다른 나라 신들'이라는 뜻입니다. '다이모니온'은 더 인격적인 신쎄오스과는 구별되는 독립적이고 초월적인, 그러나 더 낮은 차원의 신적 존재를 가리킵니다. 사실 그냥 넘길 수 없는 평가인데, 왜냐하면 이것이 소크라테스가 사형을 당한 죄목이었기 때문입니다. "국가가 정한 신들을 거부하고 새로운 신들을 전하여 젊은이들을 미혹했다"는 이유로 사약을 받았습니다. 저자는 그들이 그렇게 생각한 이유를 바울이 '예수와 부활'을 전하기 때문이라고 설명하고 있습니다. 한편으로 하나님 말고도 부활하신 예수님을 신으로 전했다는 의미일 수 있습니다. 다른 한편으로, 여기 '예수와 부활'이라고 했을 때, 그들은 바울이 '예수'라는 남자 신과 '부활'이라는 여자 신을 전한다고 생각했을 수 있습니다. 그들은, 예수는 죽었다고 생각했기 때문에 '다이모니온'으로 여겼고, 또 "부활아나스타시스, ἀνάστασις"의 의미를 몰랐기 때문에 그것을 사후 생명을 의인화한 일종의 신으로 오해한 것입니다.[57] 그렇다면 아주 흥미로운 일이 벌어진 것입니다. 루스드라에서도 이방인들만을 상대하는 장면에서 바울과 바나바를 헤르메스와 제우스 '두 신神'으로 오해했는데, 여기 아덴에서도 '두 신', '예수'와 '부활'로 오해하고 있기 때문입니다.

바울의 아레오바고 설교

그런데 지금 이 상황이 소크라테스를 다룰 때처럼 심각했는지, 아니면 바울이 전한 가르침에 대해서 강한 호기심을 보이는 수준인지를 가늠하기가 쉽지 않습니다, 거기 있는 사람들-두 철학 학파 사람들이나 주변 사람들-이 바울을 "붙들어" 아레오바고로 데려갑니다. 그런데 여기 '붙

---

57 제우스에게는 테미스(질서)와 메티스(지혜)라는 배우자가 있고 그의 딸은 다이크(정의)였다. 아테나는 손에 나이키(승리)를 갖고 다녔다. 전쟁의 신 아레스는 포보스(두려움)와 데이모스(공포)를, 아프로디테는 에로스(사랑)와 히메로스(갈망)와 페이토(설득)를 동반했다.

들어에피람보메노이, ἐπιλαβόμενοί'라는 동사는 '데리고 가다'라는 뜻으로 강제성을 띠지 않습니다. 재판정에 가는 것보다 철학 토론의 현장으로 안내하는 분위기입니다. 21절이 그것을 보여줍니다. 강압적인 분위기나 재판정의 분위기를 엿볼 수 없습니다. 그를 데려간 사람들도 관리나 경찰들이 아니라 그들과 장터에서 논쟁을 벌이던 사람들입니다. 그들은 좀더 본격적인 논쟁을 더 많은 사람들 혹은 더 권위 있는 사람들 앞에서 하도록 장소를 옮긴 듯이 보입니다. 그들의 말투를 보면 심문하는 투가 아닙니다.

"네가 말하는 이 새로운 가르침이 무엇인지 우리가 알 수 있겠느냐" (사도행전 17:19)

아레오바고에 선 바울

정치적으로 예민한 이슈가 아니면 법정에 설 일이 없었습니다. 소크라테스의 죽음이 단지 새로운 종교의 문제만이 아니라 그것이 당대의 청년들에게 반사회적, 반정치적 의식을 심어주었기에 기득권자들에게는 위협이 되었던 것입니다. 하지만 바울의 주장에는 그런 모습이 전혀 나타나 있지 않습니다. 물론 바울을 끌고 간 '아레오바고'[58]가 법정 기능을 한 것은 사실입니다. 하지만 본문에서 '아레오바고'는 바울을 데려간 곳의 지명에 불과하고, 그 근처 어딘가에 모여 관심 있는 전문 민간인들 앞에서 청문회 같은 논쟁이 벌어진 것으로 볼 수 있습니다. 그들은 바울의

―――――――
58 아레오바고는 전쟁의 신인 '아레스의 언덕'이라는 뜻이다.

219

새로운 가르침에 대해서 관심을 보입니다. 그러면서 이렇게 덧붙입니다.

> "네가 어떤 이상한 것을 우리 귀에 들려 주니 그 무슨 뜻인지 알고자 하노
> 라 하니"(사도행전 17:20)

여기 '이상한 것'이라는 말속에 부정적인 뉘앙스는 없습니다. 앞에 '우
리가 알 수 있겠소?'라는 예의를 갖춘 요청이기 때문입니다. 그들은 온
세상에서 온 다양한 신들의 이야기나 철학적인 주장들을 많이 들었지만,
바울이 전하는 '예수와 부활'은 그들 귀에는 참으로 생경한 주장이었습
니다. 바울을 "말쟁이" 취급하면서 돌아선 이들도 있었지만, 그 뜻을 알고
자 진지하게 호기심을 드러낸 이들도 있었습니다. 오순절에 성령이 임하
시고 제자들이 각각 자기의 방언으로 말하는 것을 듣고 각 지역에서 모
인 디아스포라 유대인들이 "이 어찌 된 일이냐"(행 2:12) 하면서 소동했던
분위기와 비슷합니다. 그런 반응이 있고서 베드로의 긴 설교가 이어졌듯
이(행 2:14-36), 이번에도 바울의 긴 설교가 이어지고 있습니다. 그들의 이
런 진지함이 아덴의 일반적인 분위기라고 21절에서 '방백'의 형태로 저
자가 부연 설명을 해주고 있습니다.

> "모든 아덴 사람과 거기서 나그네 된 외국인들이 가장 새로운 것을 말하고
> 듣는 것 이외에는 달리 시간을 쓰지 않음이더라"(사도행전 17:21)

'달리 시간을 쓰지 않는다'고 하여 온통 진리를 탐구하는 일에만 매달
리는 것처럼 묘사했지만 이것은 과장이고, 다른 지역에 비해 유독 모르

는 것, 낯선 것, 새로운 것에 대해 관용적이고 개방적인 태도를 갖고 있는 사람들이라는 뜻입니다. 하지만 저자는 새것에 대한 그들의 관심은 도를 넘었고, 부정적으로 보자면, 기존의 것들에 대해 쉽게 싫증과 염증을 보이는 성향, '새것 콤플렉스' 환자 같은 경향을 보인다고 말하고 싶은 것 같습니다. 새로운 전자기기에 대해 과도한 집착을 보이는 '얼리 어댑터'와 비슷한 사람들 같습니다. 한 신을 정하여 그 신의 가치관에 자기 인생을 걸어야 하는데, 그렇지 않고 여러 신들을 동시에 숭배하면서 자신이 편하고 유리한 대로 그 신을 이용하는 행태를 보였습니다. 그런 점에서 아덴은 매우 번성한 종교시장과 같았습니다. 신상품이 등장하자 그들은 곧 호기심을 보였습니다. 바울은 이제 셀러Seller 혹은 딜러Dealer로서 이 종교 신상품을 광고하도록 기회를 얻은 셈입니다. 과연 '복음'은 아덴 사람들의 철학적 관심과 이런 새로움에 대한 강력한 욕구를 채워주기에 충분했을까요?

아덴의 이런 상황은 사실 오늘 우리 시대의 축소판이라고 해도 크게 벗어난 말은 아닐 것입니다. 하나의 종교, 하나의 신, 하나의 진리를 말한다는 것은 시대정신을 위반하는 것으로 여겨지는 것이 우리가 사는 포스트모던 시대입니다. 특히 진화론적인 세계관이 과학이나 역사나 문화 등 어디에나 스며들어 있어서 옛것은 고루하고 구태의연하며 게으른 것이기에 비윤리적이라고 생각하지만, 새것은 가치 있고 심지어 좋은 것이라는 생각을 자연스럽게 하는 것처럼 보입니다. 하지만 그것은 우리를 더 쉽게 권태를 느끼게 하고, 더 강하고 자극적인 것을 찾아서 방황하게 만듭니다. 부족한 자기 내면을 연마하는 여정이나 더 온전한 진리를 추구하는 여정이 아니라, 나를 만족시키고 내 정서적 필요를 채워줄 이론이나 주장이나 문화를 찾아 헤매고 있는 듯이 보입니다.

이런 현상은 교회 안에서나 신학의 영역에서도 마찬가지입니다. 고장난 녹음기 틀어놓은 것처럼 전혀 낯설게 들리지 않는 설교나 가르침까지 옹호할 생각은 없습니다. 진리는 그 깊이와 넓이와 길이와 높이가 다 헤아릴 수 없을 만큼 무한하고, 그것을 받는 사람들과 적용해야 할 시대는 늘 달라지기 때문에, 재해석과 재진술과 상황화 혹은 성육화의 과정을 요구합니다. 성경은 한 시대 한 사람만의 주장이 아니기 때문이며, 그때 그 말씀을 하셨던 하나님께서 오늘도 살아서 말씀하고 계시고, 그때의 약속을 지금도 이루어가고 계시기 때문에, 우리는 새로움을 추구해야 합니다. 하지만 진리는 본질상 옛것과 새것이 다르지 않습니다. 어떤 식으로 시대의 언어를 구사하여 말하고 시대의 옷을 입고 소통하느냐의 문제입니다. 성경이 시대를 넘어서는 진리를 말해주지 않았다면, 시효가 만료되어 사라지고 없을 것입니다. 예수님의 십자가와 부활이 역사에 깊이 뿌리를 내린 진리가 아니었다면, 그리고 그것이 오늘 역사를 살고 있는 우리와 상관없는 사건이었다면, 그것 역시 한 시대를 풍미하고 사라진 숱한 이데올로기들과 다를 바 없었을 것입니다.

복음은, 하나님 나라의 진리는, 그 중심에 있는 예수님의 십자가와 부활은, 모든 시대의 모든 사람들을 상대했습니다. 모든 인간의 주장들과 그들이 추구한 가치들을 상대했습니다. 그러고도 사라지지 않고 모든 시대마다 대안이 되었고 소망이 되었습니다. 모든 사람들에게 질문을 안겨주었고 해답을 찾도록 안내해 주었습니다. 아무도 이 진리를 독점할 수 없습니다. 그러니 열린 마음, 겸손한 마음으로 하나님을 아는 지식과 복음을 아는 지식에서 자라도록 애써야 합니다. 하지만 진리는 순례의 대상이고 삶의 대상일 뿐 쇼핑의 대상이나 소유의 대상이 아닙니다. 살기 위해, 그리고 내 목숨을 걸기 위해 찾는 것일 뿐, 나를 치장하거나 위무하거나 소유로 삼기 위해 찾아서는 안 됩니다. 부디 그 진리를 알고 진리를 살아낼 수 있는 공동체를 일구십시오. 쓸만한 종교상품 하나를 갖고 사람 장사하는 곳으로 전락하지 않도록 해주십시오.

바울의 아레오바고 연설

22-29절까지 바울의 아레오바고 발언이 시작됩니다. 바울 앞에 몇 명이나 모여 있었는지에 따라서 대화가 될 수도 있고 연설이 될 수도 있습니다. 루스드라 설교와 함께 이방인들만을 대상으로 한 유일한 설교입니다. 본문에 수록된 내용은 불과 2분 남짓이면 다 읽을 수 있습니다. 다른 설교에 비하면 분량이 길지만 실제 설교의 전문일 리는 없습니다. 저자가 요약한 내용이 이 정도면 실제 설교 혹은 연설은 얼마나 풍부했고 또 논리적이었고 변증적이었을까 생각해봅니다. 그의 연설은 효과적인 도입(22b-23절)과 정연한 본문(24-29절), 적실한 적용(30-31절)까지 성경에 관한 지식이 없는 이들을 향한 복음 설교의 좋은 모델을 보여주고 있습니다.

• 도입

바울은 이렇게 연설의 포문을 열고 있습니다.

"바울이 아레오바고 가운데 서서 말하되 아덴 사람들아 너희를 보니 범사에 종교심이 많도다 내가 두루 다니며 너희가 위하는 것들을 보다가 알지 못하는 신에게라고 새긴 단도 보았으니 그런즉 너희가 알지 못하고 위하

는 그것을 내가 너희에게 알게 하리라" (사도행전 17:22-23)

바울은 청중들의 호의를 얻는 발언으로 시작합니다.

"아덴 사람들아 너희를 보니 범사에 종교심이 많도다"

멋진 도입입니다. 듣기 좋은 말을 찾은 것이 아니라 신중한 현지 분석을 통해 진실에 가까운 말을 찾았습니다. 아덴 사람들은 무언가를 알려는 사람들이었습니다(행 17:19-20). 특히 종교적인 영역에 대해서 그랬습니다. 그들은 바울을 여기 아레오바고로 끌어와 발언하게 할 만큼 열성적이었습니다. 여기 "종교심이 많다"는 말은 "신들을 경외하는 자들데이시다이모네스테루스, δεισιδαιμονεστέρους"이라는 뜻입니다. 물론 긍정적인 뉘앙스로 말했지만, 동시에 그 종교에 대한 지나친 열정과 그로 인해 생긴 수많은 신전들과 신상들과 제단들은 바울을 분노하게 한 이유가 되기도 했습니다(행 17:16). 하지만 이로운 점이 분명히 있습니다. 신을 경외하는 태도는 하나님을 담을 만한 좋은 그릇이 되기 때문입니다. 문제는 그 그릇에 무엇을 담느냐 하는 것이었습니다.

그러면서 이제 자신이 정말 하고 싶은 말을 도입하려고 접촉점 하나를 마련합니다. 그것 역시 한때는 바울을 분노하게 했던 신들의 제단입니다. 어느 날 아덴 거리를 두루 다니다가 바울의 눈에 제단 하나가 들어왔습니다.

"내가 두루 다니며 너희가 위하는 것들을 보다가 알지 못하는 신에게라고 새긴 단도 보았으니" (사도행전 17:23a)

바울은 두 개의 현재 분사를 사용하여 자신이 아덴의 여기저기를 '두루 다녔고', '(주의를 기울여) 보았다디에르코메노스 가르 카이 아나쎄오론, διερχόμενος γὰρ καὶ ἀναθεωρῶν'는 말을 하여 자신이 아덴에 대해서 잘 모르는 외지인으로서 함부로 말하고 있는 것이 아님을 밝히고 있습니다. 아덴 사람들은 온갖 신들을 다 섬깁니다. 그런데 혹시 자신들이 몰라서 안 섬겼다고 노여움을 사는 신들이 있을까 싶어 심지어 "알지 못하는 신에게아그노스토 쎄오, Ἀγνώστῳ θεῷ"라고까지 부르며 제사를 드렸습니다. 한 마디로 바울은 '거시기 신'에게 제사를 드리던 제단을 본 것입니다. 그들이 얼마나 종교적인 사람들인지를 보여주는 증거입니다. 그들은 '범사에' 종교적이었습니다. 모든 일에 신을 개입시켰습니다. 농사, 비, 강, 사랑, 노래, 술 등 인간사 모든 일에 다 신이 개입되어 있다고 믿었습니다. 하지만 그 신들로 설명할 수 없는 것들이 너무 많았습니다. 그래서 불안했고 두려웠습니다. 그래서 '알지 못하는 신'에게까지 제사를 드린 것입니다.

바울은 아덴 사람들이 신들과 항상 함께하면서도 소외와 불안과 불만족 속에 살아가고 있는 것을 간파했습니다. 그리고 그 사이를 비집고 들어갔습니다.

"그런즉 너희가 알지 못하고 위하는 그것을 내가 너희에게 알게 하리라"
(사도행전 17:23b)

여기 알지 못하고 '위하는유세베오, εὐσεβέω'은 알지 못하고 '섬기는' 혹은 '예배하는'이라고 번역하는 것이 옳고, '알게 하다카탕겔로, καταγγέλλω'

는 '선포한다'라고 번역하는 것이 더 낫습니다(행 4:2; 17:3 '전하다'). 바울은 지금 그 신의 존재를 증명하려는 것이 아니라 선포하려는 것입니다. 바울은 그들이 "알지 못하고 위하는예배하는" 신이 바로 자신이 선포하는 하나님이라고 주장하고 싶어 합니다. 바울이 선포하는 신은 급이 낮은 "이방 신"(행 17:18)이나 "어떤 이상한 것"(행 17:20)이 아닙니다. 도리어 그들이 주장하는 철학이나 그들이 믿는 신을 넘어서서 이 아덴과 세계 전체를 주관하는 분이라고 말해줄 것입니다.

• 하나님에 대한 소개

이제 바울은 24-29절까지 그 하나님에 대해서 설명해 주고 있습니다. 아덴 사람들에게 '미지의 신'은 여러 신들 중 하나입니다. 하지만 바울에게 그 '미지의 신'은 오직 한 분 참 신이었습니다. 그 신에 대해서 그들이 듣고 나면 쓸만한 신 하나 소개받았다고 만족하는 선에서 그칠 수 없을 것입니다. 그 신은 유일무이한 신이기 때문입니다. 그분만이 참 신이고, 그래서 다른 신과 자신을 동시에 섬기지 말라고 요구하는 무례한 신이기 때문입니다. 우상을 본 바울의 분노는 바로 질투하시는 하나님의 분노였습니다. 질투하는 분노가 없는 사랑은 참 사랑이 아닙니다. 바울은 하나님을 어떤 분으로 소개하고 있습니까? 크게는 다섯 가지 모습으로 제시하고 있습니다.

① 창조하신 우주의 하나님
② 창조하신 생명을 유지하시는 하나님
③ 창조하신 것들을 다스리시는 하나님
④ 생명 없는 것들로 대체될 수 없는 생명의 하나님

⑤ 심판하시는 하나님

창조하시고 그 창조한 세계를 책임지시는 인격자 하나님으로 소개하고 있는 것을 볼 수 있습니다. 인간의 죄나 예수 그리스도를 통한 구속에 대해서는 말하지 않은 것처럼 나옵니다. 물론 바울이 전혀 말하지 않았을 리 없겠지만, 다만 성경이나 언약의 역사에 대한 사전지식이 전혀 없는 이들에게, 그리고 자신만의 사상과 신관을 가진 자들에게 바울이 어떻게 접근하고 있는지를 보여주고 있습니다.

① 창조하신 우주의 하나님

바울이 맨 처음 소개한 하나님은 모든 것을 지으신 창조의 하나님이십니다.

> "우주와 그 가운데 있는 만물을 지으신 하나님께서는 천지의 주재시니 손으로 지은 전에 계시지 아니하시고" (사도행전 17:24)

유대인들이 흔히 쓰는 "하늘과 땅" 대신에 그리스인들이 쓰는 "우주코스모스, κόσμος"라는 단어를 사용하고 있습니다. 하지만 "그 안에 있는 모든 것들"은 구약적인 표현입니다. 이 구절은 이사야 42:5을 생각나게 합니다. "하늘을 창조하여 펴시고 땅과 그 소산을 내시며 땅 위의 백성에게 호흡을 주시며 땅에 행하는 자에게 영을 주시는 하나님 여호와께서 이같이 말씀하시되." 저자는 하나님이 창조하신 분이라는 사실 외에도 그분의 창조가 "만유의 창조이고 만인의 창조"라는 사실을 강조하고 있습니다. 여기 24, 25, 26, 30, 31절에 "모든"이라는 헬라어가 계속 반복되고

있습니다. 27절에 나온 "각각", 30절에 나온 "모든 장소" 또한 마찬가지
입니다. 바울은 여호와 하나님은 유대인만의 하나님이 아니라 아덴 사람
들과 또 모두를 위한 하나님이라는 것을 강조한 것입니다. 그러니 그분
은 천지의 주재(퀴리오스, κύριος)가 되실 수 있습니다. 신의 존재를 증명하고
(행 17:24), 모든 것을 공급하는 신의 역할을 말하고(행 17:25), 사람들의 존
재와 살 곳의 경계를 정하시고 보살펴주시는 하나님을 소개하고 있습니
다(행 17:26). 이런 논증의 순서는 스토아 철학자들의 것을 따르고 있는 것
으로 보입니다. 하나님이 창조의 하나님이시라면 그는 숨어 계신 하나님
이나 알 수 없는 하나님이 되실 수 없습니다(사 45:18-19).[59] 또한 바울은
아덴에 널린 신전들을 보면서 여호와 하나님은 그와는 다른 신인 것을
강조합니다.

"하나님께서는 천지의 주재시니 손으로 지은 전에 계시지 아니하시고"(사
도행전 17:24b)

사람을 지으신 하나님이 사람의 손으로 지은 곳에 계실 수 없다는 것
은 상식입니다. 무한한 영적 존재가 유한한 인간의 공간 안에 유폐된다는
것은 상상할 수 없는 일입니다. 스토아 철학자들 역시 이 점에 대해 전적

---

59 "대저 여호와께서 이같이 말씀하시되 하늘을 창조하신 이 그는 하나님이시니 그가 땅
을 지으시고 그것을 만드셨으며 그것을 견고하게 하시되 혼돈하게 창조하지 아니하
시고 사람이 거주하게 그것을 지으셨으니 나는 여호와라 나 외에 다른 신이 없느니라
하시니라 나는 감추어진 곳과 캄캄한 땅에서 말하지 아니했으며 야곱 자손에게 너희
가 나를 혼돈 중에서 찾으라고 이르지 아니했노라 나 여호와는 의를 말하고 정직한
것을 알리느니라"

으로 공감을 표시했을 것입니다.[60] 어쩌면 이 말을 할 때 바울은 맞은편 아크로폴리스 언덕에 우뚝 솟은 파르테논 신전을 가리켰을 것입니다.[61]

이 역시 솔로몬의 고백을 떠올립니다. "하나님이 참으로 땅에 거하시리이까 하늘과 하늘들의 하늘이라도 주를 용납하지 못하겠거든 하물며 내가 건축한 이 전이오리이까?"(왕상 8:27) 이사야도 "하늘은 나의 보좌요 땅은 나의 발등상이니 너희가 나를 위하여 무슨 집을 지을꼬 나의 안식할 처소가 어디랴 나 여호와가 말하노라 내 손이 이 모든 것을 지었으므로 그들이 생겼느니라"(사 66:1-2)고 고백했습니다. 신전의 크기로 신의 크기를 과시하던 시대의 상식에 일침을 놓는 하나님의 스케일을 보여주었습니다.

② 창조하신 생명을 유지하시는 하나님

바울은 생명을 유지하시는 하나님을 소개합니다.

"또 무엇이 부족한 것처럼 사람의 손으로 섬김을 받으시는[62] 것이 아니니 이는 만민에게 생명과 호흡과 만물을 친히 주시는 이심이라"(사도행전 17:25)

그는 창조자이시기에 완전하신 분입니다. 그는 인간의 기도나 찬양에

---

60 플루타르크는 "신들을 위해 신전을 지으면 안 된다는 것이 제논의 가르침이었다"고 기록하고 있다. 에피쿠로스 철학자들 역시 미신을 거부했다.

61 최종상, 『바울로부터』, p.224.

62 '섬김을 받다'(θεραπεύω)는 돌보다, 치료하다, 회복시키다. 옆에서 시중을 들다는 뜻이며, 신들을 섬긴다는 의미도 있다. '사람의 손으로 섬긴다'는 것은 제사를 드린다는 의미다. 에피쿠로스 학파는 신들에게 제사하는 것을 반대했기 때문에 바울의 말에 고개를 끄덕였을 것이다.

우쭐해하거나 제물을 통해 서운함이 달래지는 분이 아닙니다. 시편 기자는 말합니다. "내가 가령 주려도 네게 이르지 아니할 것은 세계와 거기에 충만한 것이 내 것임이로다. 내가 수소의 고기를 먹으며 염소의 피를 마시겠느냐"(시 50:12-13). 그러니 그분은 마음을 훔쳐서 우리가 바라는 것을 얻어낼 수 없습니다. 하나님은 뭔가 부족한 게 있어서 인간이 바치는 것이나 하는 일을 통해서 채워져야 하는 분이 아닙니다. 도리어 섬김이 필요한 것은 피조물입니다. 그래서 주님은 생명에게 필요한 모든 것을 알아서 채워주심으로써 창조주의 도리를 다하십니다. "생명"과 "호흡"과 사람의 존속에 필요한 "만물모든 것, 타 판타, τὰ πάντα"을 지속적으로 공급하시는디두스, διδοὺς, 현재 분사 분입니다.[63] 창조와 마찬가지로 창조의 유지도 다른 누구를 통해서가 아니라 직접'친히' 아우토스, αὐτὸς 하십니다. 그러니 우리가 무언가를 하나님께 해드린 것처럼 자랑하거나 과시하는 것은 가당치 않은 교만입니다. 사람이나 자원을 의지한다면 하나님을 "부족한 존재"로 만드는 것이 됩니다.

에피쿠로스 학파와 스토아 학파 철학자들에게는 모두 인간과 세계의 역사에 직접 관여하시는 인격적인 하나님 개념은 없었습니다. 원자들의 우연한 결합의 결과가 이 세상이라고 주장하거나에피쿠로스, 혹은 모든 만물에 신이 깃들어 있다는 범신론스토아을 믿었습니다. 세상을 창조하여 그 세상과 구별되며, 지은 것들에 목적과 의미를 부여하시고, 그 지은 생명을 생명답게 존재하도록 책임져주시는 하나님, 살아계신 그 하나님은 아덴의 그 어떤 곳에서도 만날 수 없는 신이었습니다.

---

63 하나님이 모든 생명의 근원이시라는 주장에는 스토아 철학자들이 수긍했을 것이다.

③ 창조하신 것들을 다스리시는 하나님

바울에게 창조의 하나님은 또한 역사를 섭리하시는 하나님이십니다. 그는 역사의 주관자이시고 다스리시는 분이라고 소개합니다(행 17:26-27). 원문에는 26, 27절은 한 문장으로 되어 있습니다. 먼저 인류의 기원은 하나라고 말하면서 시작합니다.

"인류의 모든 족속을 한 혈통으로 만드사 온 땅에 살게 하시고"(사도행전 17:26a)

여기 한 혈통은, 큰 이변이 없는 한 아담을 가리킬 것입니다. 한 사람 아담에서 인류의 모든 족속이 나왔다고 합니다. 그렇게 아담 안에서 세계의 모든 사람들은 연결되어 있다는 뜻일 것입니다. 온 땅에 흩어져 살지만 사실 온 인류가 하나님 안에서 한 가족이라는 뜻도 될 것입니다. 이어서 바울은 창조의 하나님을 각 생명들이 사는 조건까지 주장하시는 분으로 소개합니다.

"그들의 연대를 정하시며 거주의 경계를 한정하셨으니"(사도행전 17:26b)

여기 '연대年代, 카이로스, καιρός'가 시대를 가리키는지 1년의 계절을 가리키는지 혹은 생존 기간흥망성쇠을 가리키는지 분명하지 않습니다. 단지 1년의 계절을 의미하기보다는 시대나 연대를 의미하는 것 같습니다. 그렇다면 하나님을 각 지역에 흩어진 생명들과 그들의 나라들의 존속 연대, 즉 흥망성쇠를 주장하시는 역사의 주권자라고 소개하고 있는 것입니

231

다. 바울은 세상 역사가 힘에 따라 영토가 정해지고 국운이 결정되는 듯 보여도 실은 하나님께서 주관하신다고 말하고 있는 것입니다. 하나님께서 시간의 눈금과 공간의 눈금을 정하십니다. 실제 세상을 호령하던 제국들은 다 사라졌습니다. 찬란하고 위대한 문명을 일구었던 아덴의 영화를 모르는 사람들이 없었을 것입니다. 하지만 그때를 생각하면 바울 당대 아덴의 쇠락은 믿기지 않을 정도였습니다. 그런데 하나님께서는 지금 그 위용을 뽐내고 있는 로마도 머잖아 아덴의 운명으로 바꾸실 수 있는 역사의 주인이십니다. 주님 오실 그날까지 교회는 늘 좁은 길을 걸어가는 남은 자로, 소수의 사람들로 그 역사를 이어갈 것입니다. 박해를 받고 불이익을 감수하면서도 강력한 세상 권력에 굴복하지 않는 자들이 그 나라의 이야기를 써갈 것입니다. 하나님을 인정하지 않는 이 세상 모든 나라의 흥망성쇠와 영토를 하나님이 다 정하실 것이라는 확신이 있기에 신앙을 고수할 수 있는 것입니다.

하나님께서 이렇듯 믿는 자들뿐만 아니라 하나님을 잘 알지 못하고 인정하지 않는 세상의 역사까지도 주장하시고 그들도 믿는 자들과 한 뿌리로 연결하신 이유를 저자는 이렇게 말해주고 있습니다.

"이는 사람으로 혹 하나님을 더듬어 찾아 발견하게 하려 하심이로되 그는 우리 각 사람에게서 멀리 계시지 아니하도다" (사도행전 17:27)

바울은 지금 이곳 아덴에 이미 계시면서 생명을 생명답게 창조하시고 책임지고 계시는 하나님을 소개하고 있을 뿐, 그들이 전혀 모르는 이방신을 소개하고 있는 것이 아니라고 말하는 것입니다. 하나님은 숨어 계시는 분이 아니고 우리에게 발견되기 위하여 우리와 멀리 떨어지지 않는 곳에서 우리를 위해 활동하시는 분입니다. 누구든 더듬어 찾으면 발견될 만한 거리에 계십니다. 바울의 말에 따르면, 세상에서 하나님이 개입하시지 않는 일이 하나도 없다는 것을 보여줍니다. 물론 그래서 악에 대하여도 하나님이 전적인 책임을 지셔야 한다는 것은 아닙니다. 그런 하나님이라면 인간을 심판할 자격도 없는 악한 하나님이 되십니다. 인간이 자유의지로 행하는 일이 좋은 일이든 나쁜 일이든 하나님께서는 늘 그 현장에 계시고, 다 알고 계시고, 때로 가망 없는 역사를 그 많은 은혜와 자비로 지탱해 주신 분입니다.

그러니 인류는 어디서든, 무슨 일을 통해서든, 하나님을 만날 수 있고 찾을 수 있고 발견할 수 있습니다. 선교사님들을 통해서 하나님과 예수님을 통한 구원을 전해 받는 방법뿐만 아니라, 우리가 모르는 하나님 당신만의 방식으로 인류 곁으로 가셔서 더듬어 찾고자 하는 자에게 들키십니다. 그래서 하나님이 창조하시고 주관하시는 역사와 세계를 "하나님의 지문"이라고 부르고, 그때 만난 하나님을 "하나님의 뒷모습"이라고 비유합니다. 바울이 로마서에서 강조하고 있는 것이 바로 이 일반계시입니다 (롬 1:18-23).

하나님은 죄로 인해 하나님께 스스로 나아가지 못하는 우리 인간에게 은혜로 가까이 다가와 자신을 드러내 주십니다. 이런 인격적인 하나님의 개입과 섭리는 에피쿠로스 학파나 스토아 학파 철학자들은 도저히 받아들일 수 없는 것들이었습니다. 우리 성도들이 선교적 존재라고 하는 것은 각자 다양한 영역에서 우리 하나님을 먼저 찾아 발견하고 교제하여, 그 하나님의 현존을 세상 사람들이 알아들을 수 있는 말로 번역해주고,

그래서 그들도 하나님을 더듬어 찾아 만날 수 있도록 돕는 자라는 뜻일 것입니다.

④ 생명 없는 것들로 대체될 수 없는 생명의 하나님

이어서 바울은 아덴의 수많은 신들의 동상들을 보면서 그 신들과 하나님을 차별화시킬 수 있는 모습을 제시하고 있습니다.

"하나님을 금이나 은이나 돌에다 사람의 기술과 고안으로 새긴 것들과 같이 여길 것이 아니니라" (사도행전 17:29)

하나님은 금, 은, 돌 같은 것으로 형상화할 수 없는 분입니다. 사람이 만든 그 장엄한 신전으로도 담을 수 없는 하나님이시니 당연합니다. 생명의 하나님을 생명 없는 것들과 동일시할 수 없습니다. 하나님을 물건으로 형상화하는 것은 그 하나님을 자기가 원하는 대로 통제하고 이용하려는 탐욕의 한 표현에 불과합니다. 우리를 창조하신 하나님은 우리가 창조한 하나님으로 전락할 수 없습니다. 우리가 그분의 형상이 될 수 있을 뿐 그분은 우리의 형상이 될 수 없습니다. 한 신학자나 목회자가 만든 하나님이 되어서도 안 되고, 한 교회나 교단이 만든 하나님이 되어서도 안 된다는 뜻이기도 합니다. 하나님이 하나님이실 수 있는 것은 '자유의 하나님'이실 때만 가능합니다. 하나님은 영이시니 인간은 오직 영과 진리 안에서만 참된 예배자로 살 수 있다고 했습니다. 우리가 거듭나서 성령의 인도하심을 따라 사는 자유인이 될 때, 우리는 그 자유의 하나님을 상대할 수 있습니다.

바울은 절대 하나님이 그런 우상과 같은 존재가 되실 수 없는 이유를 두 가지 제시하고 있습니다. 놀랍게도 바울은 성경을 인용하지 않고 대신 6세기 그레데 출신의 시인 에피메니데스의 경구를 인용하고 있습니다.

"우리가 그를 힘입어 살며 기동하며 존재하느니라" (사도행전 17:28a)

인간의 기원은 하나님이고 따라서 인간의 모든 존재와 활동이 하나님을 의존하고 있다는 것입니다. 하나님을 원자의 조합으로 보는 에피쿠로스 학파나 비인격적인 보편 이성으로 본 스토아 철학자들은 동의할 수 없는 주장입니다. 그는 또 주전 3세기 초 스토아 학파 시인 아라투스 Aarátus의 한 구절을 인용합니다.

"너희 시인 중 어떤 사람들의 말과 같이 우리가 그의 소생이라 하니"

물론 시인이 말한 "그의 소생"에서 "그"는 제우스를 가리킵니다. 하지만 바울에게 그는 여호와 하나님이십니다. 스토아 철학자들은 자신들이 신의 소생이라고 하면서도 그 신을 생명 없는 한 형상으로 만들어 섬기고 있었는데, 그것이 얼마나 그릇된 일인지를 바울은 동시에 지적한 것입니다. 바울의 논리는 이것입니다. 우리가 하나님의 소생이니 하나님의 속성이 인간 속에 반영되어 있고, 따라서 오늘 우리는 인간을 통해서 하나님의 속성을 유추할 수 있다는 것입니다. 인간이 생명체이고 인격체인데 어떻게 그 인간을 창조한 하나님신이 나무나 돌이나 쇳덩어리일 수 있겠느냐는 것입니다. 그러니 온통 돌들로 신상들을 조각하여 세워놓고 경배하는 이 아덴의 우상숭배는 참으로 어리석은 일이라는 것입니다.

하지만 역사상 이런 어리석은 우상숭배가 그친 적은 한 번도 없었습니다. 니체Friedrich Nietzsche는 『우상의 황혼』에서 "이 세상에는 실체보다 우상이 더 많다"고 말합니다. 하나님을 떠난 인간, 하나님께 독립을 선언한 인간은 하나님으로밖에는 채울 수 있는 영혼의 빈 공간 때문에 생긴 근원적인 불안을 떨치기 위해 끊임없이 다양한 우상을 고안해왔습니다. 아덴의 파르테논 신전에는 미美의 여신 아프로디테가 있습니다. 전쟁의 신 아레스가 있습니다. 다산과 부의 여신 아르테미스아데미 여신이 있습니다. 대장간무기의 신 헤파이토스가 있습니다. 그들이 돌로 만든 신상을 보면서 과학의 시대를 사는 사람들은 미신을 숭상한다고 코웃음을 칠 것입니다. 하지만 그때 이후로 그 우상들이 천대나 외면을 받아본 적이 없습니다. 그들은 지금도 여전히 열렬히 숭배 받고 있습니다. 돈과 외모와 지식과 군비경쟁은 사라지기는커녕 더욱 열렬하게 숭배 받고 있습니다. 이름만 달라졌을 뿐 자본주의화 된 교회는 그 신의 이름을 "하나님", "예수님", "성령님"이라고 붙였을 뿐입니다. 모든 문화에는 우상이 있고, 그 우상을 모시는 사당이 있고, 성직자들이 있습니다. 미국 월가에는 돈이 우상입니다. 펀드 매니저들이 성직자이고, 은행과 증권사가 신전입니다. 우상은 하나님보다 더 중요한 것, 우리의 마음과 공상의 세계를 하나님보다 더 크게 차지하는 것, 하나님만이 줄 수 있는 것을 그들이 줄 수 있다고 믿는 것을 말합니다. 인생의 중심이자 핵심이 되어 그것을 잃으면 살 가치가 없어지는 것 같이 느껴지게 하는 것, 그것이 짝퉁 하나님, 곧 우상입니다.

• 적용: 심판하시는 하나님

바울은 하나님을 소개한 후 이제 그 하나님을 향해 이 시대가 보여야 할 태도가 무엇인지를 말해줍니다(행 17:30-31). 설교의 적용이면서 마지막으로 다른 한 가지 하나님의 모습을 더 소개하고 있습니다. 23절에서는 '선포하다'라고 했는데, 이제 여기서는 '명령하다'로 동사가 바뀝니다. 바울은 아덴에 있는 사람들에게 선포했지만, 하나님께서는 모든 곳에 있는 모든 사람들에게 명령하시는 주권자다운 모습을 보여주고 계십니다. 그 명령의 내용은 다름 아닌 "회개"입니다.

> "알지 못하던 시대에는 하나님이 간과하셨거니와 이제는 어디든지 사람에게 다 명하사 회개하라 하셨으니 이는 정하신 사람으로 하여금 천하를 공의로 심판할 날을 작정하시고 이에 그를 죽은 자 가운데서 다시 살리신 것으로 모든 사람에게 믿을 만한 증거를 주셨음이니라 하니라"(사도행전 17:30-31)

바울은 심판의 하나님을 소개합니다. 그런데 바울은 "알지 못하던 시대"와 "이제" 사이를 대조합니다. 지난 과거를 무지의 시대로 규정하고, 지금은 '회개'의 시대가 되어야 한다고 말합니다. 무지의 반대는 인식이나 앎이 되어야 할 것 같은데, 바울은 '회개'의 마음과 가치관의 변화, 그리고 거기에 합당한 삶의 변화를 무지의 반대로 제시하고 있습니다. 하나님을 새롭게 안다는 것은 단지 지식의 문제가 아니라 관계의 문제이고 삶의 문제임을 보여줍니다. 그렇다면 '무지' 역시 유죄가 됩니다. 실제 바울도 '알지 못하던 시대에는 하나님께서 간과하셨다' 즉 죄를 처벌하지 않으셨다고 하여 그것이 유죄임을 분명히 밝히고 있습니다 유죄인데 무죄로 여겨주셨다. 그런데 놀랍게도 무지의 시대, 하나님을 알지 못하던 시대에, 그러니까 아덴 사람들이 참 하나님을 알지 못할 때 한 일들은 하나님께서 심판하지 않으셨다고 말하고 있습니다. 그러니 하나님을 모르고 인정하지 않던 나라들도 사라지지 않고 그 역사가 진행된 것입니다. 하지만 이제는 '땅끝까지' 복음이 전해졌으니, 누구든 복음을 듣고 하나님을 아는 자들은 회개하여 주께 돌아와야 합니다. 이렇듯 '미지'의 신을 숭배하던 아덴 사람들의 이야기로 시작된 설교가 '무지'의 시대를 향한 회개의 요청으로 끝나고 있습니다. 모든 장소, 모든 사람을 창조하신 하나님에 대한 이야기로 시작했는데, 모든 장소, 모든 사람을 향한 회개의 요청으로 끝나고 있습니다. 이제부터 우상숭배는 용납의 대상이 아니라 심판의 대상이 될 것입니다.

늘 그렇듯 바울의 설교는 회개 요구로 끝이 납니다. 그의 설교가 아덴 사람들의 관심사를 통해서 접촉점을 마련하고 그들에게 어울리는 방식으로 전해졌더라도, 그들에게 요구하는 바는 늘 하나님이 그들을 향해 요구하시는 것이 되어야 합니다. 신앙의 문제가 단지 좀 더 교양 있는 삶을 위한 선택 가능한 옵션 정도로 여겨지게 해서는 안 됩니다. 예수님을 영접하는 일을 죽은 후의 삶을 보장받는 보험 정도로 생각하게 만들어서는 안 됩니다. 복음은 죄를 인정하도록 요청합니다. 하나님 없이는 우리는 가망 없는 인생임을 인정하라고 합니다. 복음은 예수님의 구속의 은총을 믿도록 요청합니다. 그 예수님의 주권에 순종하도록 요청합니다. 그 예수님을 통해 약속된 생명의 나라에 대한 소망을 요청합니다. 우리가 예수께 받은 은혜를 따라 오늘 사랑하는 삶을 살도록 요청합니다. 복음은 우리가 그 생명의 소식을 전하는 증인의 삶을 살도록 요청합니다. 복음은 우리가 그 예수님의 몸인 교회로 존재하면서 이 땅에서 세상 사람들이 저 하나님 나라를 눈으로 보고 손으로 만질 수 있게 하라고 요청합니다. 복음은 우리가 이 세상에서 힘을 의지하지 않고 주 예수님처럼 십자가의 길을 걸어가면서 부활의 능력으로 살도록 요청합니다. 그렇게 복음은 주 예수께서 대가를 치르고 우리를 구원하여 주신 사건이고, 동시에 우리가 주의 나라와 그의 의를 위하여 대가를 치르기로 결심하라고 요청하는 소식입니다.

왜 회개해야 합니까? 회개의 요청을 받아들이지 않는 자에게는 심판이 기다리고 있기 때문입니다.

"이는 정하신 사람으로 하여금 천하를 공의로 심판할 날을 작정하시고 이에 그를 죽은 자 가운데서 다시 살리신 것으로 모든 사람에게 믿을 만한 증거를 주셨음이니라 하니라" (사도행전 17:31)

바울은 그동안 아덴의 사람들이 더듬어 찾으면 발견할 수 있는 하나님에 대해서 소개했는데, 이제 그들의 구원과 심판을 위해서 하나님이 "정하신 사람", 예수님을 소개하고 있습니다. 하지만 대놓고 예수님의 이름을 명시하지 않고 단지 '정하신 사람엔 안드리 호 호리센, ἐν ἀνδρὶ ᾧ ὥρισεν' 이라고만 말하고 있습니다. 또 그를 '그리스도'라고 부르지도 않습니다. 이 모든 것들은 이 자리에서, 그것도 첫 만남에서 다 설명할 수 없는 것들이었을 것입니다. 구약을 잘 알고 있는 유대인들에게는 언약의 성취로 오신 '메시아 예수'에 대한 이야기를 곧장 할 수 있지만, 아덴 사람들에게는 사전지식이 없기 때문에 구원자 예수님의 십자가 죽음에 대해서도 길게 전하지 않은 것 같습니다.

바울 설교의 강조점은 그리스도 예수의 '부활'에 있었습니다. 바울은 예수님의 부활이 그가 천하를 공의로 심판할 자격을 갖추게 한 사건이라고 말합니다. 예수님의 부활은 예수께서 심판자의 자격이 있음을 보여주는 '믿을 만한 증거'라는 것입니다. 따라서 예수님의 부활이 없었다면, 그분을 통한 심판도 없을 것입니다. 그는 심판자 자격도 갖추지 못했을 것입니다. 그의 죽음이 온 인류를 구원하기 위해 저주를 담당한 죽음이었다면, 그의 부활은 온 인류를 살리기 위한 부활이었습니다. 그것은 하나님께서 인류를 위해 퍼부으신 최후의 은혜의 일격입니다. 따라서 예수님의 부활은 이제 자신과 하나님을 인정하지 않는 자들에게는 더는 변명의 여지가 없는 사건인 것입니다.

바울은 하나님이 예수님을 통해 심판하시는 대상이 이스라엘 유대인들만이 아니라 "천하오이쿠메네, οἰκουμένη"라고 말하고, 예수님의 부활 역시 '모든 사람에게파신, πᾶσιν' 믿을 만한 증거가 된 사건이라고 함으로써 지금 이 설교를 듣고 있는 청중들 역시 이 신적 심판의 대상자가 될 수 있음을 분명히 하고 있습니다.

바울의 설교에 대한 아덴의 반응

이에 대해 아덴 사람들이 어떻게 반응했는지가 사도행전 17:32-34에 나옵니다. 먼저 바울과 그가 전한 복음을 거부하는 사람들이 있었습니다.

"그들이 죽은 자의 부활을 듣고 어떤 사람은 조롱도 하고"(사도행전 17:32a)

거부하는 반응

우리는 바울이 '죽은 자의 부활'에 대한 가르침을 더 자세히 듣고 싶어 하는 자들에게 이끌려 이 아레오바고 광장으로 나아온 것을 기억할 것입니다. 그런데 죽은 자의 부활이라는 개념은 죽음을 영혼이 육체에서 빠져나가서 이제 더는 고통이 없는 평온의 상태, 즉 영혼 불멸을 믿는 스토아 학자들에게는 조롱의 대상이 될 수밖에 없었습니다. 또 하나님의 심판을 두려워하지 않게 만드는 것을 목표로 하는 에피쿠로스 학파 사람들에게는 이 심판 이야기가 불쾌하게 들렸을 것입니다.[64] 이렇듯 그 주장의 사실 관계 여부를 잘 따져 물으려는 의지가 없는 자들은 늘 자기 자신의 생각을 판단의 기준으로 삼습니다. '자신의 믿음에 대한 의심'이 진정한 믿음을 가질 수 있는 조건인데 말입니다.

호의적인 반응

하지만 다소 우호적인 반응, 혹은 유보적인 반응을 보인 이들도 있었습니다.

"어떤 사람은 이 일에 대하여 네 말을 다시 듣겠다 하니"(사도행전 17:32b)

---

64 그리스 철학에서 가장 일반적인 죽음에 대한 생각은 "멸절"이었다. 많은 사람들의 비문에는 "non fui, non sum, non curo"(나는 없었고 나는 없으며 나는 상관하지 않는다)의 약자인 n, f, n, s, n, c를 적어놓았다.

이들이 나중에 바울의 의견을 받아들였는지는 알 수 없습니다. 다만 당장 받아들이기에는 궁금한 것이 많았습니다. 이들은 판단을 유보하는 태도, 더 진지하게 묻고 상고하는 태도를 보였습니다. 아덴 당국이 바울에게 특별한 조치를 취하지 않아도 된다는 뜻이었기 때문에, 이것은 매우 긍정적인 결과로 볼 수 있습니다. 바울의 말을 듣고 새로운 신앙의 자리로 나아온 사람들도 있었습니다.

"이에 바울이 그들 가운데서 떠나매 몇 사람이 그를 가까이하여 믿으니 그 중에는 아레오바고 관리 디오누시오와 다마리라 하는 여자와 또 다른 사람들도 있었더라"(사도행전 17:33-34)

'몇 사람'이 바울을 가까이했고 주님을 믿었습니다. 다른 지역에 비하면 미미한 수준이었습니다. 그중에 주목할 만한 두 사람이 소개됩니다. 아레오바고 관리 디오누시오[65]라는 남자와 다마리라는 여자입니다. 이 논쟁을 주관한 아레오바고 관리가 바울의 설교를 듣고 그의 의견에 수긍한 것입니다. 그는 이 자리에서 바울과 같은 다양한 주장들을 숱하게 들었을 것입니다. 그런데 오늘처럼 마음이 흔들렸던 적은 없습니다. 전기에 감전된 듯 꼼짝할 수 없었습니다. 바울이 떠나자 자석에 이끌리듯 그를 뒤따라가고 있는 자신을 발견했습니다.

회심의 열매가 적다고 하여 바울의 메시지가 문제가 있었다는 듯이

---

65 2세기 고린도 감독 디오누시오(동명이인)에 따르면, 그는 아덴 교회의 첫 번째 감독이 되었다고 전해진다. 그리스 정교회는 디오누시오를 아테네의 수호성인으로 추앙하여 매년 10월 3일에 축제를 연다.

비판하는 목소리가 높습니다. 특별히 예수님의 십자가에 대한 가르침이 거의 나타나지 않는다는 이유로 그가 너무 아덴 사람들의 비위를 맞추는 설교를 하다가 낭패를 보았다는 것입니다. 그랬는데 고린도에 가서는 십자가 밖에는 자랑할 것이 없다면서 담대하게 전했고, 그 결과 많은 회심의 열매가 맺혔다는 겁니다. 하지만 회심자의 수로 메시지의 옳고 그름을 논하는 것도 문제려니와 바울이 십자가를 전하지 않았다는 증거도 없습니다. 부활을 전했다면 십자가를 전하지 않았을 리 없습니다.

나가는 말

접촉점을 찾은 선교

바울 일행은 아덴에서 선교할 때, 그 대상에 따라 장소와 내용을 달리 했습니다. 유대교에 익숙한 사람들에게는 안식일에 회당을 이용하여 전도했습니다. 반면에 아덴 사람들을 향해서는 날마다 장터아고라에 가서 그들이 흥미롭게 여길 만한 주제부활를 통해 말을 걸었습니다. 아레오바고에서도 평소에 눈여겨 본 "알지 못하는 신에게"라고 적힌 제단으로부터 시작합니다. 그들의 넘치는 종교성을 인정한 후 창조주요 창조의 유지자이신 하나님, 멀리 계시지 않고 곁에 계신 하나님이 바로 그들이 찾고 있는 신이라고 가르칩니다. 청중들이 알고 있는 철학 용어를 구사하지만, 그들에게 익숙한 표현들이 성경의 계시와 그리스도 사건의 조명을 받아 새로운 의미로 덧입혀지게 해주었습니다. 바울은 공통점을 부각하여 그들에게 호의를 얻으려는 데 그치지 않고, 결국에는 성경의 하나님을 설명하고 그 하나님이 요구하시는 바회개를 당당히 전달하고 그 수용 여부에 따른 대가심판도 엄히 선포합니다. 그 신이 지금 그들에게 요청하는 것은 회개이며, 회개하지 않는 자의 심판은 그 신이 '정하신 사람'예수을 통해 이루어질 것이라는 말로 설교를 마칩니다. 아레오바고의 전도는 자유롭고 화기애애한 분위기에서 전한 설교가 아니라, 철학자들과 관리들과 대중의 심기를 거스를 경우 위태로울 수도 있는 상황에서 한 변증입니다. 따라서 그가 대놓고 예수 그리스도의 십자가의 복음을 전하지 않은 것을 부정적으로 말하는 이들은 이 상황의 엄중함을 감안하지 않은 것입니다. 도리어 바울은 자신에게 주어진 제한된 기회 속에서 그가 알고 있는 성경과 헬라 철학과 아덴의 역사를 모두 적절하게 사용하여 회개를 촉구하고 심판을 경고함으로써 복음을 지혜롭게 전했다고 할 수 있습니다.

우상들의 도시에서의 신앙

아덴은 신들의 도시였습니다. 우상들의 도시였습니다. 철학자들의 도시였습니다. 신들로 넘쳐났고 지성인들로 가득한 도시였지만, 거기에는 참 신 하나님이 안 계셨고, 인생의 기원과 본질에 대해서는 애써 눈감은 채 돌과 나무와 쇳덩이에 인생을 거는 무지한 사람들만 북적였습니다. 세상에 존재하는 모든 것들에게 의미를 부여하고 그 생명을 생명되게 하는 것은 그것을 만드시고 유지하시고 또 그 창조의 의도를 따라서 섭리하시는 창조주 하나님께 대한 인정과 경배입니다. 인간에게 부여하신 창조력, 거기서부터 나온 온갖 예술적인 성취, 다채로운 철학적 사유가 그 가치를 갖는 일 또한 모든 질서를 만들고 유지하시는 그 하나님을 인정하는 데서부터 시작합니다.

오늘 우리도 이 신들의 세계에서 살고 있습니다. 그때보다 더 자신의 지식과 지혜를 뽐내며 자기만의 영역을 구축했다고 생각한 또 하나의 살아있는 신들인 인간의 숲에서 살고 있습니다. 그 세계에서 살아계신 하나님, 창조주 하나님, 온 세상을 그 선하신 뜻대로 주관하시는 하나님, 그 역사를 위임받아 감당하고 계시는 부활의 예수님, 다시 오실 공의로운 심판자 예수님을 인정하면서 그 하나님의 역사를 보여주고 선포하는 하나님의 사람으로 살아가기를 바랍니다.

두려워하지 말며
침묵하지 말고 말하라 ——— 사도행전 18:1-17

들어가는 말

바울은 신들의 도시, 사상가들의 도시 아덴에서 살아계신 하나님 대신에 금이나 은이나 돌로 만든 신상들을 섬기고, 심지어 '미지의 신'에게까지 제사를 지내는 '무지한' 사람들에게 생명을 주신 하나님, 생명을 유지하시는 하나님, 모든 생명 있는 것들이 살며 기동하며 존재하게 하신 하나님께서 자신의 소생들을 심판하실 것이라고 역설합니다. 이제 더는 더듬어 찾아 발견하는 시대가 아니라 그의 아들 메시아 예수의 부활을 통해서 하나님 한 분만이 참 신인 것을 알리셨고 믿을 만한 증거를 주셨으니, 이제는 회개해야 한다는 하나님의 명령을 전해주었습니다. 그 부활하신 예수께서 심판자로 오실 것이라고 전했습니다.

불편하고 불쾌한 메시지였습니다. 도전적인 메시지였습니다. 수천 년 쌓아온 그들의 신학과 철학을 뒤집고 뒤엎겠다는 도발이었습니다. 그들이 애써 외면했던 '죽음'의 문제를 꺼냈습니다. 그들이 정당화했던 '몸'의 문제를 제기했습니다. 자기들 마음대로 제작했던 '신'의 개념도 재정립했습니다. 아무리 화려한 논리로 치장해도 그들에게서 불안과 소외를 거둬가지 못했고, 그들이 진정으로 바라던 쾌락과 평화를 주지 못했던 그 종교들과 사상들의 허점을 파고들었습니다.

그렇게 할 말을 다 했습니다. 역시나 주요 반응은 '조롱'이었습니다. 비웃음과 경멸과 비아냥거림이었습니다. '더 들어봐야 알겠다'는 반응은 그나마 온건한 편이었습니다. 그래도 전혀 헛고생은 아니었습니다. 몇 사람이 끝까지 바울의 가르침을 따랐습니다. 그중에는 이 아레오바고에서 숱한 사상들을 접했던 관리 디오누시오와 이름을 거론하면 독자들은 알 만한 여인 다마리도 있었습니다. 그런 후에 바울이 정한 다음 행선지는 고린도였습니다.**66**

---

66 바울이 고린도에 온 시기를 특정할 수 있는 중요한 고고학적인 자료가 있다. 갈리오 (Lucius Junius Gallio)가 로마 총독으로 고린도에 왔을 때 유대인들이 그를 고발한 다(행 18:12-17). 델포이(Delphi) 박물관에 있는 비문을 보면 갈리오는 주후 51년 7월부터 52년 6월까지 고린도 총독으로 일한 것으로 되어 있다. 그렇다면 바울은 주후 50년 초반부터 51년 후반까지 18개월 동안 고린도에서 사역했을 것이다. 이 연도를 기준으로 바울 사역의 연대기를 추정할 수 있다. 또한 "글라우디오가 모든 유대인을 명하여 로마에서 떠나라 한 고로"(행 18:2-3)라고 한 구절도 구체적인 역사적 사건을 가리키기 때문에 연대를 특정할 수 있다. 수에토니우스(Suetonius)의 기록에 따르면, 로마에 사는 유대인들이 크레스투스(Chrestus)라는 사람 때문에 두 패로 나뉘어 사회문제를 야기했는데, 황제는 잘잘못을 따지기보다는 둘 모두 로마에서 추방시켜버렸다. 글라우디오 9년에 이 칙령을 반포했는데, 이때가 주후 49년으로 추정된다.

부유한 재건의 도시 고린도

무엇이 그를 마게도냐로 돌아가는 대신에 고린도로 내려가게 했는지는 모릅니다. 아덴의 회당에 있는 동안, 거기서 얼마 떨어지지 않은 고린도에서 들려온 소식을 들었을 수 있습니다. 글라우디오 황제가 로마에서 모든 유대인들을 추방했고, 그 난민들이 대거 고린도로 이주했다는 소식이었습니다. 아덴도 만만치 않은 선교의 현장이었지만, 로마에서 온 유대인들로 북새통인 고린도에 가면 할 일이 더 많겠다고 생각했을 것입니다. 마게도냐를 떠나 뱃길을 달려 아덴까지 당도했을 때부터, 당대의 중요한 도시 고린도를 늘 염두에 두었을 것입니다. 바울이 방문할 무렵 고

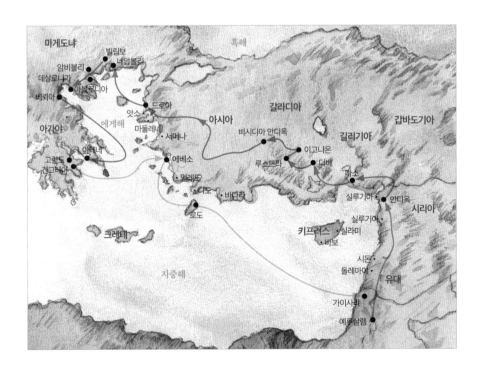

린도는 떠오르는 도시, 재건의 도시였습니다. 한때 그리스의 광채, 그리스의 영광이라고 불리던 시대가 있었는데, 주전 146년 로마의 뭄미우스 Lucius Mummius Achaicus 장군에 의해 산산이 부서져 그 이름조차 사라진 도시가 되어 버렸습니다. 그런 도시를 주전 46년 복구한 사람이 율리우스 카이사르 Gaius Julius Caesar 였습니다. 그는 많은 해방된 노예들을 이 도시에 정착시키고, 그들을 통해서 도시 재건을 단행했습니다. 그 이후 번영과 발전을 거듭하던 고린도는 바울 시대인 주후 50년부터는 총독이 거주하는 아가야의 원로원 지방 수도가 되었습니다.

지리적인 위치상 고린도는 발전할 수밖에 없는 요충지였습니다. 우선 북쪽의 그리스 반도와 남쪽의 펠로폰네소스 반도를 잇는 길목에 있습니다. 지금은 이 길목에 운하가 있어서 에게해와 아드리아해를 연결하고 있습니다. 고린도를 기준으로 동쪽으로 12킬로미터 떨어진 곳에 겐그레아 항구가 있고, 서쪽으로 3킬로미터 떨어진 곳에는 레기움 항구가 있습니다. 겐그레아 항구에서는 에게해로 나가서 아시아로 연결되고, 레기움 항구에서는 아드리아해를 건너 이탈리아 본토와 연결됩니다. 그리고 고린도에서만 볼 수 있는 기이한 풍경이 있습니다. 그것은 레기움 항구와 겐그레아 항구 사이에는 디올코스 Diolkos라는 6.3킬로미터 도로가 육지에 깔려 있어서 거대한 배들을 육상으로 끌어올려 이동했습니다. 이렇게 이동하면 펠로폰네소스만을 둘러서 그 위험한 말레아 곶 Cape of Malea을 통과하여 700킬로미터 이상 항해하는 것보다 시간으로나 금전적으로 훨씬 절약할 수 있었습니다. 1893년 8월 6일에야 운하가 개통되어 배들이 오가고 있습니다.

신들의 도시 고린도

　이렇듯 고린도는 동서남북이 교차하는 무역로에 위치하고 있었습니다. 그러니 무역은 물론이고 금융, 상업과 함께 청동과 자기 등의 제조업도 융성했습니다. 경제적으로 융성하니 정치적인 위상이 높아졌지만, 동시에 극심한 빈부격차의 문제도 생겼습니다. 재건 사업이 활발한 도시에 걸맞게 온 그리스를 통틀어 빼어난 건축물이 많은 것으로도 명성이 높았습니다. 시카고가 대화재 이후 재건축을 하는 과정에서 세계 건축의 중심지 중 하나가 된 것과 비슷한 일이 고린도에서 있었던 것입니다. 바울 시대에 인구가 60-70만에 이르렀고2/3는 노예, 도시의 특성상 다양한 학문과 사상, 문화와 종교가 혼재하는 도시였습니다. 동서양의 문화가 모이

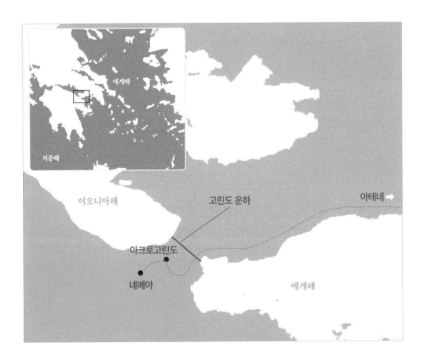

는 곳이어서 혼합주의 경향이 뚜렷했습니다. 이들이 세운 신전들이 도시 곳곳에 있었습니다. 애굽 사람들이 세운 이시스와 세라피스, 수리아의 신인 아스타르테 신전, 에베소를 대표하는 아데미 신전, 수로보니게 사람이 세운 아스다롯 신전, 브루기아 사람들이 세운 마그나 마터 신전, 고린도 광장 남쪽에 있던 데메테르 신전, 고린도 해협 북동쪽에 있던 포세이돈 신전이 있었는데, 단연 돋보이는 것은 고린도 광장 북서쪽에 있던 아폴로 신전이었습니다. 하루에도 수없이 많은 제사가 드려졌고, 제물로 바쳐진 고기를 다 처리할 수 없을 지경이었습니다. 결국 사제들은 돈을 받고 남는 고기들을 푸줏간에 넘겼고, 그렇게 흘러나온 고기들을 시장에 내다 팔았습니다. 고린도전후서나 로마서를 보면 그리스도인들이 신전에서 흘러나온 고기를 먹을 수 있는지를 두고 교회 안에 분쟁이 있었음을 알 수 있습니다.

고린도의 대표적인 신전이 하나 더 있습니다. 해발 575미터의 아크로고린도 산 정상에 있는 아프로디테 신전입니다. 거기에는 1,000명이 넘는 성창들이 있었다고 알려집니다. 우리는 고린도가 항구를 곁에 둔 도시답게 도덕적으로나 성적으로 문란한 도시일 수밖에 없음을 금방 상상할 수 있을 것입니다. 아프로디테 신전이 그 중심지였습니다. 심지어 "고린도식으로 놀다"라는 단어 '코린씨아조마이Κορινθιάζομαι'는 도덕적으로, 성적으로 음란하다는 뜻을 나타내는 단어가 될 정도였습니다. 두 항구 사이에 있던 도시 고린도에서는 해마다 디오니소스 축제가 열렸고 광란의 혼음이 행해졌습니다. 종교 행위의 일환으로 행해진 문란한 성적 행위들이 정당화되고 조장되었습니다. 밤이 되면 성창들은 거리로 쏟아져 나왔습니다. 고린도전서에서 바울이 유독 호되게 비판하는 고린도 교회

안의 성적 비행의 문제는 이런 고린도의 배경과 관련이 있습니다. 바울에게 예수님의 십자가는 그들에게 음란하고 부도덕한 삶을 끊고 회개와 거룩한 삶으로 전환하라고 강력하게 요청할 수 있는 이유가 되었습니다.

또 이 도시에서는 2년마다 이스트미아 제전Isthmian이라는 운동경기 대회가 열렸습니다.[67] 고린도에서 동쪽으로 16킬로미터 정도 떨어진 이스트미아Isthmia에서 열립니다. 바울이 고린도전서에서 "운동장에서 달음질하는 자들이 다 달릴지라도 오직 상을 받는 사람은 한 사람인 줄을 너희가 알지 못하느냐 너희도 상을 받도록 이와 같이 달음질하라 이기기를 다투는 자마다 모든 일에 절제하나니 그들은 썩을 승리자의 관을 얻고자 하되 우리는 썩지 아니할 것을 얻고자 하노라"(고전 9:24-25)라고 한 것은 그가 이 운동경기를 지켜보고 한 말일 수 있습니다.

자부심이 강한 도시 고린도

고린도의 유력한 영향력 때문에 당시 고린도 사람들의 자부심은 어느 도시 못지않았습니다. 이것이 바울이 고린도전서에서 오직 십자가만 자랑한 배경입니다. 십자가가 스스로 지혜롭다고 하는 자들을 부끄럽게 하는 하나님의 능력이요 지혜라고 말한 것도 이런 고린도의 분위기를 반영하고 있습니다. 죽음에 대한 두려움을 죽음을 미화하고 죽음을

---

67 바다의 신 포세이돈을 기념하기 위해 2년에 한 번씩 이스트미아에서 개최되는 종합 경기다. 당시는 달리기, 높이뛰기, 원반던지기, 투창, 레슬링 등 5종목이 벌어졌고, 경기에서 우승한 자들에게는 올리브 잎이나 종려나무 잎으로 만든 화관이 수여되었다.

잊게 만드는 방식으로 회피하려고 했던 아덴 사람들에게는 부활을 통해서 희망을 주고 심판을 통해서 죽음의 현실을 직면하게 해주었다면, 고린도에서는 예수님의 십자가를 통해 그들의 헛된 교만과 자긍심을 허물고, 어리석은 지혜를 요격하고, 그들을 멸망에 이르게 하는 음란과 부도덕의 죄악을 부끄럽게 만들었습니다. 아덴이 신들과 함께 동거하는 매우 '비현실적인 현실'을 사는 도시였다면, 고린도는 '오늘만 산다'는 마음으로 살던 지나치게 현세 지향적인 도시였습니다. 둘 다 사람들에게는 환호와 환영을 받는 도시였을지 몰라도 둘은 전혀 다른 의미에서 노예의 삶을 살고 있었습니다. 아덴은 미지의 신에게 포박되어 두려움과 소외 속에서 살았다면, 고린도는 쾌락의 신에게 사로잡혀 환락과 방탕 속에서 살았습니다.

이렇게 중요한 도시, 그러나 반드시 하나님의 구원이 필요한 도시 고린도를 향한 바울의 선교 여정을 같이 따라가 봅시다. 우리는 저자 누가가 이 고린도 선교에 대해서 기록하면서는 유독 하나님께서 직접적으로 혹은 다양한 사람들을 통해서, 그리고 풍성한 사역의 열매들을 통해서 이 중요하면서도 영적으로 죽어있는 도시 고린도에서 바울의 사역을 도우셨다는 것을 확인할 수 있습니다. 아덴에서는 '하나님'에 대한 가르침에 초점을 맞추었다면, 고린도에서는 그 문화를 거스르는 '사람'에 초점을 맞추고 있습니다. 당연히 그 사람들을 통한 '하나님'의 역사도 말하고 있습니다. 아덴에서는 그리 오래 머물지 않았고 대부분 혼자 사역했습니다. 그래서 아덴에서의 사역 기간이 짧았을 수 있습니다. 베뢰아에 남겨둔 디모데와 실라가 얼마 후에 아덴으로 왔지만, 곧 디모데는 데살로니가에 보냈고 실라는 빌립보에 보냈습니다. 그래서 고린도로 올 때는 다시 혼자 이동했습니다. 그리고 실라와 디모데를 이 고린도에서 재회했습니다.

아덴에서 걸어서 이동했다면 64킬로미터 정도를 2-3일 정도 걸려 왔을 것이고, 배로 왔다면 겐그레아 항구에 도착하여 12킬로미터를 걸어서 고린도에 당도했을 것입니다. 주께서는 고린도에 도착하자마자 바울에게 동역자 아굴라와 브리스길라 부부를 붙여주십니다. 또 얼마 후에는 실라와 디모데가 마게도냐에서 합류합니다. 유대인들의 대적과 비방이 있은 후 바울은 디도 유스도라는 사람의 집으로 거처를 옮깁니다. 또한 회당의 책임자인 그리스보가 회심합니다. 게다가 아가야의 신임 총독 갈리오는 상식적인 재판으로 바울에게 무혐의 선언을 해줍니다. 그뿐 아니라 하나님께서 환상 중에 나타나 임마누엘을 약속하시고, "두려워하지 말며 침묵하지 말고 말하라"고 용기를 주십니다. 로마에서 온 아굴라와 브리스길라, 신임 총독 갈리오, 마게도냐에서 온 실라와 디모데, 적대적인 유대교 회당의 지도자 그리스보와 소스데네, 그리고 주님의 환상까지, 하늘과 땅에서, 가까이와 멀리서, 제자들과 회당 사람들을 통해서, 하나님은 자유자재로 바울 일행의 고린도 선교를 지원하셨습니다. 당신께서 손수 그 사역을 책임지고 이끄셨습니다. 그렇게 하셔야 할 만큼 고린도는 사람들이 선망하는 도시였을지 몰라도 복음에 대해서는 적대적이었습니다. 하지만 그곳에도 하나님이 부르기 원하신 자기 백성이 많았습니다.

아굴라와 브리스길라와의 동역

바울이 고린도로 이동했다는 말을 한 후에 곧바로 두고두고 바울과 초대교회의 주요한 지도자로 활약한 두 사람이 소개되고 있습니다. 아굴라와 브리스길라입니다. 그들은 글라우디오 황제의 유대인 추방 칙령이 반포된[68] 주후 49년 말이나 50년 초에 고린도에 온 것으로 보이고, 바울은 몇 개월 뒤에 도착했을 것입니다.

> "그 후에 바울이 아덴을 떠나 고린도에 이르러 아굴라라 하는 본도에서 난 유대인 한 사람을 만나니 글라우디오가 모든 유대인을 명하여 로마에서 떠나라 한 고로 그가 그 아내 브리스길라와 함께 이달리야로부터 새로 온지라 바울이 그들에게 가매"(사도행전 18:1-2)

아굴라는 터키 북부 흑해 연안의 본도 출신으로 로마에 살았던 유대인입니다. 아굴라만 유대인임을 밝히고 있는 것을 보면 브리스길라는 이방인로마인이 분명합니다. 바울이 이들을 전도했다는 기록이 없는 것으로 볼 때 로마에서 이미 그리스도인이 된 것 같습니다. 아굴라와 브리스길라는 '난민'이었습니다. 하나님께서 이 난민들을 바울의 신실한 동역자로 예비하신 것입니다. 이렇듯 하나님께서는 로마 황제의 결정까지도 이용하실 수 있는 역사의 주인이십니다. 아굴라 부부가 로마에서 추방당한 사건이 하나님 입장에서는 '사역지 이동'에 불과했습니다. 이스라엘의 '광야행'이나 '바벨론행'도 마찬가지입니다. 자기 백성들을 위해 세상 권세를 사용하실 수 있는 하나님을 의지하는 것, 그것이 난민 부부와 바

울의 만남, 그들의 동업과 동역이 우리에게 가르치시는 바입니다.

고린도에 온 아굴라와 브리스길라는 로마에서 하던 일로 생업을 삼았습니다. 천막을 만들고 수리하는 일이 그들의 직업이었습니다.[69] 바울이 이 부부를 먼저 찾아갔습니다(2절). 그냥 방문한 것이 아니라 거기서 같이 살면서 같은 일을 했습니다.

"생업이 같으므로 함께 살며 일을 하니 그 생업은 천막을 만드는 것이더라"(사도행전 18:3)

바리새인 바울의 직업도 천막 만드는 일이었습니다.[70] 이미 데살로니가에서도 자비량으로 사역했으며, 훗날 고린도전후서에서 그는 자신과 바나바는 대가를 받지 않고 복음을 전했다고 언급합니다(고전 9:3-18; 고후 11:7). 노동을 하여 생계를 손수 해결함으로써 그는 어떤 속박으로부터도 자유롭게 소신껏 하나님의 복음을 전할 수 있었습니다. 실제 에베소 장로들을 만난 자리에서도 자신은 "아무의 은이나 금이나 의복을 탐하지

---

69 고린도에서 천막 만들고 수리하는 일은 중요한 사업이었다. 매 2년마다 이스트미아 제전이 열리고, 네메아에도 2년마다 네메아 제전이 열린다. 델포이에서는 4년마다 파티아 제전이 열린다. 이때마다 선수들의 탈의장과 휴식 공간, 임시 숙소, 관광객들의 임시 숙박시설을 위해 많은 천막이 필요했다.

70 Wall, *Israel and the Gentile Mission in Acts and Paul*, p.450. 유대인들은 일반적으로 육체노동을 중시하는 교육을 시켰다. "누구든지 아들에게 기술을 가르치지 않는 자는 도적이 되게 하는 것"이라는 랍비의 경구가 있다. "토라를 세상의 직업을 가지면서 배우는 것은 훌륭한 일"이라는 금언도 있다. 당연히 가말리엘의 문하에 있었던 바울도 생업을 위한 기술을 습득했을 것이다. 그는 이방인의 사도로서 무너진 다윗의 영적인 장막(스케네)을 회복하는 사역을 감당하기 위해 천막을 만드는 일(스케노포이오스)을 해낸 것이다.

아니했고 …이 손으로 나와 내 동행들이 쓰는 것을 충당하여 범사에 여러분에게 모범을 보여준 바와 같이"(행 20:33-35)라고 말하고 있습니다. 어쩌면 고린도에 오기 전에 혹은 고린도에 도착해서 이미 존재하고 있던 성도들에게서 이 부부를 소개받았을 가능성도 있습니다. 바울은 직업이 같은 이 아굴라 부부의 집에 기거하면서 일을 해주고 생계를 도우며 고린도 사역을 진행해 갔습니다(고전 4:12; 9:14-15; 고후 11:9). 빌립보에 루디아가 있었고, 데살로니가에 루손이 있었듯이, 고린도에서는 이 아굴라 부부가 바울의 선교를 후원하고 동역해 주었습니다.

그렇게 일하다가 안식일만 되면 전도의 일에 나섰습니다.

> "안식일마다 바울이 회당에서 강론하고 유대인과 헬라인을 권면하니라"
>
> (사도행전 18:4)

고린도 같은 큰 도시에는 적잖은 유대인들이 살고 있었습니다. 회당은 유대인과 이방인 모두에게 복음을 전하기에 더없이 좋은 곳이었습니다. "강론 디아레고마이, διαλέγομαι, 대화하다, 변론하다"(행 7:2, 17; 18:4, 19; 19:8; 20:7, 9; 24:12)과 "권면에페이쎈, ἔπειθέν"의 방법으로 복음을 전했습니다. 그가 무엇을 갖고 강론했는지대화하다. 토론하다는 안 나오는데 이는 앞선 그의 강론 내용과 다르지 않기 때문일 것입니다. 5절에 보면 "유대인들에게 예수는 그리스도라 밝히 증언했다"고 한 것을 보면, 구약에서 메시아의 죽음과 부활에 대해서 말한 부분을 찾아 전한 후 그 약속이 예수님의 십자가의 죽음과 부활에서 성취되었다고 전한 것 같습니다. '권면했다'는 표현의 시제미완료를 고려할 때 그는 기회가 닿을 때마다 지속적으로 유대인과 헬라인을 만나서 권면했고, 유대인들이 총독에게 법적 조치를 요청한 것을 보면 실제로 효과도 있었던 것으로 보입니다. 회당이나 장터나 천막 만드는 그의 작업실이나 어디든 복음을 전하는 장소가 되었습니다.

실라와 디모데와의 사역

바울이 고군분투하고 있을 때, 큰 도움과 격려가 도착합니다. 마게도냐, 즉 데살로니가와 빌립보에 보냈던 디모데와 실라가 고린도에 온 것입니다.[71] 그가 오자 바울의 사역은 한층 더 힘을 얻습니다. 저자는 그것을 이렇게 표현합니다.

> "실라와 디모데가 마게도냐로부터 내려오매 바울이 하나님의 말씀에 붙잡혀 유대인들에게 예수는 그리스도라 밝히 증언하니" (사도행전 18:5)

여기서 '하나님의 말씀에 붙잡혔다'고 하여 말씀을 의인화하고 있습니다. 말씀이 바울을 붙잡아서 증인으로 살게 했다는 것입니다. 문맥상 이 단어쉬네코, συνέχω는 "붙잡혀"가 아니라 "전념하다"라고 번역하는 것이 더 적절합니다. 두 동역자가 도착했고 그들이 마게도냐의 교회들로부터 선교헌금을 받아 왔기에, 바울은 생업에서 잠시 벗어나 말씀을 전하는 일에만 전념할 수 있게 된 것입니다(고후 11:8-9; 빌 4:15). 특히 미완료

---

71 살전 3:1-2에 따르면 디모데는 아테네로 왔다가 데살로니가로 보냄을 받았습니다. 그런 후에 다시 실라와 함께 고린도에 있는 바울에게로 합류한 것입니다.

수동태는 그들이 한동안은 말씀 사역에만 전념한 모습을 생생히 보여주고 있습니다.

이렇게 말씀 사역에 전념하자 효과가 나타나기 시작했습니다. 긍정적인 결과보다 부정적으로 보이는 결과를 먼저 소개합니다. 하지만 이것은 사실상 하나님의 말씀이 유의미한 역사를 이루고 있었기에 나타난 결과였을 것입니다. 유대인들이 바울을 "대적하여 비방했습니다"(행 18:6). 얼굴을 맞대고 거부했고안티타쏘, ἀντιτάσσω 중상하며 욕했습니다블라스페메오, βλασφημέω. 신성 모독죄를 범하는 사람, 혹은 귀신 들린 사람의 말인 듯 취급한 것입니다. 이건 분명히 그가 십자가에 죽은 예수가 메시아이고, 그는 죽은 자 가운데서 부활했다고 전했기 때문일 것입니다. 그들은 더는 바울이 회당에서 말씀을 전할 수 없을 정도로 거세게 반발했습니다. 이런 강력한 반대에 바울 역시 강력한 상징적인 행동을 통해서 반응합니다.

"… 바울이 옷을 털면서 이르되 너희 피가 너희 머리로 돌아갈 것이요 나는 깨끗하니라 이 후에는 이방인에게로 가리라 하고"(사도행전 18:6)

옷을 턴 것은 그들을 거부한 행동이고, '너희 피가 너희 머리로 돌아간다'(참조. 겔 33:1-9)는 것은 메시아를 거절하여 받을 형벌의 책임이 자기를 쫓아낸 자들에게 있다는 것이고, '나는 깨끗하다'는 것은 그 책임이 자신에게 있지 않다는 뜻입니다.[72] 그들에게 책임 있는 반응을 요구할 만큼 바울은 충분히 복음을 전한 것입니다. 비시디아 안디옥에서는 "발의 먼

---

72 수 2:19; 삿 9:24; 왕상 2:32-33

지를 털었는데"(행 13:51) 이번에는 "옷을 털었습니다." 누가복음 9:5과 10:11에서 복음을 거부하는 자들에게 예수께서 하신 행동입니다. 이는 하나님 편에서의 거부와 단절을 보여주는 행동이며, 행동으로 보여준 하나님의 심판 선고입니다. 바울은 유대인들과 단절한 후 "이방인에게로 가리라"고 선언합니다. 물론 유대인들과의 완전한 단절을 뜻하지는 않습니다. 그가 곧바로 회당 옆으로 이사하는 것만 봐도(행 18:7) 바울의 진심이 어디에 있는지 알 수 있습니다. 하지만 "이방인에게로 가리라"는 말은 유대인들이 율법을 소유하고 있어도 그 율법이 약속한 바 메시아 예수님을 믿지 않으면 그 특권이 아무것도 아니게 된다는 경고입니다.

두려움 없는 바울의 이 담대한 복음 증거가 디모데와 실라의 합류와 함께 시작되었다는 것은 의미심장합니다. 고군분투했던 아덴에서의 사역과 사뭇 달랐습니다. 아굴라와 브리스길라에다가 디모데와 실라까지 돕고 마게도냐의 교회들이 재정적으로 지원하니 바울은 말씀에만 전념할 수 있었습니다. 이렇듯 모든 선교는 '말씀'의 사역이고, 사역자들 사이의 '동역'이고, 교회들이 참여하는 '협업'입니다.

유대교 회심자들과의 사역

바울은 유대인들의 격렬한 반대를 받고 회당에서 떠납니다. 더는 회당에서 유대인들을 만날 수 없게 되었습니다. 하지만 그 반대가 새롭고도 본격적인 사역으로 그들을 인도했습니다. 바울이 회당에서 쫓겨나자 이제 누가 진정한 그리스도의 제자인지가 드러났습니다. 그를 맨 처음 찾아온 사람은 이방인으로서 회당을 출입하며 바울의 설교를 주의를 기울여 듣던 디도 유스도였습니다. 그는 '하나님을 경외하는 자' 그룹에 속한 사람이었다가 바울의 전도를 받고 그리스도를 영접했습니다. 분명히 그가 자신의 집을 회당을 대신하는 새로운 모임 장소로 사용하도록 바울 일행에게 요청했을 것입니다. 공교롭게도 그의 집은 "회당 옆"이었습니다. 회당에서 쫓겨난 후 회당 옆으로 간 것입니다. 그는 바울에게 아예 거처까지 아굴라 부부의 집에서 자신의 집으로 옮기도록 요청했습니다.

바울이 말로는 "이방인에게로 가겠다"고 큰소리쳤지만, 그는 고작 회당에서 몇 걸음 옮겼을 뿐 여전히 유대인들을 향한 긍휼의 마음은 사라지지 않았습니다. 도리어 더욱 커졌습니다. 그렇게 격렬한 반대와 모욕을 받고도 포기할 줄 몰랐습니다. 회당에서는 일주일에 한 번 모였었는데 이제 날마다 일과가 끝난 후 모일 수 있게 되었습니다. 예측할 수 없는 하나님의 역사가 참으로 놀라운 변화를 가져왔습니다. 회당 옆에서 살던 바울 때문에 믿기지 않는 회심이 일어났습니다.

"또 회당장 그리스보가 온 집안과 더불어 주를 믿으며" (사도행전 18:8a)

회당의 책임자, 유대인의 행정적, 종교적, 정치적 사안을 도맡았던 회당장 '그리스보'가 주님을 영접했습니다. 회당 지도자 가운데 회심한 사람은 그리스보가 처음입니다.[73] 고린도전서 1:14을 보면 바울은 이 그리

---

73 Gaventa, *Acts*, p.258. 고넬료가 첫 이방인 남자 회심자라면, 루디아는 첫 이방인 여자 회심자이고, 빌립보 간수가 첫 이교도 회심자이고, 그리스보는 첫 번째 회심한 회당 지도자로 등장한다.

스보에게 세례를 주었다고 말하고 있습니다. 이어서 후임 회당장 소스데네마저도 예수님을 믿고 바울을 따랐습니다(행 18:17). 회당 옆집에서 연달아 두 회당장이 예수님을 믿고 유대교를 떠났으니 그 파장은 실로 컸을 것입니다. 소스데네 역시 훗날 바울과 동행하는 선교사가 됩니다. 바울이 에베소에서 고린도전서를 쓸 때 공동 송신인으로 등장하고 있습니다(고전 1:1). 이 두 사람의 회심은 고린도에서의 유대교의 붕괴를 알리는 의미 있는 신호탄이었습니다. 그의 회심은 루디아나 빌립보 감옥 간수의 경우처럼 온 집안의 회심으로 이어졌습니다. 이제 그는 더 이상 안식일에 회당에 가지 않았습니다. 디도 유스도의 가정교회 예배에 온 가족과 노예들을 데리고 참여했습니다. 예수님을 찬미하는 소리가 디도 유스도의 집 담장을 넘어서 회당에까지 흘러 들어갔습니다. 회당장들의 변화, 디모데와 실라의 합류, 디도 유스도의 헌신, 아굴라와 브리스길라의 동역으로 고린도에서는 그야말로 파죽지세로 복음이 확산되었습니다.

"수많은 고린도 사람도 듣고 믿어 세례를 받더라"(사도행전 18:8b)

수많은 고린도 사람들, 즉 이방인들도 그 복음을 '들었습니다.' 소문에 소문을 듣고 밤에 디도 유스도의 집으로 찾아왔습니다. 그리고 '믿었습니다.' 그리고 세례 받기를 주저하지 않았습니다. 그러니 교회는 더욱 성장했고 성숙했습니다. 잔바람이 아니었습니다. 잔물결이 아니었습니다. 회당장들을 필두로 한 회심 행렬은 회당 공동체 안팎으로 적잖은 파장을 일으켰습니다. 그것은 심지어 바울과 동료들까지도 두려워할 만한 영향력이었고 확산이었습니다. 회당에서 쫓겨났지만 회당 옆에 선교본부를 마련해주신 하나님의 공격적인 선교의 결과였습니다. 알다가도 모를 일입니다. 어느 도시에서는 유대인들의 반대에 속수무책으로 죽을 고생을 하게 하시고, 불한당들의 공격에 야반도주하듯 도망치게 하시더니, 이 도시에서는 그 반대파들의 본거지 옆에 사령부를 두어서 끄떡없이 상대하게 하시니 말입니다. 어떤 경우든 인간에게 영광을 돌릴 수 없게 하시는 하나님의 전략임에 틀림 없습니다.

환상 중에 말씀하신 주님과의 사역

그러나 쇄도하는 회심 행렬을 가만두고 볼 유대인들이 아니었습니다. 루스드라에서 보듯, 데살로니가에서 보듯, 훗날 예루살렘에서 보듯, 유대인들은 자신들의 종교에 걸림돌이 된다고 생각하면 그 무슨 짓이든 해도 괜찮고, 도리어 그것을 하나님을 위한 비느하스의 열심이라고 믿는 자들이었습니다. 유대인들의 보복 공격은 바울이 예상한 마땅한 수순이었습니다. 고난이 닥칠 줄 알았다고 해서 고난이 두렵지 않은 것은 아닙니다. 하나님 나라 사역에는 늘 양면성이 있습니다. 열매가 맺히면 그것이 바깥으로부터는 핍박을 불러오고 내부로부터는 시기를 불러옵니다. 열매가 없으면 스스로 자기 사역을 망가뜨리거나 좌절할 수 있습니다. 따라서 사역이 승승장구할 때 정작 우리는 가장 두려워하거나 약해질 수 있습니다. 그때 가장 필요한 일이 내가 가장 두려워해야 할 것이 무엇인지를 분명히 정하는 것입니다. 그것은 무엇입니까? 하나님 외에는 아무것도 두려워하지 않는 사람이 되는 것입니다. 그래서 우리가 오만하고 무례한 사람으로 변질되는 것이 가장 치명적인 일입니다. 그런 변질은 가장 두려워 해야 할 분을 두려워 할 때 피할 수 있습니다. 하나님께서 이스라엘의 선지자들(렘 1:4-10)이나 모세(출 3:10-15; 4:10-12), 여호수아(수 1:1-9)에게 나타나셨듯이, 고린도의 주님은 바울에게 나타나 자신의 존재감을 드러내십니다.

> "밤에 주께서 환상 가운데 바울에게 말씀하시되 두려워하지 말며 침묵하지 말고 말하라 내가 너와 함께 있으매 어떤 사람도 너를 대적하여 해롭게 할 자가 없을 것이니 이는 이 성중에 내 백성이 많음이라 하시더라" (사도행전 18:9-10)

누가는 바울이 전하는 복음의 주인공이신 부활의 예수님의 등장과 직접 화법으로의 그분의 말씀 제시를 통해 더욱 이 고린도 사역의 중요성을 부각하고 있습니다.[74] 바울이 거절당했을 때가 아니라 한창 성공적으로 사역하고 있을 때 주님께서 그에게 나타나신 뜻을 알아야 합니다. 우리가 실패했을 때보다 성공했을 때 더욱 주님이 필요합니다. 주님께서 세 가지를 말씀하십니다. "두려워하지 말라", "침묵하지 말라", "말하라." 두려움에서 침묵이 나오니 이것은 한 동전의 앞뒤입니다. 두려워하지 않으면 침묵하지 않고 담대하게 '말할 수' 있습니다. '두려워 말라'는 말은

---

74 사도행전 이야기에서 예수님은 계시지 않는다. 그는 다른 장소에서 일하고 계실 뿐이다. 스데반(7:55, 56), 사울(9:5; 22:8-10; 26:5), 아나니아(9:10-15), 고넬료(10:4), 베드로(10:14) 바울(18:9-11; 22:17-21; 23:11)에게 나타나신다. 예수의 영(16:7), 주의 영(5:9; 8:39)으로 불리는 성령의 역사에도 임재하신다.

앞으로 그에게 닥칠 두려워할 만한 일(행 18:12-17)을 예상하게 합니다. 그리고 바울은 다른 지역으로 옮겨야 할 때가 온 것이 아닌지 고민했을 수 있습니다.

하나님께서 두려워하지 말라고 말씀하실 수 있는 근거를 두 가지 제시하십니다. 먼저, "내가 너와 함께 있으매 어떤 사람도 너를 대적하여 해롭게 할 자가 없을 것이니." 임마누엘의 약속이 그가 담대할 수 있는 근거였습니다. 바울을 대적하여 해롭게 할 자가 없게 하시겠다는 약속이 그가 담대해도 좋은 이유였습니다(참조. 렘 1:8, 18-19). 예수님께서 승천하시면서 제자들에게, 또 오늘 우리에게 주신 약속도 바로 이 임마누엘의 약속이었습니다(마 28:20). "내가 너희에게 분부한 모든 것을 가르쳐 지키게 하라. 볼지어다 내가 세상 끝날까지 너희와 항상 함께 있으리라 하시니라." 사도행전 독자들은 이 약속이 2장의 오순절 성령 강림을 통해 이루어졌음을 보았습니다. 그리고 바울에게 이 약속은 그가 반대자들의 핍박을 피할 때 성취됩니다(행 18:12-17). 이 약속 때문에 지금껏 교회는 땅 끝까지 이르러 주님의 증인으로 살아왔고, 오늘도 살아가고 있고, 살아가야 한다고 말할 수 있습니다. 져도 진 것이 아니라고 말할 수 있습니다.

바울이 두려워하지 말아야 할 이유, 잠잠하지 않아야 할 이유, 담대히 말해야 할 이유가 하나 더 있습니다(10b절). "이는 이 성중에 내 백성이 많음이라." 이미 하나님의 백성, 하나님의 소유된 자녀들이 많다는 뜻일 수도 있고, 아직도 구원받아야 할 백성이 많다는 뜻일 수도 있습니다. 지금 두려워하지 말고 침묵하지도 말라고 하는 것을 보면, 담대한 그의 선포를 통해 하나님의 백성이 될 사람들이 많다는 뜻인 것 같습니다. 바울은 회당에서 옷을 터는 행동을 통해서 이제 유대인들에게는 더는 가망이 없는 듯이 표현한 바 있습니다. 하지만 하나님께서는 아직도 내 백성이 많다고 하십니다. 고난이 닥치겠지만, 그렇다고 다른 도시로 떠나서는 안 된다는 뜻이기도 했습니다. 하나님께서 해를 당하지 않도록 지켜주실 것이니, 바울은 묵묵히 말씀에 붙잡혀 사역을 지속해야 했습니다.

이렇듯 환상은 단지 바울을 향한 위로만은 아니었습니다. 박해 면제 약속도 아니었습니다. 그의 사명과 소명을 확인시켜 주는 일이었습니다. 바울은 그 사명에 순종합니다.

"일 년 육 개월을 머물며 그들 가운데서 하나님의 말씀을 가르치니라"(사도행전 18:11)

지금껏 이렇게 오래 머문 도시는 없었습니다. 하나님께서 그를 마게도냐에서 고린도로 옮기셨습니다. 그런데 고린도에는 하나님의 말씀을 듣고 배워야 할 하나님의 백성이 많았습니다. 하나님의 말씀은 단지 선포의 대상만이 아니라 가르침의 대상이기도 합니다 "하나님의 말씀을 가르치더라". 이는 그가 고린도에 오래 머물렀기에 가능했던 사역입니다. 이는 그가 두려움에 붙들린 것이 아니라 하나님의 말씀에 붙잡혔기 때문에 가능한 사역이었습니다.

고린도 교회는 바울뿐만 아니라 훗날 베드로와 아볼로도 와서 말씀을 가르친 곳입니다. 그것 때문에 그 지도자들의 의도와 상관없이 교회 안에는 바울파, 게바파, 아볼로파가 생겼습니다. 하나님께서 고린도 교회에게는 풍성한 성령의 은사도 주셨습니다. 그런데 그것 역시 훗날 사랑 없는 은사 사용 때문에 공동체가 분란에 휩싸인 이유가 되기도 했습니다.

하나님이 교회를 위한 축복으로 주신 것이 교회를 망가뜨리는 데 사용되게 할 수 있는 것이 사탄입니다. 진리의 가르침과 성령의 은사가 풍성했던 교회는 그만큼 악한 영이 강하게 역사하고 저항할 수 있는 교회라는 뜻이기도 합니다. 사람이 살기에 좋다고 칭송하는 도시일수록, 하나님과 함께하기에는 험한 영적 환경인 것입니다. 고린도는 노예가 전체 인구의 3분의 2를 차지했습니다. 고린도의 번영은 다수의 노예들의 비참한 삶 위에서 소수가 누리는 혜택이었던 것입니다. 이런 곳에 교회가 세워졌다면, 바울이 하나님의 말씀을 가르치고 전하고 권면하여 제시한 하나님 나라의 모습, 성도의 모습, 교회의 모습은 어떠했을까요? 이것이 고린도전후서가 우리에게 보여주는 교회의 모습입니다. 우리도 고민하고 배워야 합니다. 오늘 우리가 사는 이곳에서, 이 조건에서, 각자의 삶의 현장에서, 어떤 영적인 도전이나 공격과 맞닥뜨리고 있는지, 그 속에서 우리가 거룩한 하나님의 자녀로, 그리스도의 몸인 교회로 존재한다는 것은 무슨 의미인지 분명히 해야 합니다. 그렇게 우리는 현실 상관성이 있는 복음, 전복적이고 대항적이고 대안적인 복음을 제시해야 하는 선교적 존재로 부름을 받았습니다.

총독 갈리오를 통한 사역

하나님께서는 직간접적으로 동역자들과 회심자들을 통해 고린도에서의 하나님 나라 운동을 이끄셨습니다. 심지어 글라우디오 황제의 유대인 추방 명령까지도 고린도에 교회다운 교회가 세워지는 데 기여하게 하셨습니다. 세속 권력을 통한 복음의 확산이라는 방식이 12절부터 한 번 더 나옵니다. 이를 통해 참된 '주主'는 로마제국의 황제 가이사가 아니라 예수 그리스도이시고, 하나님이 인정하시는 영원한 나라는 로마제국이 아니라 하나님의 나라임을 증명하실 것입니다. 바울에게 새로운 변화를 가져온 것은 고린도에 새로 부임한 총독 갈리오였습니다. 그와 관련하여 발견된 한 중요한 비문이 있습니다. 그는 네로 황제의 스승으로 유명한 철학자 세네카의 형입니다. 본명은 루시우스 세네카Lucius Seneca입니다. 그런데 아버지의 친구였던 원로원 의원 루시우스 이우니우스 갈리오Lucius Iunius Gallio의 양자가 됩니다. 그래서 양부의 성과 이름을 따르게 된 것입니다. 아가야 총독으로 1년을 근무하다가 네로가 강요한 자살로 생을 마감했습니다. 1905년 아폴로 신전에서 델피의 비문이 발견되었는데, 이 비문에는 글라우디오 황제가 아가야의 총독 갈리오에게 편지를 보냈다는 기록이 나옵니다. 그 연대를 추정하면 주후 51-52년에 그가 고린도의 총독으로 있었음을 알 수 있습니다. 그렇다면 바울은 51년 어느 시점에 갈리오 총독 앞에서 재판을 받았을 것입니다. 헨헨Ernst Hänchen에 따르면 그는 51년 5월 초에 총독에 부임했고, 이 재판은 초여름 정도에 열린 것으로 보입니다.[75] 바울을 유대교를 위협하는 불온한 인물로 보고 그를 제거하려던 유대인들은 자신들에게는 사형 권한이 없었기에 로마의 공권력을 이용하고 싶었습니다. 하지만 바울을 사형시킬 혐의를 찾을 수 없었습니다. 총독들은 유대교 내부의 종교적인 문제로 볼 뿐 제국에 영향을 미칠 심각한 사안으로 보지 않았습니다. 하지만 신임 총독

---

75 헨헨, 『사도행전 I』, p.126.

에게는 사정이 다릅니다. 유대인들은 고린도의 사정을 잘 알 리 없는 신임 총독의 부임을 기회로 본 것입니다. 예수님 시대에 빌라도의 취약한 정치적 입지를 이용하여 예수를 정치범으로 몰아 죽이는 데 성공했던 예루살렘 유대인들의 수법과 비슷합니다. 그들이 신임 총독 갈리오에게 고소한 내용은 다음과 같습니다.

> "갈리오가 아가야 총독 되었을 때에 유대인이 일제히 일어나 바울을 대적하여 법정으로 데리고 가서 말하되 이 사람이 율법을 어기면서 하나님을 경외하라고 사람들을 권한다 하거늘"(사도행전 18:12-13)

13절에 "이 사람이 율법을 어기면"이라고 한 말에서 '율법노모스, νομός'은 로마법을 가리킵니다. 로마 총독은 유대인들이 율법을 지키게 하는 일에 책임이 없습니다. 로마로 하여금 유죄 판결을 받아내려면 그가 로마법을 어긴 것이 드러나야 했습니다. 그렇다면 "하나님을 경외하라고 사람들을 권하는선동하는" 것이 왜 로마법을 어기는 일이 되었을까요? 하나님을 경외하라는 말 자체는 문제가 없지만, 바울이 유대인들을 선동하여 기독교 신앙으로 유인한 것은 분명 불법이라고 고소했을 것입니다. 회당이 아니라 디도 유스도의 집에서 모이는 것이 법에 저촉되며, 이는 황제가 인정하지 않는 신생 종교라는 인상을 주었을 수 있습니다. 물론 여기 나온 것이 그들의 고소의 전부였을 리 없습니다. 그들은 분명 온갖 과정과 왜곡을 불사하며 자신들과 이 바울 일당을 차별화하려고 했을 것입니다. 가는 곳마다 바울이 어떻게 매질을 당하고 쫓겨나고 감옥에 갇히고 또 따돌림을 당했는지를 상세히 알렸을 것입니다. 이 말을 들고 있던 바울이 나서서 변론을 하려고 했습니다.

"바울이 입을 열고자 할 때에" (사도행전 18:14)

하지만 총독은 바울에게 변론의 기회마저 주지 않았습니다. 곧바로 선고를 내립니다. 바울과 그 일행은 긴장하지 않을 수 없었을 것입니다. 빌라도처럼 다수의 유대인들의 선동과 거짓 고소를 못 이겨 잘못된 판결을 내릴까 염려했을 것입니다. 하지만 그 순간에 우리는 "내가 너와 함께 하겠다", "너를 대적하여 해롭게 할 자가 없게 하겠다"는 주님의 약속을 기억해야 합니다. 그럼 주께서는 과연 어떻게 이 약속을 지켜내실까요? 갈리오의 선고를 들어보겠습니다.

"갈리오가 유대인들에게 이르되 너희 유대인들아 만일 이것이 무슨 부정한 일이나 불량한 행동이었으면 내가 너희 말을 들어 주는 것이 옳거니와 만일 문제가 언어와 명칭과 너희 법에 관한 것이면 너희가 스스로 처리하라 나는 이러한 일에 재판장 되기를 원하지 아니하노라" (사도행전 18:14b-15)

총독은 소송 자체를 취소합니다. 한마디로 이것은 유대교 내부 문제라는 것입니다. 유대인들의 고소에는 바울이 행한 그 어떤 부정한 일이나 불량한 행동에 대한 증거가 없었습니다. 그런 것이 있었다면, "내가 너희 말을 들어주는 것이 옳다", 즉 로마법을 따라서 심리하겠다는 것입니다. 그런데 총독 갈리오가 보기에 이 사안은 "언어와 명칭과 너희의 법에 관한 것"이었습니다. 여기 '언어로고스, λόγος'는 교리나 신학, 예수의 부활에 관한 주장에 관한 것을 말합니다. 특별히 메시아의 죽음과 부활에 대한 가르침을 가리킵니다. '명칭'은 특정 인물의 정체성이나 용어들_{구원자,} _{의, 부활 같은}에 관한 것을 말합니다. 유대인들은 십자가에 달려 죽은 예수를 '그리스도' 혹은 '하나님의 아들'이라고 부르는 것에 대해 이의를 제기한 것입니다. '너희의 법'에 관한 것이라고 한 것을 보면 '로마법'이 아니라 모세의 율법을 가리킵니다. 즉 바울이 이제 율법은 그리스도 안에서 완성되었으니 이방인들이 율법을 지켜서 유대인이 되어야 할 필요가 없다고 가르친 것을 두고 한 말일 것입니다.

갈리오는 이런 문제는 "너희가 스스로 처리하라 나는 이러한 일에 재판장 되기를 원하지 아니하노라"라고 말함으로써 선을 긋고 있습니다. 이는 예수를 따르는 자들에게도 유대교에게 보장한 법적 특권들을 허용하겠다는 뜻입니다. 부임한 지 얼마 되지 않았지만, 총독은 이 유대인들의 격렬한 문제 제기를 차분하게 진단하고 지혜롭게 선고하고 있습니다 (참조. 행 23:29). 우리는 바울을 향한 유대인들의 고소가 얼마나 근거가 부족한 허술하고 무기력한 고발이었는지를 알 수 있습니다. 갈리오에게는 유대교나 기독교는 전혀 차이가 없었습니다. 이렇게 선고하고는 그들을 법정에서 쫓아내었습니다. 이에 격분한 유대인들은 자신들의 무모한 분노를 탓하기보다 또다른 희생양을 찾아 공격하기 시작했습니다.

"모든 사람이 회당장 소스데네를 잡아 법정 앞에서 때리되"(사도행전 18:17a)

그들이 공격하고 싶은 사람은 바울이었습니다. 하지만 로마 시민권자인 그를 공격한다면 자신들이 바울에게 뒤집어씌우려 했던 혐의를 돌려받을 수 있었습니다. 그런데 왜 유대인들은 회당장 소스데네를 폭행했을까요? 소스데네는 그리스보(행 18:8)를 대신하여 회당장이 된 사람입니다. 그는 아마도 유대인들의 법정 대리인으로 바울을 고소한 자였을지 모릅니다. 이 소송에 실패한 책임을 물어 그를 잡아 법정 앞에서 때린 것 같습니다. 그래서 구경하던 유대인들이 보기에 그는 자신들의 편이 아니라 바울의 편으로 보였고, 바울을 처리하지 못한 책임을 물어 치도곤을 한 것으로 보입니다. 만약 이 소스데네가 고린도전서 1:1에 나오는 그 소스데네와 동일 인물이라면 "하나님의 뜻을 따라 그리스도 예수의 사도로 부르심을 받은 바울과 형제 소스데네는" 그는 이 사건 후에 그리스보에 이어 예수님을 영접한 고린도의 두 번째 회당장이 되었을 것입니다. 이 재판을 통하여 하나님께서는 바울을 건지셨을 뿐 아니라 바울을 대신하여 폭행을 당한 이 소스데네가 유대교를 떠나 주님께로 돌아오게 하셨습니다. 그토록 합리적인 선고를 내렸던 갈리오는 철저하게 이 폭행을 방관했습니다.

"갈리오가 이 일을 상관하지 아니하니라" (사도행전 18:17b)

이것이 로마의 법이었습니다. 자신들의 체제에 영향을 미치지 않는 것이라면 개입하지 않습니다. 그들이 추구하는 것은 공의와 정의가 아닙니다. 오직 로마의 이익, 로마의 안전뿐입니다. 분란을 만들지 않고 체제 유지에 위협만 되지 않는다면 무슨 짓이든 해도 상관 없다는 태도입니다. 그 보신주의가 예수를 죽였습니다. 그 보신주의가 이 소스데네의 폭행에 눈감게 했습니다. 하지만 결과적으로 갈리오의 보신주의 때문에 바울은 아무 처벌도 받지 않고 풀려났습니다. 이제 고린도에서의 복음 전도 활동은 적어도 로마 당국과의 관계에는 방해받지 않고 진행할 수 있게 되었습니다. 누가복음 저자가 주목하고 있는 것은 바로 그 사실입니다. 하나님은 고린도의 신임 총리 갈리오를 통해서 고린도 안에서 그리스도인들의 활동을 합법화시켜 주신 것입니다. 다시 한번 주님께서 함께하시겠다는 약속, 보호해 주시겠다는 약속을 신실하게 지켜주셨습니다.

나가는 말

바울은 고린도에서 1년 6개월간 길게 머물며 복음을 전했습니다. 복음을 전했을 뿐만 아니라 하나님의 말씀을 충분히 가르칠 수 있었습니다. 그만큼 이 도시에는 주께서 찾으시는 백성들이 많았습니다. 세상의 눈으로 보면 고린도는 두 항구 사이에 있는 부유한 도시였습니다. 재건과 번성의 도시였습니다. 하지만 하나님의 눈에는 어둠이 짙은 도시였습니다. 여러 탁월한 말씀의 종들과 강력한 성령의 역사를 통해서만 교회가 설 수 있을 만큼 영적으로는 힘겨운 도시였습니다. 하나님께서는 바울이 이 험한 사역지에서 장기간 머물며 사역할 수 있도록 여러 도움을 주셨습니다.

동역자들을 주시다

우선 신실한 사역자들을 예비하셨습니다. 로마에서 온 난민 아굴라와 브리스길라는 말씀의 동역자요 함께 생계를 도모하는 직장동료이기도 했습니다. 실라와 디모데가 마게도냐에서 도착하지 않고 혼자 사역하는 동안 이 부부의 존재는 낯선 고린도에 정착하는 데 큰 힘이 되었을 것입니다. 후에 디모데와 실라가 마게도냐에서 합류했고, 마게도냐의 교회들이 마련해준 선교 헌금은 그가 말씀 사역에 전념할 수 있는 여건을 마련해주었습니다. 그들이 온 후로 바울은 말씀에만 붙잡혀 사역할 수 있었습니다. 이런 도움의 손길들은 고린도 선교가 하나님의 선교였다는 사실을 분명히 보여주고 있습니다. 주께서 허락하신 동역자들을 잘 알아보고 그들과 협력하는 것이 얼마나 중요한지를 보여줍니다. 그렇게 할 때 지도자들이 독선주의나 영웅주의에 빠지지 않고 하나님의 선교가 종교 장사로 변질되지 않도록 막아줄 것입니다.

사역의 열매를 주시다

하나님은 고린도에서 사역의 열매를 보게 해주셨습니다. 놀랍게도 유대교 지도자인 회당장 그리스보와 소스데네가 예수님을 영접하도록 마음을 열어주셨습니다. 디도 유스도라는 이방인 회심자를 통해 회당 곁에 있는 그의 집을 선교 본부로 쓸 수 있었습니다. 그들을 통해 또 수많은 헬라인과 로마인들이 주께로 돌아왔습니다. 그 중에서도 스데바나와 그의 가족, 그리고 바울에게 숙소와 식사를 제공한 가이오는 바울의 중요한 동역자가 되었습니다(행 18:7-8; 고전 1:14-17; 16:15; 롬 16:23). 관청에서 재무관을 지내던 에라스도도 그 중 하나입니다. 그는 후에 에베소에서 바울과 같이 사역하다가 마게도냐로 보냄을 받았고(행 19:22), 바울이 고린도에서 로마서를 쓸 때는 고린도에 돌아와 있었습니다. 4차 선교 여행 때에도 그는 바울과 동행했습니다(딤후 4:20). 유대교는 바울을 회당에서 쫓아냈고 총독에게 고소까지 했지만, 하나님께서는 그 유대교의 리더들은 물론이고 이방인들까지도 당신 백성으로 부르심으로써 아무도 하나님의 선교를 막을 수 없음을 보여주셨습니다. 박해를 복음의 장애물이 아니라 복음 확산을 위한 촉매제가 되게 하셨습니다.

환상을 통해 격려하시다

부활의 주님께서 친히 환상 중에 바울에게 나타나 격려하십니다. 함께해주시겠다고, 해를 당하지 않도록 지켜주시겠다고 약속하셨습니다. 이 고린도는 결코 주님을 영접하지 않을 만큼 악한 듯 보였지만, 여전히 이 안에는 주께로 돌아올 백성들이 많이 있다는 반가운 사실을 알려주셨습니다. 이제 바울이 할 일이 남아 있고, 그가 하는 모든 일은 의미 있는 사역이 될 것이고, 그가 여기 머물러야 할 이유가 분명해졌습니다. 바울에게 중요한 것은 사역의 열매만은 아니었습니다. 사역의 순탄함도 아니었습니다. 무엇이 주님이 원하시는 것인지를 알고 따르는 것이 중요했습니다. 이는 자신의 사역이 하늘 보좌에서 통치하시는 예수님의 선교인 것을 알고 있었기 때문입니다. 오늘 주님은 저희에게도 말씀하십니다. "두려워하지 말며 침묵하지 말고 말하라", "내가 너와 함께 있을 것이다", "아무도 너를 대적하여 해롭게 할 자가 없을 것이다" 우리가 중단 없이 이 복음의 증인이 되어야 할 이유를 말씀하십니다. "네가 살고 있는 그 땅에 내 백성이 많음이라." 이 약속 따라서 가고 서는 인생이 됩시다. 주께서 찾으시는 영혼들을 위해 두려움 없이, 침묵 없이, 주저함 없이 복음 들고 나아가길 바랍니다.

로마의 권력을 사용하시다

바울이 고린도에 오기 전에 로마 황제의 유대인 추방령 때문에 고린도에 도착한 그리스도인 부부가 있었습니다. 아굴라와 브리스길라입니다. 그들은 천막을 만드는 직업을 가졌는데, 바울과 직업이 같아서 같이 일하면서 복음을 전할 수 있었습니다. 부부는 바울의 에베소 사역에 동행했으며, 훗날 로마로 돌아가서 가정교회를 하다가 다시 에베소로 와서 디모데와 함께 바울의 사역을 이어갈 것입니다. 글라우디오 황제의 유대인 추방령이 위대한 하나님의 선교의 일꾼을 만들어내는 계기가 될 줄은 아무도 예상하지 못했을 것입니다. 하나님께서는 로마제국의 선교에 로마 황제를 사용하셨습니다. 또한 고린도의 유대인들에게 신임 총독 갈리오의 부임은 바울을 고소하여 그를 제거하거나 그가 전하는 복음을 불법화할 수 있는 기회로 보였습니다. 하지만 갈리오는 상식적이고 공정한 재판을 통해 바울이 전한 복음에 제기된 사회적 우려를 불식시켜 주었습니다. 물론 그가 바울이 전한 복음에 호의적으로 반응한 것은 아닙니다. 예수님을 영접한 것은 더욱 아닙니다. 하지만 그는 바울이 전한 복음이 로마제국에 존재해도 되는 이유를 분명히 인정했습니다. 이는 고린도에서 그리스도인들이 합법적으로 모이고 복음을 전할 수 있게 해준 중요한 조치였습니다. 세상이 쓸모없게 여기는 유해한 복음이 아니라, 세상의 거짓과 위선과 탐욕이 복음이 말하는 평화와 사랑을 불쾌하게 여기고 불온하게 여길지언정 본질상 그 올바름과 유익을 인정할 만큼 공공선에 부합하는 복음, 본질에 충실한 복음을 살고 전하는 성도들이 되기를 바랍니다.

고린도에서의 바울의 집필 사역

바울은 고린도에서 데살로니가 교회에 편지를 써보냅니다. 아마 베드로 전후서를 대필할 만큼 실라의 헬라어 실력이 출중한 것과 바울의 눈이 안 좋은 것을 생각하면, 2차 선교 여행 중에 이 고린도에서 실라가 데살로니가에 보내는 편지를 대필했을 가능성이 높습니다. 바울 자신이 데살로니가에 가고 싶었지만 막혔고, 대신에 디모데를 보냈습니다(살전 3:1-3). 고린도에 먼저 와 있던 바울은 디모데로부터 기쁜 소식을 받습니다. 성도들이 믿음 안에서 굳건하게 서서 서로 사랑하며 잘 지내고 있다는 소식입니다. 더군다나 바울을 위한 선교 헌금도 가지고 왔습니다. 극심한 박해는 여전했는데도 그들이 하나님을 기쁘시게 하며 살고 있다는 소식을 듣고 얼마나 기뻤을까요? 그 마음이 데살로니가전서에 고스란히 녹아 있습니다. 바울이 할 말은 오직 "더욱 그리하라"는 말뿐이었습니다(살전 4:1, 10). 다만 디모데로부터 죽은 성도들의 부활에 관해 성도들이 혼란스러워한다는 질문을 받고 이를 설명하면서 격려해 주었습니다(살전 4:13-18). 만약 이 시기에 고린도에서 데살로니가전서를 썼다면, 신약성경에 있는 바울의 13편의 서신 가운데 가장 먼저 기록한 서신이 될 것입니다. 데살로니가전서의 공동 발신인으로 디모데와 실루아노실라가 언급되는데, 실라는 2차 선교 여행 때만 바울과 동행했습니다. 또한 바울 서신의 주요 주제인 율법, 할례, 칭의 등의 내용이 없는 것을 보면, 이런 문제가 불거지지 않은 선교 초기 상황을 반영한 것 같습니다.

하나님의 뜻이면
돌아오리라

사도행전 18:18-28

들어가는 말

바울과 형제들은 1년 6개월 동안이나 고린도에 머물며 복음을 전했습니다. 그의 곁에는 몇 달 전에 로마에서 추방되어 내려온 그리스도인 부부인 아굴라와 브리스길라가 있었습니다. 그들은 한곳에서 같이 지내고 같은 일을 하면서 복음을 전했습니다. 마게도냐에 있던 실라와 디모데가 고린도에 합류하면서 바울은 힘껏 더 담대히 말씀에 사로잡혀 살 수 있었습니다. 그 결과 회당에서는 쫓겨났지만, 회당 곁에 살던 디도 유스도의 집에서 가정교회가 시작되었고, 놀랍게도 회당장 그리스보와 소스데네가 주님을 영접하는 반전의 역사가 일어납니다. 이는 당연히 유대교로부터의 더욱 강력한 저항과 반대를 불러일으킨 충격적인 사건이었습니다. 그때 숨어 도우셨던 하나님께서 손수 나타나 바울의 힘을 북돋아주십니다. 환상 중에 말씀하시기를 "두려워하지 말며 침묵하지 말고 말하라"고 하십니다. 유대교의 거센 반대가 다른 지역에서와는 달리 사역의 위축이나 포기, 목숨을 위협하는 고난이나 사역지 이동으로 이어지지 않게 하실 것이라는 약속이 주어집니다. "내가 너와 함께 있으매 어떤 사람도 너를 대적하여 해롭게 할 자가 없을 것이니 이는 이 성중에 내 백성이 많음이라" 유대인들은 신임 총독 가이오에게 바울을 고소했지만, 도리어 바울의 선교가 로마의 법에 비추어 아무런 문제가 없다는 판결을 받습니다. 지켜주시겠다는 하나님의 약속이 지켜졌습니다. 세속 문화와 다양한 우상 종교들의 영향력이 강력한 도시 고린도에서 우리는 하나님과 바울과 하나님의 종들의 협력 사역으로, 로마 황제의 유대인 그리스도인 추방 명령과 로마의 총독 가이오의 재판을 통해서, 많은 사람들이 주님께로 돌아오는 역사를 보았습니다.

이 장에서는 바울이 1년 6개월 동안의 고린도 사역을 마치고 바울이 자신을 파송한 안디옥 교회로 돌아가는 이야기를 나눌 것입니다. 교회로 돌아가는 길에 그토록 가보고 싶었던 에베소 교회에 잠시 들러서 사역하고는 하나님이 허락하실 다음을 기대하면서 떠나는 장면도 인상적입니다. 이로써 바울의 2차 선교 여행이 마무리되고 곧 3차 선교 여행이 시작됩니다. 3차 선교 여행에서는 갈라디아 지역의 교회들을 심방하여 굳게 세운 후, 마침내 아시아의 수도 에베소에 당도합니다. 그리고 3년 동안 머물면서 사역하고 있습니다. 사도행전 19장은 에베소에서의 바울의 사역을 소개하고 있습니다. 본문은 고린도 사역과 에베소 사역 중간에 위치하여 두 사역을 이어주는 여러 일들을 기록하고 있습니다.

우리는 하나님께서 고린도 사역을 친히 주도하시는 것을 보았습니다. 특히 주님께서 환상 중에 바울에게 나타나셔서 격려하고 약속하셨는데,

이는 주님께서 고린도 사역 전체를 주장하신다는 것을 선명하게 보여주는 역할을 합니다. 바울이 "하나님의 말씀에 붙잡혀"(행 18:5) 사역했다는 표현도 이 사역이 하나님의 사역이라는 것을 분명히 하는 역할을 했습니다. 증인인 우리 역시 주님 말씀에 붙들린 채 가라고 하시면 가고 머물라 하시면 머물고 전하라 하시면 전하고 떠나라 하시면 떠나도록 부름받았습니다. 물론 아무 계획도 세우지 않고 그때그때 하나님의 지시를 받고 움직여야 한다는 뜻은 아닙니다. 바울이 아굴라 부부와 동역하는 것, 디모데와 실라가 바울에게 합류한 것, 바울이 거처를 디도 유스도의 집으로 옮긴 것, 바울이 1년 6개월 동안 고린도 사역을 이어간 것, 이 모든 것들을 바울과 그 일행이 같이 그리고 직접 판단했을 것입니다.

오늘 본문은 그 하나님의 역사와 우리의 순종 혹은 계획 가운데 후자를 더 강조하고 있습니다. 당연히 하나님의 뜻이나 인도하심이 전제되어 있습니다. 그것이 더 머물러 달라는 에베소 성도들을 향해 사도 바울이 한 말에 담겨 있습니다. "하나님의 뜻이면 너희에게 돌아오리라"[76]

우리는 바울이 2차 선교 여행을 마무리하고 3차 선교 여행을 시작하는 모습을 살피는 중에 그가 어떻게 선교 여행을 계획하고 준비하면서도 하나님의 뜻을 확인받는지를 살펴보려고 합니다. 그러면서 하나님께서 어떻게 그의 걸음을 섬세하게 인도하시는지도 볼 것입니다. 이것이 오늘 우리의 교회가 한 걸음 한 걸음 앞으로 나아갈 때 배워야 할 태도이고, 우리 개인의 삶에도 적용할 수 있는 중요한 원리가 될 것입니다.

---

76 빠른 에베소 방문과 재방문 약속은 문학적 욕구를 더 많이 자극한다. 에베소는 결실을 맺었지만 동시에 기다림의 현장이다. Pervo, *Acts*, p.456.

2차 선교 여행의 마무리

총독이 바울 선교에 면죄부를 줌으로써 이후 바울은 유대교의 큰 반대 없이 전도사역을 펼쳐 나갔을 것입니다. 그 내용을 전하지 않은 채 누가는 "바울은 더 여러 날 머물다가"라고 간단히만 언급하고 있습니다. 갈리오 재판이 51년 7, 8월에 있었고, 바울이 지중해 여행을 할 수 없게 되는 시점 전인 9월에 수리아를 향해 떠났다면, 이 여러 날은 실제 '몇 날'로 이해할 수 있습니다. 이제 그는 고린도를 떠나야 할 때가 되었다고 생각하여 형제들과 작별합니다. 그가 향한 곳은 고린도에서 동쪽으로 10킬로미터 떨어진 겐그레아 항구입니다. 여기서 배를 타면 마게도냐나 아시아로 갑니다. 저자는 바울의 행선지를 "수리아"로 분명히 밝히고 있습니다. 그곳은 바울을 파송해 준 '안디옥 교회'가 있는 곳입니다. 이제 바울은 두 번째 선교 여행을 마치려 하고 있습니다.

겐그레아에서 서원을 이행하다

그런데 이번 항해에는 디모데와 실라 외에 동행한 일꾼이 더 있었습니다. 고린도 교회 사역에 든든한 동역자였고 후원자였던 '브리스길라와 아굴라'입니다. 이 항해에 필요한 비용도 큰 이변이 없는 한 이 부부가 지불했을 것입니다. 부부는 믿음을 지키기 위해서 로마를 떠나 고린도로 왔는데, 여기서 바울을 만나고 함께 사역하는 동안 더 견고한 신학을 갖추었고 명실상부한 사역자가 되었습니다. 한 사람과의 만남을 통해 그들은 더 큰 이야기를 만났고, 기꺼이 그 하나님 나라의 이야기에 전적으로 참여할 결심을 한 것입니다. 고린도에서는 천막 만드는 것이 주업이었고 전도가 부업이었는데, 이제는 전도사역을 위해 천막 만드는 일을 하는 것으로 바뀌었다는 뜻입니다.

바울은 이 부부를 수리아 안디옥까지 데려갈 생각은 없었습니다. 그들은 에베소에 두고 바울혹은 실라와 디모데를 데리고만 안디옥에 다녀왔습니다. 그렇다면 바울은 이미 다음 사역지로 에베소를 깊이 염두에 두었음을 짐작할 수 있습니다. 그래서 곧장 수리아로 가면 더 빠를 것인데 굳이 에베소에 들렀다가 수리아로 갔을 것입니다. 에베소의 형편을 살피는 것은 물론이고 브리스길라와 아굴라를 에베소 교회에 소개하려는 것도 그 방문 이유 가운데 하나였을 것입니다. 그렇게 브리스길라와 아굴라를 대동하고 수리아로 가기 위해 겐그레아 항구로 내려갔는데, 그는 거기서 배를 타기 전에 아주 의미심장한 의식을 행합니다.

"바울이 일찍이 서원이 있었으므로 겐그레아에서 머리를 깎았더라"(사도행전 18:18b)

이 서원이 무엇이었고 "일찍이"가 언제를 가리키는지 말하고 있지 않습니다. 또 하필 왜 이 시점에서 머리를 깎았는지도 궁금합니다. 이것이 구약에서 말하는 서원이라면, 예수님 안에서 구약이 완성되었는데 그가 할례는 거부하면서 서원은 지키는 것이 맞는가 하는 질문을 할 수 있습니다. 나실인 서약은 삭발과 함께 서원이 종료됩니다. 삼손처럼 하나님께서 선택하여 평생 나실인으로 살아야 하는 사람도 있지만, 자발적으로 나실인의 삶을 선택할 수도 있습니다. 그럴 때는 평생 나실인으로 살기보다는 자신이 정한 기간만최소 30일 이상 나실인으로서 하나님께 특별한 헌신을 바쳤습니다. 이 기간에는 포도주와 독주를 마시지 않고, 머리카락을 자르지 않고, 시신을 만져서도 안 됩니다. 그 규례를 어겼다면 처음부터 다시 시작해야 합니다. 서원 기간이 끝나면 성막이나 성전으로 가서 번제물, 속죄제물, 화목제물, 소제물을 드렸는데, 그때 자신의 머리카락을 잘라 화목제물을 태울 때 같이 태웁니다. 나실인 서약은 '전적인 헌신'의 서약입니다.

그럼 바울은 언제 이 서약을 한 것일까요? 다양한 가능성이 있습니다. 그가 2차 선교 여행을 떠날 때 했을 수 있습니다. 1차 선교 여행의 동역자 바나바와 헤어졌을 때, 그에게는 남다른 각오가 필요했습니다. 1차 선교 여행 중간에 돌아가 버린 요한 마가를 데리고 갈 수 없다고 강하게 주장하면서 자신부터 어떤 어려움을 만나더라도 주님을 거스르지 않겠고, 자신의 전부를 다 이 복음에 드리겠다고 헌신했을 것입니다. 2차 선교 여행 중이나 혹은 고린도 사역을 시작하면서 서약을 했을 수 있습니다. 주님의 환상을 본 후에 믿음과 헌신의 표시로 서원을 했을 수도 있습니다. 퇴폐적이고 음란하고 돈과 지식과 명예를 숭상하는 도시 고린도에 입성하면서 충분히 예상되는 만만찮은 영적 도전과 맞닥뜨리기 전에 그는 나실인 서약을 했을 것입니다. 그의 거침없는 행보, 일편단심의 신앙, 담대한 도전 등은 이런 주님과의 내적인 연대가 있었기에 가능했습니다. 그랬던 바울이 이제 고린도 사역을 마무리하면서는 2차 선교 여행을 위한 서원 기간도 끝났다고 판단한 것 같습니다. 그래서 감사한 마음으로 머리를 깎고 예루살렘으로 향하자고 마음먹은 것입니다. 예루살렘에 가기 전에 이 서원을 이행한 것은 앞으로 만날 유대인들의 반대를 염두에 둔 조치일 것입니다. 그는 고린도의 유대인들로부터 "이 사람이 율법을 어긴"다는 고소를 당한 바 있습니다. 하지만 바울은 나실인 서원을 이행함으로써 그들이 얼마나 오해하고 있었는지를 보여주고 있습니다. 비록 바울은 나실인 서원을 비롯하여 구약의 모든 율법들이 그리스도 안에서 완성되었다는 것을 너무도 잘 알고 있었지만, 유대인으로서 자신에게 가장 익숙한 방법으로 하나님께 대한 자신의 신앙을 표현한 것입니다. 바울이 자비량 사역을 한 것도 이 나실인 서원과 관련이 있었을 가능성이 있습니다. 특별히 사도 바울은 퇴폐적이고 물질 중심적인 고린도에서 사역하면서 나실인으로서 수도사적 경건을 유지하며 살았기에 1년 반 동안 그 거친 세파에 휩쓸리지 않고 성공적으로 사역을 마칠 수 있었을 것입니다. 돈과 힘을 숭상하는 이 시대에 사도 바울이 로마서에서 권면한 대로, 이 세대에 순응하지 않고 변화된 마음과 새로운 가치관을 따라 주의 뜻을 분별하며 거룩한 백성으로 살려면(롬 12:1-2), 이 수도사적 경건, 나실인의 헌신, 우리 자신을 산 제물로 주께 드리는 결단이 있어야 하겠습니다. 성도들 역시 사역자들에게만 기대하고 그들을 통해서 대리만족하기보다는 저마다 자신의 자리에서 이 시대에 길들지 않기 위해 불편함과 거북함을 자처하는 나실인적인 삶을 진지하게 고민하길 바랍니다. 진정으로 이 시대를 넘어서서 이 시대를 즐길 수 있는 힘은 본질을 추구하는 단순한 삶, 가치 있는 것을 가치 있게 대하는 순전한 삶, 있다 사라지는 것을 상대화하는 삶을 통해 가능할 것입니다.

에베소와의 짧은 만남

이 겐그레아에도 교회가 있었습니다. 고린도에 있는 동안 그가 개척했을 가능성이 큽니다. 특별히 이 겐그레아 교회에는 바울이 총애하는

284

사역자가 있었는데, 로마 교회에게 맨 처음 추천하고 있는 집사인 '뵈뵈'입니다. 루디아처럼, 브리스길라처럼 그 역시 여자 사역자입니다.

> "내가 겐그레아 교회의 일꾼으로 있는 우리 자매 뵈뵈를 너희에게 추천하
> 노니 너희는 주 안에서 성도들의 합당한 예절로 그를 영접하고 무엇이든
> 지 그에게 소용되는 바를 도와 줄지니 이는 그가 여러 사람과 나의 보호자
> 가 되었음이라"(로마서 16:1-2)

뵈뵈 집사가 자신의 보호자가 되어 주었다고 극찬하고 있습니다. 당연히 그가 겐그레아에 머물면서 수리아로 갈 준비를 하고 서원을 이행하는 동안 뵈뵈가 바울 일행과 함께하며 교제를 나누었을 것입니다. 이 여

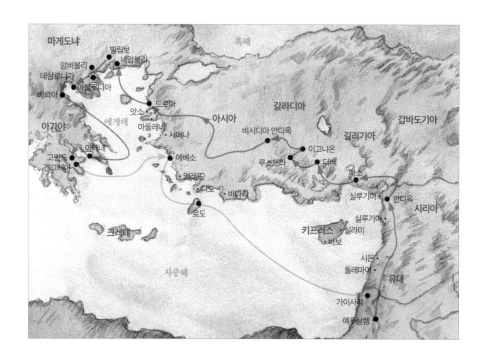

자 사역자 뵈뵈는 5년 후 바울이 로마 교회에게 보내는 편지를 들고 여행할 것입니다.

서원 이행을 마친 바울 일행은 이제 배를 타고 에게해를 건너 에베소로 향합니다. 에베소는 바울 당시에는 로마, 알렉산드리아, 안디옥과 함께 4대 도시에 속할 정도로 중요한 곳이었습니다. 그래서 아시아의 총독이 에베소에 거주했고, 로마 황제의 신전도 있었습니다. 지도에서 보면 에베소가 바다에서 내륙으로 5킬로미터 정도 안쪽에 있고 카이스터 Cayster라는 강이 에베소까지 이어져 있습니다. 지금은 토사가 퇴적되어 강이 없어졌지만, 바울 당시에는 에베소까지 배가 다녔고, 그래서 거대한 도시가 될 수 있었습니다.

2차 선교 여행 때 그는 이곳을 거점으로 삼아 아시아 전도를 펼치고 싶었지만, "성령이 아시아에서 말씀을 전하지 못하게 하셔서"(행 16:6) 북쪽으로 갔다가 거기서도 주의 영이 가로 막아서 포기했고, 결국 마게도냐 사람의 환상을 보고 그리스 땅으로 건너간 적이 있었습니다. 그 중요한 도시 에베소에 이제야 도착했습니다. 바울의 심정이 어떠했을까요? 드디어 원하던 것을 이루었다고 여겼을까요? 그럴 리가 없습니다. 그는 처음부터 자신이 바라던 대로만 사역하려고 한 사람이 아니었습니다. 아마도 "하나님이 이렇게 일하시는구나!"라고 감탄했을 것입니다. 우리 생각에는 좀더 일찍 순탄하게 에베소에 당도하게 하셨다면 훨씬 더 큰 성과를 거둘 수 있었을 것이라고 생각할 수 있지만, 하나님께서는 그 일이 맨 마지막에 해도 상관없는 일이 되는 경우가 많습니다. 그래서 무슨 일을 어떻게 하느냐도 중요하지만, 그것을 언제 누구를 통해서 하느냐가 하나님께는 더 중요합니다.

에베소에 당도한 바울은 다른 여느 도시들에서처럼 회당을 찾아 유대인들을 상대하기 시작합니다.

> "에베소에 와서 그들을 거기 머물게 하고 자기는 회당에 들어가서 유대인들과 변론하니" (사도행전 18:19)

회당 유대인들에게 구약성경을 가지고 메시아의 약속, 특별히 메시아의 고난과 부활에 관해 약속한 말씀을 가르치고, 그 일이 예수님을 통하여 성취되었다는 메시지를 전했을 것입니다. 그 예수님이 드디어 하나님 나라의 왕으로 오셨으니 이제 유대인들도 그를 메시아로 맞이하라고 도전했을 것입니다. 여기 "변론하다"는 앞에서는 '강론하다'라는 번역으로 자주 나오는데, 이것은 성경을 두고 서로 토의하는 모습을 떠올리는 단어입니다 디아레고마이, διαλέγομαι. 다만 이번에 바울은 아굴라 부부를 따로 두고 혼자 회당에 가서 유대인들을 상대합니다 "바울은 두 사람을 떼어놓고", 새번역. 어쩌면 바울은 유대인들의 반응에 따라 이 사역에 브리스길라와 아굴라의 역할을 정하려고 한 것 같습니다. 바울은 이번에는 에베소에서 오래 머물러 사역할 생각이 없었고, 정탐의 성격이 컸습니다. 브리스길라와 아굴라를 에베소에 두고 자신은 디모데와 실라만 데리고 수리아 안디옥을 다녀오고, 그다음 에베소를 다시 방문하여 3차 선교 여행의 거점으로 삼으려고 했습니다. 그래서 더욱 신중하게 접근하고 있습니다. 만약 이번에 유대인들이 다른 도시에서처럼 격렬하게 반대한다면, 브리스길라와 아굴라의 신분을 미리 에베소 사람들에게 노출시키지 않는 것이 좋겠다고 생각했을 것입니다. 하지만 그들이 호의적이라면, 안디옥에 다녀

287

오는 동안 이 부부에게 사역을 맡길 생각이었습니다.

회당의 유대인들이 바울의 가르침에 어떻게 반응합니까?

"여러 사람이 더 오래 있기를 청하되"(사도행전 18:20a)

어떤 저항도 하지 않고 말씀을 더 듣고 싶어 했습니다. 비시디아 안디옥의 유대인들처럼 바울이 예수 사건의 빛에서 구약을 해석한 것에 흥미를 보였습니다. 한 번으로는 만족하지 못하여 더 머물러 달라고 요청했습니다. 참 오랜만에 보는 긍정적인 반응입니다. 바울도 흥분되었을 것입니다. 이때 "아시아에서 그리스도께 처음 맺은 열매"인 에배네도가 예수님을 영접한 것 같습니다(롬 16:5). 이미 오순절 설교를 듣고 회심한 사람들 중에 에베소에 들어온 이들이 분명히 있었을 것입니다(행 2:9). 좋은 말씀 사역자를 만나는 일만큼이나 좋은 청중을 만나기도 힘듭니다. 당연히 "물 들어올 때 노 저어야 한다"고 생각할 수도 있고, 하나님이 더 머물러 사역하도록 문을 여신다고 판단할 수도 있는 상황입니다. 상황에 맞게 본래 계획을 수정하여 청중들의 필요에 부응해야 한다고 판단할 수도 있습니다. 하지만 바울의 결정은 달랐습니다.

"허락하지 아니하고 작별하여[77] 이르되 만일 하나님의 뜻이면 너희에게

---

[77] '작별하다'(ἀποτάσσω)는 바울이 고린도 성도들과 헤어질 때 나왔는데(18절) 에베소 후반부(20:17-38)의 바울의 고별 연설에는 안 나오지만 공통의 주제는 에베소 내러티브의 수미쌍관 역할을 한다. 21:6에 두로를 떠날 때 '작별'이라는 용어가 나오는데, 이는 더 큰 부분의 끝을 장식한다. 패트릭 슈라이너, 『사도행전』, p.516.

돌아오리라 하고 배를 타고 에베소를 떠나" (사도행전 18:20b-21)

바울은 단호하게 거절합니다. 저자는 그 이유를 밝히지 않습니다. 왜 굳이 부흥하는 사역을 두고 수리아 안디옥으로 가야 한다고 하는지 알 수 있는 실마리는 전혀 없습니다. 학자들은 예루살렘 교회와의 관계에서, 혹은 파송한 안디옥 교회와의 관계에서 그가 속히 풀어야 할 과제가 있었을 것이라고 추정하지만, 본문은 침묵하고 있습니다. 다만 그에게는 지금 당장 복음을 더 제대로, 더 풍성하게 듣고 싶어 하는, 그래서 복음을 듣고 예수님을 영접할 수도 있는 유대인들을 두고서라도 안디옥에 꼭 가야 하는 이유가 있었습니다. 상황은 하나님의 뜻을 알고 하나님의 인도하심을 간파하는 중요한 도구이지만, 지나치게 상황에 의존하면 이현령 비현령식의 적용을 할 수 있으니 조심해야 합니다.

바울의 안디옥행은 바울과 하나님과의 아주 개인적인 관계에서 나온 결정이었습니다. 그렇더라도 그가 이 에베소 사역을 포기하거나 더 머물러 주기를 바라는 유대인 동포들의 마음을 단념시킨 것은 아니었습니다. 도리어 반대였습니다. 이곳에 돌아와서 본격적으로 사역을 하도록 주께서 꼭 허용해 주시기를 바랐습니다.

"만일 하나님의 뜻이면 너희에게 돌아오리라"

바울에게 에베소는 잠시 머물다 말 사역지가 아니었습니다. 회당의 유대인들이 생각하는 것보다 바울에게 에베소는 선교 전략적으로도 훨씬 중요한 곳이었습니다. 하지만 그것마저도 현재는 바울 자신의 판단일

뿐이었습니다. 그는 자신의 계획대로 반드시 되어야 한다고 생각하지 않았습니다. 그래서 "주의 뜻이면"이라고 단서를 달고 있습니다. 이제 앞으로 그의 모든 행보는 에베소 사역이 하나님의 뜻인지를 확인받는 여정이 될 것입니다. 성령님의 인도를 구하고 파송한 안디옥 교회와도 상의할 것입니다. 어떻게 될지 알 수 없습니다. 시시각각 바울의 목숨을 노리는 유대인들이 도처에 있기 때문입니다. 항해 도중에 난파되어 죽을 수도 있고, 이번에 예루살렘에 올라가면 자신의 변절에 앙심을 품은 유대인들에게 붙잡히거나 자객에게 암살을 당할 수도 있습니다. 또 예루살렘 교회의 지도자들은 다른 의견을 갖고 있을 수 있고, 안디옥 교회가 다른 사역을 권할 수도 있습니다. 아시아의 여러 교회들을 다니면서 믿음을 굳게 하는 사역에도 위험이 기다렸습니다. 바울에게 돌을 던져 죽이려고 했던 곳이 아닙니까? 이 가운데 하나의 경우라도 만나면 에베소 사역을 이어갈 수 없었습니다. 그러니 "하나님의 뜻"일 때만, 바울은 다시 에베소에 돌아올 수 있었습니다.

"만일 하나님의 뜻이면!"

주인이 허락하시지 않으면 아무것도 할 수 없습니다. 하나님이 도우시지 않으면 하나님 나라가 설 수 없고 하나님의 뜻이 이뤄질 수 없습니다. 하나님의 영광이 드러날 수 없고, 그 일에 참여해도 정작 우리는 복을 누릴 수 없습니다. 그러니 가장 하나님의 뜻처럼 보이고 하나님의 영광이 드러나는 일처럼 보이는 일이 때로 우리에게 가장 위험한 일이 될 수도 있습니다. 그런 일은 명분이 뚜렷하고, 그래서 우리의 야망을 감추기 쉽기 때문입니다. 가장 경건하게 보이는 일은 아이러니하게 사탄이 가장 일하기 수월하고, 가장 빛이 환하게 빛나는 곳에 그림자가 가장 짙습니다. 위선자는 세상이 아니라 교회에 존재합니다. 하나님을 안 믿는 자들이 아니라 잘 믿는다고 스스로 생각하는 자들이 하나님을 가장 욕보일 수 있습니다. 그러니 시간이 걸리더라도 우리는 하나님이 무엇을 원하시는지 찬찬히 살펴야 합니다. 주의를 기울여 들어야 합니다. 지나온 길을 돌아보면서, 오늘을 진단하면서, 공동체와 함께 찾아가야 합니다. 그 과정 자체가 결과보다 압도적으로 중요합니다. 왜냐하면 그 과정을 하나님이 주장하실 때만 하나님의 일이 되기 때문입니다. 우리는 결과에 주목하지만 하나님은 동기와 과정을 보십니다. 우리는 속도를 보지만 하나님은 방향을 보십니다.

예루살렘과 안디옥을 방문하고 3차 선교 여행에 나서다

바울은 에베소를 떠나 수리아로 향합니다. 그런데 먼저 수리아 안디옥과는 거리가 먼 가이사랴 항구를 통해 팔레스타인 땅에 들어섭니다. 안디옥에 가기 전에 가이사랴에서 가까운 예루살렘을 들르기 위해서입니다. 22절에 "올라가 교회의 안부를 물은 후에"라는 표현에서 '올라가'는 가이사랴에 올라간 것이 아니고 예루살렘에 올라간다는 뜻입니다. 누가 - 행전에서 이 '올라가아나바이노, ἀναβαίνω'는 예루살렘에 올라간다고 할 때 관용적으로 쓰이고 있습니다(눅 2:4; 18:10, 31; 19:28; 행 3:1; 11:2; 15:2). 또 여기 '교회'에는 정관사가 붙어서 '그 교회텐 에클레시안, τὴν ἐκκλησίαν'입니다. 그렇다면 이 교회는 예루살렘 교회를 가리킬 것입니다.

바울은 예루살렘을 방문했습니다. 우선 겐그레아에서 깎은 머리카락을 예루살렘 성전에 가서 태우고 예물을 드려 나실인 서원을 마무리하려고 했을 것입니다. 또한 당연히 예루살렘 교회의 지도자들인 사도들을 만나서 예루살렘의 선지자 실라와 루스드라의 디모데와 함께 사역하여 아시아를 넘어 마게도냐 지방까지 선교의 지경이 확대된 소식을 전해주기 위해서 갔을 것입니다. '이방인을 위한 선교사'로서 바울 자신을 사용하시는 성령의 역사를 나누었을 것이고, 복음의 지경이 성령의 약속대로 '땅끝'을 향하여 점점 확대되는 벅찬 소식을 나누었을 것입니다. 훗날 베드로 역시 로마까지 와서 복음을 전하는 것을 보면, 바울의 선교 보고가 사도들에게도 큰 도전이 되었을 가능성이 큽니다. 그것은 한 사역자의 성공담이 아니었습니다. 하나님께서 자신의 약속을 친히 이루고 계신다는 소식이었습니다(행 1:8). 지금 하나님 나라가 어떤 식으로 전개되고 있는지를 보여주는 소식이었습니다. 그것은 이 엄청난 흐름에, 이 위대하고 벅찬 이야기에 예루살렘 교회가 어떻게 참여해야 할지를 고민하게 하는 소식이었습니다.

이것이 오늘 우리가 들어야 하는 소식입니다. 주님이 듣기 원하시는 소식입니다. 21세기 오늘 우리 가운데 전개되는 하나님 나라는 지난 10년, 20년 전과 같을 수 없습니다. 교회가 맞닥뜨려야 하는 도전의 양상은 우리 세대와 다음 세대가 또 다릅니다. 하나님께서 보호하신다, 축복하신다는 모호한 구호만으로 교회는 지켜지지 않습니다. 탈성장교회를 추구하지 않아도 성장은 이미 멈추었고 감소의 추세는 가파릅니다. 주일학교와 청년부가 없는 교회가 많아지고 있으니 어른들이 떠나면 그 감소 속도는 더 빨라질 것입니다. 하지만 교회가 지금보다 훨씬 더 약했던 시대에 비하면 교회나 교인 수가 적은 것은 아닙니다. 신앙생활 하기가 더 힘들고 신앙을 지키기가 더 어려웠던 시대는 지금보다 훨씬 더 많았습니다. 그러니 지금은 절망할 시간이 아니고, 이 시대에 하나님께서 맡기신 사명이 무엇인지 알고, 우리에게 요구하시는 신앙이 무엇인지를 잘 들어야 할 때입니다. 하나님께서 질문하시는 것에 대답해야 할 때입니다. 하나님께서 요구하시는 것에 순종해야 합니다. 우리가 아는 말만 주야장천 되풀이하지 말고, 내가 갖고 싶고 이루고 싶은 것만 토해내지 말고, 주께서 우리를 이 시대에 당신의 형상으로 빚으시고 하나님 나라 백성으로 삼으려고 하실 때, 그 창조의 손길과 섭리에 우리를 맡겨야 합니다. 내가 만들고 싶은 교회가 아니라, 하나님께서 이 어둠의 시대를 밝히는 데 쓰고 싶은 빛의 사람, 빛의 교회가 되어야 합니다.

예루살렘 교회는 바울의 선교 보고를 들었습니다. 너무나 중요한 선교적 전환이 있었고, 하나님께서 친히 주도하신 하나님 나라의 진일보가 있었습니다. 바울은 이 소식을 전해야 했기에, 에베소 유대인들의 간청에도 불구하고 예루살렘 교회를 찾은 것입니다. 특히 예루살렘 교회의 유대인들은 바울이 나실인 서약을 지키느라 짧은 머리를 한 것을 보고 더는 그에게 딴지를 걸 수 없었을 것입니다.

보고를 마치고 바울은 예루살렘에서 400킬로미터 떨어진 안디옥 교회로 향합니다. 당연히 가는 길에 베니게와 사마리아에 들러 하나님이 마게도냐와 아가야에서 행하신 일을 전했을 것입니다. 실라와의 동행은 여기까지였습니다. 무슨 이유에서인지는 모르겠지만 실라는 더는 바울의 선교 여행에 동참하지 않고 그 대신 예루살렘에 계속 머물면서 그간 있었던 하나님의 역사를 전하기로 결정합니다. 안디옥 교회는 바울의 영적인 고향입니다. 자신을 품어준 교회, 성장시킨 교회, 이방인의 사도로서의 사명을 인정해 준 교회, 바나바와의 갈등 속에서도 자신을 믿어준 교회, 그렇게 파송하고도 자신들이 함께 간 것처럼 늘 기도해준 교회, 그 어머니 품 같은 곳으로 바울 일행은 내려갔습니다. 거기서도 예루살렘 교회에서 했듯이 2차 선교 여행 가운데 하나님께서 행하신 놀랍게 기이한 일들을 나누었을 것입니다. 얼마나 감격스럽고 은혜롭고 영광스러운 자리였을지 상상하기도 어렵습니다. 그 이야기를 들을 때 하나님 외에는 아무도 영광을 받을 수 없었을 것입니다. 우리가 믿는 그 예수께서 정말 이 역사의 왕이 되셔서 친히 당신 나라를 주장하시고 당신 주권을 펼치시는 것을 바울의 간증을 통해서 생생하게 경험했을 것입니다. 그들이 현장에 나가 있는 것처럼 느꼈을 것입니다. 그들에게 그 이야기가 오늘 자신의 삶을 결단하게 하는 성경이었듯이, 오늘 우리도 사도행전을 읽으면서, 그 하나님이, 그 예수님이, 그 성령님이 여기서 진행 중인 하나님 나라로 우리를 부르고 계심을 믿어야 합니다.

그런데 놀랍게도 누가는 안디옥 교회에서 바울이 한 일을 한 줄도 기록하지 않고 있습니다. 이전처럼 얼마 동안 머물며 안식을 취했는지도 언급하지 않습니다. 다만 "얼마 있다가"라는 표현을 보면 그리 길게 머문 것 같지는 않습니다. 에베소를 거점으로 한 아시아 사역을 감당할 마음에 그는 오래 있을 수가 없었던 것일까요? 에베소에 두고 온 브리스길라와 아굴라를 생각하면, 더 있어 달라고 붙잡던 에베소의 사람들을 생각하면, 그는 속히 떠나고 싶었을 것입니다.

• 안디옥에서의 베드로 책망 사건

그런데 여기 "얼마 있다가"의 기간 동안 갈라디아서에 나온 아주 중요한 사건 하나가 벌어집니다. 갈라디아서 2장 11-14절을 보면, 안디옥에서 바울이 예루살렘의 대표적인 사도인 베드로를 책망하는 충격적인 장면이 나옵니다. 이는 양측 교회에 큰 파장을 몰고 올 만한 사건이었습니다. 소위 '안디옥 사건'이라고 불립니다. 이때 바나바 역시 마가 요한을 데리고 선교 여행을 갔다가 안디옥 교회로 돌아와 있는 상황이었습니다. 바울과 바나바가 안디옥에 있을 때 베드로가 방문했습니다. 그때 예루살렘 교회에서 몇몇 유대인 형제들이 도착했는데, 그들을 보자마자 베드로가 이방인 형제들과 함께 식사하다가 갑자기 자리를 뜹니다. 바울은 베드로가 "야고보에게서 온 어떤 이들을" 두려워하여 떠나 물러갔다고 말하고 있습니다. "야고보에게서 왔다"는 말은 예루살렘 교회에서 왔다는 말도 되고, 적어도 야고보의 지시나 승인을 받고 왔다는 뜻입니다. 베드로가 이렇게 행동하자 안디옥의 유대인 형제들"남은 유대인들", 행 2:13도 따라 했습니다. 심지어 바나바마저 이 위선적인 태도에 동참했습니다. 이것을 본 바울은 분노했고, 베드로를 모든 사람들이 있는 자리에서 공개적으로 책망했습니다. "당신은 유대 사람인데도 유대 사람처럼 살지 않고 이방 사람처럼 살면서, 어찌하여 이방 사람더러 유대 사람이 되라고 강요합니까?"(갈 2:14) 베드로의 외식하는 행동은 그간 이방인을 향한 바울의 사역을 부정하는 일이었고, 예루살렘 공의회의 결정도 무력화하는 심각한 일이었습니다. 이는 지도자들 간의 알력 다툼이 아닙니다. 복음의 진리를 고수하기 위한 불가피한 결정이었습니다. 베드로 역시 이 일로 바울과 완전히 갈라선 것이 아닙니다. 베드로전서를 보면 베드로는 바울을 "우리가 사랑하는 형제 바울"이라고 부르며 그를 존중해주고 있습니다. 이 일을 처리한 후에 그는 3차 선교 여행의 길에 나섭니다.

"얼마 있다가 떠나 갈라디아와 브루기아 땅을 차례로 다니며 모든 제자를

굳건하게 하니라" (사도행전 8:23)

안디옥으로 올 때는 배를 이용했는데 다시 선교지로 갈 때는 걸어서 갔습니다. 1차 선교 여행 때 개척한 교회들을 심방하기 위해서입니다. 2차 선교 여행을 나설 때도 이곳의 교회들을 재방문하여 돌본 적이 있습니다. 이때 그는 분명히 예루살렘 교회를 위해 헌금을 모금하도록 권면했을 것입니다(고전 16:1; 갈 2:10). "부루기아 땅을 차례로 다니며 모든 제자를 굳건하게" 했다고 말하는데, 이 지역은 언제 전도한 것일까요? 2차 선교 여행 중에 성령이 아시아에서 말씀을 전하지 못하도록 막으시자 그가 비두니아로 향하는 길에 브루기아와 북갈라디아 땅을 다녀간 적이 있었습니다(행 16:6). 그때 믿는 자들이 생겼을 것입니다. 그러니까 성령께서 아시아와 비두니아로 가는 길을 막으셨는데, 그 지역으로 가다가 들른 북갈라디아와 브루기아에서 전도의 열매가 있었던 것입니다. 이번에 이곳에 들르면서는 새롭게 전도사역을 했다는 언급이 없습니다. 바울의 사역은 전도사역만이 아니었습니다. 그는 늘 전도와 양육을 병행했습니다. 그래서 선교하여 교회를 세우고는 떠나기 전에 지도자를 세워서 개척된 교회가 말씀으로 잘 서도록 했습니다. 참으로 건강한 교회는 성도들이 리더로 잘 세워져서 성도들이 다른 성도들을 양육하고, 제자가 다른 제자를 만드는 교회일 것입니다.

아볼로 양육과 고린도 사역

바울이 1차 선교 여행 때 세운 교회를 심방하여 제자들을 굳건하게 하는 사역을 했다는 언급 뒤에 바로 그가 에베소에 도착하여 브리스길라와 아굴라 부부와 함께 어떻게 사역을 시작했는지를 말해야 흐름이 자연스러울 것 같습니다. 그런데 사도행전 18:24-28은 그 흐름을 끊는 것 같은 한 인물이 나옵니다. '아볼로'입니다. 왜 여기서 이 사람을 등장시키고 있는지는 24-28절을 살펴본 후에 생각해보겠습니다. 24절에서 저자는 아볼로를 이렇게 소개합니다.

"알렉산드리아에서 난 아볼로라 하는 유대인이 에베소에 이르니 이 사람은 언변이 좋고 성경에 능통한 자라"(사도행전 18:24)

준비된 일꾼, 그러나 부족한 일꾼 아볼로

그는 알렉산드리아 출신의 유대인입니다. 알렉산드리아는 로마제국에서 로마에 뒤를 이은 제국의 제2의 도시였습니다. 특히 당대 최고의 도서관이 있던 곳으로 유명하고, 예루살렘 다음으로 유대인들이 많이 살던 도시였습니다. 200년 전에 히브리어 성경을 헬라어로 번역한 칠십인역이 나온 곳도 바로 이 도시입니다. 현존하는 가장 오래된 성경사본요한복음도 이곳 알렉산드리아판입니다주후 100년경. 그런 그가 "언변이 좋다"는 것은 알렉산드리아 출신다운 면모입니다. 이 '언변이 좋다'는 표현에는 '학식이 풍부하다'라는 뜻도 있고, 수사학 교육을 잘 받았다는 의미이기도 합니다. 그는 "성경에도 능통했습니다." 이 역시 알렉산드리아 출신

297

다운 특징입니다. 그런데 아볼로는 단지 유대교를 믿는 유대인에 그치지 않았습니다.

> "그가 일찍이 주의 도를 배워 열심으로 예수에 관한 것을 자세히 말하며 가르치나"(사도행전 18:25)

그의 기독교적인 배경에 대해 세 가지를 말해주고 있습니다. 첫째, 그는 "주의 도"를 배워서 알고 있는 사람입니다. 여기 "일찍 주의 도를 배웠다"는 표현보다는 "이미 주의 도를 배웠다"로 번역하는 것이 좋습니다. 예수님이 전하신 가르침에 대해, 혹은 예수님에 관한 가르침에 대해서 이미 체계적으로 잘 배운 사람이었습니다. 아마 유대 땅에 와서 세례요한이나 그의 제자들을 만나서 그리스도인이 되었고, 유대인 그리스도인으로 따로 선교 사역을 하다가 에베소에 당도한 그리스도인이었을 것입니다. 둘째, "열심히" 예수에 관한 것을 가르쳤습니다. 여기 "열심히"는 헬라어로 "제온 토 프뉴마티ζέων τῷ πνεύματι"입니다. 직역하면 "끓어오르는 영으로"입니다. 여기서 "영"이 아볼로의 영인지 성령인지에 따라서 해석이 달라집니다. 한글개역성경처럼 아볼로의 영, 그러니까 그의 '열정'으로 이해하는 것이 좋아 보입니다. 셋째, 그는 예수에 관한 것을 자세히 말하며 가르쳤습니다. 여기 "예수에 관한 것들타 페리 투 예수, τὰ περὶ τοῦ Ἰησοῦ"이 무엇인지에 따라 뒤에 나오는 그가 "요한의 세례만 알았다"는 말이 무슨 뜻인지가 결정됩니다. 그가 과연 예수에 관해서 얼마나 알고 있었는지는 본문만 봐서는 알 수 없습니다. 다만 "주의 도"를 배웠다는 것을 보면, 이것이 단지 구약에 나타난 예수에 관한 예언만 알았고 예수님의 십자가와 부활에 관한 소식은 몰랐다는 식으로 보기는 어렵습니다. 그는 분명 예수의 교훈과 가르침을 알았을 것입니다. 그것을 열정적으로 에베소 사람들에게 말하기도 하고 가르치기도 했습니다. 여기 "자세히아 크리보스, ἀκριβῶς"라는 표현은 26절에 나오는 "정확하게"와 같은 단어입니다. 아볼로, 그는 자신이 알고 있는 만큼은, 자신이 배운 만큼은 "정확하게" 전하는 사람이었습니다. 그런데 그의 가르침에는 부족한 부분이 있었습니다. 저자는 그것을 이렇게 말합니다.

"요한의 세(침)례만 알 따름이라"(사도행전 18:25b)

그는 세례 요한이나 그의 제자들을 통해 예수에 관한 복음을 전해 들었을 가능성이 있습니다. 예수를 영접하기 위해 요한이 베풀었던 회개의 세례, 즉 물 세례에 대해서 배웠습니다. 그는 당연히 예수께서 약속된 메시아요 이스라엘의 구원자시라는 것을 알았습니다. 하지만 그는 성령 세례, 즉 성령의 역사에 대해서는 아직 모르는 상태였습니다. 그는 이 세례와 예수님의 삶과 죽음과 부활의 관련성에 대해서는 충분히 알지 못하고 있었습니다. 분명 이 아볼로와 19장에서 바울이 에베소에서 처음으로 만난 열두 명의 어떤 제자들은 서로 관련이 있을 것입니다. 그들도 "요한의 세례침례"만 받았다고 말하고 있고, 아직 "성령"에 대해서는 듣지 못했다고 말하고 있기 때문입니다. 물론 이들이 아볼로의 직접 제자들인지에 대해서는 확신할 수 없습니다. 다만 둘 다 하나님 나라의 도래에 비추어 무언가 부족함이 있는 신자였던 것은 분명합니다. 사도행전 저자의 강조점은 그들이 신자인지 아닌지에 있지 않습니다. 저자는 이들이 어떻게 온전한 믿음에 이르게 되었고 하나님 나라의 영향력 아래로 들어오게 되었는지를 묘사하는 데 초점을 두고 있습니다. 이 아볼로를 향한 사역은 바울이 오기 전에 브리스길라와 아굴라가 담당했고, 이 열두 제자들을 향한 사역은 바울이 담당했다는 점이 중요한 것입니다. 저는 사역의 연속성을 보여주기 위해 본격적인 바울의 에베소 사역을 말하기 전에 아볼로를 등장시킨 것이 아닌가 싶습니다. 유대인 아볼로는 비록 요한의 세례만 알고 있었지만, 바울처럼 회당에서 자신이 알고 있는 예수에 관해 담대히 전했습니다.

"그가 회당에서 담대히 말하기 시작하거늘"(사도행전 18:26a)

아볼로의 담대하고도 열정적인 가르침을 브리스길라와 아굴라가 들었습니다. 아볼로는 예수에 관한 것을 '자세히' 혹은 '정확하게' 말할 수 있었지만 완전하지는 않았습니다. 알고 있는 것만큼은 정확했지만, 온전하지는 않았기에 자칫 오해를 줄 수도 있었습니다. 예수에 대해 잘 알고 있다고 해서 반드시 신학적으로 체계를 갖추고 있는 것은 아닙니다. 특히 가르치는 자들은 예수님을 사랑하는 맘으로 전하는 것으로 충분하지 않습니다. 이단들도 예수님을 사랑합니다. 교리적인 논쟁만 중시하는 것도 경계해야 하지만, 신학이나 교리를 관념의 유희로만 치부하여 오직 사랑만 강조하는 경향도 위험하고 치기 어린 태도입니다. 성육신과 십자가, 부활이나 재림 같은 교리를 몰라도 하나님을 사랑하면서 잘 순종하며 살 수는 있습니다. 하지만 신학적으로, 교리적으로 잘 정리할수록 우리는 우리 자신과 삶과 세상과 타인을 이해하는 탄탄하고 안정적인 해석적 틀을 형성하게 됩니다. 그러면 상황에 흔들리지 않고 오래도록 신앙을 유지할 수 있고, 특히 어려움에 처한 타인을 잘 도울 수 있습니다. 만일 교리나 신학을 인간의 작업 정도로 소홀히 다룬다면, 누구든 불가지론자가 되어 하나님을 향한 신앙과 의존보다는 인간의 도덕적인 잠재력을 믿는 존재로 전락할 우려가 있습니다.

브리스길라와 아굴라의 눈에 아볼로는 '신학 없는 예수'라는 한계를 가진 것이 보였습니다. 그것이 아볼로 자신만이 아니라 그 말씀을 듣는 이들에게도 영향을 줄 수 있었습니다. 아볼로를 통해 사람들에게 예수와 하나님 나라와 구원에 대한 오해를 줄 수 있었던 것입니다.

신중한 교사 브리스길라와 아굴라, 겸손한 배움의 사람 아볼로

이런 아볼로의 모습을 보고 브리스길라와 아굴라 부부는 어떻게 대응합니까?

> 브리스길라와 아굴라가 듣고 데려다가 하나님의 도를 더 정확하게 풀어 이르더라" (사도행전 18:26)

여기 '더 정확하게 아크리베스테론, ἀκριβέστερον'라고 비교급을 쓴 것을 보면 아볼로도 예수에 관한 것을 '정확하게'(행 18:25) 전했는데, 이 부부가 틀린 부분이 아니라 부족한 부분을 더 채워준 것을 알 수 있습니다. 25절에서는 '예수에 관한 것'이라고 했는데, 여기서는 '하나님의 도'라고 말합니다. 둘의 차이를 구별할 수 없습니다. 여기 이 부부의 반응이 얼마나 지혜롭고 신중합니까? 그들이 아볼로의 명성과 권위를 인정하고 있다는 것은 아볼로를 자기 집으로 데려가서 은밀하게 돕는 모습을 통해 엿볼 수 있습니다. 부부는 바울에게 들은 대로 "하나님의 도를 더 정확하게 풀어 일러주었습니다."[78]이 하나님의 도 안에는 "성령 하나님"을 통한 역사도 포함되어 있었을 것입니다. 저에게는 신중히 아볼로의 부족함을 채워 그를 세워준 브리스길라와 아굴라 부부가 멋있어 보였고, 이미 탁월한 교사이면서도 그들에게서 기꺼이 배움을 청한 아볼로의 열린 마음과 겸손에도 저는 깊은 감명을 받았습니다. 그는 진정한 교사였습니다. 선생은 무릇 먼저 잘 배우는 자이기 때문입니다. 자신의 한계를 인정하여 앞에 나서기를 주저하고, 자신의 좁은 지평을 인정하면서, 언제든 내 안에 있는 '확신'이라는 성상聖像을 파괴하고, 불가지론자나 된 듯이 흔들리고 머뭇거리고 주저하기를 마다하지 않는 자가 참 선생입니다. 내가 일반화하는 어떤 교리나 신학에 완벽하게 부합하는 사람이 세상에 몇 명이나 되겠습니까? 한 명도 없을 것입니다. 그러니 우리는 마음을 열고 더 깊어지고 더 넓어지고 더 환해지고 더 선명해져야 합니다. "이만하면 됐다!"라고 말하지 말아야 합니다. 아볼로는 부족한 데가 있었습니다. 더 채워지지 않으면 이미 갖고 있는 것마저 왜곡될 수 있었습니다. 그런데 아볼로는 기꺼이 그 빈 곳을 채우기로 한 것입니다.

목사로서 저는 성경과 신학을 성도들보다 먼저 배웠습니다. 그것은 하나님께서 자신을 드러내신 것 가운데 아주 작고 적은 부분입니다. 저를 지탱하고 성도들을 섬기기에는 몹시 얇고 흐릿한 지식일 뿐입니다. 그러니 저도 더 배울 것입니다. 책이든 사람이든, 학자든 성도들이든, 그리스

---

78 '풀어 이르다'(ἐκτίθημι)는 사도행전에만 4번 나온다(7:21; 11:4; 18:26; 28:23).

도인이든 비그리스도인이든, 많이 배운 사람이든 적게 배운 사람이든, 지식인이든 노동자든, 나이가 많든 적든, 저는 그들을 스승 삼아 배울 것입니다. 흔들리고 주저하고 머뭇거리면서 현실과 이상 중간에 저 자신을 두고서 늘 회의와 도전의 물살을 헤치고 나아가는 '과정 중에 있는 사람'이 되고 싶습니다. 그럴 때만 제가 살아 있다고 느낄 것이기 때문입니다.

아볼로의 고린도 사역

배움의 사람 아볼로를 하나님께서 어떻게 쓰시는지 사도행전 18:27-28절에 나옵니다. 아볼로는 고린도가 있는 아가야 지역으로 갑니다. 그곳은 바울이 1년 반 동안 사역하다가 떠난 곳입니다. 그곳은 브리스길라와 아굴라가 있었던 곳입니다. 하나님께서는 그들이 고린도에서 나오자 그들의 빈 곳을 채워줄 다른 사역자를 보내고 계십니다. 이에 에베소에 있는 형제들이 아볼로의 결정에 격려를 보냅니다. 이들은 브리스길라와 아굴라가 세운 가정교회 구성원들일 것입니다. 그들은 고린도에 있는 제자들에게 아볼로를 추천하는 편지를 써 보냅니다.

"아볼로가 아가야로 건너가고자 함으로 형제들이 그를 격려하며 제자들에게 편지를 써 영접하라 했더니" (사도행전 18:27)

여기 "영접하라"는 것은 호의로 맞이하여 그의 사역을 영적, 정신적, 물질적으로 도와달라는 뜻입니다. 브리스길라와 아굴라를 통해 두 교회가 서로 연결되고 있습니다. 바울이 이 부부를 에베소에 둘 때, 하나님께서 이들을 통해 이런 역사를 만들어내실 줄 몰랐을 것입니다. 바울이 하나님의 뜻을 따라 갈라디아와 브루기아의 개척 교회들을 돌아보고 있는 동안, 브리스길라와 아굴라 역시 아볼로라는 걸출한 교사를 온전하게 하고 고린도 사역자로 파송하고 있었습니다. 그들은 이 아볼로를 마치 자신들을 영접하듯 영접해 주기를 청하는 편지를 보냈습니다. 아가야로 건너간 아볼로의 사역을 저자는 이렇게 간략하게 요약합니다.

"그가 가매 은혜로 말미암아 믿은 자들에게 많은 유익을 주니"(사도행전 18:27b)

고린도가 얼마나 영적으로 치열한 전투가 벌어지는 곳인지 이미 보았습니다. 그런 교회에 바울이 있고 없고는 큰 차이가 났을 것입니다. 그가 떠난 후 고린도 교회가 겪은 내환을 생각하면 그 사정을 이해할 수 있습니다. 고린도 교회는 이 준비된 일꾼 아볼로의 등장에 천군만마를 얻은 듯했을 것입니다. 저자는 특히 그의 출현이 "믿은 자들에게 큰 유익이 되었다"고 하고, 유익을 주는 그의 사역은 전적으로 하나님의 "은혜로 말미암아" 가능했다고 합니다. 양육하여 더 성숙한 상태로 이끄는 데 은사가 있었기 때문일 것입니다. 은혜로 행한 일에 영적인 유익이 있고, 그것이 사역자 자신과 사역의 대상이 된 청중들 모두에게 참된 유익이 되는 것입니다.

누가는 신자들이 어떤 점에서 아볼로의 사역에서 큰 유익을 얻었는지를 자세히 설명합니다.

"이는 성경으로써 예수는 그리스도라고 증언하여 공중 앞에서 힘있게 유

대인의 말을 이김이러라"(사도행전 18:28)

아볼로는 바울처럼 구약성경을 가지고 십자가에 달려 죽고 부활한 예수님이 어떻게 구약에서 예언한 바로 그 메시아, 즉 그리스도인지를 증언했습니다. 그는 구약성경에 능통하고 학식이 풍부하고 언변이 좋은 교사였습니다(행 18:24). 게다가 성령을 통한 예수님의 역사에 대해서 브리스길라와 아굴라를 통해서 갓 깨달은 교사입니다. 그는 에베소에서도 담대했습니다. 아는 것을 정확히(행 18:25, '자세히') 전할 줄 아는 사람이었습니다. 고린도에서도 그는 '공공연하게in public, 공중 앞에서','힘있게유토노스, εὐτόνως, 눈에 띄게 에너지를 가지고' 토론을 통해 유대인을 이겼습니다. 헬라어 성경에는 이 표현 "힘있게"가 28절 맨 앞에 나와서 강조되고 있습니다. 그 모습을 보면서 이미 믿고 있던 신자들은 자신들의 신앙에 대해 더욱 견고한 확신을 갖게 되었을 것입니다. 아볼로는 구약성경을 가지고 "예수"가 바로 구약이 예언하고 유대인들이 기다리던 그 '메시아그리스도'라고 가르쳤습니다.

이렇듯 하나님께서는 고린도에서의 바울과 및 브리스길라와 아굴라 부부의 빈 자리를 그들에게서 배운 아볼로를 통해 채우셨습니다. 이것은 바울이 고린도를 떠나겠다고 생각하면서는 예상한 일이 아닙니다. 누가 감히 아볼로의 등장과 아굴라 부부의 양육과 아볼로의 고린도행을 예상했겠습니까? 이것이야말로 특히 사역자들에게 '나 아니면 안 된다'는 생각이 얼마나 위험한지를 보여줍니다.

아볼로의 고린도 사역은 대단히 성공적이었습니다. 나중에 그의 의사와 상관없이 아볼로파가 생길 정도였습니다. 바울은 그런 아볼로를 두고

"하나님의 동역자"라고 말하고 있습니다(참조. 고전 3:5-9). 더 나아가서 고린도전서 16:12에 보면, "형제 아볼로에 대하여는 그에게 형제들과 함께 너희에게 가라고 내가 많이 권했으되 지금은 갈 뜻이 전혀 없으나 기회가 있으면 가리라"고 말씀하고 있습니다. "요한의 세례"만 알았던 아볼로가 이제 바울의 권고를 넘어서서 주체적으로 판단하는 동역자로 성장한 것을 확인할 수 있습니다.

나가는 말

배움에 열다

본문은 바울 일행이 고린도를 떠나는 기사(행 18:18)로 시작했는데, 아볼로가 고린도의 사역자로 와서 성공적으로 사역하는 것으로 끝나고 있습니다. 아볼로를 온전한 사역자가 되게 한 것은 놀랍게도 사도 바울이 아니라 브리스길라와 아굴라였습니다. 그들이 바울이 없는 에베소에서 바울의 역할을 했습니다. 아볼로를 보십시오. 그는 출신디아스포라 유대인과 배경구약성경에 능한 사람과 능력에서 바울을 방불케 합니다. 실제 그가 고린도에서 사역하는 모습과 그가 전한 메시지(행 18:27-28)는 바울의 사역을 연상시킵니다(행 9:22; 17:2-3; 18:5). 아볼로는 바울 없는 고린도에서 바울 역할을 한 것입니다. 에베소에서는 브리스길라와 아굴라 부부가, 고린도에서는 아볼로가 제2의 바울로 사역한 것입니다. 저는 이것이 하나님께서 바울에게 당신의 뜻을 알리시는 방식이라고 생각합니다. 이는 서로가 서로에게 열려 있어서 가능했습니다. 브리스길라와 아굴라 부부는 바울에게 마음을 열고 그의 가르침을 받았습니다. 그를 통해 전개되는 하나님 나라 사역에 동참하여 고린도를 떠나 에베소까지 동행했습니다. 바울은 이 중요한 도시 에베소를 이 부부에게 부탁하고 떠났습니다. 자기가 아니면 안 된다고 여기지 않고, 이 부부를 통해서도 얼마든 성령께서 역사하실 줄 믿었습니다. 브리스길라와 아굴라 부부는 아볼로에게 더 채워져야 할 것이 있음을 보았지만, 공개적으로 그의 부족함이나 오류를 지적하지 않고 자기 집으로 초청하여 은밀하게 바울에게서 배운 것을 전해줍니다. 이 가르침을 온전히 받고 수용한 아볼로 역시 대단합니다. 이런 열린 마음과 수용성 덕분에 그의 가르침을 온전해졌고, 에베소 교회의 추천을 받아 고린도 교회에 정착하여 바울의 빈자리를 잘 채울 수 있었습니다.

전부를 걸다

바울은 주의 복음을 전하는 일에 자기 전부를 걸었습니다. 그가 나실인 서약을 충실히 이행하는 모습이 이것을 증명합니다. 하나님께서 자신의 전부를 걸어 우리를 살리신 사건이 복음이라면(롬 5:8), 우리의 "몸을 하나님이 기뻐하시는 거룩한 산 제물로 드리는 예배"가 복음에 합당한 삶이라고 할 수 있습니다(롬 12:1). 바울은 하나님의 뜻을 구하되 자신의 전부를 걸면서 할 수 있는 대로 신중했습니다. 그리고 결정할 때는 과감하게 결정했습니다. 고린도의 성공적인 사역을 뒤로 하고, 또 에베소의 회당 유대인들의 간곡한 만류도 뿌리치고, 예루살렘과 안디옥을 향해 떠났습니다. 하나님께 전부를 걸었다면 내가 이룬 듯 보이는 결과를 상대화시키고 그것을 버리고 잊으라고 했을 때 순종해야 합니다. 자기가 없어도 하나님께서 변함없이 당신의 역사를 이루실 줄 믿고 맡길 수 있어야 산 제물로 드렸다고 할 수 있습니다. 내 영향력과 성과와 흔적을 남겨두려고 하는 동안 우리는 나실인도 아니고 산 제물도 아닙니다.

하나님의 뜻을 확인하다

하나님은 바울에게 브리스길라와 아굴라, 그리고 아볼로라는 동역자를 주셨습니다. 그들을 통해서 에베소와 고린도에서 그의 사역을 이어가게 하셨습니다. 바울은 에베소 사역을 향한 하나님의 뜻을 구했습니다. 그의 예루살렘행과 안디옥행은 선교 보고와 함께 이를 확인하는 과정이었을 것입니다. 그가 두 교회에서 공동체의 승인을 확인하는 동안 하나님께서도 브리스길라와 아굴라를 통해 바울 없는 에베소에 "형제들", 즉 교회를 형성하셨습니다. 하나님이 이곳 에베소 사역을 기뻐하신다는 신호였습니다. 또한 아볼로를 준비시켜 고린도로 보내심으로써 바울이 성공적으로 사역하던 고린도를 떠난 것이 잘못된 선택이 아니었음을 분명히 보여주셨습니다. 복음을 들어야 할 영혼들이 있으면 어디든 자신이 가고 싶은 데로 갈 수 있다고 생각하지 않았습니다. "땅끝" 선교를 디자인 하시고 주도하시는 주인이 따로 있음을 이런 신중한 하나님의 인도 과정을 통해서 고백하고 있습니다.

"하나님의 뜻이면 돌아오리라"

우리 인생도 이 하나님의 손에 맡깁시다. 주님의 뜻이 이루어지게 합시다. 주님은 우리 모두를 나실인으로 부르셨습니다. 거룩한 산 제물이 되라고 하십니다. 그 은혜의 부르심에 대답하고 전심으로 반응하여 주님의 역사에 참여하기를 바랍니다.

주의 말씀이
흥왕하더라

사도행전 19:1-20

들어가는 말

　사도행전의 주인공은 삼위 하나님이십니다. '성령행전'이기 전에 성부 하나님의 하나님 나라 약속이 이뤄지는 이야기요, 성자 예수님의 주권이 능력 있게 임하여 당신의 몸인 교회를 세우고, 당신의 통치가 임하는 이야기입니다. 성부 하나님과 성자 예수님의 사역을 말하고서야 성령 하나님의 역사를 말할 수 있습니다. 사도들이 등장하고 바울이 등장합니다. 예루살렘 교회와 안디옥 교회, 바울과 함께한 사역자들이 등장합니다. 하지만, 그 앞뒤에서, 위아래에서, 옆에서 그들의 사역을 사역 되게 하시는 하나님의 역사가 늘 감싸고 있습니다. 그들은 오로지 하나님의 뜻을 따라, 그분의 능력을 힘입어, 그분의 영광을 위하여 가고 서기도 하고, 말하고 침묵하기도 하는 자들이었습니다.

　오늘 본문에서 우리는 이 삼위 하나님의 에베소 사역을 보게 될 것입니다. 성령께서 에베소의 열두 제자들에게 임하십니다(행 19:6). 바울의 말씀 사역을 확증하는 기적이 하나님으로부터 나옵니다(행 19:11). 예수의 이름을 빙자한 사역이 참담한 수치를 당하는 현장에서 주 예수의 이름이 높임을 받고 있습니다(행 19:17). 바울이 삼위 하나님을 충실하게 수종들고 있습니다. 그것은 열두 사도들이 팔레스타인 땅에서 보였던 충성이고 순종입니다. 에베소에서도 주의 말씀이 능력 있게 역사하여 죄인들이 회개하여 주께 돌아오고, 병이 낫고 귀신이 떠나감으로써 사망이 물러가고 생명이 찾아오는 것을 볼 것입니다.

바울은 예루살렘 교회와 안디옥 교회를 방문하여 2차 선교 여행 중에 주께서 마게도냐와 아가야에서 행하신 생생한 역사를 보고합니다. 그리고 3차 선교 여행 길에 나섭니다. 그는 갈라디아와 부르기아 땅을 가면서 이전에 개척한 교회들을 심방합니다. 그렇게 그가 에베소를 향해 발걸음을 옮기고 있는 동안, 하나님께서는 브리스길라와 아굴라 부부를 통해 알렉산드리아 출신의 걸출한 지도자 아볼로를 온전한 사역자로 준비하고 계셨습니다. 요한의 세례만 알았던 아볼로에게 이 부부를 통해 성령의 세례, 성령께서 역사하시는 새로운 언약 시대, 새로운 하나님 나라의 전개에 대해서 가르치셨습니다. 그 덕분에 아볼로는 바울과 이 부부가 떠난 고린도로 가서 그들을 대신하여 예수는 그리스도^{메시아}라고 힘있게 증언함으로써 유대인들의 말을 이기고 사역할 수 있게 되었습니다.

사역지가 확대됨으로써 하나님께서 주권적으로 부르신 사역자들도 점점 늘어가고 있습니다. 하나님 나라는 팔레스타인 안에 머물지 않았고, 사역자는 열두 사도들이나 예루살렘 교회의 지도자들로만 국한되지 않았습니다. 필요한 때마다 사역자들을 부르셨고 예비하셨고 능력 있게 사용하셨습니다. 바울은 물론이고 바나바와 실라, 디모데, 브리스길라와 아굴라, 아볼로까지 계속 사역자들이 늘어가고 있습니다. 삼위 하나님이 계시는 한 그 복음 증거의 대상이 유대인이든 이방인이든 상관없습니다. 그 지역이 팔레스타인 땅이든 그 바깥이든 상관없습니다. 그 사역자가 사도이든 아니든 상관없습니다. 오늘 본문에서 특히 이 사실이 강조되고 있습니다. 그 사람이 누구든, 중요한 것은 그가 얼마나 하나님의 말씀을 의지했는지, 그가 얼마나 부활하신 그리스도를 왕으로 받들어 섬기는지, 그리고 그가 얼마나 주의 성령의 역사를 간절하게 요청했는지였습니다.

에베소에 임한 성령

아볼로가 브리스길라와 아굴라 부부의 도움으로 신학을 잘 정립한 후 고린도로 떠나고 나서야 바울이 에베소에 당도했습니다. 당시에 에베소보다 더 큰 도시는 단 세 곳, 로마와 알렉산드리아와 수리아의 안디옥뿐이었습니다.[79] 에베소는 마술과 아데미 숭배로 유명했고, 서아시아의 상업과 정치의 중심지였습니다. 아테네에서는 지적 엘리트들을 상대했고, 로마에서는 정치 지도자들을 상대했다면, 에베소에서는 우상숭배의 중심지를 주름잡던 마술의 세력들과 맞닥뜨릴 것입니다. 그는 에베소에서

---

79 B. A. Foreman은 1세기 인구를 다음처럼 추산한다. 로마 120만, 알렉산드리아 50-60만, 안디옥 20-60만, 에베소 20-25만, 고린도 15-30만, 예루살렘 8만, 아덴 3만.("What has Athens to Do with Jerusalem?", in *Lexham Geographic Commentary on Acts through Revelation*, ed B. J. Beitzel, p.361.)

짐승과 싸웠다고 묘사하는데(고전 15:32) 이는 귀신, 마술사, 우상 숭배자들과의 격렬한 투쟁에 대한 종말론적인 묘사입니다. 에베소에서는 이 이교도, 마술, 사탄의 세력을 정복하는 복음의 능력이 바울을 통해서 입증되고 있습니다. 세례요한보다(행 19:1-10), 마술보다(행 19:8-20), 우상보다(행 19:21-41) 더 우월한 복음이 소개됩니다. 이 에베소는 바울이 선교한 전 지역 가운데 중간에 위치합니다. 여기서 아가야, 마게도냐, 갈라디아까지는 모두 400킬로미터 내외의 거리에 있습니다. 사실상 사도행전에서 바울의 사역에 대한 묘사는 이 에베소가 마지막입니다. 앞으로 이 에베소보다 활발하게 또 성공적으로 사역을 한 곳은 없을 것이고, 그의 사역에 대한 기록 또한 더는 상세히 나오지 않을 것입니다. 따라서 이 에베소 사역은 사도 바울의 사역에서 절정에 해당합니다. 그 이후에는 예루살렘에 가서 구제헌금을 전달한 후 체포되어 죄수의 신분으로 로마로 압송되는 과정을 다루고 있습니다. 실제로는 다른 성공적인 사역들이 더 있었겠지만, 적어도 사도행전 저자의 시각으로 보면, 이 에베소 사역을 끝으로 그간 치열했던 선교 여정이 거의 마무리되어 가고 있었습니다.

바울은 아시아 윗지방(행 18:23) 땅을 다니면서 제자들을 굳건하게 한 후 에베소에 당도했습니다.

"아볼로가 고린도에 있을 때에 바울이 윗지방으로 다녀 에베소에 와서 어떤 제자들을 만나"(사도행전 19:1)

헬라어로 '윗지방아노테리코스, ἀνωτερικός'은 북쪽이 아니라 지형적으로 높은 지방을 가리킵니다. 비시디아 안디옥까지 다시 방문하고 서북쪽의 부르기아 속주 몇 곳을 차례로 다녔을 것입니다. 지금의 튀르키예 도시 아피온을 거쳐 서쪽으로 향하여 우샤크를 지나서 사데를 방문한 후, 보즈 산맥을 넘어 빌라델비아와 지금의 이란에 있는 키라즈 부근으로 서진하여 에베소에 당도했을 것으로 보입니다. 바울이 아니라 에바브라가 골로새 교회를 세운 것을 볼 때(골 1:7-9) 골로새를 통과하는 남쪽 경로보다는 일곱 교회에 속하는 북쪽의 사데와 빌라델비아를 들러 전도를 한 후, 에베소에 내려왔을 가능성이 더 큽니다. 누가는 '다녀갔다디에르코마이, διέρχομαι'고 표현하는데, 단지 통과했다는 말이 아니라 구체적인 계획을 가지고 다녀갔다는 의미입니다. 이 표현은 예수님의 전도 여정을 묘사할 때 그런 의미로 누가가 자주 쓰고 있습니다(눅 4:14, 31, 44; 5:12).

여기서 바울이 에베소에 도착했을 때 아볼로가 이미 떠나고 없었다는 사실을 굳이 언급한 이유는, 아볼로가 바울의 도움 없이 사역자로 성장했다는 것을 보여주려는 것입니다. 사도 바울이 예수님에 의해서 부름을 받고 사도들과 상관없이 복음의 일꾼으로 성장하여 쓰임 받았던 것과 같습니다. 아볼로가 여기 등장하는 이유가 하나 더 있습니다. 바울이 에베소에 도착했을 때 처음 만난 열두 제자들 때문입니다. 나중에 보면 그들도 아볼로처럼 "요한의 세례"만 받은 사람들이었습니다. 그들이 세례 요한의 직접 제자인지는 확인할 수 없습니다만, "요한의 세례"만 알거나 받은 것을 보면, 아볼로와 이 열두 제자들 모두 세례 요한 계열의 제자들에게 영향을 받았으며, 그래서 그들은 둘 다 신앙에 있어서 무언가 부족한 점이 있었던 것이 분명해 보입니다. 그래서 아볼로는 브리스길라와 아굴라에게서 새로운 것을 배워 부족한 것을 채웠는데, 이 열두 제자들은 바울에게 교정을 받았던 것입니다. 저자는 1절에서 바울이 만난 그 사람들을 "어떤 제자들"이라고 부르고 있습니다. 이들이 유대인들인지 혹은 이방인들인지도 알 수 없습니다. "제자들"이라고 불렀다고 해서 그들이 '예수님의 제자들' 혹은 '그리스도인들'이라고 단정할 수는 없습니다.[80]

2-3절에서 바울이 그들에게 질문한 것과 그들이 대답한 것을 보면 좀더 그들의 정체에 대해서 알 수 있습니다. 바울이 묻습니다.

"너희가 믿을 때에 성령을 받았느냐" (사도행전 19:2)

물론 만나자마자 이런 질문을 하지는 않았을 것입니다. 그들이 사역하는 것을 보고 그들과 사적인 대화를 나눈 후에 바울은 전형적인 그리스도인에게서는 볼 수 없는 어떤 문제점을 그들에게서 발견했을 것입니다. '성령'의 역사를 긍정하고 그 성령을 의지하는 삶이 새 언약 시대 백성의 가장 두드러진 특징입니다. 또한 성령을 의지하는지 여부가 그 교회가 그리스도의 몸인 교회인지를 가르는 시금석입니다. 이는 이미 스가랴서에서 하나님께서 스룹바벨에게 하신 말씀 속에 담겨 있습니다. "여호와께서 스룹바벨에게 하신 말씀이 이러하니라. 만군의 여호와께서 말씀하시되 이는 힘으로 되지 아니하며 능력으로 되지 아니하고 오직 나의 영으로 되느니라."(슥 4:6) 한 개인이 하나님의 자녀로 거듭나는 일뿐만 아니라 성전, 즉 하나님 나라와 교회는 하나님의 영으로만 세워질 수 있습니다.

---

80 마쎄테스(μαθητής)에 정관사가 붙지 않은 경우는 여기가 처음이다. 이들은 내시, 사마리아인, 이방인의 패턴을 따르는 '마지막 변두리 그룹'일 것이다(패트릭 슈라이너, 『사도행전』, p.525.).

여기 바울의 말에서 알 수 있듯이 성령은 '받음'의 대상입니다. 그렇다고 어떤 '물건' 같은 객체라는 뜻은 아닙니다. '받다'라는 말 외에도 '부어주다'(행 2:33; 10:45), '성령 세례를 받다'(행 1:5; 11:16), '선물로 받다'(행 2:38) 같은 표현도 나옵니다. 여기서 강조점은 하나님의 주도권입니다(행 5:32; 15:8). 하나님의 주권적인 뜻에 따라서 역사하시는 분이 성령님이십니다. 그는 강력한 능력으로 역사하시면서도 결코 자신을 드러내지 않고 성부와 성자 하나님의 뜻만을 받드시는 '수줍은 하나님'이십니다. 성령 충만한 사람 역시 그 성령의 열매를 맺고 성령님의 충성과 순종과 겸손을 본받는 종이 될 것입니다. 그런데 그 성령님이 인간에 의해서 부림과 사용의 대상으로 전락하고, 성령님보다 성령의 은사를 잠시 위임받은 인간이 더 주목과 영광을 받는 일이 심심찮게 나타나고 있습니다. 우리는 성령을 시험하여 죽임을 당한 아나니아와 삽비라(5장)와 돈으로 성령이 임하게 하는 권능을 사려고 한 시몬(8장)을 통해 그것이 얼마나 치명적인 신성모독적인 죄인지를 보았습니다.

이 열두 명의 제자들의 정체는 무엇일까요? 우선 성령에 관한 그들의 대답을 들어보십시오.

"아니라. 우리는 성령이 계심도 듣지 못했노라"(사도행전 19:2)

만약 이들이 유대인이라면-그럴 가능성이 더 높다-구약이 성령에 대해서 말하고 있기 때문에 '듣지 못했다'는 말은 사실이 아닙니다. 그들이 '요한의 세례'를 알고 있다고 말하고 있기 때문에, 요한이 내 뒤에 오시는 이가 성령의 세례를 주실 것이라고 말한 것도 알고 있었을 것입니다. 그렇다면, '성령이 계심도 듣지 못했다'는 말은 무슨 뜻일까요? 성령께서 오순절에 임하셔서 지금껏 예수님을 믿는 성도들 안에서 역사하고 계시다는 사실을 듣지 못했다는 의미일 것입니다. 성령이 임하심으로 새 언약의 시대가 도래했다는 사실을 모르고 있었습니다. 이방 지역에 살고 있었다면 예루살렘에서 벌어진 일들을 모르고 있었을 가능성은 얼마든지 있습니다. 이런 점에서 그들의 무지는 아볼로의 무지와 같습니다. 그들은 구약이 약속했고 세례 요한이 소개한 메시아 예수님도 몰랐고, 예수님이 승천하신 후 보내신 보혜사 성령님도 모르는 제자들이었습니다. 그들의 정체는 바울의 뼈아픈 질문에 의해서 더 분명히 드러납니다.

"바울이 이르되 그러면 너희가 무슨 세례를 받았느냐" (사도행전 19:3)

아마 바울은 처음에 그들이 세례를 받았다는 말에 '제자'라고 생각했을 것입니다. 그런데 그들이 성령에 대해서 모른다는 말을 듣자 어떤 세례를 받은 것인지를 확인한 것입니다. 그들의 대답은 바울이 예상한 것과 같았을 것입니다.

"대답하되 요한의 세례니라"

그렇다면 이 제자들은 세례 요한의 제자들의 영향을 받은 사람들입니다. 그런데 그 세례 요한이 증거한 예수님은 모른 채 여전히 메시아를 기다리고 있는 유대인일 가능성이 높습니다. 그러니 당연히 죽고 부활하심으로 주와 왕이 되신 예수께서 보내신 "그가 … 아버지께 받아서 너희가 보고 듣는 이것을 부어 주셨느니라"(행 2:33) 성령도 모를 수밖에 없습니다. 예수가 메시아인 것과 특별히 십자가와 부활을 통해서 메시아 됨을 드러내신 것,

'이미' 성령을 통해 유대인들이 기다리던 종말, 즉 '올 세대'를 시작하신 분인 것도 몰랐을 것입니다. 그런 점에서 엄밀하게는 그들을 예수를 믿는 "그리스도인"이라고 부를 수는 없지만, 그렇더라도 세례 요한이 가르쳐준 메시아를 기다리던 "하나님의 백성"이라고 부를 수는 있을 것입니다. 아직 복음이 전해지지 않은 유대인들 가운데, 그래서 아직 메시아 예수님의 존재나 그분의 십자가나 부활을 모르는 이들 가운데, 신실하게 하나님 앞에 살아가고 있는 자들이 얼마든지 있을 수 있습니다. 그들은 "하나님의 제자" 혹은 "세례 요한의 제자"라고 부를 수 있습니다. 이제 그런 자들에게 '복음'이 전해지고 있는 것입니다.

바울은 그들이 들어야 할 것을, 그들이 알아야 할 것을, 그들이 기다리고 있었던 바로 그것이 성취되었다는 소식을 들려주고 있습니다.

"바울이 이르되 요한이 회개의 세례를 베풀며 백성에게 말하되 내 뒤에 오시는 이를 믿으라 했으니 이는 곧 예수라 하거늘" (사도행전 19:4)

세례 요한을 통해서, 혹은 그 제자들을 통해서 들은 메시아가 바로 바울이 전하는 '예수'라는 것을 알게 했습니다. 세례 요한의 세례는 그 예수님의 오실 길을 우리 마음에 예비하는 회개의 세례였습니다. 이들에게 "내 뒤에 오시는 이를 믿으라"는 세례 요한의 메시지는 '기다림'의 대상이었습니다. 그런데 이제 그들은 그 메시아가 오셨고, 죽으셨고, 부활하셨고, 하늘에 오르사 성부 하나님 우편에서 다스리고 계시다는 소식을 들은 것입니다. 그 메시아의 이름이 '예수'라는 것도 알게 되었습니다. 더는 그 예수님이 기다림의 대상이 아니고 믿음의 대상, 복종의 대상, 영접

317

의 대상이 된 것을 알게 되었습니다. 그들은 그 예수님을 믿고 영접하겠다는 표시로 세례를 받습니다.

> "그들이 듣고 주 예수의 이름으로 세례를 받으니"(사도행전 19:5)

이로써 이 열두 제자들은 신약성경에서 요한의 세례와 예수님의 세례를 모두 받은 유일한 사람들이 되었습니다. 세례는 그들이 새 시대에 참여하는 입문 의식입니다. 새 왕을 영접한 사건입니다. 새로운 세계관을 삶의 방식으로 채택한 사건입니다. 세례는 그들의 회심을 극화劇化한 행동입니다. 이제 그들은 세례 요한의 제자가 아니라 예수님의 제자가 된 것입니다. 그들이 세례를 받고 새로운 주인을 영접하고 새로운 나라에 참여하기로 하고 새 주권자 예수의 이름 앞에 복종하자 놀라운 사건이 일어납니다.

> "바울이 그들에게 안수하매 성령이 그들에게 임하시므로 방언도 하고 예언도 하니 모두 열두 사람쯤 되니라"(사도행전 19:6-7)

"성령이 계심도 듣지 못했"던 제자들에게 성령께서 임하셨습니다. 사도행전에서 성령이 임하는 사건은 특정한 패턴을 따르고 있지는 않습니다. 세례 전에 임하기도 하고 세례 후에 임하기도 합니다. 성령은 주권적이고 자유롭고 방해받지 않습니다.[81] 바울이 안수하자 성령이 임하셨고,

---

81 패트릭 슈라이너, 『사도행전』, p.526.

그 결과 '방언'과 '예언'이 나타났습니다. 둘 다 성령이 아니면 일어날 수 없는 초월적인 사건이었습니다. 방언은 오순절 성령 강림 때와 고넬료에게 성령이 임할 때 나타난 현상입니다. 예언은 요엘 선지자의 말씀이 이뤄진 것으로 미래에 대한 예언이 아니라 성령의 감동을 따라 말하는 것을 의미합니다. 성령의 역사가 무엇보다도 '언어 사건'으로 일어났다는 점에 주목해야 합니다. 성령은 우리로 하나님과 더욱 소통을 잘 할 수 있도록 도와주십니다. 말씀을 잘 알아들을 뿐 아니라 잘 표현하여 하나님과 더욱 깊은 교제 속으로 들어가게 하십니다. 성령께서는 그 소통 능력을 통해 하나님의 뜻이 교회 앞에 잘 전해지게 하십니다. 특별히 예언의 은사를 통해서 살아있는 소통, 살려내는 소통을 하도록 도우십니다. 그래서 바울은 자기 개인에게 유익한 방언의 은사보다는 공동체에게 유익한 예언의 은사를 더 사모하라고 권면하고 있습니다(고전 14장).

성령의 역사는 사람들 사이에서 의사소통을 원활하게 해줍니다. '예언'의 은사가 '말씀 선포'와 관련이 있기 때문입니다. 성령의 임재는 열두 제자들을 황홀경으로 이끈 것이 아니라 더욱 명징한 분별력으로, 더 겸손한 마음으로, 더 분명한 말들로, 더 선명하게 하나님의 뜻을 전하는 소통의 역사로 나타났습니다. 즉 언어 사건을 일으킨 것입니다. 무엇보다 성령의 마음으로 소통할 때, 성령이 떠난 바벨탑에서의 언어의 혼란이 극복되었습니다. 저마다 자기 소견에 옳은 대로 자기 나라를 만들려는 자기중심적 목적을 갖고 말하다가 아무도 서로의 말을 알아듣지 못하게 된 것이 바벨탑의 세상입니다. 이와는 달리, 하나님 나라는 성령의 언어로, 성령의 마음으로 사랑하기 위해 소통하는 나라입니다. 내가 아니라 예수님을 마음에 주인으로 모시는 사람들의 소통에는 사랑이 있고 배려가 있습니다. 자기를 주장하는 것이 아니라 상대를 세우고 상대 속에 있는 그리스도를 세우는 소통을 합니다. 형제를 험담하고 헐뜯고 이간질하고 저주하기를 즐겨하는 자가 하나님 나라 백성일 수 없는 이유는, 그것은 성령께서 그 안에서 역사하시지 않거나 성령의 역사를 가로막은 결과로 나온 악행이기 때문입니다.

'말씀'으로 세상을 창조하시기 전, 성령께서 이 혼돈의 세상 위에 운행하셨던 것을 기억하실 것입니다(창 1:2). 말씀 창조는 성령을 통한 창조이고, 성령의 활동은 늘 말씀을 통한 활동임을 보여줍니다. 말만 하지 말고 실천하자는 말도 옳습니다. 동시에 말 자체가 이미 하나의 '행위'인 것도 알아야 합니다. 실천하는 행동만큼이나 말 자체가 사람을 살리기도 하고 죽이기도 합니다. 성령의 사람의 가장 근본적인 변화는 자기의 말을 통해 자기 나라를 만드는 대신에, 하나님의 말씀, 예수님의 말씀이 이뤄져서 하나님 나라가 창조되게 하는 것을 인생의 목표로 삼는 삶으로의 변화입니다. 예수님의 말씀의 진실함과 능력이 나를 통해서 증거되고 증명되어 그분의 뜻이 이뤄지고, 그분의 나라가 서고, 그분이 영광을 받으시는 것이 삶의 이유와 목표가 되는 것이 가장 근본적인 성령의 열매, 거듭남의 열매입니다.

에베소판 오순절 성령 강림 사건

에베소에서 일어난 이런 성령 사건을 다른 곳에서도 이미 목격한 바가 있습니다. 예루살렘과 사마리아와 고넬료의 집입니다. 이 셋은 모두 팔레스타인 땅에서 일어났고 사도들에 의해 일어났습니다. 특히 열두 사도들의 대표격인 베드로가 관여하여 일어난 일들입니다. 이 세 사건은 사도행전의 전체 구조 속에서도 중요합니다. 사도행전 1:8에서 예수님은 이제 성령이 임하시면 제자들이 권능을 받고 "예루살렘과, 유대와 사마리아와, 땅끝까지 이르러 내 증인이 될" 것이라고 하셨습니다. 이것이 사도행전의 전체 구조를 보여줍니다. 여기에는 지역뿐만 아니라 거기 사는 유대인, 사마리아인, 혼혈 유대인에티오피아의 내시나 디모데, 여호와를 경외하는 이방인고넬료, 순수한 이방인 등 다양한 인종을 대표하는 사람들이 등장합니다. 그런데 한 지역의 사역이 시작되는 시점에 늘 성령의 역사가 먼저 일어나고 있습니다. 오순절에 예루살렘에서, 베드로와 요한에 의해 사마리아에서, 그리고 땅끝으로 가기 전에 이방인의 대표격인 '고넬료'에게 베드로를 통해서 성령께서 임하셨습니다.

그렇다면 이 에베소의 성령 강림 사건을 어떤 의미로 볼 수 있을까요? 학자들은 이 사건을 "제4의 오순절" 혹은 "에베소의 오순절"이라고 부릅니다. 특히 이 열두 명의 제자들에게 임한 성령은 예루살렘의 열두 사도들에게 성령이 임한 사건을 반영합니다. 그런데 앞의 세 곳과 다른 점이 있습니다. 처음으로 팔레스타인 밖에서 일어났습니다. 또 열두 사도들이 아닌 사도 '바울'에 의해 일어났다는 점입니다. 우리는 하나님께서 바울을 이방인 선교를 감당하도록 부르셨고 그를 사용하신 증거들을 보았지만, 이제 바울 사역의 절정인 이 에베소 사역에서 바울을 통한 성령의 임재는 바울의 이방인 사역을 주께서 인정해 주시는 의미가 있는 것이 아닌가 싶습니다. 적어도 그것이 사도행전 저자의 의도인 것으로 보입니다. 이것은 앞으로 전개될 바울의 다른 에베소 사역에 대한 묘사에서도 좀 더 많이 읽을 수 있습니다. 바울 사역에 나타난 표현들이 예수님의 사역에 나타나고, 또 앞에 열두 사도들의 사역을 묘사할 때 나온 표현들이 다시 등장하고 있습니다. 이는 바울의 이방인 사역은 사도들처럼 예수님의 공생애 사역을 이어받고 있음을 보여줍니다.

"모두 열두 사람쯤 되니라" (사도행전 19:7)

공교롭게도 성령을 받은 에베소 제자들은 "열두 명"이라고 따로 언급하고 있습니다. 오순절에 처음 성령을 받은 제자의 수는 '120'명입니다. 사도들의 수도 '12'입니다. '12'는 하나님 나라의 수이고 교회의 수입니다. 우연이 아닙니다. 에베소는 아시아의 수도입니다. 하나님께서는 이 에베소를, 거기서 회심한 열두 명의 제자들을, 이 지역 전체를 복음화하는 데 일꾼으로 사용하실 것을 암시하고 있는 것 같지 않습니까? 물론 이들의 활약상이 직접 나오지는 않습니다. 심지어 그 이름조차 거론되고 있지 않습니다. 하지만 앞으로 3년 정도 지속될 바울의 에베소 사역은 이 제자들이 있었기에 성공적으로 진행될 수 있었을 것입니다. 에베소를 중심으로 인근 (계시록에 나오는) 일곱 교회와 히에라볼리, 골로새, 라오디게아 등의 도시에 교회가 세워지는 데 이 일꾼들이 어떻게든 쓰임 받았을 것이라고 예상할 수 있습니다. 거대한 메트로폴리스인 에베소, 그러나 가장 우상숭배가 성행한 도시 에베소, 가장 반대가 극심한 도시 에베소, 그런 도시를 떠나지 않고 꾸준히 사역을 전개해 나가는 데 있어서 이 열두 명의 성령 받은 제자들의 존재는 참으로 든든한 버팀목 같았을 것입니다.

에베소에서의 말씀 사역과 능력 사역

그렇게 시작된 성령의 역사가 지속되기 위하여 반드시 필요한 것이 '성경을 통한 역사'입니다. 바울은 놀라운 성령의 역사가 자신의 안수로부터 시작된 것을 경험했지만, 그렇다고 해서 늘 안수를 통한 직접적인 성령의 역사만을 구하지 않았습니다. 이것이 그릇된 은사주의자들과 바울이 다른 점입니다. 바울이 성령을 가져온 것도 아니고 안수라는 방법이 성령의 역사를 촉발시킨 것도 아닙니다. 다른 숱한 도시들에서도 일어나지 않은 역사가 유독 에베소에서 일어났습니다. 하나님의 절대적인 주권에 의한 역사였습니다. 바울이 에베소에서 한 일은 이전 도시들과 다를 바 없었습니다. 성령께서 역사하시도록 하나님의 말씀에 착념했을 뿐입니다.

에베소에서의 바울의 첫 사역지는 늘 그랬듯이 유대인의 회당이었습니다.

"바울이 회당에 들어가 석 달 동안 담대히 하나님 나라에 관하여 강론하며 권면하되" (사도행전 19:8)

3달 동안 매 안식일마다 회당에서 말씀을 전했습니다. 원문에는 동사 세 개가 나오고 있고 담대히 말하다-미완료, 강론하다, 권면하다-현재분사 그 시제는 그가 얼마나 지속적으로 했는지를 잘 보여줍니다. 그런데 이번에는 그가 가르친 내용이 "하나님 나라"였다고 하는데, 가르침의 내용을 '하나님 나라'로 특정한 것은 처음입니다(참조. 행 20:25; 28:30, 31). 좀더 정확

히 하면 "τά περὶ τῆς βασιλείας τοῦ θεο타 페리 테스 바실레이아스 투 쎄우"는
직역하면 "하나님 나라에 관한 것들"입니다. 하나님 나라에 관한 신학
적인 지식뿐만 아니라 그 나라의 실재, 하나님 나라의 윤리 등을 포괄하
는 가르침을 전한 것입니다. 이전에는 주로 "예수가 그리스도이심을 가
르쳤다"고 했습니다. 그런데 사실상 그 내용은 다르지 않습니다. 예수가
'그리스도' 즉 메시아라는 것은 그가 곧 구원자이고 하나님 나라의 왕이
라는 뜻이기 때문입니다. 바울은 그간 구약에서 예언한 메시아의 수난과
부활을 가르친 후 그것이 예수님에게서 성취되었다고 증명하는 방식으
로 가르쳤습니다. 그 예수님의 십자가와 부활로 이 땅에 도래한 것이 '하
나님 나라'입니다. 그것을 기록한 것이 '누가복음'이고, 그 하나님 나라가
승천하여 왕위에 오르신 예수께서 보내신 성령을 통해 땅끝까지 확장되
는 역사를 기록한 것이 '사도행전'입니다. 따라서 여기 '하나님 나라'는
이미 예수님 사역의 주제였고, 사도들 사역의 주제였으며, 당연히 바울
의 선포 사역의 주제일 수밖에 없습니다. 사도행전은 부활하신 예수님이
40일 동안 제자들과 머물며 하나님 나라를 가르치신 것으로 시작하고(행
1:3, 6), 로마에서 가택 연금 상태에 있으면서도 "하나님 나라를 전파하며
주 예수 그리스도에 관한 모든 것을 담대하게 거침없이 가르치"는 모습
으로(행 28:30, 31) 끝이 나고 있습니다.[82]

복음은 다름 아니라 이 하나님 나라가 왕 예수님과 함께 이 땅에 도래

---

82 사도행전에서 '하나님 나라'는 시작할 때 두 번 언급되고(1:3, 6) 끝날 때 다시 두 번
언급됨으로써(28:30, 31) 내러티브의 틀을 잡는다. 본문에서 내러티브의 주요 전환점
마다 모두 4번 언급되고 있다(8:12 사마리아 선교; 14:22 1차 선교 여행 마무리; 19:8
에베소 선교; 20:25 에베소 장로들을 향한 고별 설교).

했다는 소식입니다. 바울은 이 하나님 나라 복음을 "담대히 전했습니다파레시아조마이, παρρησιάζομαι." 이 표현은 바울의 복음 전파 장면에 자주 나옵니다(행 9:29; 13:46; 14:3; 18:26; 26:26). 이는 그가 이 소식을 전할 때 담대해야 할 만큼 '하나님 나라' 소식이 누군가에게는 환영할 구원의 복음이지만 다른 누군가에게는 불온한 메시지일 수밖에 없었기 때문입니다. 그것은 새로운 주권자의 등장 소식이고, 청중들에게는 관람이 아니라 참여를 요구하는 소식이기 때문입니다. 현재의 주인을 향한 충성을 거두고 새 주인을 향해 충성하라는 요구, 즉 믿음을 요구하는 소식이기 때문입니다.

그가 복음을 전할 때 쓴 교수법은 "강론디아레고마이, διαλέγομαι"과 "권면페이쏘, πειθώ"이었습니다. 그것은 '논증' 혹은 '토론'(행 17:2, 17; 18:4, 19)과 '설득' 혹은 '호소'(행 13:43; 17:4; 18:4; 19:26)라고 바꾸어 표현해도 좋습니다. 때로는 치열하게 대화하다가, 어떤 때는 자상한 엄마처럼 달래고 설득했습니다. 교사의 심장과 부모의 심장을 모두 갖고 있었습니다. 머리와 가슴과 열정을 다 동원하여 전했습니다. 그렇게 3개월 동안 지속적으로 가르쳤습니다. 밀레도에서 장로들에게 에베소 사역을 회고하는 장면을 보면, 바울은 "유익한 것은 무엇이든지 공중 앞에서나 각 집에서나 거리낌이 없이 여러분에게 전하여 가르치고 유대인과 헬라인들에게 하나님께 대한 회개와 우리 주 예수 그리스도께 대한 믿음을 증언"(행 20:20-21)했음을 알 수 있습니다. 그 과정에서 "겸손과 많은 눈물로 주님을 섬겼고, 그러는 가운데 유대 사람들의 음모로 덮친 온갖 시련을 겪었"습니다(행 20:19).

바울이 2차 선교 여행 끝에 에베소를 방문하여 예수 그리스도를 전했을 때, 그들은 더 머물러 달라고 간구한 적이 있었습니다. 기다리던 사역자가 왔으니 얼마나 열심히 들었겠습니까? 듣기를 즐겨 했겠습니까? 하지만 모두가 자신이 그리스도의 통치 아래로 고꾸라지는 것을 기꺼워한 것은 아니었습니다.

> "어떤 사람들은 마음이 굳어 순종하지 않고 무리 앞에서 이 도를 비방하거늘"(사도행전 19:9)

"어떤 사람들"이라고 표현한 것을 볼 때 회당에서 바울을 반대한 그룹은 절대 다수가 아니었고, 그를 죽이려고 하거나 에베소 바깥으로 쫓아내려고 할 만큼 격렬하게 반대한 것은 아니었던 것으로 보입니다. 하지만 그 '간계'가 심해서 더는 회당에서 전할 수 없을 정도였습니다. 그들은 이 "도", 그리스도의 도 혹은 하나님의 도를 비방했습니다카코로군테스, κακολογοῦντες. 현재분사를 쓴 것을 볼 때 회당에서 가르칠 때만이 아니라 일정 기간 내내 이 도를 비방한 것으로 보입니다. 3개월 동안 매주 들었는데도 바뀌지 않는 그들의 마음 상태를 저자는 이렇게 표현합니다. "마음이 굳다에스클레뤼논토, ἐσκληρύνοντο", "순종하지 않다에페이쑨, ἠπείθουν." 이것은 '마음이 강퍅하다', '믿지 않다'로도 번역할 수 있는데, 둘 다 미완료 시제를 쓴 것으로 볼 때, 그들이 오래전부터 완악한 상태였고 믿지 않으려고 작정한 사람들이었던 것으로 보입니다(참조. 신 10:16; 시 95:8). 그들은 듣기도 전에 믿지 않으려고 작정했고, 바울이 한 말이 사실인지 아닌지 여부에는 아예 관심이 없었습니다. 그것이 모세의 심판을 자초한 애굽왕 바로처럼 마음이 완악한 자들의 전형적인 특징입니다.

회당의 일부 유대인들의 극렬한 반대 앞에서 바울의 선택은 철수와 이동이었습니다. 고린도에서도 그런 적이 있습니다. 회당에서 쫓겨난 바울에게 강독할 장소와 묵을 곳을 제공한 사람은 회당 옆에 살던 디도 유스도였습니다. 박해는 누가 그리스도인인지를 선명하게 드러내는 역할을 했습니다. 회당에서 쫓겨나자 에베소에서도 '그리스도의 제자들'이 도드라졌습니다. 바울은 그런 제자들을 따로 세웠습니다. 그리고 나서 옮긴 곳이 '두란노 서원'이었습니다.

> "바울이 그들을 떠나 제자들을 따로 세우고 두란노 서원에서 날마다 강론하니라" (사도행전 19:9b)

'두란노'는 서원의 주인 이름이든지 혹은 거기서 가르치는 철학자의 이름일 것입니다. 놀랍게도 그는 이 새로운 처소에서 2년 동안 "날마다" 하나님의 말씀을 강론했습니다. 당연히 이 서원에서는 바울만 가르치지는 않았을 것입니다. 다른 철학자들의 강의도 개설되었을 것인데, 바울은 에베소의 다양한 철학이나 가르침을 전하는 강사들 사이에서 하나님 나라 복음을 전한 것입니다. 그가 2년 동안 지속적으로 기회를 얻었다는 것은 그만큼 청중들의 반응이 긍정적이었음을 보여줍니다. 고린도에서처럼 낮에는 생계를 위해 천막을 만드는 일을 했습니다. 훗날 밀레도에서 에베소 장로들과 만나는 자리에서 자신이 재물에 마음을 빼앗기지 않은 채 얼마나 정직하게 살아왔는지를 회고합니다.

> "그러므로 여러분이 일깨어 내가 삼 년이나 밤낮 쉬지 않고 눈물로 각 사람을 훈계하던 것을 기억하라 … 내가 아무의 은이나 금이나 의복을 탐하

지 아니했고 여러분이 아는 바와 같이 이 손으로 나와 내 동행들이 쓰는 것을 충당하여 범사에 여러분에게 모본을 보여준 바와 같이 수고하여 약한 사람들을 돕고 또 주 예수께서 친히 말씀하신 바 주는 것이 받는 것보다 복이 있다 하심을 기억하여야 할지니라"(사도행전 20:31-35)

그는 2년 동안 날마다 "이 도" 즉 '하나님 나라'에 관한 것을 강론했습니다. 당연히 구약에 나타난 하나님 나라, 하나님의 통치, 이스라엘의 불순종으로 인한 하나님의 심판, 메시아 예수님을 통한 그 나라의 회복, 예수님의 재림을 통한 그 나라의 완성을 전했을 것입니다. 그 완성의 날이 올 때까지 하나님이 세우신 교회, 그 교회를 통해 이미 임한 하나님 나라는 어떻게 가시화되어야 하는지를 전했을 것입니다. 모든 교회는 필연 선교적 교회가 되어 주님이 오시는 그날까지 이 하나님 나라 복음을 전할 자로 부름받은 사실도 전했을 것입니다. 오늘 자신은 이방인의 사도가 되어 그 하나님 나라가 이방인들 가운데 전개되는 일에 참여하고 있다는 것도 밝혔을 것입니다.

성령의 놀라운 임재와 능력을 경험한 제자들에게 바울은 철저한 성경 훈련, 신학 훈련을 시켰습니다. 분명 "따로 세운" 일부 제자들에게만 국한하여 가르친 것은 아니었겠지만, 에베소 인근의 주요 도시들에 가서 전도하고 교회를 세울 만한 일꾼들을 양육했을 가능성은 충분합니다. 이렇게 에베소 교회의 제자들은 작은 예수, 작은 사도, 작은 바울이 되어갔습니다. 이 세상을 넉넉하게 상대할 만한 복음의 전사, 복음의 역군들이 되었을 것입니다. 그 결과를 저자는 이렇게 말하고 있습니다.

"두 해 동안 이같이 하니 아시아에 사는 자는 유대인이나 헬라인이나 다

주의 말씀을 듣더라" (사도행전 19:10)

물론 아시아 사람들이 "다판타스, πάντας" 주의 말씀을 들었다는 것은

과장입니다. 이들이 한 번쯤은 두란노 서원에서 직접 바울의 가르침을

들었다는 뜻도 아닐 것입니다. 이는 바울이 에베소를 중심으로 주변 아

시아 여러 지역으로 나가서 복음을 전했다는 의미일 수 있고, 에베소를

찾은 지방민들을 통해서 전해졌다는 뜻일 수도 있고, 에베소에서 바울이

양육한 제자들을 통해서 인근 아시아 지역 도시들에도 하나님 나라 복

음이 전해졌다는 뜻도 될 것입니다. 하지만 두 해 동안 바울은 그 장소가

두란노 서원이든 다른 곳이든, 대상이 유대인이든 헬라인이든, 부지런히

하나님 나라 복음을 전했습니다. 나중에 고린도전서에서 그는 "아시아의

교회들"의 안부를 고린도 교회에게 전해주고 있는데, 이는 바울이 양육

한 제자들이 여러 교회들을 개척했음을 엿볼 수 있게 해줍니다(고전 16:8-

9, 19).[83] 바울은 담대하게 성령 주님의 말씀 예수을 전했으며, 그 말씀의 중

심 주제는 하나님 나라하나님였습니다. 그의 사역의 삼위일체적 초점을

볼 수 있습니다. 뒤에 은장색 데메드리오가 바울에 대해 한 말을 미리 들

어보겠습니다.

---

83 존 스토트는 그의 책 *The Spirit, the Church, and the World*(314)에서 바울의 전도
에 대해서 다음과 같이 말한다: "현대의 많은 전도와 바울의 전도를 대조해보면, 그 얕
팍함이 즉시 드러난다. 우리의 전도는 지나치게 교회적인 경향(사람을 교회로 인도하
는 것)을 보이지만 바울은 세속 세계로 복음을 들고 나갔고, 우리는 지나치게 피상적
인 경향(충분한 이해의 근거 없이 결정에 호소하는 것)을 보이지만, 바울은 고린도와
에베소에 5년 동안 머물면서 충실하게 복음의 씨앗을 심었고 때가 되면 수확했다."

"이 바울이 에베소뿐 아니라 거의 전 아시아를 통하여 수많은 사람을 권유하여 말하되 사람의 손으로 만든 것들은 신이 아니라 하니 이는 그대들도 보고 들은 것이라." (사도행전 19:26)

'거의 전 아시아'에서 권유하려면 바울 혼자 힘으로는 할 수 없었을 것입니다. 바울은 일과 사역을 병행하면서도 2년 동안 꾸준히 아시아의 수도 에베소에서 말씀 사역에 전념했고, 그 결과 복음이 확산되어 성령께서 아시아 곳곳마다 교회가 세워지게 하신 것입니다. 고린도에 보내는 편지 끝에 바울이 "아시아에 있는 교회들이 문안한다"(고전 16:19)라고 한 것도 이를 뒷받침하고 있습니다.

에베소 성도들은 단지 바울을 이 에베소 교회만의 사역자로 여기지 않았습니다. 바울은 다른 지역의 교회보다 훨씬 더 많은 성도를 가진 교회를 일구는 데는 관심이 없었습니다. 우리도 우리가 몸담고 있는 교회를 나의 교회라고 생각하여 사랑하면서, 동시에 하나님 나라를 더 먼저 생각하여 이 교회를 통해 부디 예수께서 이 시대 여기에서 어떤 역사를 전개해 나가기를 원하시는지 묻고 대답하는 교회가 되어야 할 것입니다.

안디옥 교회로 인해 멀리까지 복음이 전해졌습니다. 마찬가지로 에베소 교회를 통해 아시아 여러 곳으로 복음이 전해졌습니다. 그래서 에베소 사역이 다 끝난 후에 바울은 로마를 중심으로 제국의 더 먼 데까지로 _{마제국 동편} 복음이 전해지는 것을 상상할 수 있었습니다. 우리도 이 시대에 하나님께서 맡기신 소임을, 크든 작든, 잘 이루어드리고 다음 세대에게 바통을 넘겨주는 교회가 됩시다. 편안한 교회, 나를 위해 주는 교회는 참 고마운 존재입니다. 그런데 교회는 '나의' 교회이기 전에 '주님의' 교

330

회입니다. 이웃의 교회입니다. 그래서 주님께, 그리고 이웃에게 이 교회가 어떤 존재 의미가 있는지를 생각하면서 본질을 추구할 때, 그것이 '나를 위한' 교회도 될 것입니다. 즉 소명을 따라 사명에 충성할 때, 나에게도 생명이 되는 살아있는 교회가 됩니다.

두란노 서원은 여전히 두란노라는 사람의 강론이 벌어지는 장소였지만, 그가 제자들을 양육하는 시간을 피해 바울은 한 사람의 철학이 설파되던 그곳을 하나님의 말씀이 선포되는 곳으로 바꾸었고, 자기 제자들만의 공간을 유대인과 헬라인 모두를 위한 공간으로 바꾸었습니다. 교회는 목회자 한 사람의 이론이나 특정 사상을 설파하는 곳이 되면 안 됩니다. 교회가 그 교인들의 사적인 욕망을 대변해 주는 주술呪術과 주문呪文의 장이 되면 안 됩니다. 그 결과로 지금 나타나고 있는 증상이 '기독교의 미신화', '교회의 탈세상적 고립화', '성직자의 제사장화'입니다. 사역자의 욕망과 교인들의 욕망이 의기투합하여 만들어진 종교단체의 광기가 자연스레 분출되고 있습니다. 하지만 복음이 복음 그대로 선포되고, 그 말씀이 이 공간 안에 고여서 썩지 않고 밖으로 흘러가고 번지고 스며들어 생명의 역사를 만들어낼 때, 교회는 교회다워지고 성도는 성도다워질 것입니다.

하나님 능력의 역사

에베소에서의 하나님 나라의 역사는, 바울의 입에서 나오는 말씀의 역사에 그치지 않았습니다. 예수님이 왕으로 계시는 하나님의 나라가 이미 이 땅에 도래했고, 그것은 생명의 나라가 이 땅에 쇄도해 들어와서 사망을 이기고 있다는 뜻이었습니다. 에베소에서는 그것을 외적으로 확인할 수 있는 기적들이 일어났습니다. 저자는 그 역사를 일으키신 주체가 '하나님'이라고 말하고 있습니다.

> "하나님이 바울의 손으로 놀라운 능력을 행하게 하시니 심지어 사람들이
> 바울의 몸에서 손수건이나 앞치마를 가져다가 병든 사람에게 얹으면 그
> 병이 떠나고 악귀도 나가더라"(사도행전 19:11-12)

마태복음을 보면, 예수님의 하나님 나라 사역에는 귀로 듣는 하나님 나라 복음이 있고(마 5-7장, 산상설교), 눈으로 보는 하나님 나라 역사가 있습니다(마 8-9장). 눈으로 보는 하나님 나라는 축귀와 치유의 역사를 통해 나타났습니다. 여기 에베소에서 성령께서 일으키신 사건이 언어 사건이었다면, 하나님께서 일으키신 사건은 치유 사건이었습니다. 그 치유 사역은 바울의 말씀 사역이라는 장작에 불을 붙이는 사역이었습니다. 그 말씀이 실제로 얼마나 진실하며, 얼마나 살아계신 하나님의 능력의 말씀인지를 시연해주었습니다. 그 말씀 속에서 예수님은 일하시며, 그래서 그것은 세계를 변혁하는 말씀이며, 불순종의 영에 매여 사는 이들에게 자유와 해방을 주는 권능의 말씀인 것을 확증해주었습니다. "내가 너희에게 이른 말은 영이요 생명이라"(요 6:63)는 말씀이 실현되는 순간이고, "하나님의 말씀은 살았고 운동력이 있어 좌우에 날선 어떤 검보다도 예리하다"(히 4:12)는 것이 입증되는 순간이었습니다.

하나님은 바울의 "손"[84]을 통해 비범한 능력을 행하셨습니다. 그 손은 아주 평범한 손입니다. 말씀을 전하지 않을 때는 천막을 만드는 노동

의 손입니다. 땀에 젖은 손이며 굳은 살이 박인 손입니다. 기도를 위해 모으던 손입니다. 열심히 흩어져 있는 교회들을 위해 목회서신을 쓰던 손입니다. 하나님은 그 평범한 손, 그러나 성실한 손, 겸손한 손, 진실한 한 사내의 손에 당신의 권능을 위탁하신 것입니다. 말씀 사역과 능력 사역이 동시에 나오는 것은 예수님은 물론이고 사도들의 사역에도 마찬가지였습니다. 특히 미신과 우상숭배에 절어 있던 아시아에 널리 성공적으로 이 복음이 전해질 수 있었던 것도 바울의 말씀 사역에 치유와 축귀가 동반되었기 때문일 것입니다. 특히 11절에서 "놀라운 능력을 행하다에포이에이, ἐποίει"에서 동사가 미완료인 것을 보면 이 기적이 단발적인 것이 아니라 지속적으로 일어났다는 것을 보여줍니다. 여기 "바울의 손을 통해"라는 표현도 "사도들의 손을 통하여 민간에 표적과 기사가 많이 일어나매 믿는 사람이 다 마음을 같이하여 솔로몬 행각에 모이고"(행 5:12)라는 표현을 생각나게 합니다. 하나님께서 예루살렘에서 사도들의 손을 통해 하신 일을 지금은 바울의 손을 통해 하시고 있다는 것을 저자는 강조하고 있는 것입니다.

바울의 손을 통해 직접 기적이 일어나기도 하지만, 12절을 보면 더욱 놀랍게도 바울이 몸에 걸치고 있었던 손수건이나 앞치마를 가져다가 병든 사람 위에 얹기만 해도 병이 낫고 귀신이 나갔습니다. 당연히 바울의 손처럼 이것들도 그 자체에 무슨 신비적인 마력이 있어서가 아니라 하나

---

84 "손"이라는 단어는 신약에 181회 나오는데, 그 중 누가복음에는 25회, 사도행전에는 49회가 나온다. 74회는 다른 책에 비해 많이 쓰이는 편이다. 구약에 1200절 이상 등장하는데, 이는 묘사의 사실성, 구체성, 직접성을 표현하는 셈어적 방식이다(유상현, 『바울의 3차 선교 여행』, p.104.).

님께서 배후에서 일하셨기에 일어난 현상일 뿐입니다. 그것은 노동할 때 땀을 닦던 손수건일 뿐이고, 바울이 천막 만드는 작업할 때 입던 때 묻은 앞치마일 뿐입니다. 그런데 이것도 사람들이 병자를 길가에 놓아 그곳을 지나가는 베드로의 그림자가 그들에게 덮일 때 병이 낫고 귀신이 나가는 역사가 일어났던 일을 떠올리게 합니다(행 5:15-16). 여기 사도행전 19:12와 5:15이 모두 "심지어호스테 카이, ὥστε καὶ"로 시작하는 것을 보면, 저자가 의도적으로 두 사건을 반복하고 있다고 할 수 있습니다. 베드로에게 일어난 일이 바울에게도 일어나고 있음을 보여준 것입니다.

모든 질병이 다 귀신 때문에 생긴 것은 아닙니다. 그런데 여기서 질병이 낫는 것과 귀신이 나가는 것을 같이 언급하는 것은 하나님 나라의 도래는 사탄의 나라의 지배에서 자기 백성을 해방하는 구원 사건을 가져온다는 것을 보여주기 위함일 것입니다. 특별히 여기 8-12절까지는 유독 '하나님'의 역사를 강조하고 있습니다. 바울이 전한 가르침도 '하나님 나라'였고, 그가 전한 말씀도 '주의 말씀'이었고, 그의 손으로 나타난 능력도 '하나님'이 행하시는 일이었습니다. 그것은 사도행전 19:1-7에 성령의 역사로 나타난 것과 비교할 수 있습니다. 그리고 19:13-19에 나타나는 일들 속에 '예수님의 이름'이 강조되는 것과도 비교됩니다. 바울의 에베소 사역에 삼위 하나님께서 역사하신 것입니다.

에베소에 나타난 예수님 이름의 능력

바울의 손수건과 앞치마를 얹기만 해도 치유와 축귀의 기적이 일어나

자 어떤 유대인들 중에 예수의 이름을 빙자하여 축귀를 하려는 자들이 나왔습니다.

> "이에 돌아다니며 마술하는 어떤 유대인들이 시험삼아 악귀 들린 자들에게 주 예수의 이름을 불러 말하되 내가 바울이 전파하는 예수를 의지하여 너희에게 명하노라 하더라" (사도행전 19:13)

그들을 "마술하는 어떤 유대인들"이라고 소개하고 있습니다. 에베소는 우상의 도시이면서 동시에 마술의 도시로 알려졌습니다. 마술의 주문을 적은 책과 그 설명서가 하도 많아서 "에베소 문서"라는 도서 분류가 별도로 있을 정도였다고 합니다. 예수님이나 제자들의 축귀 이야기에는 한 번도 쓰지 않은 단어인 '명하다호르키조, Ὁρκίζω'를 쓰고 있는데, 이 단어는 마술의 주문에 자주 사용되었습니다(막 5:7 더러운 귀신이 '맹세하고' 있다).[85] 에베소의 열두 제자들은 성령에 순종했지만, 스게와의 일곱 아들들은 예수님의 이름을 오용했습니다. 그들의 성령의 사역을 마술로 축소시켰습니다. 사탄의 세력이 기독교를 모방하고 왜곡하는 일은 지금도 흔히 볼 수 있습니다.

14절부터는 그 가운데 한 예를 구체적으로 제시합니다. 유대의 한 대제사장 스게와의 일곱 아들이 당한 봉변입니다. 여기 '대제사장'이라고 했지만, 실제로 유대교의 대제사장은 아니었고 유대인이면서 로마 종교의 '사제' 역할을 하던 사람으로 보입니다. 당시 유대의 대제사장의 이름

---

85 Jennings, *Acts*, p.186.

가운데 스게와는 존재하지 않기 때문입니다. 그들도 예수님의 이름을 사용하여 귀신을 쫓아내려고 시도했습니다. 그런데 놀라운 일이 벌어집니다. 악귀가 쫓겨 나가기는커녕 일곱 아들들이 악귀에게 쫓겨난 것입니다. 악귀의 의기양양한 말을 들어보십시오.

> "악귀가 대답하여 이르되 내가 예수도 알고 바울도 알거니와 너희는 누구냐 하며" (사도행전 19:15)

귀신은 예수님도, 바울도 알고 있다기노스코, γινώσκω고 말합니다. 단지 정보로만 아는 것이 아닙니다. 예수님이 하나님의 거룩한 자이신 줄 알고, 바울도 그 예수님의 영이 함께하는 능력의 종인 것을 안다는 뜻입니다. 귀신도 알아봐 줄 만큼 신실한 사역자가, 신실한 성도가 진짜이지 않을까요? 세상이 "예수쟁이"라고 놀려도 그 말속에는 "넌 진짜야"라는 인정이 들어있을지도 모릅니다. 결코 자신들과 다르지 않은 '예수꾼'들을 보면서는 우리가 믿는 예수를 믿고 싶어 하지 않을 것입니다. 실제 '그리스도인'이라는 말이 처음에는 놀리는 이름이었습니다. 하지만 그 놀림 속에는 "너희는 별종이야 … 우리한테는 거북하지만 너희는 진짜 믿는 대로 사는 놈들이야!"라는 인정이 들어있었기에 오늘날까지 그 명칭이 살아있는 것입니다.

여기 "너희가 누구냐?"라는 말은 수사의문문입니다. 몰라서 묻는 것이 아니라 조롱과 책망조의 질문입니다. 같은 사탄의 지배 아래 있는 사람들끼리 무슨 짓이냐고 묻는 겁니다. 실제 무당으로 있다가 회심한 사람의 간증을 들어보면, 자신이 무당인 것을 숨기고 점을 치러 가면 자신보다 약한 귀신이 쩔쩔매면서 "내가 당신에게 가야 하는데 여기 왜 왔느냐?"고 하면서 보내더라는 말을 들을 수가 있습니다. 제 친구 목사도 귀신을 쫓으려고 교인들을 대동하고 귀신 들린 성도 집에 갔는데, 귀신들이 함께 온 교우들을 보면서, "너같이 사기 치고 첩질하는 놈이 무슨 낯짝으로 여기 왔느냐?", "당신은 사업한다고 하면서 남들을 속이면서 장로는 무슨 장로야. 여기 왜 왔어?"라고 조롱하는 것을 들었다고 말해주더군요. 세상이 지금 교회를 향해서 조롱하고 비난하는 목소리가 이와 같지 않을까요? "너나 잘하세요!"라고 비판하는데, 사실은 "너나 나나 똑같이 사탄의 하수인 노릇을 하고 있다. 너도 예수 귀신 믿고 있으면서 나더러 회개하라고 하느냐?"며 조롱하는 말일 것입니다. 그런 자들에게는 교회도 무당집과 다르지 않을 것입니다. 그런데 어둠의 세력들이 진짜 두려워하는 것은 예수 자신일 뿐 '예수 이름'이라는 주문이 아닙니다. 그들이 두려워하는 것은 죽기까지 하나님께 순종하신 예수의 십자가이지 '십자가 목걸이'가 아닙니다. 악귀는 스게와의 일곱 아들들 안에서 역사하는 귀신보다 강했습니다. 스게아의 일곱 아들들의 입에서 나온 '예수의 이름'은 전혀 능력이 없었습니다. 그 결과 또 참으로 황망한 일이 벌어집니다.

"악귀 들린 사람이 그들에게 뛰어올라 눌러 이기니 그들이 상하여 벗은 몸으로 그 집에서 도망하는지라" (사도행전 19:16)

악귀 들린 사람이 일곱 아들들의 위로 뛰어올라 옷을 벗겼습니다(참조. 눅 11:21, 22 사탄이 강한 자로 묘사되고 있다). 간신히 빠져나온 이 일곱 아들들은 알몸으로 달아났습니다. 참으로 우스꽝스러운 장면입니다. 일곱 아들들의 입장에서 보면 수치스러운 일입니다. 여기 나오는 단어 "뛰어올라
86 누르다"에서 "누르다카타퀴리유오, κατακυριεύω"는 '주권자로서 다스리다'라는 참으로 흥미로운 표현입니다. 예수의 이름으로 악귀들을 다스리려고 했지만, 도리어 그들이 악귀들에 의해 다스림을 받은 것입니다. 주권자 예수께 대한 참 믿음만이 그 주권자의 능력이 임하는 길이라는 것을 보여주는 단어입니다. 더 나아가서 악귀를 통해서 대제사장의 아들들이 제압당하는 이 상황은 이이제이以夷制夷, 적으로 적을 이기는 예수님의 주권적인 역사였습니다. 예수님이 직접 등장하지 않지만, 이 사건의 결과 예수님이 영광을 받고 있습니다.

> "에베소에 사는 유대인과 헬라인들이 다 이 일을 알고 두려워하며 주 예수
> 의 이름을 높이고"(사도행전 19:17)

바울의 손으로 나타난 능력을 통해 "아시아에 사는 유대인이나 헬라인이나 다 주의 말씀을 들었는데"(행 19:10) 이제 예수의 이름의 역사를 통해서 "에베소에 사는 유대인과 헬라인들이 다 이 일을 알고 두려워하고" 있습니다. 그들은 예수의 이름에 초자연적인 능력이 있다는 것과 이 능력을 사람이 맘대로 조종할 수 없다는 것을 깨닫고서 두려워한 것입니다(참조. 행 2:43 오순절 설교에 대한 반응; 5:5, 11 아나니아와 삽비라의 죽음에 대

---

86 칠십인역에서 사울과 다윗에게 권능을 가진 주의 영이 뛰어오르는 장면에 이 단어가
세 번 나온다(삼상 10:6; 11:6; 16:13).

한 반응). 그 결과 사람들은 "주 예수의 이름을 높였습니다". 그런데 원래 이 문장은 수동태입니다. "주 예수의 이름이 높여졌습니다에메가뤼네토, ἐμεγαλύνετο." 물론 에베소의 유대인들과 헬라인들이 주어이지만, 궁극적인 주어는 하나님이십니다. 우리가 주 예수의 통치에 복종할 때, 하나님이 세상 앞에서 주 예수의 이름을 높여주실 것입니다. 바울을 비롯하여 그 어떤 바울 일행들도 이 사건이 일어나도록 관여한 적이 없습니다. 악귀들끼리의 힘겨루기와 조롱으로 그들 중 한쪽이 수치를 당한 것뿐입니다. 하나님은 신실한 일꾼이나 충성스런 교회를 통해 일하시지만, 우리와 상관없이도 세상이 자기 탐욕에 의해 자멸하게 하시는 방법을 통해서 오늘도 심판하고 계십니다. 우리와 상관없이 주께서 숱한 역사를 행하심으로써 우리는 다만 그것을 알아보고 그 이름의 영광을 높이는 경우가 압도적으로 많을 것입니다. 선한 사람들뿐만 아니라 악한 사람들을 통해서도, 성공적인 사역뿐만 아니라 실패한 사역이나 중간에서 포기한 사역을 통해서도 일하시기 때문입니다. 그래서 모든 선교를 '하나님의 선교'라고 부르는 것이 당연합니다.

"믿은 사람들이 많이 와서 자복하여 행한 일을 알리며" (사도행전 19:18)

새로 믿게 된 자들이 사도 앞에 나아와 자신이 행한 일을 자복하여 알립니다. 이 "행한 일"이라는 단어는 예수 믿은 후로도 여전히 행하고 있던 마술이나 주술적인 행위를 가리키는 단어입니다. 주님의 이름을 사칭하던 자들이 수치를 당하는 것을 보고서, 또 악귀가 예수와 바울을 인정하는 것을 보고서, 그들은 자신들의 죄가 적나라하게 드러나는 경험을 한 것입니다. 그래서 아무도 그 죄를 실토하도록 강요하지 않았지만 제 발로 찾아와 고백했습니다. 대제사장의 일곱 아들들은 악귀에 쫓겨나 벗은 몸으로 도망쳤지만, 이 사람들은 말씀 앞에 벌거벗은 것같이 드러난 자신의 영혼과 대면한 후 주 앞에 나왔습니다. 이것은 사실상 악귀를 쫓아낸 일입니다(참조. 약 4:7, 8). 그것이 우리가 저 안식에 들어가기 위해 오늘 우리가 힘써야 할 일입니다(참조. 히 4:11-13). 말씀을 통해서 벌거벗은 것같이 우리 자신이 드러나지 않으면, 벌거벗은 채 도망하는 수치를 만날 것입니다.

예수의 이름의 능력은 한 개인들의 변화에만 그치지 않았습니다. 그것은 사회적인 변혁으로 이어졌습니다.

> "또 마술을 행하던 많은 사람이 그 책을 모아 가지고 와서 모든 사람 앞에서 불사르니 그 책 값을 계산한즉 은 오만이나 되더라"(사도행전 19:19)

귀신들을 의지하여 마술로 생계를 삼던 자들이 거짓 신을 버리고 참 신이신 예수께로 나아온 것입니다. '회심'이 무엇인지를 이보다 더 잘 보여주는 경우는 드뭅니다. 회심은 어둠에서 빛으로 나아오는 것이요, 주인을 바꾸고 나라를 바꾸고 가치관과 세계관을 뒤엎고 뒤집는 일입니다. 정말 가치 있는 것을 가치 있게 대접하고, 언젠가 사라질 것을 상대화시키는 일입니다. 그들은 마술하는 데 쓰던 값비싼 책들을 모두 불태웁니다. 마술이 쓸모없어졌습니다. 그 책들은 패배한 권력의 상징이었습니다. 책을 불사른다는 것은 한 사상을 불사른다는 뜻이 있습니다. 그래서 독재자들은 '금서'를 만들어 다른 사상을 용납하지 않았고, 분서갱유를 통해서 다른 세계관을 짓밟았습니다. 불사른 책값을 계산하니 은 오만이었습니다. 은 하나^한 드라크마가 하루 품삯이니, 은 오만이면 5만 명의 하루 품삯입니다. 그것은 한 사람이 137년을 일하고 다 모아야 마련할 수 있는 돈입니다. 놀라운 것은 그들은 주님께로 돌아오면서 이 책을 여전히 마술을 하고 있는 사람들에게 팔아서 이문을 남기지 않았습니다. 그 돈으로 주님의 영광을 위해서 쓰겠다고 말하지 않았습니다. 그저 사라져야 할 것은 사라져야 한다고 생각했습니다. 그것이 온 세상에 존재하는 숱한 우상들 가운데 포말에 불과한 것일지라도, 자신이 할 수 있는 만큼은 우상을 제거해야 한다고 생각하는 것, 그것이 회심입니다. 세상 한구석에서라도 적어도 나를 통해서 이곳이 주님의 거룩한 땅이 되게 하려고 애쓰는 마음이 회심입니다.

이 시대에 교회가 힘을 잃은 것은 단순히 교인 수가 줄어서가 아닙니다. 세상에서 영향력 있는 그리스도인이 모자라서가 아닙니다. 단호하게 세상의 견고한 진을 파할 힘이 없어서입니다. 어떤 대가를 치르더라도 절대 우상에게 절하지 말아야 한다고 나서는 그리스도인들을 배출하지 못했기 때문입니다. 그 대신 악귀에게 조롱당하고 벗은 몸으로 쫓겨나기 때문입니다. 교회는 그런 자들을 회심 없이 환영했고, 값싼 은혜로 위무했고, 거짓 평화와 천국을 약속해 주었습니다. 지금 길거리에서 천둥벌거숭이로 도망하고 있는 것은 바로 우리의 성도들이고 교회들입니다. 이제 우리는 하나님이 아니 계신 듯 요행을 바라거나 돈을 의지하거나 하나님을 마술사 정도로 만들지 않기를 바랍니다. 그 대신 바울처럼 성실하게 땀 흘려 일하고, 부지런히 말씀을 묵상하고, 신실하게 하나님의 임재를 반영하는 일상을 살도록 요구하십니다. 거기에서 진정한 능력이 나온다고 말씀하십니다.

에베소 사역의 요약

저자는 에베소에서의 바울의 사역을 다음과 같이 정리하고 있습니다.

"이와 같이 주의 말씀이 힘이 있어 흥왕하여 세력을 얻으니라" (사도행전 19:20)

직역하면 "주의 말씀이 힘차게 자라고 이겼다"입니다. 에베소에서 있었던 모든 사건은 결국 "주의 말씀"이 일으킨 창조였다는 뜻입니다. 점차로 말씀의 영향력이 확대되는 것을 생명이 성장하는 것에 비유하고 있습니다. 그것은 공간적으로 확장되는 것을 말하기도 하고 또 그 영향력이 사람들 안에서, 사회 속에서 커지는 것을 말하기도 할 것입니다. "흥왕하다아욱사노, αὐξάνω"는 앞에서 나온 단어입니다(행 6:7; 12:24). 여기 "세력을 얻다"는 '이기다이스퀴오, ἰσχύω'입니다.[87] 좀 전에 악귀가 대제사장의 일곱 아들들을 "눌러 이긴다" 할 때 쓰던 단어입니다. 그 전에 놀라운 기적들을 일으켰고(행 19:11-12), 귀신을 쫓아냈고(행 19:13-16), 마술을 버리게 만들었습니다(행 19:18-19). 그렇게 할 만큼 주의 말씀에는 "힘크라토스, κράτος"이 있었습니다. 바울이 쓴 에베소서에서 새로운 모세인 예수님을

---

87 누가가 여기서 번성(플레쉬노) 대신에 '흥왕하다', '세력을 얻다', '힘' 같은 군사적 용어를 사용한 것은 에베소 내러티브 내내 갈등과 권력이라는 주제가 흐르고 있기 때문이다. 이는 예수 복음의 승리를 보여준다(패트릭 슈라이너, 『사도행전』, p.532).

어둠의 영적 세력을 정복한 분으로 소개하고 있습니다(엡 1:20-21; 2:1-4; 6:10-20). 수사학의 힘도 아니고, 마술의 힘을 이기는 것은 말씀의 힘입니다. 그 말씀의 힘으로 복음은 에베소를 넘어 아시아 전역으로 퍼져나갔습니다. 골로새, 라오디게아, 히에라볼리 같은 교회가 개척되었고, 눔바의 집도 교회로 사용되었습니다(골 1:7; 2:1; 4:12-16). 요한계시록에 나오는 일곱 교회가 바울이나 그의 제자들의 손으로 개척되었을 것이고, 그중에서 두아디라의 교회에서는 빌립보의 여인 루디아가 모종의 역할을 했을 것으로 짐작할 수 있습니다.

그런데 이런 식의 마무리는 한 지역의 선교가 끝날 때 습관적으로 등장했습니다. 예루살렘 사역이 끝날 때(행 6:7), 유대와 사마리아 사역이 끝날 때(행 9:31) 나왔습니다. 그럼 이제 땅끝 선교가 끝날 때 나와야 마땅합니다. 물론 로마에 도착한 바울이 힘있게 하나님 나라 복음을 전하는 모습으로 마무리됩니다(행 28:31). 하지만 실질적인 바울의 이방인 선교 사역은 이 에베소 사역에서 절정에 이른다고 했습니다. 그래서 마치 이 사역이 마지막 사역인 듯이 마무리하는 표현을 쓰고 있는 것입니다.

진정한 하나님의 역사는 말씀을 통해서 진행되어 왔고 앞으로도 진행될 것입니다. 교회 안에서 말씀의 역사는 단지 강단의 회복만을 뜻하지 않습니다. 이 말씀이 성도 한 사람 한 사람 안에서 살아있어야 합니다. 그 성경이 마음속에 깊이 새겨지고 머물러서 실제 상황 속에서 그 말씀이 역사하여 우리가 선악을 분별하고, 멈추고 나아가는 것을 결정하게 하는 것, 그것이 말씀이 흥왕하고 세력을 얻는 일입니다. 그런 교회가 오늘 주님이 임재하시는 거룩한 땅이 될 것입니다.

고린도 교회를 향한 에베소에서의 사역

에베소는 바울의 고린도 교회 사역과 관련이 깊은 장소입니다. 에베소에서 사역하는 동안 그가 개척한 고린도 교회에서 들려오는 각종 소식들에 대해서 바울은 직접 방문하거나 편지로 목양했기 때문입니다. 고린도전서와 고린도후서는 그가 보낸 네 편의 편지 가운데 두 번째와 네 번째 편지입니다. 고린도전서 5:9에 보면 "내가 너희에게 쓴 편지"라는 말이 나오는데, 그것이 지금은 존재하지 않는 첫 번째 편지입니다. 고린도 교회의 가장 심각한 문제는 근친상간이었습니다. 또 교인들이 세상 법정에서 서로 다투는 문제, 바울파, 게바파, 아볼로파, 그리스도파로 나뉘어 갈등하는 문제가 있었고, 죽은 성도의 부활의 문제 같은 신학적인 문제도 있었습니다. 그밖에 결혼 문제, 우상에게 바친 제물을 먹는 문제, 성찬에 관한 문제, 은사에 관한 문제가 생겼다는 연락을 받았습니다. 누구에게 들었습니까? 글로에의 집 사람들과 스데바나와 브드나도와 아가이고 같은 고린도 성도들이 에베소에 있는 바울을 방문했을 때 들었습니다(고전 1:11; 11:3; 12:1). 주후 53-54년경 바울은 디모데 편에 고린도전서를 보내서 대답을 해주었습니다(고전 4:17; 16:10). 그런데 편지를 전달하고 돌아온 데모데로부터 안 좋은 소식을 들었습니다. 교회 지도자들이 이 편지를 무겁게 받아들이지 않았습니다. 근친상간하는 형제를 공동체가 잘도 용납했습니다. 이에 바울은 에베소에 있는 동안 고린도를 방문합니다(고후 2:1). 그리고 교회 지도자들에게 심각한 어조로 호통을 쳤습니다(고후 13:2). 그렇게까지 했는데도 지도자들이 별 반응을 즉시 보이지 않자 바울은 크게 낙담한 채 에베소로 돌아옵니다. 이것을 '고통의 방문'이라고 부릅니다(고후 2:1-11; 7:8, 12). 얼마나 힘들었을까요? 당장이라도 다시 가고 싶었을 것입니다. 하지만 진정시킨 뒤 다시 편지를 써서 디도 편에 보냈습니다. 이 세 번째 편지소실됨를 "눈물의 편지"라고 부릅니다. 그럼 이 편지를 받고는 어떻게 반응했을까요? 너무 강한 어조로 썼기 때문에 바울은 편지를 보내고도 후회했습니다(고후 7:8). 그는 자신보다 교회를 먼저 생각하고 끝까지 생각하는 종이었습니다.

원래 바울은 오순절까지 에베소에 머물다가 그 후에 마게도냐와 아가야 고린도를 한 번 더 방문한 후 예루살렘으로 가고, 거기서 로마로 가려고 계획했습니다(고전 16:5-9; 행 19:21). 그 동안 디모데와 에라스도를 먼저 마게도냐로 보냈습니다(행 19:21-22). 그런데 바울의 마음은 여전히 고린도에 가 있었습니다. 편지를 갖고 간 디도가 얼른 고린도 교회의 반응을 갖고 돌아오기를 기다렸습니다. 바울은 참다못해 에베소 사역을 중단하고 드로아로 가서 디도를 마중하려고 했습니다(고후 2:12). 하지만 그마저도 기다릴 수 없어서 배를 타고 마게도냐로 건너갔고, 거기서 디도를 만나 고통의 편지, 눈물의 편지에 대한 고린도 교회의 반응을 들었습니다(행 20:1; 고후 2:13).

에베소 사역은 아시아의 수도답게 난관이 많았습니다. "광대한 전도의 문이 열렸지만 동시에 맹수와 더불어 싸웠다고 할 만큼 대적이 많은 곳이었습니다."(고전 15:32; 16:9) "동족의 위험과 이방인의 위험"이 끊이지 않았습니다(고후 11:26). 그래서 "힘에 겹도록 심한 고난을 당하여 살 소망까지 끊어지고 … 사형 선고를 받은 줄 알 만큼 감당하기 힘든 시간"을 보냈다고 회상하고 있습니다(고후 1:8-9). 심지어 예루살렘에까지 와서 바울을 괴롭힌 에베소 사람이 있을 정도였습니다(행 21:27-31). 마지막으로 예루살렘으로 올라가기 전에 에베소 장로들을 밀레도까지 나와 달라고 청한 것도 에베소에 들어가면 언제든 붙잡혀 고초를 겪거나 장기간 재판을 받느라 시달릴 수 있었기 때문일 것입니다. 그가 3년이나 길게 에베소에서 사역한 것은 결코 평탄하게 사역할 수 있는 최적의 조건을 갖추었기 때문이 아니었던 것입니다. 하나님이 도와주셨고, 그래서 바울은 "죽은 자를 살리신 하나님께서 큰 사망에서 우리를 건지셨고 또 건지실 것"을 믿었기 때문입니다(고후 1:9-10).

나가는 말

요한의 세례, 성령의 세례

황제숭배와 우상숭배가 만연한 소아시아의 수도 에베소에서의 바울의 선교는 성령의 사역으로 시작해서 말씀의 사역으로 끝이 나고 있습니다. 요한의 물 세례만 알던 이들이 바울을 통해 예수 그리스도와 그분이 보내신 성령 세례를 받고 방언도 하고 예언도 했습니다. 여기에 앎과 경험, 물 세례와 성령 세례, 예수와 성령, 회심과 사명, 질문과 대답, 사도와 제자의 요소가 균형 있게 등장합니다. 예수 그리스도에 대한 바른 가르침을 받고 성령의 임재를 경험한 이 '열두' 명의 제자들을 통해 하나님께서는 에베소 인근의 주요 도시들 "아시아에 사는 유대인이나 헬라인"이 주의 말씀을 듣게 하셨습니다. 나에게 진리에 대해 얼마나 알고 있는지 물어보십시오. 스스로 대답해 보십시오. 나의 무지와 한계가 드러나게 하십시오. 그래서 더 풍성한 성령의 역사를 요청하십시오. 그리고 사명이 부르는 곳으로 나아가십시오.

하나님 나라의 가르침, 하나님 나라의 기적

에베소에서 바울은 "하나님 나라의 일들", 하나님 나라의 실재를 전했습니다. 가르쳤고 토의했고 설득했습니다. 비방하는 자들이 나타났지만, "그 도"를 전하는 일은 멈추지 않았습니다. 날마다 생계를 위해서 일했고 날마다 제자들을 향해서 가르쳤습니다. 자신의 제자들을 양육했고 자신의 분신을 만들었습니다. 황제의 도시에 하나님의 나라를 세웠습니다. 바울은 기적들을 통해 주 예수 그리스도를 통한 빛과 생명의 통치, 새 언약 시대의 도래를 눈으로 보고 손발로 경험하게 했습니다. 생명의 주께서 성령으로 다스리시니 병이 나았고 악귀가 떠나갔습니다. 에베소에서 하나님 나라는 두란노 서원에서나 들을 수 있는 지식이 아니라 믿음의 사람들이 있는 곳이면 어디서든 경험할 수 있는 '실재reality'였습니다.

마술의 사람, 말씀의 사람

바울의 몸에서 손수건이나 앞치마를 가져다가 얹기만 해도 병이 낫고 악귀가 떠났습니다. 또 예수의 이름을 빙자한 마술하는 유대인들의 도모를 바울과 예수를 알고 있는 악귀가 진압합니다. 마술의 도시 에베소에서 마술하는 자들의 허상이 폭로되자 값비싼 마술책을 불태우는 기적 같은 회심의 역사가 벌어졌습니다. 하나님 나라는 매직magic의 나라가 아니라 미라클miracle의 나라입니다. 속임수의 나라가 아니라 진리의 나라입니다. 참 회심은 마술을 통한 맘몬 숭배를 그치고 말씀을 통해 그리스도를 경배하는 삶으로 변하는 것입니다. 마술이 힘이 있어 흥왕하던 에베소가 말씀이 힘이 있어 흥왕한 도시가 되었습니다. 벗은 몸으로 도망하던 마술사가 되지 말고 말씀 앞에서 벌거벗는 정직한 영혼이 되기를 바랍니다.

바울에게 가장 적대적이었던 도시, 바울이 상대한 가장 거대한 도시, 황제숭배의 중심지 에베소에서 '하나님 나라'는 힘있게 그 존재감을 드러냈으며, 자신의 영역을 주장하고 있었습니다. 그것은 힘이 있는 말씀의 역사였습니다. 부디 이 말씀에 사로잡혀 그 말씀이 일으키는 창조를 기꺼이 받아들임으로써 우리를 통해 주의 이름이 높임을 받으시길 바랍니다.

불신앙의 광기와
신앙의 고요 ——— **사도행전 19:21-41**

들어가는 말

오늘은 바울의 에베소 사역이 끝나는 시점에서 일어난 일을 살피겠습니다. 그런데 바울은 사도행전 19:30-31에 잠시 등장할 뿐입니다. 그가 한 일은 나오지 않습니다. 그렇다고 다른 동역자들이 빛나는 조연으로 활약한 것도 아닙니다. 디모데와 에라스도는 마게도냐로 보내졌고, 가이오와 아리스다고가 바울 대신에 에베소 극장으로 끌려가고 있습니다. 도리어 본문에 주인공으로 등장하는 인물들은 은장색 데메드리오와 그의 충동질에 반응한 이름 없는 무리들입니다. 중간에 유대인 알렉산더가 느닷없이 등장했다가 곧 퇴장하고, 이름 없는 서기장의 개입으로 사태가 일단락됩니다. 소요를 일으킨 사람들은 바울을 불법적인 사람으로 만들려고 했지만, 결국 자신들이 불법 집회를 연 사람들이 되어(행 19:40-41) 흐지부지 흩어지고 맙니다.

그럼 누가 오늘 이야기의 주인공입니까? 그것은 19:23에 나오는 "이 도道"입니다. 바울 일행이 전하는 '도', 메시아 예수님의 십자가와 부활로 새 시대가 도래했다는 소식, 생명의 나라, 샬롬의 나라, 하나님 나라가 여기에 왔다는 소식, 갈등과 반목과 전쟁 같은 어둠과 죽음의 시대를 이기고 빛의 나라, 평화의 나라, 사랑의 나라가 왔다는 소식, 그 나라에 이르는 방법을 알려주는 "이 도"가 오늘 본문의 주인공입니다. 오늘 이야기는 "이 도"에 대한 데메드리오의 반대로 시작하여 이에 동조한 직공들의 소요, 영문도 모르고 혼란을 가중시킨 에베소의 군중들, "이 도"와 유대교의 상관성을 차단하려는 알렉산더의 시도, 서기장의 수습으로 "이 도"에 대한 불온한 혐의가 벗겨지는 이야기가 우리가 묵상할 본문입니다. 도리어 그 과정에서 이 도를 반대하는 세상이 이 도를 얼마나 두려워하고 있는지가 드러날 것입니다. 반면에 그들은 스스로 자신들이 믿는 바에 대해서는 확신하지 못하고 있다는 사실도 드러날 것입니다. 그 '도'에 대한 두려움이 광적이고 비이성적인 무질서를 만들어내고 있습니다. 반면에 "이 도", 그리스도의 도, 주의 도, 하나님의 도를 믿고 전하는 자들은 폭풍 속에서도 안전하게 보호를 받고 있는 것을 보게 됩니다. 놀랍게도 그들을 보호하는 데 이방인 친구들과 서기장이 동원되고 있습니다. 이는 분명 그 배후에 온 세상의 참 주인 되시는 하나님께서 계시다는 것을 보여줍니다.

바울의 계획

우리는 직전에 바울이 전한 말씀과 그가 행한 이적을 보고는 주의 이름의 권능을 경험한 마술사들이, 당시에 한 사람이 137년을 일해야 벌수 있는 막대한 돈은 오만, 고대 그리스의 은 드라크마의 값어치가 있는 마술책을 불사르고, 안정을 보장해 주던 생업을 포기한 사건을 보았습니다. 우리가 글로 다 전할 수 없을 만큼 복음의 사회적 영향력은 막대했을 것입니다. 그건 사회 한구석에서 일어난 헤프닝이 아니라 그 사회의 근간을 뒤흔드는 사건이었습니다. 당연히 모두가 주목했을 것이고, 누구든 화제로 삼을 만한 일이었습니다. 특히 동종업계 종사자들 종교적인 일에 관여하는 자들에게 그것은 '놀람과 두려움'을 주는 일이었고, 동시에 남의 일로 여길 수 없을 만큼 불안감을 주는 '위협'이 되었을 것입니다.

그로부터 얼마나 더 시간이 흘렀을까요? 바울이 에베소에서 사역한 기간은 모두 합쳐 3년이었습니다(행 20:31). 회당에서의 3개월, 두란노서원에서의 2년, 그리고 위의 사건이 일어난 후 9개월을 더 사역했습니다. 이 9개월의 일은 성경 어디에도 없지만, 그에게 찾아온 견제와 핍박이 어느 정도였을지는 충분히 짐작할 수 있습니다. 그 시기 동안 바울은 자신의 다음 행선지에 대해서 묵상했습니다. 그가 에베소에 처음 들렀을 때는 다시 이곳을 방문하는 것이 '하나님의 뜻'일 경우에만 가능하다고 생각했습니다(행 18:21). 하지만 이제 에베소를 떠나서 다음에 그가 가고자 하는 일정에 대해서는 어느 정도 마음에 확신이 있었습니다. 물론 오랜 기도와 숙고 끝에 성령 안에서 결정한 일이었습니다. 그 일이 어떻게 전개될지는 몰랐겠지만, 적어도 그 행선지에 대해서는 결심이 섰습니다. 본문은 바울의 향후 계획을 소개하고 있습니다.

"이 일이 있은 후에 바울이 마게도냐와 아가야를 거쳐 예루살렘에 가기로 작정하여 이르되 내가 거기 갔다가 후에 로마도 보아야 하리라 하고 자기를 돕는 사람 중에서 디모데와 에라스도 두 사람을 마게도냐로 보내고 자기는 아시아에 얼마 동안 더 있으니라"(사도행전 19:21-22)

여기 "작정하다에쎄토 엔 토 프뉴마티, ἔθετο ἐν τῷ πνεύματι"는 직역하면, '영으로 정하다set in the spirit'입니다. 이 "영"을 바울의 영이라고 생각한다면 '결심하다'라는 뜻이 되고,[88] 성령으로 본다면 바울은 이 행선지에 대해서 '성령의 도움으로' 결정했다고 볼 수 있습니다.[89] 사도행전 20:22-24에서 그가 한 말을 보면 여기서 말하는 '영'이 성령일 가능성이 더 큽니다.

"보라 이제 나는 '성령에 매여' 예루살렘으로 가는데 거기서 무슨 일을 당할는지 알지 못하노라 오직 성령이 각 성에서 내게 증언하여 결박과 환난이 나를 기다린다 하시나 내가 달려갈 길과 주 예수께 받은 사명 곧 하나님의 은혜의 복음을 증언하는 일을 마치려 함에는 나의 생명조차 조금도 귀한 것으로 여기지 아니하노라."(사도행전 20:22-24)[90]

바울의 예루살렘행에 분명 고난이 수반되겠지만, 거기에 가는 것이 하나님의 뜻임을 성령을 통해서 확신했다고 합니다. 좀 더 구체적으로

---

88 개역개정 '작정하여', NIV 'decided', NET 'resolved', NJB, CNB 'made up his mind' 바울의 영을 가리킨다고 번역하고 있다.

89 ESV, NASB, SLT, NRSV, RSV.

90 Tannehill, *The Narrative Unity of Luke-Acts*, 2:239.

그가 확신했던 사역이 두 가지인데, 하나는 예루살렘에 가는 것이고, 그 런 다음에는 로마에 가는 것이었습니다. 그는 우선 예루살렘에 가야 한 다는 생각이 확고했습니다. 그런데 그 전에 2차 선교 여행 때 세운 마게 도냐의 교회들과 아가야의 교회들을 심방하고 싶었습니다. 그가 이번에 예루살렘에 꼭 가고자 한 목적이 여럿 있는데, 그중 하나가 '구제헌금 전 달'이었습니다. 그는 우선 두 동역자 디모데와 에라스도를 마게도냐로 보냅니다. 바울은 마게도냐에 있는 교회들에게 보낸 편지에서 마게도냐 교회들이 유대와 예루살렘의 기근으로 고통받는 교인들을 위해 구제헌 금을 준비해주도록 당부한 바 있는데, 이제 이 두 동역자를 보내서 거둬 오게 한 것으로 보입니다.

> "그러나 이제는 내가 성도를 섬기는 일로 예루살렘에 가노니 이는 마게도
> 냐와 아가야 사람들이 예루살렘 성도 중 가난한 자들을 위하여 기쁘게 얼
> 마를 연보했음이라." (로마서 15:26-27)

그들은 또 이 연보를 예루살렘에 전달하는 일에 참여하도록 마게도냐 교회를 대표하는 일곱 일꾼들을 선정하는 일도 했을 것입니다(행 20:4). 그런데 바울에게 이 구제헌금은 단순한 '돈' 이상의 의미가 있었습니다. 그것은 '이방인 교회' 그 자체였습니다. 예루살렘 교회가 이 헌금을 수납 한다는 것은 그들이 바울의 이방인 선교를 인정하고, 이방인 교회를 자 기와 동일한 하나님의 백성으로 인정한다는 것을 의미했습니다. (사도 행전 20:1-3의 기간에 벌어진 일과 갈라디아서와 로마서를 기록한 배경, 그것과 예루살렘 방문의 관계에 대해서는 5권에서 다루고 있습니다) 그

래서 바울은 예루살렘으로 향하는 자신을 예물을 하나님께 드리는 "제사장"으로 묘사하고 있습니다.

> "이 은혜는 곧 나로 이방인을 위하여 그리스도 예수의 일꾼이 되어 하나님의 복음의 제사장 직분을 하게 하사 이방인을 제물로 드리는 것이 성령 안에서 거룩하게 되어 받으실 만하게 하려 하심이라." (로마서 15:16)

그런데 고난을 무릅쓴 바울의 예루살렘행 결심은 예수님이 예루살렘을 향해 얼굴을 향하신 결정을 상기시킵니다(눅 9:51). 놀랍게도 그는 예루살렘을 방문했다가 거기서 출발하여 로마로 가는 것이 하나님의 뜻이라고 생각했습니다(행 19:21). "이 일이 있은 후에 … 내가 거기 갔다가 후에 로마도 보아야 하리라." 그는 단지 자신의 바람을 말하는 데 그치지 않고 '데이δεῖ'라는 조동사를 통해 하나님의 요구사항임을 암시하고 있습니다. "이 일이 있은[91] 후"라는 표현을 통해 우리는 바울이 이런 계획을 세운 것은 분명 지난 3년 동안의 에베소 사역이 영향을 미쳤음을 짐작할 수 있습니다. 여기 "이 일"은 분명 사도행전 19:17-20에 나온 에베소 교회의 건강한 성장을 의미할 것입니다. 소아시아의 수도 에베소에서의 사역으로 인근 일곱 교회를 포함하여 주요 도시들에 교회들이 개척되었습니다. 후에 데메드리오의 발언'온 아시아와 천하가'(행 19:27)을 볼 때 괄목할 만한 결과가 나타났음을 알 수 있습니다. 바울이 직접 가서 개척하

---

91 "있은"(ἐπληρώθη)이라는 표현(직역하면 '성취되었다')은 이제 에베소 사역이 하나님의 뜻대로 완결되어 가고 있음을 암시한다. 이 표현과 "로마도 보아야 하리라"는 향후 바울의 계획이 잘 어울린다.

는 대신에 에베소에서 양육된 제자들이 흩어져 교회를 개척했고, 그곳의 일꾼들이 에베소에 와서 배워가기도 했을 것입니다. 당연히 바울은 에베소 사역 3년 동안 인근의 교회들을 찾아다니면서 목양을 도왔을 것입니다. 로마의 4대 도시에서의 사역이 이 정도 파급효과를 나타냈다면, 제국의 수도 로마에서의 사역이 가져올 파장은 상상할 수도 없이 클 것이라고 예상했을 것입니다. 또한 로마서를 통해서 엿볼 수 있듯이, 바울에게 수리아 안디옥과 에베소가 로마제국의 서반구 선교의 전초기지가 되어주었는데, 이제 그는 제국의 동반구 선교의 전초기지로 '로마'를 생각하고 있었습니다. 거기서 시작하여 '서바나스페인'까지 전도할 마음을 품고 있었습니다(롬 15:28). 이 또한 로마를 방문하고자 하는 목적이었습니다.

원래 그는 55년 오순절까지6월경 에베소에 머물다가 마게도냐와 아가야를 방문한 후 항해가 가능한 가을에 예루살렘으로 가고, 그 이후에 겨울을 지나고 다시 항해가 재개되는 봄에 로마로 가려고 계획했을 것입니다(고전 16:5-9). 큰 틀에서는 분명 성령의 인도하심을 따라서 결정한 일이었지만, 구체적으로는 어떻게 전개될지 아무도 몰랐습니다. 하지만 처음부터 그의 생각대로 되지 않았습니다. 사심 없이 세운 계획이었는데도 하나님께서는 순풍에 돛 단 듯이 바울의 길을 형통하게 이끌어주시지 않았습니다. 정말 전혀 생각하지도 못한 일이 벌어졌고, 그가 상상할 수도 없는 방법으로 하나님은 그를 로마에 도착하게 하실 것입니다.

바울은 에베소 사역이 안정기에 접어들었다고 보았을까요? 아직 오순절이 되려면 한참이나 남았는데주후 55년 봄 무렵, 자기보다 앞서 중요한 두 동역자 디모데와 에라스도를 마게도냐로 보냅니다.

"자기를 돕는 사람 중에서 디모데와 에라스도 두 사람을 마게도냐로 보내고 자기는 아시아에 얼마 동안 더 있으니라"(사도행전 19:22)

에라스도는 고린도의 재무관(롬 16:23; 딤후 4:20)이었는데, 이 무렵에는 공직을 떠나서 바울을 더 가까이서 돕기 위해 에베소에 합류한 상황이었습니다. 두 사람이 떠난 후 바울은 '얼마 동안 더 있다가' 이후에 일어난 갑작스런 사건 때문에 에베소를 떠나게 됩니다. 처음부터 그의 계획은 틀어지기 시작했습니다.

데메드리오의 충동질

무슨 일이 있었습니까? 이제 일어난 일의 개요를 23절이 말해주고 있습니다.

"그 때쯤 되어 이 도로 말미암아 적지 않은 소동이 있었으니"(사도행전 19:23)

이 사태를 한마디로 "적지 않은 소동타라코스 우크 올리고스, τάραχος οὐκ ὀλίγος"이라고 묘사하고, 그 원인을 "이 도로 말미암아페리 테스 호두, περὶ τῆς ὁδοῦ"라고 표현하고 있습니다. 앞서 "이 도"(행 19:9) 때문에 에베소의 마술사들이 은 오만에 해당하는 마술책을 불사른 사건이 있었는데, 다시 "이 도" 때문에 에베소에 또 다른 소동이 벌어졌습니다. "적지 않은" 소동이라고 하여 그 규모가 매우 컸음을 보여줍니다. 이렇듯 복음이 온전히 선포되고 복음을 따라 사는 자들이 생기면 한 개인 안에서도 난리가 나고, 사회 안에서도 소란이 일어납니다. 진동과 떨림이 찾아옵니다. 그래야 참 복음입니다. 복음은 이 세상 나라를 뒤집고 뒤엎는 하나님 나라의 소식이고, 새로운 통치와 주권의 소식이기 때문입니다. 이제 사탄이 지배하던 이 세상을 하나님께서 당신의 아들 예수님을 통해 다스리신다는 소식이 복음입니다. 그 소식은 한 인간 안에 근본적인 주권 교체를 요구하기도 하지만, 그가 살고 있는 사회에 새로운 가치관이 작동하게 하라는 준엄한 명령을 담은 소식입니다. 복음은 그 사회의 불의한 구조악에 침묵하지 말고, 교인들끼리만의 특권에 머물지 말라고 요구합니다. 그 대신 세상 모든 사람에게 예수님이 소망과 위로가 되신다는 산 진리를 증거하고 보여주라고 요구합니다. 그러니 복음이 전해지고 살아지는 곳에 소동이 일어날 수밖에 없습니다. 그래서 현실에 대한 도피처로서의 내세 구원만 말하고 심리적 안정감만을 주는 복음은 '절반의 복음'이고 사실상 '가짜 복음'입니다.

이 예수의 도, 하나님의 도, 주의 말씀으로 인한 적지 않은 소동의 구체적인 내용이 소개됩니다. 그 발단은 데메드리오라고 하는 한 은장색의 충동질입니다.

"데메드리오라 하는 어떤 은장색이 은으로 아데미의 신상 모형을 만들어 직공들에게 적지 않은 벌이를 하게 하더니"(사도행전 19:24)

그는 은으로 아데미 신상 혹은 신전의 모형을 만드는 사람이었습니다.

356

당시 사람들은 먼 길을 떠나거나 전쟁이나 운동경기를 치를 때 아데미 조각상을 부적처럼 갖고 다녔습니다. 그 조각상을 마게도냐와 아가야로 수출하기도 했는데, 바울의 영향으로 수출량이 감소하고 관광객도 줄었습니다. 고대 역사가 헤로도투스Heródŏtus와 알렉산드리아 도서관의 학자 칼리마쿠스Callimachus는 고대 세계의 7대 불가사의한 구조물 중 하나로 이 에베소의 아데미 신전을 제시할 만큼, 아주 유명하고 웅장한 건축물이었습니다. 길이가 130미터에 폭이 70미터인 이 신전은 그리스 아테네의 파르테논 신전보다 네 배나 컸습니다. 에베소는 당대 금융업의 중심지이기도 했는데, 이 아데미 신전은 돈을 예치하거나 대출하는 장소로도 쓰였습니다. 그리스 신화에서 아데미 여신은 제우스의 딸이며, 아폴로 신과는 쌍둥이 남매 사이입니다. 그녀는 가장 오래 숭배된 신들 중에 하나인데, 특히 에베소 주화에 새길 정도로 에베소는 "아데미 여신의 수호자"로 자처했습니다. 아데미 여신은 에베소 사람들에게는 '보호자'요 '구원자'였습니다. 그의 가슴에는 뭔가가 주렁주렁 매달려 있는데, 이것은 번영, 다산, 풍요 같은 것을 상징할 것이라는 데는 이견이 없습니다. 3-4월은 아데미 여신의 달로 정하여 크고 장엄한 축제를 벌입니다. 에베소는 아데미의 도시였습니다. 데메드리오는 이 아데미 숭배를 이용하여 많은 돈을 벌었습니다. 그런데 "적지 않은 벌이우크 올리겐 에르가시안, οὐκ ὀλίγην ἐργασίαν"가 줄어들 조짐이 보이자 "적지 않은 소동"(행 19:23)을 일으켰습니다.

그런 그가 하루는 같은 길드 소속의 직공들과 동종업계 종사자들을 불러놓고 그동안 자신들이 얼마나 아데미 여신 덕분에 호황을 누렸는지를 상기시킵니다.

"그가 그 직공들과 그러한 영업하는 자들을 모아 이르되 여러분도 알거니
와 우리의 풍족한 생활이 이 생업에 있는데"(사도행전 19:25)

은장색과 다른 직공들을 부를 정도라면 데베드리오는 길드의 대표 정
도는 되었을 것입니다. 그는 자기들이 누려온 "풍족한 생활"을 강조함으
로써 그 상실이 가져올 비극을 더 부각했습니다. 이제 그는 자신들에게
막대한 부를 가져다준 사업의 미래 전망이 밝지 않다는 암담한 경제보
고서를 제시합니다. 그들의 공감을 불러일으키기 위해 "여러분도 알거니
와"라는 말로 시작하고 있습니다. 그들은 여전히 풍족합니다. 가옥교회
였을 에베소 교회의 규모를 감안하면 거대한 도시 에베소 경제에 의미
심장한 변화를 가져다줄 만큼의 영향력은 아니었을 것입니다. 따라서 이
런 충동은 지금 당장 사업이 안 돼서가 아닙니다. 앞으로 안 좋아질 수도
있는 상황을 지나치게 과장하여 상상하고 있을 뿐입니다. 아무리 바울의
선교가 미치는 파급력이 강했더라도, 압도적인 아데미 여신 숭배에 치명
적인 영향을 줄 정도는 아니었습니다. 그는 아직 오지 않은 미래를 기정
사실화하여 공연한 불안감을 조성한 것입니다.

그가 두려워하는 현실은 무엇입니까? 작게는 세 가지이고, 크게는 두
가지입니다. 모두 명예나 평판과 관련이 있습니다. 바울의 선교가 장차
경제적인 타격을 줄 것이고, 그것이 종교적인 타격으로 이어질 것이라
고 예상하고 있습니다.

"우리의 이 영업이 천하여질 위험이 있을 뿐 아니라 큰 여신 아데미의 신
전도 무시 당하게 되고 온 아시아와 천하가 위하는 그의 위엄도 떨어질까

하노라 하더라"(사도행전 19:27)

사람들이 바울이 전한 메시지를 받아들이면 우선 자신들의 영업이 '불명예스러운 일'이 될 위험이 있다는 것이 첫째 이유입니다. 존재하지도 않는 신의 형상을 만들어 파는 사기 행위로 만들 것이라고 예상하고 있습니다. 둘째, 아데미 신전이 무시당할 것을 우려합니다. 아데미 신전은 에베소의 자랑이었습니다. 그 장엄함에 관광객들은 경외심을 느꼈고, 아시아에서 가장 큰 은행이 그 신전에 있었으며, 억울하게 누명 쓴 자들에게는 도피처를 제공했습니다. 그런 신전이 존재하지도 않는 가짜 신들의 공간으로 전락할 위험에 처했다는 것입니다. 셋째, 그 신전에 있는 아데미 여신의 명예가 추락될 위험을 경고합니다. 그런데 그는 이것이 에베소에서만 우려되는 상황이 아니라고 말함으로써 자신의 주장에 힘을 싣고 있습니다. "온 아시아와 천하가 위하는 그의 위엄도 떨어질까 하노라." 이것이 얼마나 사실에 입각한 우려인지 모르지만, 일부만 사실로 받아들인다 해도 이미 바울의 선교를 통한 영향력이 에베소 지역을 넘어섰다는 사실만은 확인할 수 있습니다. 혹은 에베소에서 이 흐름을 잡지 않으면 삽시간에 걷잡을 수 없이 파장이 커질 것이라고 경고하는 말일 수도 있습니다. 실제 로마제국 도처에 아데미 신전들이 있었고, 오십 군데가 넘는 도시에서 아데미 형상으로 주조된 동전이 쓰이고 있었습니다. 이렇듯 데메드리오는 탁월한 수사를 구사하여 아데미 여신을 지키는 것이 곧 에베소를 지키는 것이고, 자신들의 생업을 지키는 것이고, 또 풍족한 삶을 지키는 것이라고 강조하고 있습니다.

존 스토트John Stott의 말대로, 에베소 소동의 근본 원인은 종교적인 것도, 윤리적인 것도, 교리적인 것도 아닌 경제적인 문제였습니다.[92] 그런데 세상에서는 종교와 돈은 떼려야 뗄 수 없을 만큼 밀접하게 관련되어 있었습니다. 그들에게 신神은 돈을 잘 벌어주는 존재입니다. 신이 내 욕망을 채워주는 역할을 하지 못하면 자격을 상실합니다. 누구든 그렇게 여겼으니 건강, 부요, 다산, 안전을 위해서 아데미 숭배를 하는 것이 결코 흠이 되지 않았고 천박하게 인식되지 않았습니다. 그것이 대부분의 표층 종교의 특성입니다. 물론 기독교가 욕망을 거세한 종교라거나 돈과 건강과 성공에 질색하는 종교라는 뜻은 아닙니다. 우리는 이 모든 것보다 하나님을 더 사랑하는 자들이고, 그런 것은 하나님과의 관계, 인간 상호 간의 관계의 부산물일 뿐 그 자체가 목적이 되어서는 안 된다고 가르치는 자들입니다. 하나님이 나의 욕구 충족을 위한 수단으로 전락하는 것을 조금도 허용하지 않는다는 것이 우리의 신앙과 그들의 종교의 결정적 차이입니다.

그렇다면 바울이 어떤 메시지를 어떻게 전했고 그 결과가 어느 정도였기에, 그들은 자신들의 사업이 천해지고 번성하던 종교도 쇠할 것이라고 우려한 것입니까?

> "이 바울이 에베소뿐 아니라 거의 전 아시아를 통하여 수많은 사람을 권유하여 말하되 사람의 손으로 만든 것들은 신이 아니라 하니 이는 그대들도 보고 들은 것이라" (사도행전 19:26)

---

92 Stott, *The Spirit, the Church, and the World*, p.308.

새로울 것이 없는 주장입니다. 틀린 말도 아닙니다. 바울은 "사람의 손으로 만든 것은 신이 아니라"고 전했습니다.[93] 바울이 직접적으로 아데미 여신의 이름을 거론한 것은 아닙니다. 다만 어떤 우상숭배에도 다 통할 만한 일반적인 진실을 이야기했을 뿐입니다. 에베소를 중심으로 아시아 여러 지역을 돌아다니면서 혹은 그곳에서 온 사람들에게, 혹은 에베소의 제자들을 통해서, 바울은 사람이 사람 손으로 만든 것을 숭배의 대상으로 삼는 것은 어리석은 우상숭배라고 가르쳤습니다. 엄밀하게 말하면, 그것은 아데미 여신 숭배자들도 동의할 수 있는 가르침입니다. 자기들도 실재하는 아데미 여신의 신상을 만들었을 뿐이지 돌을 숭배하는 것은 아니라고 주장할 것입니다. 숭배 방식이 다를 뿐 실재를 숭배한다는 점에서는 다르지 않다고 여길 것입니다.

그들은 바울이 수많은 사람을 "권유하여 말했다페이사스 메테스테센, πείσας μετέστησεν"고 합니다. 직역하면, '수많은 사람을 유인하여혹은 설득하여 오도했다방황하게 했다.'입니다. 한마디로 바울이 사특한 이단이라고 주장한 것입니다. 바울은 수많은 아시아의 사람들에게 복음"그 도"을 전해서 아데미 여신 숭배라는 정도에서 벗어나 주 예수 그리스도를 왕으로 섬기는 그릇된 길로 타락하게 만든 원흉이라는 것입니다. "아시아와 천하"를 언급한 것은 바울이 전한 "도"의 영향력이 얼마나 컸는지를 짐작하게 합니다. 물론 바울은 이런 우상숭배만 비판한 것은 아닙니다. 범신

---

93 직접화법으로 인용하여 바울의 주장을 강조하고 있다. "손으로 만든 신들"은 구약의 여러 본문들을 반영하지만(신 4:28; 시 115:4; 렘 10:3) 이사야 44:9-20에서 특별히 강조되고 있다. 이사야는 손으로 만든 우상을 숭배하는 사람들을 이해와 감각이 결여된 사람들이라고 부르고 있다.

론, 그러니까 모든 것 안에 다 신이 깃들어 있다는 사상도 비판했을 것입니다. 그는 살아계신 하나님, 창조주 하나님, 인격적인 하나님 여호와를 전했습니다. 그가 보내신 아들 예수님을 전했습니다. 아들의 사역을 도우시는 성령 하나님을 전했습니다. 그런데 아데미 여신상 혹은 신전 모형을 만드는 은장색 데메드리오는 자신에게 해당하는 것만 편집해서 바울을 비판한 것입니다. 그는 비판의 강도를 높이기 위해 (현재시제를 사용하여) 직공들을 자기 이야기 속으로 끌어들이고 있습니다. "이는 그대들도 보고 들은 것이라 쎄오페이테 카이 아쿠에테, θεωρεῖτε καὶ ἀκούετε." 과거의 일이 아니고 앞으로 닥칠 일이 아니라 지금 직공들이 맞닥뜨리고 있는 현실임을 강조하고 있습니다. 바울은 다만 살아계신 하나님을 전했고 그 외 모든 것은 우상숭배라고 가르쳤을 뿐인데, 그 복음을 거절하는 자들은 저마다 다른 방식으로 그 복음을 위협으로 느끼고 있었습니다. 데메드리오는 마치 사업이 다 망하고 아시아에서 아데미 숭배가 다 끝날 것처럼 공포심을 자극하고 있습니다. 결국에는 '돈'이 주요 관심이면서 마치 아데미 여신의 명예 수호에 진심인 사람처럼 말한 것입니다. 그런데 동시에 데메드리오는 자기도 모르게 자기 사업과 종교를 별것 아닌 것으로 만들고 있습니다.

"우리의 이 영업이 천하여질 위험이 있을 뿐 아니라" (사도행전 19:27a)

SNS도 없는 시대였는데, 그간 엄청난 부를 가져다 준 사업이 바울의 말 한 마디로 그 명성이 바닥을 칠 것처럼 호들갑을 떤다면, 그 사업이 얼마나 보잘것없는 사업이었는지 스스로 폭로한 것이라 할 수 있습니다.

아데미 여신의 명예에 대한 걱정은 더 한심합니다. 아데미가 어떤 신입니까? 얼마나 오랫동안 많은 사람들이 환호했습니까? 에베소는 아데미 숭배로 먹고산다고 해도 과언이 아닐 만큼 번창한 종교입니다. 그런데 어떤 걱정을 합니까?

> "큰 여신 아데미의 신전도 무시당하게 되고 온 아시아와 천하가 위하는 그
> 의 위엄도 떨어질까 하노라 하더라" (사도행전 19:27b)

한편으로 그는 아데미 여신과 그녀의 신전에 대한 공동체적, 사회적 효과를 강조합니다. 그런데 다른 한편으로 위험성을 과장하여 선동하려는 데메드리오의 의도를 감안한다 할지라도, 바울 한 개인의 전도로 파르테논 신전보다 네 배는 더 큰 신전이 무시당하고[94] 아시아와 천하가 숭배하는 아데미의 위엄이 떨어질 걱정을 하고 있으니, 자기 종교가 갖고 있는 왜소함과 허약함을 자백하는 꼴이 되었습니다. 그 정도로 바울의 말이 강력하고 그 도의 위력이 대단하다면, 바울을 제거하려고 할 것이 아니라 아데미 여신 숭배를 그치고 더 강력한 종교인 바울의 종교, 그리스도께 대한 신앙으로 가야 마땅했습니다. 데메드리오는 자기도 모르게 바울이 전한 "도"가 아데미 숭배보다 우월하다고 발언하고 있는 것입니다.

세상은 끊임없이 행복의 길, 의미 있는 길, 성공적인 인생에 대해서 말

---

94 '무시당하다'(εἰς οὐθὲν λογισθῆναι)는 직역하면 '아무것도 아닌 것으로 간주되다'이다(참조. LXX 사 40:17, '하나님을 알지 못하는 열방들').

해왔습니다. 자신들의 말을 따르는 것이 유일한 생존의 길이라고 미혹하기도 하고 겁박하기도 합니다. 하지만 시대마다 그 큰 이야기(메타 내러티브)는 바뀌고 있습니다. 한 시대를 풍미한 서사의 소멸은 그것이 모든 시대 모든 인간을 구원할 이야기가 아니었음을 자증한 것뿐입니다. 최근까지 우리 시대의 모든 논리를 지배하고 평가하며 호령하며 위력을 과시하던 거대담론(메타 내러티브)인 '신자유주의' 역시 이제 지진 뒤의 여진처럼, 폭풍의 뒷끝처럼 사라지는 수순을 밟고 있습니다. 젊은이들에게서 일할 곳을 빼앗은 그 이념이, 친구와 이웃을 전쟁의 상대로 만들었던 그 이념이, 가장들에게서 일터를 빼앗았던 그 오만하고 무례한 이념이, 사람보다 돈을 더 사랑하게 만들었던 그 이념이, 결코 우리 인생을 걸 만한 이야기가 아니었음을 실토하고 이제 역사의 뒤안길로 사라지고 있습니다.

　교회가 먼저 "이 도"가 생명의 길임을 믿고, 이 도 위에 서고, 이 도를 따른다면, 세상도 '그 도'를 신뢰할 것입니다. 우리가 먼저 이 도를 위하여 살고 위하여 죽는다면, 주께서는 바울을 통해서 이루신 역사를 우리 시대에도 이루실 것입니다. 물론 모든 복음은 세계관적이고 문화적이기 때문에 늘 사회적, 정치적, 경제적으로 이교문화에 심대하고 광범위한 타격을 줄 것입니다. 보십시오. 루스드라에서는 사제와 무리가, 빌립보에서는 종교 세일즈맨과 식민지 치안판사가, 아테네에서는 철학자와 정치 당국자가, 에베소에서는 마술사와 장인들이 박해하지 않았습니까?[95] 그런데 불행하게도 지금은 세상이 아니라 교회가 교회를 핍박하고 있는 것이 아닌가 싶습니다. 광야의 선지자처럼 오금이 저리게 하나님의 말씀을 선

95　Rowe, *World Upside Down*, p.51.

포하는 이들 때문에 교회가 영업이 안 된다고 핍박하고, 이에 굴복하여 메시지는 중화되고, '신전교회'의 권위는 실추되고, 하나님의 위엄은 땅에 떨어졌습니다. 그러니 지금이야말로 "사람의 손으로 만든 것들은 절대 신이 될 수 없다"고 가르쳐야 합니다. 사람의 손으로 만든 세상은 우리가 믿고 맡길 수 있는 대상이 아니라고 말할 수 있어야 합니다. 우리 손아귀에 장악되고 우리의 지식으로 파악되는 신에게는 한 치 앞도 내다볼 수 없는 인생에서 연약한 우리 자신을 절대로 맡길 수 없음을 알아야 합니다.

군중들의 분노와 소동

데메드리오의 선동은 적중했습니다.

"그들이 이 말을 듣고 분노가 가득하여 외쳐 이르되 크다 에베소 사람의 아데미여 하니" (사도행전 19:28)

직공들이 분노했습니다. 성령에 충만하지 않으면 돈이 사라질 때 분노에 충만하게플레레스, πλήρεις 됩니다(행 7:55; 9:36; 11:24; 13:10). 예상되는 영업 부진의 책임을 바울에게 돌리기로 했습니다. 그들은 바울의 주장을 반박하면서 난데없이 아데미 여신에 대한 충성의 마음을 표현하기 시작합니다. 그런데 그 방법이 참 어이없습니다. 끊임없이 허공을 향해 악쓰는 것이 전부였기 때문입니다. "외쳐 이르되 크다 에베소 사람의 아데미여" 그렇게 악쓴다고 아데미 여신이 위대해집니까? 바울이 전한 '도'에다 망할 것 같은 사업과 실추된 여신의 위엄이 소리 지른다고 멀쩡해지고 회복된다면 그게 과연 참된 신일까요? 먼저 바울의 말이 맞는지 틀리는지부터 따져야 마땅합니다. 그래서 바울의 말이 틀리면 걱정할 것 없을 것이고, 바울의 말이 맞으면 "그 도"에 복종하면 될 일입니다. 하지만 그들은 위험 앞에서 고개를 모래 속에 파묻는 타조와 같습니다. 초라하고 별 볼 일 없는 신을 숭배하고 그 신에 기대어 생계를 꾸려가는 위태로운 자신들의 현실은 외면한 채 소리만 지르고 있습니다. 그들은 놀랍게도 그토록 위대하다는 아데미 여신의 개입을 요청하지 않습니다. 자신들이 그 신을 대신해서 다 해야 한다고 믿고 있습니다.

그런데 이것이 하나님 말씀하시는 것은 안 들으면서 밤을 지새워 악을 쓰면서 내가 원하는 것만 해달라고 기도하는 우리의 모습은 아닌지 돌아봅시다. 간절한 것과 떼쓰는 것은 다릅니다. 떼쓰는 사람에게 하나님은 인격신이 아닙니다. 전능한 창조주도 아닙니다. 주권자도 아닙니다. 해를 십도 뒤로 물러가게 하실 수 있는 히스기야의 하나님도 아니고, 바벨론을 들어 앗수르와 이스라엘을 심판하고, 다시 그 바벨론마저 페르시아를 통해서 심판하실 수 있는 하나님이 아닙니다. 십자가라는 가장 미련한 방법으로 온 인류를 구원하실 수 있는 지혜의 하나님도 아닙니다. 이렇게 "위대하다 에베소 사람의 아데미여"라고 소리만 지르면, 아데미가 위대해지는 것이 아니라 내가 위대해집니다. 아데미의 위엄 추락과 사업 부진으로 실추된 내 자존심이 회복된 듯한 착각만 들 뿐입니다. 자기도취와 자기최면, 카타르시스를 경험할 뿐, 그들 자신과 그들의 사업에는 아무 변화도 없을 것이고, 그들이 믿는 신의 지위에는 더욱 영향을 미치지 못할 것입니다.

분기탱천하여 고함을 지르던 직공들을 보고 이에 동조하여 다른 에베소 사람들도 동참했습니다. 이는 당초 데메드리오가 의도했던 바는 아니었을 것입니다. 32절을 보면 고함을 지르는 사람이 직공들에서 "온 시내"로 바뀐 배경에 대해서 설명하고 있습니다.

"사람들이 외쳐 어떤 이는 이런 말을, 어떤 이는 저런 말을 하니 모인 무리가 분란하여 태반이나 어찌하여 모였는지 알지 못하더라" (사도행전 19:32)

직공들이 분노한 이유가 분명히 있었고, 아데미 여신이 위대하다고 소리를 지른 이유도 분명했습니다. 그런데 그 후에 참여한 사람들 중에 태반은 그 말에 동조하여 고함을 질렀을 뿐 왜 자신들이 고함을 지르고 있는지는 몰랐습니다. 왜 지금 자신들이 아데미 여신의 위대함을 목청 높여 주장해야 하는지 몰랐습니다. 참으로 어이없는 상황입니다. 전형적인 군중 선동입니다. 이것이 소위 '대중종교'의 전형적인 특징입니다. 무사유의 종교, 묵상 없는 종교, 후~ 불면 날아가 버릴 만큼 뿌리가 없는 가볍디가벼운 종교, 말초 신경과 원초적인 본능에 호소하는 종교, 그것이 대중종교입니다. 믿음의 대상과 내용은 말해주지 않은 채 무조건 "믿으면 좋다"는 식으로 강요하는 종교, 자기 존재를 걸지 않아도 된다고 말하는 '입술만'의 종교, 지금 이 땅에 두 발 딛고 사는 삶에 대해 눈감아도 된다고 말하는 피안의 종교, 이웃 사랑을 하지 않아도 하나님 사랑만 하면 된다고 말하는 자아분열의 종교, 이것이 대중종교입니다. 에베소의 아데미 숭배는 대중종교였습니다. 나치즘이나 파시즘, 또 일본의 군국주의와 다를 바 없는 광기의 종교입니다. 양심과 도덕을 상실한 몰염치의 종교요, 눈물과 땀방울을 하찮게 여기는 비정하고 메마른 종교입니다. 아무리 수천 명, 수만 명이 큰 소리로 '아데미 여신이여 위대합니다'라고 소리를 질러도, 아무리 오래도록 지성을 다해 같은 말을 반복해도 돌덩어리 아데미는 위대해지지 않습니다. 그렇게 해도 하나님의 도, 예수 그리스도의 도는 무효화 되지 않습니다.

이제 에베소 사람들이 자기들이 믿는 신 아데미의 한계를 인정하지 않으면, 그들이 선택할 수 있는 것은 한 가지 밖에는 없습니다. 그 권위를 훼손하는 자들을 제거하고 그 말을 하는 자들을 가두는 것입니다. 그러면 그 말도 사라지고 그 진리가 진리 아닌 것이 된다고 여깁니다. 그것이 우상숭배자들의 한계입니다. 그러나 여태 한 번도 성공하지 못했는데, 지금껏 포기하지 않고 있습니다. 진리를 말하는 사람을 죽이고, 가두고, 불사르면 그 진리가 사라질 것이었다면, 그것은 애초부터 진리가 아니었습니다. 그들은 먼저 이 사태의 주범인 바울을 찾느라 혈안이 되었겠지만, 어찌 된 영문인지 찾지 못했습니다. 나중에 바울이 자신이 나서서 사태를 해결하려고 한 것을 보면 의도적으로 숨은 것은 아닌 게 분명합니다. 그들은 바울 대신에 그와 함께해온 두 사람을 찾았습니다.

> "온 시내가 요란하여 바울과 같이 다니는 마게도냐 사람 가이오와 아리스다고를 붙들어 일제히 연극장으로 달려 들어가는지라"(사도행전 19:29)

그들은 마게도냐 사람 루가오니아의 더베 출신 가이오(행 20:4)와 데살로니가 출신 아리스다고(행 20:4; 27:2; 골 4:10; 몬 24)입니다. 바울이 마게도냐 전도를 하면서 새로 합류한 동역자들입니다. 에베소의 무리들이 두 사람을 데리고 달려 들어간[96] 곳은 정식 재판이 열리는 민회가 아니라 군중들이 모이는 연극장이었습니다. 그들 역시 바울의 전도가 법적으로 문제 될 것이 없음을 알았기에 정식으로 고소하지 않았을 것입니다. 당시 에베소의 극장은 에베소 인구의 10분의 1인 25,000명을 수용할 수 있는 엄청나게 큰 집회 장소였습니다. 에베소 시 전체가 들썩인 이 사건을 바울이 인지하지 못했을 리 없습니다. 사람들이 일제히 산 중턱에 있는 에베소 극장으로 내달려 가는 것을 바울도 보았을 것입니다. 자초지종을 파악한 바울은 그냥 있을 사람이 아닙니다.

"바울이 백성 가운데로 들어가고자 하나 제자들이 말리고"(사도행전 19:30)

당연히 자신을 대신하여 붙잡혀가는 동지들을 살리고 싶었을 것입니다. 자신이 나서서 논쟁을 벌인다면 얼마든지 설득할 수 있을 것이라고 예상했을지 모릅니다. 하지만 과도한 자신감은 아닐지라도 제대로 된 사태 파악도 아니었습니다. 그래서 제자들이 만류합니다. 적어도 이 상황에 대해서만은 바울보다는 제자들이 자초지종을 더 잘 파악하고 있었습니다. 에베소 사람들의 성향, 분노의 정도, 사태의 심각성을 현지 제자들이 외지인 바울보다 더 잘 알았던 것입니다. 에베소의 제자들은 만약 그가 나선다면 자제력을 상실한 무리의 난동으로 현장에서 화를 당할 수 있다

---

96 이 표현(ὥρμησάν τε ὁμοθυμαδὸν)은 스데반을 돌로 치는 사람들에게 단 한 번 쓰이고 있다(7:57).

고 판단했을 것입니다. 바울은 그들의 조언을 따릅니다. 알아서 한다면서 사지死地로 달려가지 않았습니다. 하나님께서 지켜주실 것이니 걱정하지 말라면서 무모하게 덤비지 않았습니다. 그것은 믿음이 아니기 때문입니다. 바울을 만류하는 사람이 더 나옵니다.

> "또 아시아 관리 중에 바울의 친구된 어떤 이들이 그에게 통지하여 연극장
> 에 들어가지 말라 권하더라"(사도행전 19:31)

제자들은 바울이 군중 속으로 들어가는 것을 막았다면, 관리 친구들은 그가 극장 안으로 들어가는 것조차 막았습니다. 그 친구들을 "아시아 관리아시아르케스, Ἀσιάρχης"라고 소개하는데, 이들은 이 사태의 심각성과 사태 처리 결과에 따라 그 도시에 미칠 파장을 바울보다 더 면밀하게 파악할 수 있는 자리에 있었습니다. 그들이 구체적으로 누구인지는 확실하지 않습니다. 친구라고 해서 반드시 그리스도인들이라고 볼 수는 없습니다. 바울은 어떤 부류의 사람들에게라도 효과적으로 복음을 전하는 법을 알고 있었습니다. 그들에게 각각 다른 방법으로 나아갔겠지만, 그들이 들어야 할 복음은 하나였습니다. 이렇게 주께서는 제때 바울을 돕는 손길들을 보내서 그가 상황 판단을 잘할 수 있도록 도우셨고, 지혜롭게 처신하도록 인도하셨습니다. 바울은 세상을 뒤집어 놓았다는 비난을 받았지만, 당국자들과의 좋은 관계는 이 말이 사실이 아님을 증명해줍니다. 아직은 하나님께서 바울을 통해서 하실 일이 남아 있었습니다. 바울이 "성령을 따라서 작정한 대로"구제 헌금을 모아서 예루살렘으로 가야 하고, 또 로마에 가서도 복음을 전해야 하기 때문입니다. 사

명이 있는 한 그는 살아남아야 할 이유가 있었습니다. 오늘 우리 성도들도 사역자들을 보호하고 지켜주는 존재가 되어야 합니다. 성도들이 사역자들보다 세상의 현실에 대해 더 잘 파악하고 더 많이 알고, 그래서 성도들만 할 수 있는 일들이 태반입니다. 그러니 지도자들 역시 자기 판단을 절대화하지 말고, 늘 성도들의 조언과 권면을 잘 듣고 따를 준비가 되어 있어야 합니다. 하나님은 그렇게 하도록 우리를 교회로 부르셨고, 각기 다양한 은사를 주셨습니다.

에베소 사람들이 엄청난 중죄인을 다루듯 바울의 두 동역자를 끌고 들어간 후 극장 안에서 어떤 일이 벌어졌는지 그 더 적나라한 풍경을 저자는 다음과 같이 생생하게 묘사하고 있습니다.

"사람들이 외쳐[97] 어떤 이는 이런 말을, 어떤 이는 저런 말을 하니 모인 무리가 분란하여 태반이나 어찌하여 모였는지 알지 못하더라"(사도행전 19:32)

조금 전에는 광기였다면 이번에는 혼돈입니다. 군중들은 자신들이 왜 여기 있는지 몰랐고 각기 다른 구호를 외치고 있었습니다. 광기와 혼돈, 이것이 잣대를 상실한 이 세상의 자화상입니다. 찬양하지만 그 소리는 공허하고, 과도하게 열정을 내지만 방향을 잃고 헛 힘만 쓰고 있을 때가 얼마나 많은지 모릅니다. 헤밍웨이Ernest Hemingway의 소설 『노인과 바다』를 생각해 보십시오. 노인은 대형 상어 "티뷰론"을 좇았습니다. 상어

---

97 미완료 시제(ἔκραζον)는 그들의 외침의 시간이 길었음을 보여준다.

와 사투를 벌인 끝에 포획에 성공합니다만, 노인은 상어를 끌고 항구로 돌아오는 길에 피곤에 절어 깊은 잠에 빠졌고, 항구로 돌아와 보니 고기 떼들이 상어를 다 뜯어먹고 난 뒤였습니다. 남은 것은 뼈밖에 없었습니다. 목숨을 걸고 그가 얻은 것은 상어의 뼈뿐이었습니다. 상어를 잡는 것보다 상어와 사투를 벌이는 그 자체가 숭고하고 아름답다고 말할지 모르겠지만, 정말 사는 것 자체가 의미 있을 뿐 죽은 뒤에 어떻게 되든 상관없다고 말할 수 있을까요? 당연히 과정은 중요하지만, 과정만 중요하다는 말에는 동의할 수 없습니다. 왜 분노하는지, 왜 찬양하는지, 왜 무리를 지어 산 중턱에 있는 극장까지 이 많은 무리가 찾아왔는지, 왜 이 두 사람을 끌고 왔는지 모른다면, 그 과정만으로 의미가 있다고 할 수 있을까요? 아닙니다. 과정으로 충분했다면, 바울은 유대인들을 향해서 "그들이 하나님께 열심이 있으나 올바른 지식을 따른 것이 아니니라 하나님의 의를 모르고 자기 의를 세우려고 힘써 하나님의 의에 복종하지 아니했느니라"(롬 10:2-3)라고 말하지 않았을 것입니다. 아무리 애써도 우리의 모든 수고가 헛될 수도 있습니다. 그래서 속도보다 더 중요한 것은 방향입니다. 열정보다 더 중요한 것은 바른 지식입니다. 더디더라도, 좀 못하더라도, 부족하더라도 바르게 가야 합니다.

서기장의 중재

일단 에베소 극장까지는 몰려왔지만, 누구든 그다음에 어떻게 해야 할지를 안내할 지도자가 없었습니다. 당연히 문제의 발단이 된 데메드리

372

오가 나서야 마땅한데 어디 갔는지 보이지 않습니다. 아니 나타날 수도 없었을 것입니다. 이렇게 사태가 확대된 것을 알고는 오히려 책임을 추궁당할까 싶어 이미 어디엔가 숨어서 두려워하고 있을지 모릅니다. 바울을 향한 소심한 분노와 혼내주는 정도의 보복을 염두에 두었을 뿐, 도시 전체가 바울을 처단하도록 나서게 만들 의도는 전혀 없었습니다. 그는 자신의 주장에, 아데미 여신 숭배에 자기의 모든 것을 걸 준비가 안 된 사람이었습니다. 다만 그는 '돈' 벌이가 시원찮아질 것에 불만을 품었을 뿐입니다.

데메드리오의 발언 하나로 온 에베소에 소동이 일어난 것과 인류 역사에서 인간이 해온 일은 크게 다르지 않습니다. 지금도 세계 도처에서 한 인간 지도자에게 맹목적인 지지를 보내고 열광하며 일상을 내팽개치고 전쟁을 하는 모습이 재연되고 있지 않습니까? 그걸 보면서 누구도 인간의 위대함을 말하지 못할 것입니다. 아데미 돌상 앞에서 그를 "위대하다"고 고함치는 인간이 어찌 위대한 존재일 수 있습니까? 그 극장 안의 무리 중에는 회당의 유대인들도 있었습니다. 그런데 갑자기 유대인들이 알렉산더라는 사람에게 대표 발언을 하도록 권고합니다.

"유대인들이 무리 가운데서 알렉산더를 권하여 앞으로 밀어내니 알렉산더가 손짓하며[98] 백성에게 변명하려 하나"(사도행전 19:33)

유대인 알렉산더의 등장은 흐름상 다소 갑작스럽습니다. 그가 누군지,

---

98 직역하면 '손을 흔들었다'이다. 조용히 하도록 손짓을 한 것이다.

그가 무슨 변명을 하려고 했는지 모릅니다. 유대인들은 알렉산더를 통해 에베소 사람들이 불온하게 생각하는 바울 일행과 자신들 유대교는 명백히 다르다는 것을 변명하려고 했던 것으로 보입니다. 이미 로마에서 유대인들이 그리스도인들과의 갈등으로 추방당한 일이 있었기 때문에, 공연히 이번 일로 유대인인 자신들이 불이익을 당할까 우려한 것 같습니다. 알렉산더는 유대교의 회당 관계자로 보입니다. 하지만 알렉산더는 그 뜻을 이루지 못합니다.

> "그들은 그가 유대인 줄 알고 다 한 소리로 외쳐 이르되 크다 에베소 사람의 아데미여 하기를 두 시간이나 하더니" (사도행전 19:34)

그가 유일신 여호와 하나님을 믿는 유대인이라는 것을 알고는 에베소 사람들은 그에게 변명할 기회조차 주지 않았습니다. 무리에게는 유대인들과 예수를 따르는 자들이 구분되지 않았을 것입니다. 둘 다 아데미 여신을 인정하지 않는 자들일 뿐이었습니다. 그래서 군중들은 당연히 알렉산더 역시 바울을 두둔할 것으로 예상하고 발언권 자체를 주지 않은 것입니다. 더군다나 한가롭게 알렉산더의 뻔한 변명을 들어줄 여유도 없었습니다. 광기에 사로잡힌 군중에게 당장 필요한 것은 '희생양'이었습니다. 영문 모르는 자신들의 불만과 흥분된 마음을 해소해 줄 무언가가 필요했습니다. 이제 진실은 그들의 관심사가 아닙니다. 처음부터 아니었습니다. 그냥 기분만 중요했고 자존심만 중요했습니다. 자신들의 행동을 정당화해 주는 무엇이 필요했을 뿐입니다. 그들은 스스로 자신들을 정당화하기 위해 미친 사람들처럼 두 시간이나 똑같은 구호를 반복합니다.

"크다 에베소의 아데미여"

그들은 의지를 갖고 생각하거나 판단하기를 멈추었습니다. 이대로 멈추면 자신들이 오랫동안 소리친 보람이 없다는 것을 알고 있으니, 아무도 먼저 멈출 수 없습니다. 누군가 멈춰주기를 바랄 뿐이었습니다. 그들을 멈출 수 있는 것은 그들의 자존심을 세워주는 희생양이든지, 아니면 그들의 비겁함과 불안감을 폭로해 줄 강력한 권력이든지 둘 중 하나입니다.

그때 무리들에게 구원자처럼 나타난 지도자가 있었습니다. 에베소의 서기장이었습니다. 그는 총독의 임명을 받아 도시의 치안을 맡은 행정관료였습니다. 우선 서기장은 무리를 진정시켰습니다. 그러고는 참 지혜롭게 달래기도 하고 또 엄중하게 경고하기도 하면서 무리에게 지금 그들이 어떤 불법행위를 하고 있는지, 이 집회의 파장이 얼마나 심각할 수 있는지를 파악하도록 해주었습니다. 아무 기준도 없는 무리 가운데서 서기장은 판단 기준을 제시해 준 것입니다. 우선 그는 무리가 두 시간 동안이나 "크다 에베소의 아데미여!" 하고 소리 지른 것이 헛된 일이 아님을 인정하면서 그들을 달래고 있습니다.

"서기장이 무리를 진정시키고 이르되 에베소 사람들아 에베소 시가 큰 아데미와 제우스에게서 내려온 우상의 신전지기가 된 줄을 누가 알지 못하겠느냐"(사도행전 19:35)

에베소가 위대한 아데미 여신과 하늘에서^{제우스에게서} 떨어진[99] 아데미

---

99 '제우스에게서 내려온'(개역개정, KJV)으로 번역한 단어 'διοπετής'는 직역하면 '하늘로부터 내려온'이다.

형상을 지키는 수호 도시 "신전지기" 혹은 "성전수호자"라는[100] 사실을 모르는 사람이 누가 있느냐는 것입니다. 그는 지금 바울의 주장(행 19:26)과 달리 아데미 여인은 사람의 손으로 만들어진 것이 아니라 하늘에서혹은 제우스에게서 기원한 것이라고 하여, 바울의 비판 대상에 아데미 여신은 해당되지 않는다고 확인해 줍니다. 비위를 맞춰주려고 한 말입니다. 그 말이 맞다면, 바울의 주장 때문에 은장색의 사업이 천해질 것이라고 우려할 필요가 없어집니다. 서기장은 에베소 시민의 자긍심을 인정해 줄 뿐 아니라 바울의 저주 같은 비판에 그들이 해당되지 않는다고 하면서 흥분된 무리를 진정시킨 것입니다.

하지만 이런 말이 당장에는 도움이 되었겠지만, 이것 역시 근거 없는 주장이요, 그래서 서기장이 준 것은 거짓 안전감이요 헛된 자긍심에 불과했습니다. 세상은 여전히 자신들의 전쟁 같은 삶이나 불안한 삶을 정당화하고, 다른 한편에서는 자신들의 특권적인 삶을 정당화하는 논리를 쉼 없이 제작하고, 지도자들은 능수능란하게 그 논리로 사람들을 설득하고 있습니다. 하지만 아무리 그럴듯한 논리와 근사한 표현으로 아데미를 인간이 제작한 신이 아니고 하늘에서 기원한 신이라고 말해 줘도 은장색이 만든 것은 거짓 신전이요 거짓 신들에 불과한 것이라는 사실은 변하지 않습니다. 오늘 우리도 우리의 불순종을 정당화할 논리를

---

100 에베소의 창시자 안드로클레스(Androkles)를 기리는 비문이 새겨진 흰색 대리석 받침대에는 에베소 사람들을 가리켜 "모든 사람 가운데서도 뛰어난 사람 중 가장 거룩한 사람들이고, 아시아의 메트로폴리스에서 가장 위대하고 존경받을 만한 사람들이며, 아데미 신전을 지키는 사람들이다"라고 묘사되어 있다. R. A. Kearsley, in Horsley and Liewelyn, New Documents, 6:203-6(no. 3). 이 단어는 에베소 주화에 새겨져 있다.

그만 만들어야 합니다. 내 죄악을 죄 아닌 것으로, 어쩔 수 없는 인간의 연약함으로 둘러대는 신학을 중단시켜야 합니다. 우리의 이해와 판단을 뛰어넘는 하나님의 은혜와 긍휼에 기대는 신앙을 가지려면 자신의 죄를 에누리 없이 적나라하게 죄가 되게 해야 합니다. 그것을 한없이 부끄러워해야 합니다. 하나님 앞에서만은 자존심 같은 것을 내려놓아야 합니다. 그런데 서기장은 그들의 자존심을 한껏 고양시킴으로써 그들을 진정시켰습니다. 그렇게 2시간 동안이나 고함을 지른 그들의 수고를 헛된 것이 되지 않게 해주었습니다. 서기장에게도 진리가 무엇인지는 중요하지 않았습니다.

서기장은 지금 무리가 죄 없는 자들에게 무법한 일을 하고 있음을 분명히 알게 해 주고 있습니다.

"이 일이 그렇지 않다 할 수 없으니 너희가 가만히 있어서 무엇이든지 경솔히 아니하여야 하리라 신전의 물건을 도둑질하지도 아니했고 우리 여신을 비방하지도 아니한 이 사람들을 너희가 붙잡아 왔으니" (사도행전 19:36-37)

서기장은 힘주어 자기가 한 말을 확정짓습니다. "이 일이 그렇지 않다 할 수 없으니"이것은 부인할 수 없는 사실이니, 표준새번역. 에베소 서기장의 입을 통해서 바울 일행이 행하고 말한 모든 것이 법적으로 문제가 없다는 사실이 공적으로 입증되었습니다. 한편으로는 데메드리오가 신봉하고 있는 신앙이 옳다고 긍정해주면서, 다른 한편으로는 그가 바울의 가르침 때문에 데메드리오가 이런 소요를 일으킨 것은 잘못이라고 판결한 것입니다. 그러니 남은 것은 해산명령과 경고뿐이었습니다. 서기장이 무리에게 기대하는 것은 이것입니다. "너희가 가만히 있어서 무엇이든지 경솔히 아니하여야 하리라." 충동적이거나 성급하거나 생각 없이 품위를 잃는 행동을 하지 말라는 것입니다. 큰 죄인을 다루듯 바울의 동역자들을 극장까지 끌고 온 것만으로 그들은 충분히 성급했고 경솔했다고 평가합니다. 여기서 멈추지 않고 감정에 취하여 그들을 무법하게 처리하는 경솔한 짓을 하지 말라는 경고입니다. 왜냐하면 바울 일행은 에베소가 정한 법에 반하는 어떤 위법행위를 한 게 없었기 때문입니다.

서기장은 바울이 범하지 않은 죄의 목록을 제시합니다. 첫째, 신전의 물건을 도적질 하지 않았고, 둘째, 여신 아데미를 비방하지 않았습니다. 신전에서의 도둑질은 사형을 피할 수 없는 중범죄입니다. 우리를 놀라게 하는 것은 두 번째 것입니다. 서기장은 바울이 "여신을 비방하지도 않았다"고 말합니다. 여기 비방블라스페메오, βλασφημέω은 신성모독을 의미합니다. 바울은 직접적으로 아데미의 품위를 떨어뜨리거나 모욕하거나 헐뜯는 일을 하지 않았다는 것입니다. 이것은 소크라테스가 사형을 당한 죄목이었습니다. 바울은 유일하신 참 하나님은 사람의 손으로 만든 신전에 국한시킬 수 없고 사람의 손으로 만들어져 섬김을 받는 우상이 될 수가 없다고 가르쳤을 뿐입니다. 이 얼마나 지혜로운 태도입니까? 그 지역의 신들을 직접적으로 모욕하지 않으면서도 하나님만이 유일한 참 신임을 전하기 위해 어떻게 말해야 하는지를 잘 알고 있었습니다. 그는 특정 신을 지목하지 않은 채 우상숭배를 반대하는 법을 알고 있었습니다. 바울은 참 복음을 전하면서도 법적으로 문제가 될 비방을 하지 않는 지혜로운 전도자였습니다. 로마 시민권자인 바울은 당연히 사전에 이것이 위법행위인 것을 인지했을 것이고, 그래서 선교할 때 공연히 빌미를 줄 수 있는 언동을 삼갔을 것입니다.

서기장은 무리에게 경솔하게 두 사람을 처리하지 말고 정해진 법절차를 따르라고 명령합니다.

> "만일 데메드리오와 그와 함께 있는 직공들이 누구에게 고발할 것이 있으면 재판 날도 있고 총독들도 있으니 피차 고소할 것이요 만일 그 외에 무엇을 원하면 정식으로 민회에서 결정할지라"(사도행전 19:38-39)

서기장은 무리를 일방적으로 옹호하는 듯 보이는 말로 시작했지만, 편견을 갖거나 사사로이 판결하지 않고 바울 일행의 활동을 있는 그대로 판단하고 있습니다. 법이 정한 테두리 안에서 공정하게 처리하려고 했습니다. 정해진 법절차를 따르라는 것은 적지 않은 소동을 만든 그들의 행태가 불법이라는 것을 간접적으로 말하는 것입니다. 특히 여기서 바울의 이름을 거론하지 않고 '데메드리오'의 이름만 거론함으로써 에베소의 치안을 담당하는 서기장의 입장에서 자신이 정말 우려하고 있는 인물은 바울이 아니라 데메드리오라는 것을 분명히 하고 있습니다. 서기장은 바울이 전하는 복음이 확산되는 것보다 이 소요가 확대되어 로마 당국으로부터 불이익을 당할 것을 더 우려하고 있었던 것입니다.

그의 마지막 발언이 압권입니다.

> "오늘 아무 까닭도 없는 이 일에 우리가 소요 사건으로 책망 받을 위험이 있고 우 리는 이 불법 집회에 관하여 보고할 자료가 없다 하고"(사도행전 19:40)

데메드리오는 바울과 그 일행이 불법을 행했다면서 동종업계 직공들에게 엄청난 불안과 공포를 주며 선동했지만, 결과적으로 그들은 이 집회가 "불법집회"라는 말을 듣고 있습니다. 여기에 나온 "위험에 처하다(킨뒤뉴오, κινδυνεύω)"라는 이 동사는 19장 27절에서 데메드리오가 한 말에도 등장합니다. 데메드리오는 바울의 발언이나 활동이 위험을 만든다고 했지만, 서기장은 진짜 위험한 짓을 한 것은 데메드리오와 그 일당, 그들에게 부화뇌동한 에베소의 무리들이었다고 판단합니다. 서기장은 자신의 안위를 위해서라도 다시는 이런 식의 불법집회는 용납하지 않겠다고 경고하면서 발언을 마무리하고 있습니다.

이 과정에서 바울이 한 일은 없고 붙잡힌 동역자들이 변명한 말도 전혀 나오지 않습니다. 그런데 순식간에 일이 처리되었습니다. 불법을 행한 자들은 불법집회 선동죄가 인정되었고, 바울과 그 일행은 무죄방면 되었습니다. 하나님께서는 이번에도 하나님을 알지도 못하는 자들을 들어 자기 백성을 살리시고, 자신의 "도"를 따라 역사가 진행되게 하십니다. 가말리엘(행 5:35-39)과 갈리오(행 18:14-16)를 사용하셨고, 뒤에 가면 루시아(행 23:26-30), 율리오(행 27:43), 보블리오(행 28:7) 등이 계속 등장할 것입니다. 이들을 통해서 하나님은 반전과 역전을 가져오시고 있습니다.

"이에 그 모임을 흩어지게 하니라" (사도행전 19:41)

서기장의 차분한 설명 앞에 군중의 광기와 흥분은 연기처럼 사라집니다. 불법집회라는 경고를 듣자마자 사라집니다. 그들에게는 목숨을 걸고서라도 기어이 지켜내야 할 것이 없었고, 큰 공권력 의지하지 않은 채 피

땀 흘려서라도 주장하고 싶고 지켜내고 싶은 진리가 없는 자들이었습니다. 바벨탑이 무너지는 것과 같은 풍경입니다. 바벨탑이 그 안에서 언어가 혼잡하여져서 다 흩어져버렸듯이, 2시간이나 그것도 두 번이나 "위대하다 아데미여"를 일치된 목소리로 외쳤지만 사실 그들의 마음은 하나가 아니었던 것입니다. 그들을 하나로 묶어줄 그 무엇이 그들에게는 없었습니다. 사도들과 달리 그들에게는 목숨을 걸고 지켜야 할 값진 것이 없었던 것입니다. 목숨이 사라지면 돈도 소용없으니, 절대 돈을 위해서 목숨을 걸 수 없는 사람들이었습니다. 그래서 신변에 위협이 닥치자 곧 꽁무니를 뺀 것입니다.

나가는 말

"도道"가 소란을 일으키다

본문의 숨은 주인공은 "이 도"입니다. 데메드리오는 그것이 끼친 파괴적이고 부정적인 영향력에 대해 우려합니다. '적지 않은' 벌이로 풍족한 삶을 누리게 해준 아데미 여신의 지위를 위협했다는 혐의를 들어 '적지 않은' 소동을 촉발합니다. 그것은 복음, 예수 그리스도, 하나님 나라 소식과 그 도를 따르는 사람들의 변화된 삶을 아우르는 말입니다. 복음의 적지 않은 영향력이 에베소의 길드 대표 데메드리오의 마음을 요동치게 했습니다. 이 '도'로 인해 앞으로 아데미 여신의 위엄이 땅에 떨어지고, 신전지기로서의 에베소의 위상이 추락하고, 아데미 신상 모형 사업의 전망이 어두워지고, 그러면 지금껏 아데미 여신 덕분에 누려온 풍족한 삶이 무너질지 모른다는 두려움이 엄습했고, 그 비관적인 미래를 공유하지 않으면 혼자서는 그 불안을 해소할 수 없을 지경에 이른 것입니다. 예루살렘의 제사장들을 무릎 꿇게 한 것처럼, 안디옥에 뚜렷한 인상을 남긴 '그리스도쟁이들'처럼, '천사의 얼굴'로 이 도를 전한 스데반처럼, '크다 일컫는 하나님의 능력'으로 불리던 사마리아의 마술쟁이 시몬을 뒤집은 것처럼, 로마제국의 군인이 예수의 군인이 된 것처럼, 예수쟁이들을 잔멸하던 자에서 그를 위해 돌에 맞기를 주저하지 않는 자로 변화시켰던 것처럼, "이 도"는 스스로 무언가를 창조합니다. 이야기를 만듭니다. 역사를 이룹니다. 뒤집고 뒤엎고 뒤바꿉니다. 폭로하고 까발립니다. 마음을 열고 복종케 합니다. 달리 생각하고 달리 계산하고 달리 바라보게 합니다. 이 '도'가 활동하기 시작하자 에베소는 가만있을 수 없었습니다. 그러니 지금도 "이 도"가 말하게 합시다. 창조하게 합시다. 그 바라던 목표를 이루게 합시다!

아데미 여신의 실체를 드러내다

데메드리오는 아데미 여신의 위엄을 지키고 신전지기로서의 에베소의 위상을 유지하기 위해 나섰지만, 결국 그가 신봉하는 것은 '적지 않은 벌이'가 주는 풍족함이고, 그를 불안하게 한 것은 '사업 부진'이었음을 드러냈습니다. 그에게 아데미 여신은 사업적 수단이었고, 신전은 비즈니스의 장場에 불과했습니다. "이 도"는 추종자들이 목숨을 걸고 자랑하고 살아내는 교환 불가의 대상이지만, "이 여신"은 이 도에 의해 무시당할 수 있고 위엄을 잃을 수 있는 대상이며, 몇 시간 동안 '크다'라고 외치면 커지고 잠잠하면 사라지는 존재에 불과했습니다. 적지 않은 벌이를 보장해

주지 않는 여신은 아무짝에도 쓸모가 없는 '사람의 손으로 만들어' 은을 입힌 돌덩이에 그친다는 것을 데메드리오와 그의 충동을 수용한 자들이 스스로 입증했습니다. 그들은 아데미 여신은 자기 자신은 물론이고, 믿는 자들의 신앙도, 자신들의 사업도 지킬 힘이 없다고 실토해버립니다. 하지만 "이 도"는 믿는 자들을 지켜주었습니다. 서기장을 통해 가이오와 아리스다고를 지켰고, 제자들과 친구들을 통해 바울을 지켰습니다. 에베소의 서기장을 통해 그 '도'는 아무런 해도 입히지 않은 무법한 말씀임이 공적으로 인정되었습니다. 하나님의 '도'는 스스로 자신을 지켰습니다.

광기에 스스로 사로잡히다

아데미 여신의 도시 에베소의 광기에 주목하십시오. 로마의 4대 메트로폴리스요 아시아의 수도라는 사실이 그들의 교양과 인품을 보장해주지 않습니다. 서기장이 듣기에는 좋지만 사실이 아닌 말로 달래고, 불법 집회의 대가를 경고하자, 곧장 꼬리를 내렸습니다. 그들은 자신들이 믿는 바에 자기 자신을 걸 준비가 되어 있지 않았고, 그것이 얼마나 믿을 만한 것인지를 따져볼 용기가 없었고, 더 큰 돈벌이를 약속하지 않는 한 적지 않은 돈벌이를 주는 여신을 포기할 맘이 없었습니다. 에베소인들에게는 용기는 없고 광기만 있었습니다. 분노만 있고 분별은 없었습니다. 반대만 있고 반성은 없었습니다. 군중만 있고 제자는 없었습니다. 충동만 있고 충성은 없었습니다. 서기장의 지적대로 "까닭 없는" 열정이었습니다. 혼자서는 못하고 동조자가 있어야만 하는 옹졸한 자들이었고, 무고한 희생양을 만들기에는 부지런했지만 강자 앞에서는 꼬리를 감추는 비겁한 자들이었습니다. 아데미 여신은 자유가 거세된 노예를 만드는 거짓 신이었습니다. 우리도 이유를 모른 채 모이는 집단이 되지 않기를 바랍니다. 근원을 모르는 광기 어린 삶이 아니라 복음이 주는 참된 열정으로 살기를 바랍니다.

조연처럼 잘 보이지 않고, 힘 있는 세상에 의해 조롱 받고 오해 받고 핍박 받으며 이리저리 끌려다니는 듯해도, 그 세상을 오금 저리게 만드는 것은 바로 하나님의 영원한 진리, 복음의 말씀뿐이었음을 기억합시다. 두 시간이나 아데미 여신의 이름만 부르면서 자기 자신을 망각하게 해야 해소할 수 있는 그 공허하고 불안한 마음이 우상숭배의 실재입니다. 우리에게는 언제든 부를 수 있는 이름, "위대하신 아버지 하나님"이 계십니다. "크신 우리 주 예수 그리스도"가 계십니다. "보혜사 성령 하나님"이 계십니다. 손으로 만들 수 없고 신전에 담을 수 없고 형상으로 재현할 수 없는 크신 하나님, 자유의 하나님이 계십니다. 이 하나님께 나아가 조아려 듣고 찬미와 고백으로 그 거룩하신 이름을 높여 드리는 삶이 되기를 바랍니다.